KB217632

TELEIOS
DISCIPLESHIP

온전론

TELEIOS
DISCIPLESHIP

온전론

거룩한 습관을 형성하는
목자의 심정 제자훈련론

오
정
현

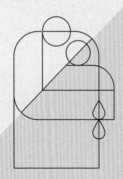

국제제자훈련원

추천의 글

지난 48년 동안 지켜본 오정현 목사님은 한결같은 목회자입니다. 44년 전 불모지와 같은 대학부를 맡아 한국교회에 제자훈련의 초석을 세웠습니다. 또한 이민 목회를 통해 기적의 현장을 만들었고 사랑의교회 사역을 통해 제자훈련의 국제화를 이루었습니다. 무엇보다 한 영혼을 사랑하는 마음으로 목회를 해 온 결과 이제는 세계교회를 섬기는 주역이 되었습니다. 이 책을 읽으면 반드시 사역의 열매가 커질 것입니다. 소형 교회, 중형 교회, 대형 교회의 한계를 극복하게 될 것입니다. 이번에 출간된 《온전론》은 한국교회와 세계교회에 제자훈련의 나침반과 교과서가 될 것을 확신하여 기쁜 마음으로 추천합니다.

- 박희천 (내수동교회 원로목사)

교회의 존재 이유는 '제자 삼기'입니다. 그리고 제자 삼기의 본질은 성도를 온전케 함입니다. 오정현 목사님은 이 사역에 평생을 드리신 분입니다. 이제 그의 사역의 절정에서 《온전론》을 펴내심을 축하드립니다. 이 책을 통해 우리가 우리 시대에 감당해야 할 제자훈련의 모든 것 그리고 교회 섬김의 본질을 탐구하게 될 것입니다. 이 책으로 한국교회가 온전해지고 그런 한국교회를 예수님이 기뻐하시게 될 소망을 함께 나누었으면 합니다. 예수님이 갈릴리에서 처음 제자를 부르시고 나를 따르라고 하신 그 뜻을 이루는 우리 모두가 되었으면 합니다. 함께 온전함의 거룩한 갈망이 이 책을 붙잡는 모든 분들에게 함께하시기를 축복합니다.

- 이동원 (지구촌교회 원로목사)

지난 43년간 뵈어 온 오정현 목사님은 한결같이 제자훈련에 목숨 건 분이십니다. 제자훈련은 목사님의 사역의 실체로서 미주에서 가장 큰 교회로 부흥시킨 원동력이었습니다.

　제자훈련은 예수님처럼 생각하고, 말하고, 사는 사람을 만드는 훈련인데, 종종 제자훈련을 받고도 예수님을 닮지 않은 훈련생을 만나게 됩니다. 오목사님은 이 문제를 해결하기 위해 지난 40여 년간 제자훈련의 산전수전을 겪으면서 발견한 원리를 《온전론》에서 제시합니다.

이 책은 한국교회와 세계교회에 온전한 제자를 만드는 FM(Field Manual)이 될 것입니다. 이 책을 통하여 주의 거룩한 백성들이 진짜 예수님의 제자로 일어나 가정과 교회 그리고 사회를 변혁시키는 위대한 하나님 나라의 운동을 보게 될 것입니다. 건강한 성도, 건강한 교회를 세우길 원하는 목회자와 성도는 이 책을 필독하기를 적극 추천합니다.

- **박성규** (총신대학교 총장)

미국 샬럿에 들렀다가 한 유명인의 비문을 본 적이 있습니다. "The End of Construction"(드디어 공사 끝). 십자가 보혈의 공로로 의롭다 함을 입은 그리스도인들은 이 세상을 살아가는 동안에 '성화'를 향한 긴 믿음의 경주를 합니다. 완성을 선언할 수 없지만 천국에서 주님 품에 안기는 그날 우리의 성화는 완성될 것이며, '영화'의 영광을 누리게 될 것입니다. '온전한 사람을 이루어 그리스도의 장성한 분량이 충만한 데까지' 이르기 위해 부단히 자신을 훈련해 가야 합니다. 본서는 한 영혼을 가슴에 품고 평생을 달려온 저자가 제자훈련을 통해 성도들을 어떻게 온전함의 길로 인도할 수 있을지를 제시합니다. 온전한 제자도를 이뤄가는 여정에서 가장 중요한 것은 예수님의 심장, 목자의 마음을 가진 리더임을 강조하는 저자의 외침이 심령을 울립니다. 일독을 권합니다.

- **김운용** (장로회신학대학교 총장)

이 저서는 제자훈련에 대해 저자가 가진 본문 묵상의 깊이, 신학 연구의 높이, 훈련 경험의 깊이가 씨줄과 날줄로 짜인 그의 혼(魂)의 소산이요, 그의 영(靈)의 산물이요, 그의 저작의 백미(白眉)입니다. 본서는 말씀의 바다에서 제자도의 월척을 낚아 올린 탁월한 주해서이며, 제자훈련의 이론과 실제를 제시하는 놀라운 교본서요, 무엇보다 모든 사역자들과 성도들에게 어떻게 살고 무엇을 해야 할지를 가르치는 은혜로운 강론집입니다.

하나님 나라 운동의 동역자요, 기독교 문화예술의 동반자이며, 나그네 인생길의 동무인 저자의 명저가 세상에 나온 것은 더할 나위 없이 기쁜 일입니다. 그는 열정에 있어서는 바울이요, 사상에 있어서는 칼빈이며, 말씀에 있어서는 스펄전이요, 비전에 있어서는 카이퍼입니다. 그리고 무엇보다 스스로가 예수님을 가장 닮으려 하고, 또 예수님을 닮은 제자들을 배출하는 데 생명을 건 사역자입니다. 제자도의 표준서라 할 만한 본서를 통해, 그의 이런 꿈이 이 땅의 다른 사역자들에게도 전해져 그들의 가슴에도 제자 삼기의 불이 붙는다면 불역열호(不亦說乎)! 그리고 그의 꿈대로 할 일 많은 조국과 온 열방에 바울처럼 제자 되기에 미친(행 26:24) 이들이 쏟아진다면 불역낙호(不亦樂乎)!

- **전광식** (전 고신대 총장)

30년 넘게 저의 가장 친한 친구인 오정현 목사님은 훌륭한 리더이자 목회자요, 예수님의 제자입니다. 오 목사님의 40년 넘는 목회의 결실은 사랑의 교회가 한국과 미국 그리고 전 세계에 미치는 영향력으로 입증됩니다. 이는 초대교회 성도 수가 10년마다 50퍼센트씩 증가한 것과 마찬가지로 성령께서 인도하신 증거이기도 합니다. 4세기까지 로마제국 전체 인구의 50퍼센트가 기독교인이었습니다. 제가 아는 오 목사님은 자신이 믿는 것을 살고, 자신이 살아낸 것을 글로 쓰는 분입니다. 그러하기에 《온전론》에서 제자훈련을 위한 오 목사님의 지혜와 경험 그리고 열정을 발견할 것입니다.

My dearest friend for over 30 years, Rev. Dr. John Oh is a remarkable leader, pastor, and disciple of Jesus. The fruit of his 40-plus years of pastoral leadership is evidenced by the impact of SaRang Church in Korea, the United States, and around the globe. It's also evidence of the Holy Spirit's leading in the same way that the Early Church increased in number by 50% every decade. By the 4th century, 50% of the Roman Empire's population was Christian. I know Dr. Oh is someone who lives what he believes and writes what he lives; there is much to be gleaned from his wisdom, experience, and passion for disciple-making in Teleios Discipleship.

- **릭 워렌** Rick Warren(새들백교회 설립목사)

오정현 목사님은 한국뿐만 아니라 전 세계에서 제자훈련 사역에 헌신적이고 열정적인 지도자로 섬겨 오셨습니다. 《온전론》은 그의 40년 이상에 걸친 사역과 신학적 사색의 결정체입니다. 《온전론》의 출간을 축하하며, 이 책이 글로벌한 복음주의 운동을 위한 부흥과 교회 개혁에 큰 영향을 미칠 것을 기대합니다. 온전론에 담긴 말씀과 성령의 사역에 대한 매우 건설적인 접근법은 전 교회 공동체에 기여할 방향성을 제시하고 있습니다.

Rev. Dr. Oh has been a committed and passionate leader in the ministry of discipleship training not only in Korea, but also in a global context. This book is a crystallization of his 40-year long period of ministry and theological reflection. I would like to congratulate him on the publication of this book and hope that it will make a significant impact upon the renewal and revival of the global evangelical movement. The Teleios approach to discipleship sets out a very constructive approach to the relationship of Word and Spirit, which has much to offer the wider church.

- **알리스터 맥그래스** Alister Edgar McGrath (옥스퍼드대학교 과학과 종교 명예교수)

"제자 삼기를 포기한다면 쇠퇴하고 망할 것이다!" 현대사회가 기독교 교회에 던지는 과제는 이와 같이 명료합니다. 그런데 오정현 목사님은 《온전론》을 통해 그가 이 도전을 얼마나 잘 이해하고 있는지를 보여줍니다. 대한민국은 서구 사회와 마찬가지로 현대화되었지만, 한국교회는 서구 교회의 많은 부분과는 다르게, 여전히 말씀과 성령의 최고 권위에 대한 시각을 유지하고 있습니다. 따라서 제자훈련은 예수님에 대한 충성과 근대 시대와의 효과적인 접촉을 위해 필수적입니다. 오정현 목사님은 그 사역을 위해 우리가 따라야 할 길을 보여주고 있습니다.

Make disciples, or decline and die! Modernity's challenge to the Christian church is simple, and Pastor Oh's Teleios Discipleship shows how well he understands the challenge. Like the West, Korea is highly modern, but unlike much of the Western church, the Korean church still holds a high view of the Word and Spirit. Discipleship is therefore essential, both for faithfulness to Jesus and for effective engagement with our modern world. Dr. Oh is showing us the way we must follow.

- 오스 기니스 Os Guiness (기독교 철학자, 《소명》의 저자)

사랑의교회와 웨스트민스터 신학교의 관계는 길고 깊습니다. 수 년간 오정현 목사님과 함께 사역할 수 있었던 것은 제게 기쁨이자 영광이었습니다. 지역교회의 제자훈련을 온전함의 시각으로 담아낸 오정현 목사님의 역작의 탄생을 축하합니다. 오 목사님의 매우 탁월한 리더십과 제자훈련을 비롯한 여러 사역을 향한 열정으로 전 세계 수백만 명이 은혜의 열매를 누리고 있음에 감사드립니다. 이 책의 발간을 통해 주님의 장성한 분량까지 자라나 영적 은사들을 그리스도의 교회를 위해 사용하는 참된 제자들이 세워지도록 성령께서 강력하게 역사하시길 바랍니다.

다시 한번, 수 년간 개혁주의 장로교 전통에서 전략적으로 중요한 회중을 이끌어 제자를 세워 오신 신실한 섬김과 오정현 목사님이 세운 이 이정표를 축하드립니다!

It has been my joy and honor to minister from time to time with Dr. John Oh at SaRang Church for many years, as the relationship between SaRang Church and Westminster Seminary is long and deep. I congratulate Dr. Oh on the completion of his magnum opus concerning the Teleios perspective on Christian discipleship in the local church. I am grateful for the fruit of his ministry that has blessed millions around the world through his leadership at his extraordinary church and through his diligent discipleship teaching and labors.

May the completion of this work be mightily used by the Holy Spirit for the building up of true disciples who seek to use their spiritual gifts faithfully in Christ's church as they grow in grace to full maturity in the gospel of our sovereign Lord.

Again, I congratulate Dr. Oh on this mile stone and for having served faithfully for many years by leading and discipling such a strategic congregation in the Reformed and Presbyterian tradition!

- 피터 릴백 Peter A. Lillback (웨스트민스터 신학교 총장)

최근 전 세계 기독교 지도자들을 대상으로 한 조사에 따르면, 모든 지역에서 그들의 최우선 관심사는 바로 '얕은 제자도'였습니다. 예수 그리스도의 교회들이 복음적 증거와 문화적 영향력을 회복하기 위해 가장 필요한 것은, 삶의 모든 영역에서 하나님께 영광 돌리는 참된 제자를 만드는 것입니다. 오정현 목사님의 '온전한 제자도'는 한국뿐 아니라, 전 세계 모든 교회들이 예수님을 진정으로 따르는 값진 대가를 치르도록 촉구하고 있습니다.

A recent survey of global Christian leaders concluded that their number one concern across all regions was the same: shallow discipleship. If the church of Jesus Christ is to recover its evangelistic witness and cultural influence, our greatest need is to make true disciples who glorify God in every area of life. In Teleios Discipleship, Pastor John Jung Hyun Oh calls Korea and calls the worldwide church to count and to pay the high cost of following Jesus.

– **필립 라이큰** Philip Graham Ryken (휘튼대학교 총장)

오늘날 '제자도에 대한 제대로 된 이해가 거의 없는 교회'가 피상적으로 보이는 것은 당연한 일입니다. 지금 우리에게 필요한 것은 '영광스럽고도 은혜의 불을 지피는' 하나님의 크신 목적에 대한 비전입니다. 그것은 바로 하나님의 자녀를 변화시켜 그리스도를 닮은 온전함에 이르게 하는 것입니다. 오정현 목사님은 그 비전을 학자의 지혜와 목자의 심정으로 우리에게 제시하고 있습니다. 그러니 이 책을 집어 들고, 읽고, 온전함의 길로 성장해 나아가십시오!

It is no wonder that the church across the world today seems so shallow, given that discipleship is so poorly understood. What we need now is a glorious, grace-fuelled vision of God's grand purpose to transform and renew his children and bring them to the perfection of Christlikeness. With the wisdom of a biblical scholar and the heart of a shepherd, this is what Pastor John Oh gives us. Take, read, and grow!

– **마이클 리브스** Michael Reeves (영국 유니온신학교 총장)

이 책을 '사람에게는 진심眞心, 하나님께는 전심全心'을 다한
사랑의교회 영가족들께 바칩니다.

온전한 제자헌장

"우리는 땅끝까지 이 세상 끝날까지
예수 그리스도의 온전한 제자들이다.

온전한 제자란
예수님의 온전한 희생에 감사하여,
예수님처럼 되고 예수님처럼 사는
예수 그리스도의 특성을 지닌 성도를 말한다.

온전한 제자의 태도는
육신의 한계를 뛰어넘는 성령님의 권능에 의존하여,
가치관을 바꾸고 자아를 깨뜨려 감정을 치유하며,
사랑의 관계를 통해 복음적 삶의 열매 맺는 일에
힘을 다하여 수고하는 것이다.

온전한 제자의 삶에는
회색지대가 없다.
삶의 전 영역에서 온전한 제자로 살든지 아니든지
선택이 있을 뿐이다."

차례

머리말 15
제자훈련의 온전함을 위한 프롤로그 20

Part I
온전론의 뿌리:
온전론의 성경적 및 신학적 기원

chapter 1   왜 온전론 제자훈련인가? 30
chapter 2   온전함의 원천, 목자의 심정 80
chapter 3   온전함에 이르는 길, 십자가와 자기부인 128

Part II
온전론의 줄기:
온전론의 목회적 통찰

chapter 4   온전한 제자훈련을 위한 교회론:
            온전한 제자의 성장과 교회 공동체 180
chapter 5   온전한 제자훈련을 위한 성령론:
            온전론에서 보는 성령 하나님 재발견 270
chapter 6   온전한 제자훈련을 위한 목회론:
            온전함을 추구하는 목회자의 품성 306

Part III

온전론의 열매:
온전론의 실제적 적용

chapter 7   온전함의 다섯 가지 인격적 영역   368

chapter 8   영역주권의 관점에서 보는 온전한 제자훈련   414

에필로그   489

미주   495

주제 찾아보기   528

인물 찾아보기   534

성경구절 찾아보기   538

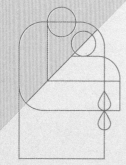

머리말

'주님의 몸 된 교회를 사랑하는가?' 이 책은 이 질문에 대한 목회적 각성과 신앙적 고백입니다.

뒤돌아보면 모든 게 하나님의 섭리 속에서 이뤄졌습니다. 달동네 개척교회 목회자의 아들로 태어나 머리로 깨닫기도 전에 손과 발로 교회 사랑을 가슴에 새기도록 하셨고[1], 18세에 상경하여 내수동교회를 만나 가장 순전한 때에 복음과 제자훈련에 눈을 뜨게 하셨습니다. 젊은이 성경공부 모임에서 제게 던져진 "무엇이 가장 가치 있는 삶인가?"라는 질문은 영혼의 지진처럼 마음을 흔들었고, 저의 생각을 밑바닥에서부터 거듭나게 하신 하나님의 준비된 질문이었습니다.

그 후의 모든 걸음은 이 질문에 대해 하나님께서 인도하신 대답의 여정이었습니다.

이십 대는 대학부 사역을 하는 동안, 교회 밖 선교단체(Parachurch)의 강점들이 왜 교회에 접목되지 못하는지, 신앙 깊은 젊은 이들이 왜 교회를 떠나 선교단체로 가는지, 그럼에도 왜 나는 교회를 지켜야 하는지를 고민하며 길을 찾는 시기였습니다.

미국 유학 시절 이민교회 대학부 사역을 시작할 때, '왜 젊은이들이 더 가치 있는 삶을 고민하지 않는가'를 물으며, 30여 명의 대학생들과 함께 서로의 마음을 묶고 진액을 쏟는 가운데 예수님의 마음에 눈이 열렸습니다. 이러한 영적 각성은 6개월 뒤 그해 겨울에 120명의 학생들이 수양회에 참석할 정도로 성장하게 된 원동력이 되었습니다. 훗날 이것이 제 목회의 시원(始原)이 된 '목자의 심정'(心情)이었습니다.

그 후, 열두 명의 헌신된 성도들과 함께 남가주사랑의교회를 개척하고 수많은 목회적 애환을 거치면서 개척교회, 소형 교회, 중형 교회, 대형 교회를 경험했습니다. 목자의 심정은 이 모든 목양의 과정에서도 목회의 뿌리요 사역의 원형이었습니다.

사랑의교회에 부임한 후에 시간이 지날수록 마음의 무거운 짐으로 눌렸던 것이 있습니다. 당시 주일학교의 건물로 사용했던 소망관이 수천 명의 아이들이 왕래하고 교육을 받으며, 예배드리기에는 구조적으로 안전하지 않다는 사실을 알게 되었습니다. 게다가 교인이 800여 명일 때 지었던 지하 본당은 수만 명의 성인 출석을 더 이상 감당하기 어려운 상황이었습니다. 그래서 지금은 소천하신 원로 목사님과 의논하면서 교회를 건축하기로 결심했고, 삼만 명이 넘는 성도들이 헌신했습니다. 지금의 서초동 부지를 매입해 교회를 짓기 시작한 배경은 그러했습니다.

그러나 교회 건축을 진행하면서 생각지도 못했던 어려움들이 생겨났습니다. 이 과정에서 성도들은 상처를 입었고, 목회자인 저역시 인간적으로 감당하기 힘든 큰 고통을 겪었습니다.

제천기도동산에서 6개월을 머무는 동안 저를 살렸고, 제가 살게 된 생명의 말씀이 있었습니다. "너는 피투성이라도 살아 있으라 다시 이르기를 너는 피투성이라도 살아 있으라"(겔 16:6b). 이 말씀 속에는 하나님의 목자의 심정이 뜨거운 피의 강수처럼 흐르고 있습니다.

"피투성이라도 살아 있으라"라는 하나님의 벼락같은 말씀에는 목숨이 경각에 달린 이스라엘을 살리고자 하시는 하나님의 뜨거운 목자의 심정이 혈루(血淚)처럼 흐르며 천둥처럼 사방천지를 울리고 있습니다.

제게는 "피투성이라도 살아 있으라"라는 말씀의 속살이 "잠깐 고난을 당한 너희를 친히 온전하게 하시며"(벧전 5:10)였습니다. 제천기도동산의 뒷길로 연결되어 있는 십자봉에 올라가서 엎드렸을 때, "너는 너를 위해 죽지 말고 나를 위해 죽을 수 없겠니?"라는 음성이 들렸습니다. 거기서 하나님의 단장지애(斷腸之哀), 사랑하는 자녀를 위해 창자가 끊어지는 하나님의 마음이 저를 '친히 온전하게' 붙잡아 주었습니다. 그동안 목회에서 그렇게 강조했던 목자의 심정이 제 몸을 관통한 것입니다. 피투성이였던 저를 살린 것은 하나님의 목자의 심정에 대한 더 깊은 각성이었습니다. 인생길에서 만나는 어떠한 처절한 환경에서도 그의 자녀를 "친히 온전하게" 하시는 형언키 어려운 이 놀라운 은혜를 동역자와 후배 목회자 그리고 하나님을 "아빠 아버지"(롬 8:15)로 부르는 모든 성도들과 나누고 싶었습니다. 이 간절한 마음이 부족한 저로 하여금 이 책을 쓰게 했습니다. 이런 점에서 이 책은 저의 진솔한 목회 고백록이기도 합니다.

오늘날 적지 않은 이들이 교회의 미래를 어둡게 보고 있습니다. 신앙의 냉소주의가 강단에도 성도들의 삶에도 스며들고 있습니다. 한국교회가 다시 일어서고 부흥의 문을 열기 위해서는 예수님의 목자의 심정, 십자가의 뜨거운 피가 사역자와 성도의 혈관을 타고 흘러야 합니다. 그래야만 사탄이 뿜어내는 냉기[2]를 끊어내고 주님의 몸 된 교회를 다시금 사명으로 타오르게 할 수 있을 것입니다.

'적당히'로는 세속의 강력한 중력[3]을 돌파할 수 없습니다. 목자의 심정은 사역자들과 성도들에게 '적당히'를 견딜 수 없게 합니다. 목자의 심정이 아니라면 어떻게 예수님께서 그 무겁고 무서운 속죄의 십자가를 기꺼이 지셨으며, 목자의 심정이 아니라면 어떻게 제자들이 순교의 길을 묵묵히 갈 수 있었을까요?

이 책이 하나님의 목자의 심정을 우리 심장에 이식하는 도구로 쓰이기를 원합니다. 목자의 심정이 개인과 이웃과 공동체를 하나님께서 원하시는 최종 목적지인 온전함으로 이끌 것입니다.[4] 아무쪼록 페이지마다 녹여진 목자의 심정이 목회자와 사역자들에게 성도를 신앙의 첫걸음부터 온전한 제자의 걸음으로 견인하는 목회적 통찰과 목양적 동력이 되기를 기도합니다.

이 책이 나오기까지 많은 분들의 수고가 있었습니다. 본 지면을 통해 감사하고 싶은 분들이 참으로 많습니다. 목자의 심정으로 마음을 함께하며 영가족을 위해 사랑의 수고와 헌신을 다하시는 사랑의교회 동역자들에게 감사를 드립니다. 책의 자료 수집과 정리를 위해 도움을 받았습니다. 또한 저를 위해 밤낮으로 기도하시는 성도들에게 사랑의 큰 빚을 졌습니다. 이 책을 사랑의교회 모든 영가족[5]에게 바칩니다.

주후 2023년 10월
사랑의교회 목양실에서
혜강惠江 오정현 삼가 적음

제자훈련의 온전함을 위한
프롤로그

1세기 교회의 제자들에게 공적 예배와 성도의 고결한 신앙생활은 따로 구분되지 않았다.[1] 그들에게 개인 성숙과 선교는 별개의 것이 아니었다.[2] 그 결과 그들은 세상이 감당하지 못하는 공동체가 되었다(히 11:38). 초대 기독교인들은 특별한 성품을 소유한 독특한 제자들이었다. 그들의 삶은 세상 사람들에게 매력적이었고, 섬김과 희생으로 자신의 신앙을 전하는 능력이 있었다.[3]

성경이 우리에게 소개하는 최초의 제자들과 초대 공동체가 이러했다면, 우리 또한 질문해야 한다. '왜 우리에게는 이런 일이 일어나지 않는가?' 제자훈련의 이름으로 지난 한 세대 동안 각고의 노력을 해 오면서 많은 결실의 보고를 접했지만, 제자훈련의 귀퉁이가 조금씩 낡아가고 피로의 징후가 나타나며, 무엇보다 현장 내 자정의 목소리가 높아지고 있는 것이 사실이다.[4] 언제부터인가 제자훈련이 예수님을 닮는 전인격적인 신앙에서 벗어나 분절화되고 형식화되는 현상은[5] 제자훈련을 하는 목회자들의 가슴에 무거운 숙제처럼 쌓이고 있다.

왜 이런 일이 생겼을까? 개인적으로 성숙했고 밖을 향해서는 고결했으며, 공동체로서 역동적이었고 신앙적인 면에서 세상의 대안이 된 초대교회 제자도의 요소들을 우리가 분리시켰기 때문이다. 바른 가르침은 주었는데, 바르게 실천하는 영역에서는 성령님의 역할이 제한되었고, 훈련은 세련되어 갔지만 여기에 합당한 예수님의 심정은 따라가지 못했다. 그러다 보니 제자훈련 지상주의 엘리트들이 생겨났다. 제자훈련은 화려하게 받았는데, 제자로 사는 삶의 기초인 자기부인과 제사장적 희생과 섬김에는 '서툰' 제자훈련 전문가들이 태어났다. 이로 인해 제자훈련은 적지 않은 교회에서 뜨거운 감자가 되었다.

하지만 크게 걱정하지 않는다. 아니, 확신한다. 역사적 계시의 총량 면에서 우리보다 훨씬 적은 성경 지식을 지녔고, 비교불가의 거친 환경에 처해 있던 1세기 교회 제자들에게 생명이 맥박치는 제자도가 가능했다면, 우리에게도 온전한 제자도는 얼마든지 가능하다. "사람으로는 할 수 없으되 하나님으로는 그렇지 아니하니 하나님으로서는 다 하실 수" 있기 때문이다(막 10:27). 어떻게 가능한가? 그동안 제자훈련에서 실종되다시피 한 '목자의 심정'을 훈련생의 가슴에 이식하게 된다면 예수님을 닮아가는 온전한 제자도, 온전한 제자훈련의 고봉을 향해 매일 매진할 수 있다. 목자의 심정은 모든 목회자와 사역자 그리고 모든 성도의 심정이 되어야 한다. 찰스 스펄전(Charles Haddon Spurgeon)의 말처럼 목회자를 비롯한 모든 교회 지도자들은 목자의 심정으로 잃어버린 양을 어깨에

메고 기쁘게 집으로 돌아올 때까지는 결코 쉴 수 없는 거룩한 운명을 지녔다.[6]

온전함은 성도만이 누릴 수 있는 하늘의 삶이다[7]

세상은 각양의 방식으로 완전함을 추구한다. 아담의 타락 이후로 깨어지고 부서진 존재로 전락한 인간은 본능적으로 온전함을 갈망한다.[8] 어떤 면에서 세상의 역사는 온전함을 얻기 위한 투쟁의 과정이라고 할 수 있다. 권력가는 더 큰 권력으로, 재력가는 더 많은 재물로, 학자는 더 높은 지성으로, 예술가는 더 뛰어난 재능으로 온전함을 추구한다. 이처럼, 온전할 수 없음에도 어떻게든 온전함을 위해 인간 스스로 발버둥 치는 것은 타락 이전의 창조 모습으로 돌아가기를 원하는 영적 귀소본능일 것이다.[9]

그러나 인간은 이 땅에서 완벽하게 온전함의 정상에 설 수 없다. 죄성을 지닌 인간의 몸으로는 태생적으로 하나님의 말씀을 100퍼센트 순종할 수도 없고, 의지적으로도 100퍼센트 순종하려 하지 않기 때문이다. 어거스틴(Aurelius Augustinus)의 고백대로, 인간은 하나님 없이는 평안을 누릴 수 없는 존재이기에[10] 하나님을 떠난 온전함의 추구는 백약이 무효이다. 진정한 온전함은 세상에 속한 것이 아니기 때문이다. 온전함의 근원이신 하나님과 무관한 온전함은 세상 어디에도 없다.

우리가 추구하고 목적하는 성도의 온전함은 "하나님 본성의 완전함, 복음의 완전함"에 의지해 삶의 현장에서 날마다 진일보(進一步)하는 성화의 여정이다. 사도 바울은 이것을 빌립보서 3장 12절에서 "온전히 이루었다 함도 아니라…그것을 잡으려고 달려가노라"라고 표현했다.

그리스도인만이 온전함의 고봉에 오를 수 있는 이유는 무엇인가? 전적으로 예수님의 십자가로 인함이다. 이 땅에서 온전함에 이르는 유일한 길은 죄인을 하나님과 화목하게 하는 십자가요, 피조물을 하나님의 자녀로 삼는 복음이다. 십자가의 보혈을 구원의 방도로 삼고, 십자가의 복음을 삶의 원리로 삼는 믿는 자에게 "매 순간 온전함을 추구하는 것은 성도의 특권이자 의무"이다.[11]

성도가 날마다 온전함을 향해 나아가는 것은 세상에서 하나님과 동행하는 '하늘의 삶'을 살고 있음을 보여주는 표시이다.[12] 따라서 사역자가 성도를 온전함의 길로 인도하지 않는 것은 사명의 직무유기요, 성도가 "온전하라"(마 5:48)라는 말씀에 불순종하는 것은 주어진 분복(分福)을 방기(放棄)하는 것이며, 그토록 온전함을 원하시는 하나님 아버지의 명령을 거절하는 지독한 영적 불효라고 할 수 있다. 사역자가 이러한 성경적 온전함을 성도들에게 가르치고 삶에 체화시켜, 어떻게든 성도들이 예수님을 닮아가도록 목양의 진액을 쏟는 것이 목자의 심정이다.

인공지능 시대에 더욱 절실한 목자의 심정

"챗GPT를 시작으로 인공지능을 활용한 서비스는 이미 일상화되었다."[13] 필요한 정보를 인터넷에서 검색하는 수준을 뛰어 넘어 각 사람의 필요에 맞게 각색된 형태로 원하는 정보를 제공하는 새로운 차원의 세계가 도래했다. 지금은 인공지능이 기계적이고 물리적인 모습을 보이지만, 어느 시점이 되면 인간의 모습으로 다가올 것이다. 특이점을[14] 넘어서는 듯한 인공지능 시대를 기대감으로 보는 사람도 있고, 두려움으로 보는 사람도 있다. 만약 인공지능이 위장된 영성으로 치장하면 사람들은 그것을 절대적인 존재로 대할지도 모른다.

그렇다면 목회자는 어떻게 인공지능 시대를 성도들과 함께 살아낼 것인가? 하나님의 말씀과 목자의 심정이 아니고서는 인공지능 시대를 바르게 통과할 수 없을 것이다. 왜냐하면 성경과 목자의 심정은 거짓 영성, 위장된 영성을 판별하는 시금석일 뿐 아니라, 디지털 숫자에 지배되는 차가운 세상을 녹이는 거룩한 불이기 때문이다.

지금 우리가 진정 두려워해야 하는 것은 예측 불가능한 인공지능 시대의 유혹과 횡포가 아니라, 예레미야 5장 30절의 말씀처럼 "이 땅에 무섭고 놀라운 일"이 있음에도 불구하고 느끼지도, 깨닫지도 못하는 영적인 무감각이다. 우리의 둔한 마음, 막힌 귀 그리고 감긴 눈(사 6:10)을 열게 하는 것은 우리를 위해 예수님의 심장이 터진 십자가의 사랑에 기원(起源)하는 목자의 심정이다. 성도들이 왜곡된 인공지능의 바다에 빠지지 않도록 그들의 손을 잡고 건져 내는 것이 목자의 심정이다.

온전론을 담은 이 책의 흐름

이 책은 크게 세 부분으로 펼쳐진다. 제1부는 온전론의 심장과 뿌리로서 목회자들과 성도들이 소유해야 하는 목자의 심정을 다룬다. 제2부는 온전론의 줄기로서 목자의 심정을 가진 사역자가 붙잡아야 할 교회론과 온전론의 시각으로 푸는 성령론 그리고 온전한 제자의 길을 가는 목회자의 품성과 온전한 제자훈련의 목표를 제시하는 목회론을 담고 있다. 제3부는 온전론의 열매로서 목회자가 목회 현장에서 어떻게 성도들을 온전한 제자로 훈련해야 하는지 구체적인 영역들을 실천적으로 다루고 있다.

신학교에서 목회학을 배울 때 대부분 목회 철학을 먼저 언급한다. 그리고 현장에서의 목회 사역을 설명한다. 머리(Head)에서 가슴(Heart)으로, 손(Hand)으로 내려가는 서양의 목회 철학의 흐름을 따르는 것이다. 그러나 예수님의 사역을 보면 이 세 가지는 나눌 수 없다. 삼위일체처럼 동시에 존재해야 하는 영역이다. 40년 이상 목회하면서, 온전론에 기초한 목회는 성경에 나타난 목자의 심정에서 시작해야 교회 공동체가 건강할 수 있음을 확신하게 되었다. 하나님의 목자의 심정이 없으면 아무리 교회론이 성경적이라 할지라도 목양의 수액(樹液)이 사역의 손과 발이 되는 목회 현장까지 흘러가지 못한다.

교회가 그리스도의 몸이기에 피의 흐름을 따라 심장에서 머리로 그리고 손으로 온전론을 펼쳐보려 한다. 목자이신 하나님의 애끓는 심장에서 흘러나오는 피가 주님의 몸 된 교회의 혈관에 흘러 교회론이라는 목회 철학을 세우고, 그 목회 철학을 목회 현장 전 영역에서 실천하는 것이 온전론의 실체(實體)이기 때문이다.

이 책의 각 장은 다음과 같이 구성되어 있다. 1부의 1장에서는 우리가 추구하는 온전함에 대해서 '죄성을 가진 인간에게 과연 온전함이 가능한가?'라는 항간의 오해를 함께 생각해 보고, 왜 온전함이 성도의 목표가 되어야 하는지 그 이유를 밝힐 것이다. 2장에서는 성경 전체를 관통하는 온전론의 신학적 토대이자 온전한 제자훈련의 원천인 '목자의 심정'을 살피며, 목자의 심정이 어떻게 우리를 예수님의 온전함으로 이끄는지 확인할 것이다. 3장에서는 예수 그리스도의 온전함을 내 것으로 삼는 유일한 방법인 '십자가를 지는 삶'과 '자기부인'이 우리를 어떻게 온전함의 여정으로 이끄는지 다룰 것이다.

2부의 4장에서는 온전한 제자훈련의 뼈대인 올바른 교회론을 신학적 건강성(sound), 목회적 진정성(sincere), 선교적 적절성(suitable)의 관점에서 정리할 것이다. 5장에서는 인공지능을 비롯한 4차 산업혁명이 주도하는 종말의 시대에 성령님에 대한 우리의 관심이[15] 더욱 각별해야 하기에, 21세기에 온전론의 관점에서 붙들어야 할 성령론을 나눌 것이다. 6장에서는 온전한 제자도의 최종 목적인 하나님의 영광을 위해 목자의 심정으로 사역하는 목회자의 품성이 어떠해야 하는지 살필 것이다.

3부의 7장에서는 그리스도 안에 있는 온전함이 성도 개개인의 내면에서 어떻게 전개되는지를 밝히고, 생각, 감정, 의지, 관계, 행실의 각 영역에서 예수님을 따르는 자에게 이뤄지는 영성 형성[16]과 적용을 구체적으로 다룰 것이다. 마지막 8장에서는 온전한 제자훈련의 실천장(場)인 예배, 가정, 일터, 선교, 문화, 이 다섯 가지 영역에서 어떻게 제자가 그리스도의 왕적 다스림을 받게 되는지 확인할 것이다.

우리는 예수님을 믿는 순간부터 예수님의 온전한 제자가 되어야 하는 거룩한 사명이 있다. 성도는 예수님의 온전한 희생에 감사하여 어떻게든 예수님처럼 되고 예수님처럼 사는, 예수 그리스도의 성품으로 이 땅을 살아가야 하는 사람들이다.[17] 예수님의 구원이 온전하기에 우리의 신앙도 날마다 온전함으로 진일보해야 한다. 온전한 제자의 삶에 회색지대란 없다.[18] 삶의 전 영역에서 온전한 제자로 살든지 아니든지 양자택일만 있을 뿐이다.[19]

온전한 제자훈련의 길을 제시하는 온전론의 시원은 '목자의 심정'이요, 온전론의 여정은 '십자가를 지는 자기부인'이며, 온전론의 열매는 '선교적 삶'이요, 온전론의 목표는 '오직 하나님께 영광'(*Soli Deo Gloria*)이다. 물론 이 모든 내용은 철저히 하나님의 목자의 심정이 고스란히 드러난 성경에 기초한다.

"우리는 양을 잃은 목자의 심정을 가지고 청중들을 대해야 한다.

잃은 양을 찾아 어깨에 메고 기쁘게 집으로 돌아올 때까지

우리는 쉴 수가 없다."*

– 찰스 스펄전 Charles Haddon Spurgeon

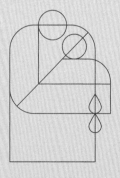

Part

I

온전론의 뿌리:
온전론의 성경적 및 신학적 기원

chapter 1

왜 온전론 제자훈련인가?

1.
제자훈련적 삶으로
가는 길

10여 년 전 사랑의교회는 교회 건축과 함께 혹독한 시기를 겪었다. 그 와중에 어떤 이는 제자훈련 목회를 회의적으로 생각하기도했다. 그러나 그것은 상황을 전체적으로 조망하지 못한 시각 때문이라고 생각한다. 오히려 이 기간은 나 자신을 포함해 사랑의교회가 지난 수십 년간 알게 모르게 겹겹이 껴입었던 관행의 옷, '자기의'(自己義)의 옷을 벗게 된 시간이었다.

그것은 제자훈련 과정을 수료한 성도들의 성숙함 때문에 가능한 일이었다. 교회의 어려움을 체감할수록 주님의 몸 된 교회를사랑하는 마음이 간절해졌다. 이는 자발적인 기도 운동을 낳았고수만 명의 성도들이 금식과 기도에 참여했다. 고난 속에서 오히려성도들이 더욱 마음을 모아 교회를 붙들었던 아름다운 모습은 교회 개척 이후로 수천수만 명이 받았던 제자훈련의 힘이 아니고서는 설명할 길이 없다.

다른 한편으로 이 기간은 지금까지의 제자훈련을 돌아보는 결정적인 계기가 되었다. 제자훈련의 본질, 제자훈련의 기초, 제자훈런의 뼈대를 처음부터 다시 신중하게 들여다보게 된 것이다. 지난 시간 동안 우리도 모르게 제자훈련의 내외피에 이물질이 쌓여서 제자훈련의 본질에서 벗어나게 한 것은 없었는지, 제자훈련의 목적은 무엇이며, 진정한 제자훈련의 결과는 어떠해야 하는지를 가슴 찢는 고통을 안고 치열하게 살펴보게 되었다.

그 고통의 과정을 통해 만들어진 값진 진주가 "온전론"이다. 온전론은 예수님의 목자의 심정이 녹아진 제자훈련이요, 예수님의 피에 민감한 마음밭을 만드는 훈련이다. 옥한흠 목사님의 "광인론"[1]을 통해서 제자훈련의 절대 필요성이 강조됐다면, 온전론은 제자훈련이 삶의 현장에서 어떻게 실천되어야 하는지를 묻는 작업이라고 할 수 있다. '한 사람 철학'이 '온사람 철학'으로 계승, 발전되었다.

광인론이 제자훈련의 씨앗을 왜 뿌려야 하는지에 집중했다면, 온전론은 제자훈련의 씨앗을 어디에 어떻게 뿌려야 사회적, 시대적 파고를 넘어 전방위적 복음의 계승을 이룰 수 있는지에 초점을 맞춘다. 가르치는 제자훈련에서 삶으로 실천되는 제자훈련으로,[2] 제자훈련교회(Disciple Making Church)에서 제자훈련선교교회(Disciple Making Mission Church)로의 변화를 말한다.

목회자는 한 사람을 예수님의 온전한 제자[3]로 삼기 위해 사람의 사상이나 방식을 넘어, 예수님의 피로 녹아진 제자훈련을 추구해야 한다. 예수님의 피 앞에서 모든 것을 멈추고 '신앙의 차렷 자세'를 회복하는 제자훈련 말이다. 그러므로 온전론은 균형 잃은 제자훈련, 관료화된 제자훈련, 제도화된 제자훈련의 함정을 뛰어넘도록 모든 것을 예수님의 피로 녹여내는 작업이라고 할 수 있다.

한마디로 온전론이란 목자의 심정으로 언제 어디서든 십자가 보혈에 전율하는 체질로 거듭나게 하는 것이다.

1) 온전한 제자훈련은 생명의 씨앗이 품고 있는 거룩한 확장성을 보고 실천하는 훈련이다

때로 제자훈련이 균형을 잃고 일탈하는 경우가 있다. 이런 일은 제자훈련을 개인의 성장훈련으로 생각하거나 제자훈련을 통한 확장성의 문을 닫아버릴 때 일어난다. 예수님의 제자훈련이 추구하는 '가서 제자를 삼는 선교적 삶'은 처음부터 철저하게 거룩한 확장성에 기초하고 있다.

성경은 생명의 확장과 그로 인해 세워지는 하나님 나라가 어떻게 이루어지고 있는가를 선명하게 보여준다. 예수님은 열두 제자를 세우셨고 열두 제자는 70인 전도대로 확대되었으며, 70인 전도대는 마가의 다락방 120명 문도로, 다음에는 예수님의 부활을 목격한 500여 형제로 확장되었다. 그리고 3,000명이 한꺼번에 구원받는 역사가 있었다.

구약에서는 300명의 기드온 용사가 있었고, 바알에게 무릎 꿇지 않은 7,000명이 있었다. 그리고 이 수는 요한계시록 19장의 "허다한 무리"로 이어진다. 왜 성경은 이런 숫자를 자세하게 기록해 놓았을까? 하나님 나라의 확장은 추상적인 것이 아니며 삶의 현장에서 구체적으로 일어난 사건임을 보이고자 함이다. 작은 자가 천을 이루고 약한 자가 강국을 이루며, 작은 겨자씨가 새가 깃드는 나무로 자라고, 적은 누룩이 가루 서 말 전체를 부풀게 하는 것이 하나님 나라의 확장성이다.

온전한 제자훈련은 그저 가능성을 이야기하고, 꿈이 이루어지기를 소망하는 것만 말하지 않는다. 하나님은 기록된 말씀을 통해 들불처럼 일어나는 복음의 전진과 생명의 과실들을 적시하며 증거하고 계신다. 이처럼 하나님 나라의 거룩한 확장성을 믿고 가르치며, 삶의 현장에서 실행함으로 그 결실을 목도하고 체감하며, 그 생명으로 하나님 나라를 세우는 것이 온전한 제자훈련이다.

• 온전한 제자훈련의 확장성을 위해서는 마음을 같이하는 동역자가 절대적이다

모든 목회가 그러하지만, 특히 사람을 세우는 제자훈련 목회는 동역자의 지지와 격려가 필수적이다. 어떤 경우에도 마음을 같이하는 이인삼각의 영적 동지애가 절실하게 요구되는 것이 제자훈련 사역이다. 이처럼 제자훈련 사역을 완주하게 하는 진정한 사역의 동지는 때로 죽음의 과정을 통과할 때 태어난다.

옥한흠 목사님은 1970년대 후반 내수동교회 대학부의 수련회 강사로 오신 이후부터 내 사역의 멘토였다. 그런데 사역의 동지로 거듭나게 된 사건이 있었다. 2001년, 목사님 내외분과 2주간 미국 오리건 주를 여행한 적이 있다. 그때 매일 아침 데살로니가전서로 함께 큐티를 했다. 하루는 목사님과 내가 오리건 해변의 파도를 사진에 담으려고 파도가 약간 치는 절벽 아래로 들어갔다가 바닷

물에 휩쓸려 익사할 뻔한 일이 있었다. 그날 목숨과 맞바꿀 뻔했던 사진을 아직도 간직하고 있다. 그처럼 생사를 함께 겪고 나자, 서로 마음의 흉금을 터놓고 정말 많은 이야기를 하게 되었다. 목사님과 나는 누구에게도 털어놓은 적이 없는 삶과 신앙의 사연들을 나눴다. 함께 죽음의 순간을 경험한 후에 이전보다 더욱 튼실한 동지의식이 생겨난 것이다. 목회적 관계가 동지적 관계로, 영적전우의 관계로 한 차원 올라가게 된 것이다.

참 목자가 되기 위해서는 목숨을 걸어야 할 만큼 힘든 것이 목회 여정이다. 때로는 사역을 포기하고 싶을 정도로 사면초가에 몰릴 때가 있다. 이럴 때 목양을 위해 함께 죽을 수 있는 마음 맞는 동역자가 있다면, 목회는 물론 개인적인 문제를 허물없이 나눌 수 있는 사역의 동지가 있다면 서로 간에 영적인 시너지를 나누며 목회 여정을 힘 있게 걸어갈 수 있을 것이다. 그러므로 제자훈련 사역자는 자기 자신에게 '나는 사역을 잘할 수 있는가?'를 묻기 전에 '나에게는 진정으로 마음에 맞는 사역의 동지가 있는가?'를 질문해야 한다. 그리고 먼저 자신이 그 한 사람이 되어야 할 것이다. 그러면 고토(苦土)에서도 능히 하나님 나라를 세울 수 있을 것이다.[4]

2) 우리는 제자훈련을 통해 무엇을 추구하는가?

제자훈련의 목적은 예수님을 닮는 것이며, 그 훈련의 출발점은 목자이신 하나님의 심정이다. 그 누구도 멸망하지 않고 모두가 회개와 믿음에 이르기를 원하시는 하나님의 심정에서 제자훈련은 출발한다. 목자이신 하나님은 우리가 그의 아들 예수 그리스도 안에서 성령님의 능력을 통해 지속적으로 자라나길 원하신다. 이미 우리는 "영생하도록 솟아나는 샘물"(요 4:14)을 통해 지속적으로 자람의 은혜를 받았기 때문에 순종을 통한 성장도 계속되어야 한다.[5]

하나님의 목자의 심정을 깨달은 제자는 자기 자신, 자기 의지, 자기 뜻, 자기 유익이 아니라 주님께서 가르쳐 주신 기도처럼 하나님의 이름, 하나님 나라, 하나님의 뜻에 담긴 온전함을 추구한다 (마 6:9-10).[6]

"제자훈련이 무엇인가?"라는 질문에 대해서 시대와 문화, 환경과 처지에 따라 수많은 대답이 있을 수 있다.[7] 그러나 지난 40년이 넘는 목회에서 한 가지 양보할 수 없는 결론이 있다. "제자훈련은 성도들을 은혜의 주류에 서게 하는 훈련이다." 은혜의 주류라는 말은 은혜 받는 자리, 은혜 받는 환경, 은혜 받는 사람과 함께하는 것을 말한다. 그런데 이 은혜는 반드시 성경에 기초한 신앙의 정통성 위에 서 있어야 한다. 마틴 루터(Martin Luther)와 요한 칼빈(John Calvin)이 가졌던 말씀에 기초한 종교개혁적 교리, 주기철 목사님과 길선주 목사님처럼 십자가를 붙들었던 순교적 신앙, 예수님만을 신앙의 주인으로 삼는 그리스도의 주 되심(Lordship)을 붙잡는 것이 은혜의 주류에 서는 것이다.

같은 공동체 안에 있다고 모두가 은혜의 주류에 서는 것이 아님은 민수기 16장의 사건이 잘 보여준다. 고라는 모세의 지도력에 반역하다가 자신의 무리와 함께 멸망당했다(민 16:33). 고라 한 사람이 은혜에서 벗어나자, 그와 함께한 무리도 같이 멸망의 길로 빠지게 된 것이다.

사탄이 성도들을 은혜의 비주류에 서게 하는 세 가지 방식이 있다. 첫째, 성도들이 멀리 보지 못하도록 영적 근시안에 사로잡히게 하는 것이다. 둘째, 세상적 자존감을 부추겨서 성도들이 어느 순간 교만의 정상에서 추락하게 하는 것이다. 셋째, 영적으로 무감각하게 만들어 머리카락이 잘린 삼손처럼 무기력하게 만드는 것이다.

그러나 예수님은 은혜의 비주류에 선 자를 은혜의 주류에 서게 하셨다. 대표적인 사람이 바로 일곱 귀신이 들어 일상생활조차 할 수 없어서 비참한 인생을 살았던 막달라 마리아이다. 그녀는 예수님을 만난 사람들을 돕는 자로 거듭났고, 은혜의 주류에 서는 인생이 되었다. 이처럼 은혜의 사각지대에 있던 사람을 은혜의 주류에 서게 하는 것이 온전한 제자훈련의 선명한 추구점이다.

3) 제자훈련보다 제자훈련적 삶이 먼저다

한국교회에 제자훈련이라는 용어조차 생경했을 때도 새벽마다 마룻바닥에 엎드려 기도하고 주일성수하며, 성미 주머니에 쌀을 채워 예배당 뒤 성미함에 조용히 풀어놓고, 교회력의 절기를 따라 생활비를 아껴 헌금을 하며, 생활과 성품으로 수많은 전도의 열매를 맺은 신앙의 어머니들이 있었다.

그분들은 체계적 제자훈련을 받지 않아도 말씀(설교), 성례전(聖禮典) 그리고 기도생활을 통해 예수님의 인품과 사역을 닮는 일에 성숙해갔다. 제자훈련이라는 개념은 소개되지 않았어도, '교회'

안에서 '교회'를 통해 '제자훈련적 삶'을 훌륭히 살아냈다. 이것은 교회를 탯줄로 삼는 제자훈련적 삶이 얼마나 중요한지를 보여주는 대목이다.

제자훈련에서 '교회'가 빠지면 그 훈련은 '내 훈련'으로 축소된다. 새로운 이 시대에 교회와 교회론이 시급히 재정립되어야 하는 이유가 여기 있다. "교회는 통일되어 있다, 교회는 거룩하다, 교회는 보편적이다, 교회는 사도적이다." 참 아름다운 말이요, 숭고한 고백이다. 그러나 여기에 새로운 정신, 발견, 흐름을 더하지 못하면 그것은 그저 멋진 수사에 불과할 뿐 생동감 있게 역사하는 교회를 묘사하지 못할 것이다.

미국에서 공부하던 시절, 안이숙 사모님의 부군되시는 김동명 목사님이 시무하시는 교회 대학부를 맡게 되었다. 토요일 아침 8시부터 오후 1시까지 대학생들을 훈련시켰다. 강도 높은 훈련이었다. 훈련생이 많아지고 영적 재생산이 불같이 일어났다. 그런데 어느 날 김동명 목사님이 부교역자에게 사역을 맡기고 남미에 가서 선교를 해야겠다고 선언하셨다. 그 과정에서 목사님은 선교단체 제자훈련에 완전히 빠지셨다. 그러고는 돌아오셔서 내게도 대학부 리더들과 함께 제자훈련을 받으라고 하셨다. 적잖이 당혹스러웠다. 내가 훈련시킨 대학생들과 나를 한 묶음으로 다시 제자훈련을 하시겠다니, 이게 무슨 의도인가 고민이 되었다. 그럼에도 내가 훈련시킨 대학생들과 함께 훈련을 받았다. 훈련은 거의 7-8개월간 이어졌다.

그런데 나는 막상 그 제자훈련을 받으면서 엄청나게 깨졌다. 제자훈련에 관한 나의 아성과 자존심이 깨뜨려진 것이다. 그간 나는 너무 원리(principle) 중심적이었다. 물론 모든 신앙 훈련에는 강력한 원리가 제시되어야 하고 그 원리에 의해 모든 상황이 통제되어야 한다. 하지만 궁극적으로 제자훈련의 목적이 예수 그리스도를 닮아 인성과 성품이 뼛속까지 변화하는 데 목표를 둔 것이라면, 원리가 사람을 변하게 하는 것이 아니라는 심증을 갖게 되었다. 목사님과 제자훈련을 하면서 내가 가르친 대학생들 앞에서 나도 똑같이 다듬어지는 경험을 했다. 만일 그때 "목사님, 어떻게 제가 가르친 훈련생들과 함께 훈련을 받겠습니까?"라고 했다면, 또 그렇게 해서 훈련을 받지 않았다면 주님 앞에서 깨어지는 것이 무엇인지, 제자훈련으로 주님을 닮아가는 것이 무엇인지 깨닫지 못했을 것이다. 이 경험은 그 후로 제자훈련을 하는 데 심대한 영향을 미쳤다. 제자훈련과 제자훈련적 삶이 다름을 알게 된 시간이었고, 제자훈련보다는 제자훈련적 삶을 살게 하는 것이 진정한 제자훈련의 문을 여는 열쇠임을 체득한 현장이었다.

2.
온전함을 위한
변론

나는 십여 년 전부터 〈제자훈련 지도자 세미나〉(이하 CAL 세미나) 첫 시간에 '온전론'이라는 제목으로 오프닝 강의를 해왔다. 이 시간에 빠지지 않고 나오는 질문이 있다. "왜 그 많고 많은 수식어 중에서 제자훈련 앞에 하필이면 '온전한'을 붙여 놓았느냐?" 용어부터 부담스럽다는 참석자들이 많았다.[8] 반면 '온전하지 못한' 제자훈련도 있느냐, 그게 어떤 제자훈련이냐고 묻기도 했다. 그처럼 '온전함'은 이 땅에서 죄성의 한계를 지니고 연약한 육신의 숙명을 안고 사는 사람 그리고 이들에 의해 수행되는 제자훈련과 잘 어울리지 않는 말로 인식되곤 한다.

하지만 '온전함'은 제자훈련과 잘 어울린다. 아니, 엄격하게 말하면 온전함은 제자훈련과 유일하게 어울린다. 제자훈련은 온전함의 맥락을 떠나서는 논의할 수 없다. 왜냐하면 제자훈련의 목표(예수님을 닮아감), 과정(내적 변혁을 통한 성숙), 열매(삶의 모든 영역에서 의의 열매를 맺음)가 모두 우리의 온전함과 관련되어 있기 때문이다.

이제 나는 신학과 사역 현장, 사회 문화 그리고 목회라는 네 가지 관점에서 온전함을 변론하고자 한다. 이 변론들은 새로운 제자훈련론인 온전론을 이해하는 데 크게 도움을 줄 것이다.

1) 신학적인 변론

제자훈련에 있어서 온전함은 다섯 가지 이유에서 신학적으로 매우 중요한 개념이다.

첫째, 그리스도의 제자와 관련한 신약성경의 고유언어를 되찾고자 하면 '온전함'을 꺼내 들어야 한다. 복음서와 사도행전에는 '제자'(μαθητής)라는 말이 무려 263회나 등장한다. 지상명령(또는 대위임령)으로 알려진 마태복음 28장 19절에서 예수님께서 사용하신 "제자로 삼아"라는 동사는 헬라어로 '마쎄튜오'(μαθητεύω)인데, 이는 '배우다'라는 동사에서 파생된 말이다. 구약성경에서 이에 상응하는 단어로 '탈미드'(תַּלְמִיד)가 있다(대상 25:8). 집을 떠나 랍비 밑에서 배우는 젊은이들을 뜻하는 말이다. 신구약성경을 통틀어 살펴볼 때 제자는 훌륭한 스승(a master teacher)을 따르면서 스승처럼 되어 스승이 하시는 일을 자기도 하는 자를 말한다.[9] 그런데 이상하게도 '제자'라는 말이 사도들의 서신서에는 등장하지 않는다. 그 대신 "믿는 자"(행 4:4), "형제"와 "자매", "성도", "신자" 그리고 "그리스도인"이라는 이름이 쓰였다.

하지만 '제자'라는 말이 나오지 않는다고 해서 제자도 또는 제자훈련이 사라진 것은 아니다. 제자라는 말 대신 '따르는 자', 무엇보다도 '완전한/온전한 자'라는 말로 대체되었다. '제자'가 유대적인 배경을 가지고 있는 말이라면, '온전한 자'는 그리스 · 로마 문화권에서 훨씬 더 잘 이해할 수 있는 제자란 단어의 동의어이기에 사도들의 서신서에서 이 단어가 더 많이 사용되었다.[10] 성경이 제자도와 관련하여 더 많이 사용한 용어와 개념을 우리도 중요하게 다뤄야 한다. 이제라도 우리는 제자를 '온전한 자'로 부르길 주저하지 않아야 한다. '언어는 존재의 집'[11]이라 하지 않는가? 언어가 달라지면 언어가 그려내려는 현상을 보는 눈이 달라진다.

둘째, 신앙 성숙에 도달하기 원한다면 반드시 온전함을 성경신학적 개념으로 정립해야 한다. 우리는 유교 문화의 영향을 강하게 받은 탓에 온전함을 주로 인격적 · 도덕적 완전함으로 이해한다. 아니면 서구교육의 영향으로 그리스철학에서 말하는 '상상 속의 이상'으로서 완전함을 떠올리는 경향도 가지고 있다. 온전한 제자훈련에서 말하는 온전함은 그런 추상적인 개념이 아니다. 온전한 제자훈련은 제자훈련의 대헌장이라 할 수 있는 골로새서 1장 28-29절의 말씀대로 예수 그리스도 안에서 성도를 "완전한 자"로 세우는 실제적인 성화의 과정을 말한다. 성화의 목표, 동기, 방법이 모두 우리를 위해 십자가를 지신 예수님의 은혜에 담겨 있으므로, 그분의 제자가 걷는 성화의 길은 세상에서 말하는 자아실현과는 전혀 다르다.

제자훈련의 목표를 고매하고 고상한 신앙인의 '나'로 삼는 순간, 성도 개인의 온전한 변혁을 통한 건강한 공동체가 탄생하기는 커녕 반목, 갈등, 분열의 대참사가 일어난다. 제자훈련에 슬며시 들어온 유교적 개념의 잔재를 벗겨내기 위해서라도, 예수님이 생각하신 제자상, 즉 '온전한 자'를 재설정해야 한다.

셋째, CAL 세미나를 80회 이상 섬기면서 1세대 제자훈련에 몇 가지 시급하게 보강돼야 할 점을 느꼈다. 무엇보다 먼저 온전한 제자훈련이 되려면 1세대 제자훈련이 깊게 다루지 못했던 인간 내면(마음)을 깊이 들여다보아야 하고, 특히 인격의 다섯 가지 구성 요소(생각, 감정, 의지, 관계, 행실)의 변화와 변혁에 관해 깊이 성찰해야 함을 절감했다. 아울러 그리스도의 제자가 된다는 것이 예배, 가정, 일터, 선교 그리고 문화 영역에서 삶으로 어떻게 구현되는지를 밝혀야 한다. 1세대 제자훈련이 바른 교리 형성에 주력했다면, 이제 신앙과 삶의 실제적 영역을 제자훈련의 이름으로 구석구석 돌아보아야 하는 것이다.

넷째, 영성 형성(Spiritual Formation)[12]에서 중요하게 여기는 '경험'의 요소를 보충하기 위해서이다. 예수님이 친히 제자들을 양육하신 과정을 보면, 예수님은 제자들을 데리고 천국 복음을 전파하시며 여러 도시와 마을을 순회하면서 현장학습을 하셨다. 제자들은 그때그때 깨닫고, 한편으로는 기뻐하고 다른 한편으로는 의아해하면서 예수님을 조금씩 배워 나갔다. 온전한 제자훈련은 프로그램의 과정 속에서 교실과 수업에 가두는 지식 전달 위주의 학습 모델에서 탈피하여 생활, 현장, 사회적 관계, 나아가 문화와 시대라는 삶의 생태계 전체를 주님을 따르는 장(場)으로 넓혀보려는 새로운 훈련 모델이다. 이 말은 바른 성경지식의 전수를 위해 체계적인 배움이 필요없다는 것이 아니라 교실에서만, 학기 중에만 배우는 배움이 아니라는 뜻이다.

마지막 다섯째로, 제자훈련의 줄기라 말할 수 있는 교회론을 온전함의 관점에서 재구성할 필요가 있기 때문이다. 기존의 교회론에서 가장 강조한 면은 교회로 '와서'(come) 복음의 말씀을 들어 '회심하고'(repented/converted), 이어 '훈련 받아'(trained) 제자 의식을 가지고 그분을 따를 수 있게 하는 것이었다. 그러나 '와 보라'(come and see)의 교회론만으로는 현대사회에서 심각한 진입장벽에 부딪힐 수밖에 없다. 이제 우리는 '가는'(going) 또는 '함께하는'(being with) 교회론을 고려해야 한다.

성부 하나님께서 성자 예수님을 세상으로 보내셔서 '임마누엘'이 되게 하셨듯이, 교회가 세상으로 건너가서 무의미, 권태, 고통과 죽음 속에서 신음하는 사람들과 '함께하는' 교회의 사명을 새롭게 인식해야 한다. 그러기 위해서 복음의 증인(witness)이 되어야 할뿐더러 세상 사람들을 향해서 동행자(companion)가 되어주는 교회가 되어야 한다. 온전한 제자훈련은 복음과 복음적 가치를 손상시키지 않으면서도 딱딱한 '론'(論)에 갇히지 않는 하나님의 큰 구원 이야기, 원대한 변혁 이야기를 모자이크처럼 계속 붙여 나가는 역동적인 교회관을 구성할 때 반드시 필요한 요소이다.

• 온전함의 추구[13]는 하나님의 온전하심 너머를 보기 위한 것이다

십자가를 통한 하나님의 사랑은 완벽하다. 또한 십자가에서 자신을 제물로 드린 예수님의 행위도 완벽하다. 그리고 십자가를 통한 세상의 구원 역시 완벽하다. 온전론의 목적은 이러한 하나님의 완벽하심을 교회와 성도 그리고 세상 앞에 드러내는 것이다. 우리가 세상을 향한 하나님의 온전하심을 바로 깨닫지 못하면, 어떻게 고통의 문제를 포함한 삶의 문제에 온전히 대답할 수 있을까? 세상은 '하나님이 선하다면 왜 세상에 악이 존재하는가? 하나님이 사랑이라면, 왜 세상은 고통과 상처로 넘쳐나는가?'라는 질문을 던진다. 이러한 질문은 실제적인 문제이다. 2,000여 년 전 바리새인과 서기관들이 진퇴양난의 상황으로 예수님을 시험했듯이, 오늘날 세상도 이성이나 감성으로 풀기 어려운 문제로 교회와 성도를 시험하고 있다.

예수님은 자기를 시험하는 자들에 대해 세상의 상식을 넘어서는 다른 차원의 대답을 하셨다. 온전론은 세상의 질문에 예수님처럼 대답하는 것이다. 어떻게 그럴 수 있는가? 세상을 구원하시는 하나님의 완벽한 방식을 더 깊게, 더 선명하게, 더 초월적으로 깨닫고 추구함으로써 가능하다. 온전론은 "하늘에 계신 너희 아버지의 온전하심과 같이 너희도 온전하라"(마 5:48)라는 말씀에 근거하여 이 세상의 질문을 예수님처럼 하나님의 방식으로 푸는 방법론을 제시할 수 있다.

'너희도 온전하라'는 말씀에 순종하기 위해서는 하나님 아버지의 온전하심이 무엇인지를 찾고, 배우고, 깨달아야 한다. 중요한 것은 온전하심 자체가 아니다. 하나님의 온전하심을 깨달으면 우리에게 "온전하라" 하신 목적을 볼 수 있고, 이것이 우리의 신앙을 새로운 차원으로 올라가게 할 것이다. 알리스터 맥그래스(Alister McGrath)는 하나님을 발견하는 것은 사물을 더 또렷이 보도록 돕는 안경을 발견하는 것과 같다고 했다.[14] 하나님을 발견하는 것 자체가 목적이 아니라 하나님을 발견함으로 얻는 그 안경을 통하여 하나님께서 창조하신 무궁무진한 세계를 경외와 황홀함으로 보고 그것을 세상에 전하는 것이 더 큰 목적이다.

온전론도 마찬가지다. 하나님의 온전하심을 깨달음으로 하나님의 온전하심이 의도하고 보여주는 것을 보고, 그것을 통해 활력있게 살아갈 뿐 아니라 다른 사람들에게 그것을 보게 하고, 그들도 그렇게 살아가도록 도전하고 응원하는 것이 온전론의 목적이다.

2) 사역현장을 위한 변론

위에서 비교적 자세히 제자훈련에 '온전한'을 붙이는 이유가 무엇인지 신학적인 측면에서 설명했다. 그러나 온전한 제자훈련은 몇 가지 더 대답해야 할 것들이 있다. 그중 한 가지는 사역적으로 적절한지 따져보는 것이다. 무엇보다 온전론은 아래의 질문에 반드시 설득력 있는 답변을 내놓아야 한다.

'교인들의 신앙적인 열심은 시간이 지날수록 크게 식어가고, 기독교 인구는 급격히 줄고 있다. 그동안 교회 성장에 좋다는 프로그램을 많이 접목해 보았지만, 오히려 교회에 출석하는 성도들은 썰물처럼 빠져나간다. 주일학교가 문을 닫고 청소년부가 없는 교회들이 날로 늘고 있다. 상황이 이런데도 온전한 제자훈련 운운하는 것은 너무 한가한 주장 아닌가?' 이런 현장의 목소리에 공감하지 않는 사역자는 아마 없을 것이다. 한국교회의 쇠퇴 조짐은 막연한 우려가 아니라 통계가 보여주는 객관적인 사실(fact)이다.[15]

그러나 상황이 어렵다고 해서 온전한 제자훈련을 못 할 이유는 없다. 오히려 상황이 이렇기 때문에 더욱 제자훈련에 온전함이라는 새 옷을 입혀서 성도들을 제자화해야 한다. 상황이 사명을 주도하는 것이 아니라, 사명이 상황을 이끌어야 한다. 왜 그런가? 제자훈련 비판론자들이 자주 하는 말이 있다. 제자훈련을 받으나 안 받으나 별반 차이가 없다는 것이다. 그렇다면 제자훈련을 했는데도 왜 삶으로 주변과 세상에 선한 영향과 아름다운 충격을 주지 못할까? 제자로의 부르심에 근본적인 문제가 있어서인가? 제자도는 이천 년 전 고대사회에서나 통하는 신앙 전수 방법이기 때문인가?

아니다. 우리가 제자훈련을 너무 명목적으로 했기 때문일 것이다. 우리는 제자훈련이 성도의 삶과 성품, 그 한가운데를 관통하지 못했고, 일상을 위한 신앙과 교회 봉사를 위한 특별한 행동 양식을 제자훈련이라 이름하지 않았는지 냉정하게 돌아보아야 한다. 제자훈련이 교회 봉사의 매뉴얼로 내려앉는 순간, 자기부인이 아니라 자기를 관철하는 영적 고집쟁이들을 양산할 수 있다. 자기부인과 십자가를 지는 삶이라는 제자훈련 교재의 내용은 가르쳤지만, 실제 삶에서, 특히 교회 안에서의 관계와 주변 성도들을 대하는 훈련생의 모습에서도 자기부인의 삶이 실제로 열매 맺었는지 다시 살펴야 한다.

그리고 다시 제자훈련의 본질, 동기, 방법을 새롭게 붙들어야 한다. 제자훈련을 한국 문화, 한국교회의 형편에 너무 맞추려고만 하지 말고, 신약성경의 제자훈련이 실제로 어떠했는지 치밀하게 살펴야 한다. 한국 상황에 맞는 제자훈련을 하는 것보다 한 차원 높은 성경적 제자훈련을 한국 상황에 어떻게 접목해야 할지 고민해야 한다. 궁극적으로는 제자훈련이 글로벌 스탠다드(Global Standard)[16]로 나아가야 한다는 말이다. 결국은 우리 식의 제자를 만드는 것이 아니라, 성경적으로 온전한 제자를 만드는 것이 궁극적 목적이다. 예수님에게 하나님 나라의 선포와 제자훈련은 별개의 것이 아니었다. 예수님은 제자들이 품성, 덕성, 생활 면에서 철저하게 하나님 나라의 통치를 받는 신자가 되어, 하나님 나라를 증거(전파, 전도)하는 사명을 수행함으로써 풍성한 열매를 맺을 수 있도록 끊임없이 가르치고 점검해 주셨다. 그렇다면 예수님이 하신 그대로 해야 한다. 제자훈련이 상황의 유불리를 떠나서 예수님이 기뻐하실 만한 것이 되려면, 우리 역시 철저하게 예수님이 제자들에게 하신 제자훈련을 기준으로 삼아야 한다.

'된다', '안 된다'는 우리가 신경 쓸 바가 아니다. 열매와 추수는 주님께 맡기고, 우리는 울면서라도 씨를 뿌려야 한다(고전 3:6; 시 126:5-6). 부흥불가론, 기독교 쇠퇴론이 횡행하고 있는 지금이 오히려 제자도의 근간을 살피고 고칠 수 있는 절호의 기회인지도 모른다.

• 온전함을 추구할 때 사역 현장에서 어떤 일이 일어나는가?

사역 현장에서 온전함을 열정적으로 추구할 때 보이는 성도의 모습은 어떠해야 하는가? "예배에서의 온전함은 모든 예배자가 빠짐없이 참여하고 하나님께 최대한 열린 자세를 취한다는 뜻이다. 사역에서의 온전함은 은사를 행하는 일뿐 아니라 섬길 수 있는 모든 역량을 분별하고 활용하는 것을 말한다. 성도 간에 나누는 교제에서의 온전함은 다른 이들을 돕기 위해 자신과 자신의 재산을 무모할 정도로 관대하게 내어 주는 것을 뜻한다."[17]

이런 점에서 온전함은 개인적으로 조용히 추구하는 신앙을 넘어 공동체적으로 함께 열정적으로 추구하는 것이며, 이렇게 할 때 교회의 체질이 뜨겁게 바뀔 것이다. 온전함을 열정적으로 추구하면 "하나님의 얼어붙은 백성"이 기어 들어가는 목소리로 부르는 찬양, 냉담한 형식주의, 폐쇄적인 삶, 상호헌신의 부족을 깨뜨릴 수 있을 것이다.[18]

우리가 기어코 온전함을 추구해야 하는 이유는 그것이 신앙의 본질이기 때문이다. 신앙의 본질을 추구할 때 교회의 체질, 사역의 현장이 거듭나는 이유는 교회의 곁불들이 정리되기 때문이다. 오늘날 교회 내에 많은 사람이 왕래하지만, 그럼에도 교회가 활력을 잃고 차가워지는 이유가 있다. 교인들이 '성령님의 불이 아닌 다른 불 옆에 서서 불을 쬐며 따뜻하게 제 기운을 북돋우기' 때문이다.[19] 오늘날 많은 교회가 곁불을 쬐느라 진짜 불을 경험하지 못하고 있다.

온전함은 사역의 곁불을 쬐는 자들은 만질 수 없는 용광로와 같다. 온전함은 교회가 무엇인지, 사역이 무엇인지, 예배가 무엇인지, 선교가 무엇인지에 대한 본질에 충실한 질문을 가슴에 담고 있는 자만이 가지는 뜨거운 용광로이다. 온전함은 '본질에는 충실하게, 비본질에는 자유롭게 하는'[20] 목회 사역의 엔진이요, 목회의 에너지를 본질에 집중하게 하는 거대한 돋보기이다.

3) 사회 문화적인 변론

온전한 제자훈련론은 사회 문화적인 적실성에 관해서도 답해야 한다. '온전함'은 예수님이 제자들을 키워내실 때 쓰신 하나님 나라에 걸맞은 훈련의 방법이라는 확신이 있더라도, 지금 여기 21세기 교회를 둘러싼 사회 문화적인 환경에도 적합한가 하는 것은 또 다른 문제이다. 21세기는 속도와 방향, 관계성에서 이전 시대와는 완전히 달라졌다. 지금 하루에 생산해 내는 정보는 속도와 질과 양에서 한 세대 전, 한 세기 전의 그것과는 비교할 수 없을 만큼 달라졌다.[21] 미래의 방향은 인간의 사고방식으로는 예측 불허이며,[22] 관계에서는 SNS를 통하여 세상의 모든 사람과 초연결되어 있지만,[23] 사실은 어느 시대보다 외로운 관계이다.[24] 그러므로 지금의 제자훈련은 급변하는 시대를 견인하기 위해서 새 부대에 담겨야 하는 것이 마땅하다.

"하나님은 변하시지 않지만 인간의 문화는 반드시 변한다. … 20세기에 빌리 그래함(Billy Graham)에게 통했던 것이 21세기에 우리에게도 통하리라는 보장은 없다."[25] "우리의 목표는 21세기에 재현된 1세기 교회가 아니라, 예수님의 현현과 성경적 가치를 육화하고, 하나님의 선물인 미래를 향해 나아가는 21세기 교회이다."[26]

현대의 가장 큰 문제는 두 가지로 요약될 수 있다. 첫째, 모든 도덕과 윤리, 철학, 법 관념의 기초가 되는 초월적이고 형이상학적인 존재의 해체이다. 내가 어릴 적, 아니 청년 시절만 해도 '하늘이 무섭지도 않느냐'라는 말을 종종 들었다. 한국 사회에서 불과 30

년 전만 해도 억울하고 답답하고 눈물 나는 일이 있을 때면 그것이 꼭 기독교의 하나님이 아니더라도 가슴을 치고 눈물을 흘리면서 하늘을 우러렀다. 우리가 사는 현대는 그 하늘이 없어진 것 같다. 더 이상 하늘, 양심, 도덕 따위의 '신성한 질서'(sacred order)는 존재하지 않는 것처럼 보인다.

둘째, 신성한 질서가 죽은 자리에 찬란하게 등장한 것은 바로 현대적 자아(modern self)이다.[27] 이 자아가 믿는 경전은 도덕적, 문화적 상대주의이다. 현대적 자아는 매 순간 노골적인 개인주의(expressive individualism)를 예배한다. 절대군주가 사라진 자리에 들어선 새로운 군주가 바로 '개인'이다. 현대에 들어와 이 군주는 급격하게 영토를 확장했다. 이제 개인의 권리와 가능성, 개인의 신성불가침성을 건드리고 살아남을 것은 아무것도 없다. 종교도 이 개인을 건드릴 수 없다. '나와 하나님의 관계가 중요하지, 사람 볼 게 뭐 있느냐'는 구호는 교회 안에 침투한 노골적 개인주의가 뿌리는 교묘한 선동이다. 이 자아는 성혁명(sexual revolution)이라는 막강한 화력을 지니고 있다. 절대 진리는 없고 상대적인 문화만 있다는 사회 문화적인 분위기, 개인(자아, 나)을 건드리는 것은 인간과 문명 전체를 부정하는 파괴행위라는 단죄에 힘입어 현대인들은 성(性)을 인정사정없이 해체했다. 그 극단적 예가 동성애에 보내는 현대인들의 맹목적인 지지이다. 신앙의 개인주의화는 결국 제자훈련의 본질마저 해체시키는 독이다.

현대인들은 신성한 질서를 버리고는 자유를 얻은 것이 아니라 더 큰 혼란을 겪고 목적의식의 상실, 의미 실종의 위기를 맞게 되었다. 과학기술이 극도로 발전했지만 어떤 삶이 좋은 삶인가, 어떻게 살아야 할 것인가에 관해서는 오히려 크게 후퇴하여 기독교적 관점에서 보면 영적 문맹 수준이 돼버렸다. 생활 속 작은 선택 하나도 쩔쩔매면서 고민하며 선택하는 것이 현실이다. 도덕적인 절대기준을 왕위에서 끌어내렸는데도 뭔가가 나를 감시하고 있다는 느낌, 아무리 선거를 반복하고 투표를 해 봐도 세상이 나아질 것 같지 않은 암울함이 더 커졌을 뿐이다.

이러한 시대에, 나는 온전함을 추구하는 제자훈련이 시대적 혼란과 불안에 해독제가 될 수 있다고 확신한다. 온전론은 바로 "이때를 위함이 아닌지 누가 알겠느냐"(에 4:14)의 소망을 주는 제자훈련 원리이자 목회 철학이며, 무엇보다 모든 성도가 일생 동안 추구해야 할 신앙원리이다. 우리가 제자훈련을 통해 도달하려는 온전함은 예수 그리스도의 사랑으로 우리에게 값없이 이식된 통합된 인격이다. 온전함은 우리가 보충하거나 계발해야 할 어떤 의무사항이 아니다. 우리는 이 온전함을 간직하고 키워 나아가기 위해 다만 오류를 일으키는 거짓된 옛 자아를 자기부인(자기절연[絶緣])이라는 방법으로 버리고, 지속적인 순종의 삶, 즉 십자가를 짊어지는 삶을 통해 표현하기만 하면 된다.

또 한 가지, 온전론은 위에서 말한 현대적 자아를 대신할 수 있는 온전한 자아, 성경적인 자아를 소개한다. 온전한 자아는 모든 것이 상대적일 뿐이라는 문화주의의 미몽(迷夢)에서 깨어난 참 자아, 노골적인 개인주의를 예수 그리스도 안에 있는 거듭난 새 사람으로 극복한 '공동체적 자아' 그리고 "음행과 온갖 더러운 것과 탐욕은…그 이름조차도 부르지"(엡 5:3) 않는 '고결한 자아'이다. 이 자아는 죽기까지 자기를 낮추고 비우며, 하나님의 뜻에 순종한 예수 그리스도의 영이 탄생시킨 자아이다(빌 2:8). 이 자아는 자신의 의지(意志)를 관철시키는 데 삶의 뜻을 두지 않고, 하나님을 의지(依支)하는 데 삶의 목표를 두고 살아간다. 그 뿌리에 항상 죄의 욕망이 있어서 흔들리는 옛 자아를 죽인 십자가를 중앙선으로 삼고 달려가는 새 사람이다(엡 4:17-24).

• 인공지능 시대에도 온전한 제자훈련은 가능한가?

모든 것이 광속으로 달라지는 지금, 머지않아 인공지능과 가상현실이 현실화되는 가까운 미래에도 제자훈련은 온전히 작동할 수 있는가?

2045년이 되면 인간이 인공지능을 통제할 수 없는 지점이 오는데, 그 지점을 '특이점'이라고 한다.[28] 이 특이점은 인류 문명이 예측할 수 없는 변화를 가져오는 시점을 말한다. 이는 "지능폭발"이라는 말로도 표현된다. 인간 지능을 능가하는 초지능, 스스로의 변화와 개선이 가능한 인공지능으로 인해 예측 불가능성이 현실이 되는 시대이다. 온전한 제자훈련은 이런 때에도 실제적이고 실천적인 의미를 가질 수 있는가?

교회가 직면하고 있는 인공지능 시대는 기독교가 역사적으로 직면했던 초기 기독교의 영지주의, 18세기의 계몽주의, 20세기 초중반의 공산주의, 1960년대 이후의 포스트모더니즘과 무엇이 같고 무엇이 다른가? '십자가와 부활'이라는 절대 진리의 기둥을 해체하려는 것에서는 같은 맥락일 수 있다. 하지만 기존의 도전들이 이념적으로, 지역적으로, 시대적으로 제한된 것이라면, 인공지능 시대는 이념적 논쟁에서도 자유롭고, 갈수록 시공간의 제한도 받지 않는 전 지구적 시대 흐름이라는 점에서 전혀 다르다. 그렇기 때문에 기독교는 의식조차 못한 채 더 큰 정체성의 위기와 신앙적 위기를 맞게 될 수 있다. 인공지능이 지닌 편리성, 혁신성, 만능성의 밑바닥에는 '이제야말로 인간은 하나님 없이도 잘 살 수 있다'라는 무신론적 감탄이 흐르고 있음을 간과해서는 안 된다.

어떻게 해야 제자훈련이 인공지능이라는 거대한 세상의 폭풍우 속에서도 파선하지 않고, 모세의 지팡이와 다윗의 물맷돌처럼 한결같이 튼실한 사역의 뿌리를 지켜내는 역할을 감당할 수 있을 것인가?

사역자의 시선은 교회 안팎을 동시적으로 봐야 한다. 교회 내부의 문제에만 골몰하는 영적 우물 안 개구리의 가치관과 시각만 고집하면, 세속의 쓰나미가 덮치는 것을 인식조차 하지 못한 채 휩쓸릴 것이다. 4차 산업혁명의 첨병(尖兵)인 인공지능, 가상현실의 시대에서 교회가 살고 성도가 사는 유일한 길은 사역자의 심장에 달려 있다. 사역자의 심장이 잃어버린 양을 찾는 목자의 애끓는 심정, 한 영혼을 향한 사명의 맥박으로 펄떡이면 교회와 성도는 살 것이다. 교회의 미래는 세상이 어떻게 변하고 얼마나 소용돌이치든, 예수님이 교회에 주신 사명을 목숨보다 귀하게 여기고 따르는 진정한 사명자가 얼마나 있느냐로 결정될 것이다.

사명의 심장이 뛰는 자의 고백이 있다. 예수님께 받은 사명을 위해서 자신의 생명조차 조금도 아끼지 않겠다는 사도 바울의 고백이 그것이다(행 20:24). 교회와 성도가 받은 이 사명은 "심장의 피를 뿌려서라도 지켜야 하는 것"이다.[29]

4) 목회론적인 변론

온전함을 신학적으로, 사역적으로, 사회 문화적으로 적절하게 변론한다 하더라도 가장 중요한 문제 한 가지가 남는다. 우리처럼 자주 유혹에 빠지고 불순종의 시험에 빠지는 자들이 온전함을 말하는 것 자체가 가당치 않다는 것이다.

우리 자신의 뒷걸음질을 그대로 방치할 수도 없다. 그렇다면 자격도 능력도 없는 인간이 어떻게 온전함을 추구할 수 있는가? 어거스틴은 그 해답을 은혜 베푸시기를 즐겨하시는 하나님의 속성에서 찾았다. "주여, 주께서 명령한 것을 행할 은혜를 제게 주시고, 주께서 원하는 것을 명령하소서"(Da quod iubes, et iube quod vis).[30]

하나님이 우리에게 "되어라" 또는 "행하라" 하고 명하시면 반드시 되고 이루어진다. 왜냐하면 하나님은 명령하시는 바를 우리 손에 쥐여 주시기 때문이다. 또한 주님이 우리에게 명하시는 것들은 주님이 원하시는 것이다. 이렇게 볼 때, 만약 주님이 우리에게 "나를 따라오라"고 부르신다면, 우리는 그분을 따를 수 있게 된다(막 1:17-18). 왜냐하면 우리가 그분을 따를 마음, 힘, 슬기로움, 민첩함을 반드시 주시기 때문이다.

하나님은 은혜 베풀기를 참으로 좋아하시는 분이다(고후 9:8). 신학의 뼈대가 형성되고 대단한 신앙의 실천을 하기 전에도 선행(先行)하는 은혜를 부으셔서 주의 발자취를 기쁘고 즐겁게 따를 마음을 주신다. 예수 그리스도의 제자로서 나를 훈련하는 일에 신명(身命)을 다하겠노라며 엄숙히 다짐하기 전에, 그분을 따를 수 있는 은혜를 주셔서 어린 걸음이지만 주님을 따르게 하신다. 내가 한없이 부족해도 온전하신 주님을 따르고 싶은 그리스도인의 마음에 있는 경향성을, 필자는 선험(先驗)적인 제자도라 부르고 싶다.

제자훈련은 "날마다 우리 짐을 지시는 하나님"(시 68:19)의 임재를 경험하는 훈련이다. 제자훈련은 고되고 힘들다. 인격과 삶에 변화를 일으키기에 일정한 아픔이 동반된다. 하지만 정상(正常)으로 돌아가는 변화에는 기대와 희망이 따른다. 변화에 따르는 통증을 변화의 영광스러운 결과와 비교할 수 없기 때문이다.

제자훈련은 엄숙하지만 동시에 아름다운 과정이다. 베토벤의 교향곡을 듣고 청음(聽音) 시험을 본다면 너무나 부담스러울 것이다. 그러나 사랑하는 사람과 함께 유명한 교향악단의 베토벤 작품 연주를 감상한다고 생각해 보라. 온갖 근심을 잊고 연주의 아름다움에 흠뻑 젖어들 수 있을 것이다. 그 시간은 황홀할 것이다. 제자훈련도 마찬가지다. 주님께서 우리를 새로운 도덕률과 의무들로 쥐어짜내려 하지 않으시고, 그의 자녀에 걸맞은 변화의 길을 걷게 하시며, 성화의 걸음으로 다가갈수록 하나님의 온전함이 발하는 아름다움과 영광스러움에 감읍(感泣)하게 하실 것이다.

제자훈련은 생활과 실천에 일정한 변화를 일으킨다. 그러나 제자훈련은 그리스신화에 나오는 '프로크루스테스의 침대' 이야기에

서처럼 길면 자르고, 짧으면 늘려서 죽이는 그런 무지막지한 행동 변화 프로그램이 아니다. "우리는 구속 프로그램(redemptive program)이 아니라 한 인격적인 구속자(a personal redeemer)에 의해서 전개되는 변화의 전 과정에 참여한다."[31] 훈련 커리큘럼이 아니라 살아계신 주님과의 인격적 만남과 사귐이 우리를 변화시킨다. 신앙의 길은 엄숙하지만 동시에 기쁨과 즐거움으로 영원히 이어진다.[32] 따라서 제자훈련도 주의 발자취를 따름의 희락으로 감당할 수 있다.

• 사람에게는 진심(眞心), 하나님께는 전심(全心)인 목회

"하나님의 은혜가 아니고서는 설명할 수 없는 사역을 하게 하옵소서." 목회를 하면서 한결같이 드린 기도이다. 코로나 팬데믹을 지나면서 한국교회는 많은 어려움을 겪었다. 온라인 예배라는 전대미문의 상황이 장기간 지속되면서, 교인들은 현장 예배에 참석하는 것을 마치 한동안 사용하지 않은 근육을 움직일 때의 불편함같이 느꼈다. 이로 인해 많은 지역교회가 어려워졌고, '앞으로 이전과 같은 목회가 과연 가능할까?' 하는 회의적인 시각이 한국교회 속으로 스며들기 시작했다.

한국교회는 1970-1980년대에 "민족의 가슴마다 피 묻은 그리스도를 심어 이 땅에 푸르고 푸른 그리스도의 계절이 오게 하소서"라는 가슴 터지는 구호를 방방곡곡에 붙였다. 그러나 2000년대에 들어서면서 전도와 부흥의 열기는 눈에 띄게 식어갔다. 코로나의 강을 건너며 끊임없이 질문했다. 기독교에 대해 갈수록 적대적인 환경에서 한국교회는 어떻게 살아남을 것인가? 4차 산업혁

명 시대에 어떻게 사명을 감당할 것인가? 세속화와 종교 다원주의에 빠진 다음세대에게 어떻게 믿음을 계승할 것인가? 〈9.26 한국교회 섬김의 날〉[33]은 이러한 목회적인 고민에서 시작되었다.

어떻게 하면 모든 지역교회가 다시 일어설 수 있는 동력을 가질 수 있을까? 한국교회가 목회적 설렘과 사역의 동력을 회복하는 현장을 꿈꾸며 간절히 소원했다. 이를 위해 주중 강단기도회를 시작했다. 처음에는 이 어려운 시기에 5천여 명의 사역자들이 참석하는 것이 가능할까 하는 회의적인 시각도 있었다. 그러나 강단기도회를 시작하면서 수많은 문제가 눈 녹듯 사라지기 시작했고, 어느 순간 산 같은 장애물들이 오히려 디딤돌로 여겨지게 되었다.

그 이유는 무엇인가? 사람들은 이러저러한 해석을 했지만, 내게는 한 가지 확신이 용천수처럼 솟구쳤다. '아, 우리가 온전한 마음으로 주님만을 바라보았구나!' 세상의 100가지 장애물, 부정적인 사실들에 마음을 두지 않고, 하나님께만 온전한 마음으로 나아갔다는 각성이 온몸을 관통했다. 그리고는 〈9.26 한국교회 섬김의 날〉의 구호가 되었던 "사람에게는 진심(眞心)으로, 하나님께는 전심(全心)으로"가 터져 나왔다. 이 구호는 많은 교회뿐 아니라 사회적으로도 반향을 일으켰다.

"사람에게는 진심으로, 하나님께는 전심으로"는 온전한 마음, 온전한 믿음에 대해 하나님께서 천둥소리처럼 응답하신 축복이었다. 온전함이 사역의 물꼬를 튼 것이다. 이렇게 온전함은 "사람에게는 진심, 하나님께는 전심"인 사역의 문을 연다.

3.
온전함에 끌리는
인간의 본성

1) 온전함을 동경하는 마음의 기원

사람은 자신이 온전치 못함을 누구나 잘 안다. 그런데 더 놀랍고 흥미로운 사실이 있다. 인간이 자신의 불완전함을 명확한 지식으로 알고 있으면서도, 아니 알고 있기 때문에 인간은 거의 필사적으로 온전함을 추구한다는 것이다. 자신이 불완전함을 명쾌하게 알고 있다면 더 이상 완전, 온전, 완벽, 이런 것은 꿈꾸지 말아야 하는데 더 갈망하고 찾는다.

이 마음은 어디서 온 것일까? 다행스럽게도 성경은 온전함을 추구하는 인간 본성의 기원을 친절하고 소상히 알려준다. 하나님의 형상이란 무엇인가? 창세기 5장 3절을 보면 아담의 아들인 셋을 "자기(아담)의 모양 곧 자기의 형상과 같은 아들"이라고 말한다. 아들 '셋'이 아버지 '아담'과 비슷하다, 닮았다는 뜻이다. 아담과 셋의 관계를 염두에 두고 살펴볼 때 사람이 하나님의 형상이라는 말은 무엇보다도 사람이 특별한 의미에서 하나님을 닮게 지어졌다는 뜻이다. 그래서 요한 칼빈은 "인간은 하나님을 닮았다. 인간 안에서는 마치 거울에 비치는 것처럼 하나님의 영광이 탐지된다"[34]라고 했다.

어떤 면에서 인간이 하나님을 닮았는가? 몇 가지를 손꼽아볼 수 있다. 먼저 다른 피조물들에 비해서 인간만이 가지고 있는 이성, 영성 그리고 하나님을 알고 예배할 수 있는 능력 등 여러 가지 월등함을 들 수 있다. 또한 인간이 남자와 여자로 지어졌으므로 남녀가 부부로서 연합하여 사랑의 공동체를 이룰 때도 하나님의 형상이 나타난다고 할 수 있다(창 1:27, 5:1-2). 하나님은 인간에게 그분을 대리하여 만물을 다스리는 권한을 주셨으므로 인간을 대리통치자(viceregent)라고 할 수 있는데, 만물에 대한 인간의 지배력 역시 하나님의 형상이라고 할 수 있다(창 1:28). 그런가 하면 신약성경은 인간이 의로움과 거룩함 가운데서 하나님과 언약적인 교통(교제)을 할 수 있도록 지어졌다고 강조한다(고전 1:9).

인간 안에 있는 하나님의 형상은 크게 훼손되었다(롬 3:23). 인간이 하나님께 반기를 듦으로써 그의 안에 있던 의로움과 거룩함이 산산조각 났고, 하나님의 형상 또한 형체를 알아보기 힘들 정도로 손상되었다. 긍휼과 은혜가 풍성하신 하나님께서 아들 예수 그리스도를 보내셔서 우리 속에 깨어진 하나님의 형상을 복구해주지 않으셨다면 인간은 다시는 "의와 진리의 거룩함"(엡 4:24)을 지닌 새 사람이 될 수 없었을 것이다. 첫 창조 때 인간이 하나님의 형상으로 지어진 것처럼, 둘째 아담인 구원자 예수님 안에서 인간은 다시 한번 하나님의 형상으로 새롭게 재창조되었다(고후 5:17). "새 사람을 입었으니 이는 자기를 창조하신 이의 형상을 따라 지식에까지 새롭게 하심을 입은 자니라"(골 3:10). 그리고 이 복구된 형상은 "그리스도의 장성한 분량이 충만한 데까지"(to the whole measure of the fullness of Christ) 자라는 목표를 그 안에 지니고 있다(엡 4:13). 우리가 자신의 불완전함을 아는데도 온전함을 사모하는 이유는 바로 이것이다. 이 본성 때문에 인간은 거북하지만 온전함을 추구하지 않을 수 없다. 그러므로 온전함은 피조물인 인간에게 이상(理想)이면서 동시에 부담이다.

2) 온전함에 관한 바른 이해

우리가 온전함이라는 말을 낯설게, 꺼림칙하게 대하는 이유가 있다. 온전함이라는 용어를 성경적으로 파악하지 않고 세속적인 용례대로 이해한 탓이 크다. 우리가 성경이 아니라 철학적 개념으로 온전함에 접근하고 있는 사례 하나를 제시한다. 히브리서에는 '온전함' 또는 '완전함'을 뜻하는 헬라어의 형용사형 '텔레이오스' (τέλειος)와 명사형 '텔레이오테스'(τελειότης), 동사형 '텔레이오오' (τελειόω)가 12번이나 나온다. 별로 어려워 보이지 않는 이 단어의 용례가 실은 의외로 복잡하고 의미 파악이 쉽지 않다. 우리의 언어 감각과 상식과는 달리 '온전하다'는 단어는 유대 사회를 포함한 1세기 지중해 연안의 생활 현장에서 다양한 뜻을 지닌 어휘로 쓰였기 때문이다.[35]

그러면 어떤 용례들로 쓰였는지 살펴보자. 첫째, 일부 헬레니즘

유대교 문헌에서 온전함은 신체적, 정서적 성숙함 또는 삶의 마지막 자락에 이르러서야 얻을 수 있는 원숙, 원만함을 뜻했다. 우리말로 옮기면 '노숙하다, 노련하다' 정도가 될 것이다. 둘째, 도덕적인 완전무결함을 뜻하기도 했는데, 이런 경지에 도달하려면 고된 훈련이 필요하다는 뜻도 포함한 채 쓰였다. 지난(至難)한 자기수양을 통해 고상한 인격에 도달한 사람이 여기에 속한다. 셋째, 그리스 종교문화에서 어떤 비밀 분파 회합에 정회원으로 입회하는 것도 '텔레이오스'하다고 봤다. 넷째, 구약성경을 헬라어로 번역한 칠십인역(LXX)에서 온전하다는 단어를 이해하고 사용한 용례이다.

넷째 용례에 관해서는 조금 더 설명이 필요하다. 칠십인역에서도 온전함을 고매한 도덕성(창 6:9; 왕상 15:3), 무흠의 제물(출 12:5)을 가리킬 때 사용했지만, 아주 독특한 용례가 하나 있다. 그것은 제사장 직분에 관해서 말할 때 이 용어를 썼다.[36] 한글성경은 이 경우 '텔레이오스'를 '제사장에 위임하다'라고 번역했는데, 직역하면 '제사장들의 손을 완전하게 하다'이다. 이때의 '완전하다'는 도덕적으로 또는 윤리적으로 흠잡을 데가 없다는 뜻이 아니라 '(제사장의) 직분에 꼭 들어맞는다', '(제사장의) 자격과 능력을 충족시킨다'라는 뜻이다.

(1) 성도다움의 길

온전함을 도덕적 완전함이 아니라 '위임하려는 직분에 맞게 준비된, 직분 수행에 알맞은'으로 이해할 때 신약의 난해 구절 중 하나인 히브리서 2장 10절이 자연스럽게 해석될 수 있다. "그러므로 만물이 그를 위하고 또한 그로 말미암은 이가 많은 아들들을 이끌어 영광에 들어가게 하시는 일에 그들의 구원의 창시자를 고난을 통하여 온전하게 하심이 합당하도다."

창조주 하나님은 '구원의 창시자'인 예수님을 내세우셔서 하나님의 자녀들을 구원하시는데, 이때 예수님이 고난을 통해 온전하게 되신다는 말씀이다. 그런데 '예수님이 고난을 통하여 온전하게 되신다'는 말씀은 쉽게 이해되지 않는다. 예수님이 십자가를 지고 고난 받으시기 전에는 온전하지 않으셨다는 말인가? 온전함이 도덕적으로 높은 수준이라면, 모든 바름과 옳음의 근원이신 예수님이 겨우 도덕적인 탁월함을 성취하기 위해 그 치욕의 십자가를 견디셨다는 말인가? 일반적인 용례에 따라 '온전함'을 이해하려고 하면 도무지 이 구절의 의미를 정확하게 파악할 수 없다. 하지만 예수님이 영적 대제사장으로서 구원이라는 직무를 '매우 적합하게' 이루셔서 우리의 영원한 대제사장으로서 위임받으셨다고 해석하면 문맥에 맞게 해석되고 뜻이 자연스럽게 풀린다.[37]

예수님이 온전하게 되셨다는 의미가 '예수님이 비로소 도덕적으로 완전해졌다'라는 뜻이 아니라, '우리를 구원하는 대제사장의 직무를 더 말할 나위없이 정확하게, 더 손댈 필요 없이 온전히 이루셨다'라는 뜻이라면, 성도의 온전함 역시 예수님의 온전케 되심에 비추어서 생각하는 것이 마땅하다. 즉 성도의 온전함은 성도가 '도덕적으로 완벽하다', 또는 미래형으로 '무흠무결해야 한다'라는 뜻이 아니다. 오히려 완전하셔서 온전한 구원의 은혜를 베푸시는 주님을 기대하고 추구하며 그분께로 가까이 나아가고 있는 상태, 이른바 도상(途上)의 존재라고 봐야 옳다. 다른 말로 하면, '성도다움, 성도로서의 적합함, 성도의 자격과 위치를 잘 지킴'을 성도의 온전함이라고 해야 한다.

그러면 구체적으로 어떤 모습이 성도다움인가? "하나님이 우리의 변화를 목표로 삼으신다면 회개와 믿음은 우리가 부르심 받은 삶의 방식이다."[38] 결국 '성도다움'은 회개와 믿음의 길을 묵묵히 가는 자의 모습이다.

성도는 도덕적 고양의 단계에 오른 성인군자가 아니라, 한평생 회개와 믿음을 통해 끊임없이 주님의 뒤를 좇는 삶을 사는 자이다. 처음에는 억지로 끌려와 예수님이 지셔야 했던 십자가를 졌지만 나중에는 어느새 예수님의 뒤를 따른, 구레네 사람 시몬처럼 되는 자이다(막 15:21; 눅 23:26; 롬 16:13).

(2) 참된 변화, 온전함의 길을 걷는 성도의 정체성

이미 십자가를 통해 하나님이 제공하시는 큰 구원을 받았는데 왜 회개와 믿음의 길을 끊임없이 걸어야 하는가? 달리 말하면 이미 구원받았는데 또 무슨 전인격의 변화를 꾀해야 하는가? 우리는 죄에 대한 하나님의 진노와 심판에서 구원받았지만 우리의 성품 전체가 구속받은 것은 아니다. 우리의 신분은 사탄의 노예에서 사랑하시는 아들의 나라의 백성·자녀로 변화되었지만(already), 속사람이 완전히 회복된 것은 아니다(not-yet). '이미'와 '아직' 사이의 공간과 시간을 살아가고 있는 제자들에게 요구되는 것은 지금의 자리에서 온전함의 도상을 매일 진일보하는 것이다.

우리는 빛을 받은 자들로 새로운 피조물이 되었다.[39] 그러나 새 피조물이 된 것과 새 피조물로 사는 것은 전혀 다른 문제다. 성경 어디서도 우리가 가만히 있어도 저절로, 자동으로 새로운 피조물로 살게 된다고 약속하지 않는다. 빛을 받아 새로움의 차원(하나님 나라)으로 들어가게 되었기 때문에, 우리에게는 의식적이고 전면적인 변화의 노력이 필요하다. 제자훈련은 철저하게 우리가 추구하고 선택하고 행동하는 것이다.[40] 그러나 온전한 제자훈련이 추구하는 것은 외향적 순종이 아니라 거룩한 행동이다. 존 오웬(John Owen)은 가인의 제사와 아합의 회개를 예로 들면서 이들에게는 외견상 순종의 행위는 있었지만, 거룩한 행동은 없었다고 지적했다.[41] 이것은 오늘날 교회와 성도들의 일면이 아닌가? 외견상 순종은 시기로 동생을 죽인 가인도, 북이스라엘 역사상 가장 악한 왕으로 여겨지는 아합도 했던 것이다.

한국인의 입장에서 보면, 체면을 중시하는 유교 문화의 뿌리 때문에 교회와 생활이 분리되고, 사람들 앞에서의 행동과 그와는 다른 뒷모습이 주님의 몸 된 교회와 개인의 신앙을 어렵게 한 것이다. 밖으로 손가락질할 것이 아니다. 바로 우리 자신 속에 있는 가인과 아합을 쳐내는 것이 온전한 제자훈련이 추구하는 행동코드이다.

어떤 사람들은 변화하려다가 더 큰 좌절의 구덩이에 빠진다. 자기 힘으로 변화하려고 하기 때문이다. 자기변화는 자기구원만큼이나 불가능하다. 설령 거듭난 신분과 위치를 가지고 있다 하더라도 불가능하다. 성경은 우리의 변화가 우리 능력에 달렸다고 말씀하지 않는다(슥 4:6). 우리의 변화는 하나님이 준비하시고 하나님이 주도하시며 하나님이 반드시 이루실 일이다.

첫째 아담에 속하여 망하고 죽을 운명이 되었던 우리를 위해 긍휼이 많으신 하나님께서 친히 이루신 그 놀라운 것, "하늘에 속한 이의 형상"(고전 15:49)으로 회복시켜 나가신다. 우리가 입어야 할 새 사람은 이미 우리에게 와 있다(엡 4:24). 첫 번째 창조에서도 능력과 아름다움과 신실하심을 보이셨다면 두 번째 창조(그리스도 안에서의 구속)는 지식에까지 새롭게 하심을 입히실 놀라운 것이다(골 3:10). 이것이 바로 우리가 제자훈련을 소원하고 훈련을 통해 반드시 달성되리라고 믿어야 할 목표요 내용이다. 제자훈련을 통한 우리의 변화와 가능성, 내용과 목표는 영원히 추구하고 영원히 사모할 만한 것이다. 몇 가지 구습과 조금 더 나은 삶을 위한 행위규칙을 바꾸는 정도는 불신자들도 얼마든지 이뤄낸다. 우리에게는 하나님이 세우신 목표가 있고, 이루실 하나님의 열심이 있고, 감당해 주시는 하나님의 약속과 능력이 보장되어 있다.

우리는 잘못된 동기로도 얼마든지 변화를 추구할 수 있는 죄인들이다. 충분히 그럴 수 있다. 나의 변화 또는 변화를 위한 노력을 통해서 하나님과 다른 사람 그리고 나 자신에게 내가 괜찮은 사람임을 과시하려는 숨은 욕망이 있다. 그러나 잘못된 동기로 바른 일을 하는 것만큼 예수님이 격노하신 것이 없다.[42] 내가 나의 변화를 점검하고 점수 매기는 채점관이 된다면 이것은 그야말로 어불성설(語不成說)이다. 결국 하나님께 보이기 위해서가 아니라 다른 사람에게 보이려고 그리고 자기만족을 위해서 변화를 시도하는 것은 잘못된 동기에 의한 변화 추구이고, 결코 성공할 수도 없다.

변화는 우리의 됨됨이, 즉 우리의 정체성에서 나와야 한다. 신약 성경이 말씀하는 우리 정체성에 관한 고전적인 정의, '하나님 아버지의 자녀(갈 3:26; 롬 8:14), 아들 예수님의 신부(계 19:7-8), 성령님이 거하시는 존귀한 집(고전 3:16)'에 맞춘 자기변화의 시도만이, 변화를 힘겹고 두려운 작업이 아니라 생명의 약속이 있는(막 8:34-37) 성도의 책무로 받아들이고 행하게 한다. 우리를 변화시키려는 원대한 소원을 지닌 주체는 일차적으로 우리가 아니라 하나님이시다(겔 36:25-27). 이 땅의 인생길에서 우리가 예수님을 닮아가는 변화를 구속사역의 중요한 과제로 삼으시고, 바로 이 일을 위해 하나님께서 우리에게 다가오심을 아는 것은 사망의 음침한 골짜기 같은 역경 속에서도 우리를 일어서게 하는 위로요 힘이며, 삶의 모든 무거운 짐에서 자유롭게 하는 근원이다.

4.
온전함에 관한
성경적 진의(眞意)

1) 온전함의 목표인 예수님 닮음에 대한 진단

바울은 에베소서 4장 13절과 15절에서 온전함에 이르는 바른 기준을 두 번이나 강조하고 있다. 첫 번째는 "그리스도의 장성한 분량이 충만한 데까지 이르[라]"라고 하고, 두 번째는 "범사에 그에게까지 자랄지라 그는 머리니 곧 그리스도"라고 한다. 성숙과 성장은 온전한 제자의 핵심이다. 우리가 추구하는 온전함은 예수 그리스도에게까지 자라나는 성장이며, 범사에 참된 것을 하면서 예수님을 닮는 성숙이다.

예수님을 닮는 것이 온전함의 목표요, 예수님을 닮아가는 과정이 온전함을 이루는 여정이라면 온전함을 이루는 방식은 무엇인가? 예수님과의 접촉에 있다. 성경은 여러 사람이 예수님과 접촉한 사건을 기록했다. 예수님이 나병환자를 만지셨을 때, 예수님의 온전함이 흘러나와 나병환자가 깨끗해졌다. 혈루병 여인이 예수님의 옷자락을 만졌을 때, 부정한 여인에게 닿은 남자는 그 역시 부정하게 됨에도 오히려 예수님의 온전케 하시는 능력이 흘러나와 여인이 치유되었다. 또한 예수님이 나인성 과부의 아들의 관에 손을 대셨을 때, 시체를 만지면 부정하게 됨에도 오히려 그 시체가 생명을 얻었다. 이것이 우리가 온전함을 이루는 방식이다. 성도의 온전함은 예수님과의 접촉으로만 이룰 수 있는 것이다. 그러므로 온전한 제자훈련은 어떻게 하든지 예수님과의 접촉점을 만들고, 그것을 삶의 방식으로 체질화하는 것이다.

진정한 온전함은 생각조차 못한 영역에서 그리스도의 말씀에 전심으로 순종할 때 이루어진다.[43] 마태복음 19장 16절 이하를 보면, 부자 청년이 예수님께 와서 "내가 무슨 선한 일을 하여야 영생을 얻으리이까"라고 여쭙는다. 그러자 예수님은 계명들을 지키라고 하신다. 부자 청년은 이 모든 것을 지켰는데 아직도 부족한지 질문했다. 이때 예수님은 "네가 온전하고자 할진대 가서 네 소유를 팔아 가난한 자들에게 주라…그리고 와서 나를 따르라…"(마 19:21)라고 말씀하셨다.[44] 본문의 핵심은 "네가 온전하고자 할진대"이다. 진정으로 온전하기를 원한다면, 예수님의 말씀에 순종하고 예수님을 따르라는 의미이다. 부자 청년은 아마도 인생에서 처음으로 말씀에 대한 진정한 순종이 무엇인지를 도전받았을 것이다. 지금 예수님은 부자 청년에게 한 번도 생각해 보지 못한 영역에서의 순종을 요구하신다. 왜냐하면 순종은 우리를 세상으로 끌고 가는 세속의 중력을 깨뜨리는 끌이요 망치이기 때문이다. 온전함은 때로 생각하지 못한 영역에서 순종의 장애물을 넘을 때 비로소 주어진다. 이런 점에서 온전한 제자훈련은 성도들에게 순종의 허들을 넘는 법을 익히도록 이끄는 것이다. 하나님의 역사는 순종을 머리로만 아는 수많은 무리보다는 일상의 온갖 이유에도 불구하고 순종의 높은 벽을 넘어서는 한 사람에 의해서 이루어진다.

2) 성도의 온전함 vs. 세상의 온전함

성도의 온전함은 선택이 아니라 필수이다. 반드시 이뤄야 하는 하나님의 뜻이다(마 5:48). 하나님께서 우리에게 요구하시는 온전함은 세상의 온전함과는 다르다.

첫째는 온전함의 주체가 다르다. 세상은 온전함을 추구하는 주체는 나 자신이다. 그런데 성경적인 온전함은 그 주체는 내가 아니라 하나님이시다.[45]

둘째는 온전함을 이루는 방식이 다르다. 세상은 마치 공기압이 조금 모자란 타이어에 공기를 넣듯이 약간 모자란 부분을 벌충하는 방식으로 온전함을 추구한다. 모자라는 부분만 채워지면 아무 문제 없다는 식이다. 그러나 그리스도인의 온전함은 단지 모자라는 분량을 채움으로 끝나지 않는다. 자신의 절대적인 무능과 무지를 인정하여 자신을 부인하고 말씀에 순종함으로써 예수님을 닮아가고 이로 인해 온전함을 이룬다.

셋째는 온전함을 추구하는 목적이 다르다. 세상은 온전해짐으로 자신이 돋보이도록 하지만, 성경은 온전해져서 하나님의 뜻을 이룬다. "모든 선한 일에 너희를 온전하게 하사 자기 뜻을 행하게 하시고"(히 13:21). 온전해지려는 목적이 나를 과시하기 위함이 아니라, 하나님의 뜻을 더 잘 수행하려 함이다.

3) 세상적 관용으로는 성도의 온전함을 이루지 못한다

우리는 세상이 추구하는 온전함의 방식을 살펴볼 필요가 있다. 세상은 관용(톨레랑스, tolérance)과 포용을 통하여 온전함을 추구한다. 마치 세상의 모든 색깔을 하나도 빠뜨리지 않고 백지(白紙)에 채움으로써 온전해질 것으로 여긴다. 더 이상 차별은 용납되지 않으며, 그저 나와 다름이 있을 뿐이기에 다름의 모든 것을 관용하여 나의 빈 여백에 채움으로 비로소 인간은 온전해진다고 생각한다. 세상은 그렇게 사는 것이 인간의 사는 참된 방식이며, 조화로운 사회를 이루는 비결이라고 가르친다. 그러나 이러한 가르침의 밑바닥에는 태생적으로 절대 진리이신 예수님만 붙잡으며, 성경 외에는 구원이 없다고 가르치는 기독교는 배척되어야 한다는 암묵적인 동의가 깔려 있다.

세상 속에 홍수처럼 넘치는 사랑이라는 말에서 하나님을 찾아볼 수 없는 것처럼, 오늘날의 관용은 하나님이 부재한 언어로 전락하고 있다. 새로운 관용은 '모든 진리는 인간이 만들었고, 인간이 만든 모든 진리는 평등하며, 각자의 신념은 동등하다'는 데 기초한다.[46] 세상은 인간이 만든 진리로 서가(書架)를 가득 채우면 언젠가는 온전함이 이루어질 것으로 여기지만, 진리와 온전함의 근원이신 하나님을 떠나서는 어떤 온전함도 이룰 수 없다(요 15:5).

4) 온전함의 초대, 당신의 R. S. V. P.[47]

"온전함에 이르라"라는 초대는 성도가 기뻐하고 즐거워할 만한 것이다. "오직 사랑 안에서 참된 것을 하여 범사에 그에게까지 자랄지라 그는 머리니 곧 그리스도라…그 몸을 자라게 하며 사랑 안에서 스스로 세우느니라"(엡 4:15-16). 이 구절에서 우리가 추구하는 '온전한 사람'은 '예수 그리스도'를 닮아가는 사람임을 알 수 있다.

이 말씀은 온전함에 관하여 두 가지 면에서 큰 위로를 준다. 첫째, 온전함은 점진적으로 일어난다. 인간은 하룻밤 사이에 온전해지지 않는다. 과정을 거쳐야 하고 시간이 걸린다. 과거의 습관이 여전히 남아 있고, 과거의 태도가 내 삶을 옭아매는 것을 보고 우리는 절망한다. 심지어 '내가 진짜 그리스도인인가?' 의심하기까지 한다. 그러나 지나친 낙심은 금물이다. 우리의 미성숙이 짧은 시일에 해결되지 않는다고, 우리가 빨리 성숙하지 않는다고 낙담하기도 하지만, 온전함을 이루기 위해서는 평생이라는 시간이 걸린다.[48]

둘째, 온전함은 단계별로 이루어진다. 아이가 자라는 모습을 보라. 부모라면 자녀에게 신체 발달 단계가 있다는 것을 안다. 태어나자마자 걷는 사람은 없다. 아기가 어린이, 청소년을 거쳐 청년이 되고 장년이 된다. 영적 성장도 마찬가지다. 요한은 믿는 자에게 어린아이, 청년, 아버지의 과정이 있다고 말한다(요일 2:12-17). 성도는 단계별로 성장해야 하는 특징이 있다.[49] 훈련을 받으면서 온전함의 단계를 거쳐 영적인 미숙함이 고쳐지고, 숨겨진 쓴 뿌리가 드러나며, 하나님께 반역하는 악습이 해결된다. 지금도 주님은 모든 신자를 온전함으로 초대하신다. 오늘 초대받았으니 내일 천사처럼 되라고 하지 않으신다. 우리가 할 일은 오직 R. S. V. P., 즉 참석 여부를 알려 달라는 요청에 "Yes!"라고 응답하고 참석자 명부에 내 이름을 적는 것뿐이다.

5) 온전함이 이루어져 가는 과정

영적으로 어린 사람의 특징은 "온갖 교훈의 풍조에 밀려 요동"(엡 4:14) 하는 것이다. 성숙하지 않은 그리스도인은 영적 유행의 물결에 휩쓸려 항상 새로운 것을 찾아 헤맨다. 어린아이는 아무래도 분별력이 없다. 위험을 더디 인지한다. 위험한 환경에서 놀면서도 얼마나 위험한지 모른다. '영적인 어린아이'는 나이가 들어도 자기는 실족하지 않는다고 호언장담한다. 대표적으로 베드로가 그랬다(막 14:29-30). 그러나 실상은 굉장히 미성숙했다. 한마디로 온전하지 못한 것이다.

그렇다면 온전함을 이룬 모습은 어떤 것인가? 에베소서 4장 15절에는 "사랑 안에서 참된 것을 하여"라는 말이 나온다. 이 말은 헬라어 원문으로는 한 단어로, '사랑 안에서 진리대로 살아라' 정도로 번역될 수 있다. 여기서 온전함을 이뤄가는 사람에게서 나타나는 두 가지 양상을 본다. 소극적으로는 어린아이의 수준을 넘어 점점 성숙하는 모습이다. 적극적으로는 오직 사랑 안에서 참된 것을 하는 모습이다. 이런 모습으로 살아가다 보면 교만에서 점점 멀어지고, 자아가 깨어지면서 나 자신을 새롭게 발견한다. 다른 사람의 판단에 너무 신경쓰지 않고, 주님과의 관계에 더 신경을 쓴다. 아울러 문화충격에 가까운 완전히 새로운 삶의 방식으로 한 걸음씩 살아간다. 예를 들어 '우리를 박해하는 자를 위해 기도'한다(마 5:44). 세상은 눈에는 눈으로, 이에는 이로 되갚고(마 5:38) 경쟁하며 자아실현을 추구하지만, 성도는 자아를 깨뜨리며 살아가는 사람이다. 세상은 가면을 쓰지만, 성도는 주님 앞에서 가면을 벗는 그 순간이 내 인생에서 가장 소망이 넘치는 시간임을 고백하며 살아간다. 주님은 나를 있는 그대로 받아 주시기 때문이다.

이처럼 성도가 걸어가는 온전함의 여정은 세상 사람들의 인생 여정과는 전혀 다르다. 성도가 온전함을 이루는 그 길은 경이로울 만큼의 가치가 있다. 세상의 여정은 '목적지에 다가갈수록 실망'하지만, '그리스도인의 여정은 목적지에 접근할수록 더 큰 희망에 부풀어 오른다. 왜냐하면 끊임없이 놀라운 세계가 펼쳐지며 절정이 고조되기 때문이다. 이러한 과정을 거쳐 성도의 삶이 온전하게 되는 것이다.'[50]

6) 온전함은 결국 선교적 삶[51]을 위한 것이다

성경은 생각하는 것과 아는 것이 믿음으로 행하는 것에 비하면 크게 중요하지 않다는 것을 보여준다(고후 5:7). 하지만 믿음으로 행하는 것도 예수님을 닮아 변화되는 일에 비하면 후순위이다. '온전함의 초대'에는 개인적인 성숙의 목표(엡 4:13), 공동체를 세움(엡 4:16)

그리고 섬김으로 감당하는 사역(엡 4:12)이 들어 있다.

예수님은 우리를 세상 사람들보다 더 위대한 의로, 더 넓은 사랑으로, 더 깊은 경건으로, 더 높은 사명으로 부르시며 예수 그리스도의 온전함을 우리 속에서 이루기를 원하신다. 이러한 온전함을 추구하기 위해서는 다른 그리스도인과 '연합'해야 한다. 우리는 각 부위가 연결되고 연합되어 서로를 돌보도록 만들어졌다(엡 4:16). 예수님 안에서 '너 없으면 나 없고, 나 없으면 너 없는' 존재가 되었다. 서로 연결되어 사랑하면 제자인 것을 세상 사람이 알게 된다(요 13:34-35). 이것이 바로 선교이다.

온전함이 선교적 삶으로 나아가는 이유는, 온전한 복음은 반드시 온전한 선교로 이어지기 때문이다. 이것을 존 스토트(John Stott)는 "온전한 복음을 온전한 선교로 온 세상에 전하는 온전한 교회"라고 표현하고 있다.[52] 나 하나가 온전함의 과정을 거치면, 나 하나 때문에 수십 명, 수백 명이 살아날 수 있다. 제자훈련 받고 다락방 순장으로 섬기는 이들을 보면 잘 알 수 있다. 흔히 볼 수 있는 평범한 동네 이웃 같지만, 예수님을 닮는 온전함을 추구하는 그 한 사람 한 사람을 통하여 놀라운 일이 일어난다. 그렇다! 성도의 온전함은 단지 성숙과 고상한 신앙 인격을 위한 것이 아니다. 선교적 삶, 이것이 교회와 사역자와 성도가 어떤 경우에도 온전함을 추구하며, 온전한 제자훈련을 기어코 해야 하는 이유이다.

5.
온전함을 위한
구원의 전경(全景)

1) 죄 용서와 칭의의 복음 너머에 온전함의 길이 있다

1980-1990년대 한국교회에 "피 묻은 복음", "원색적인 복음"과 같은 구호들이 유행했다. 이런 어구 다음에는 흔히 아래와 같은 말들이 이어졌다. '예수님은 우리를 위해서 십자가에 달리시기를 주저하지 않았습니다. 십자가에서 흘리신 보혈이 우리의 죄를 덮고 영원히 해결하셨습니다. 오로지 십자가에 달려 우리 위해 피흘리신 예수를 구주로 믿어 영접할 때 영원한 구원을 받습니다!'

조금도 틀린 말이 아니다. 필자도 1970년대 수많은 대학 캠퍼스를 누비며 위의 복음 말씀을 전했고, 그 말씀을 듣고 예수 그리스도 앞에 나와 구원을 얻는 수많은 영혼을 두 눈으로 보았다. 그러나 죄 용서와 칭의는 사활이 걸린 중대사이지만 이것은 복음의 일부이다. 용서와 구원만을 복음의 전부로 여기면 칭의와 천국 사이에는 소극적인 방어, 즉 죄 덜 짓고 평안한 마음으로 개인 경건에 힘쓰는 것에만 집중할 것이다. 예수님은 우리에게 이런 소극적이고 방어적인 신앙생활을 하라고 몸소 십자가 고통을 당하시고 성령님의 능력으로 부활하시며, 지금 하나님 우편에서 정사, 권세, 높아진 이론들을 혁파하면서 왕좌에 계시는 것이 아니다. 만일 죄 용서와 칭의만을 복음의 전부로 여긴다면, 한두 블록만 더 걸어가면 금빛 찬란한 모래와 은빛 황홀한 바다가 펼쳐져 있음에도 그것을 보지 못한 채 골목길에서 흙놀이에 만족하는 신앙에 지나지 않을 것이다.[53]

2) 온전함의 길을 가려면 복음의 전체 그림, 전도(全圖)를 펼쳐야 한다

구원은 복음이 전파된 선교적 결과이다. 그래서 우리가 예수님의 구원을 삶에서 온전히 이루기 위해서는 내가 믿는 복음의 전체 그림을 보아야 한다. 그 위에서 자신의 위치를 조감해야 하는 이유는 조각난 복음만으로는 온전함의 길을 걸을 수 없기 때문이다. 이것은 은혜의 편린(片鱗)을 전부인 것처럼 여기는 신앙으로는 하나님이 원하시는 온전함의 고봉에 오를 수 없음을 말한다. 예를 들어, 죄 용서는 복음의 중요한 뼈대이지만 죄 용서를 우리가 믿어야 하는 복음의 전부로 한정하는 순간, 자기를 부인하는 십자가의 길을 걷지 못하고, 나아가 하나님의 영광에 눈을 뜨지 못하는 기형적이고 균형을 잃은 채 부유(浮游)하는 신앙으로 전락하게 되는 것이다. 그 결과 복음이 주는 향연(饗宴), 복음의 잔치성을 누릴 수가 없다.

온전함의 길을 가려면 복음의 조각이 아니라 전도(全圖)를 펼쳐야 한다. 바울은 당시 그의 청중들에게 한 자리에서 복음의 전체 그림을 다 그려주지 않았다. 복음의 진리들은 다양한 순서로 제시되고, 다양한 전제 위에서 논증되며, 다양한 방법으로 적용되었다.[54] 이것은 지역이나 상황에 따라 성경을 부분적으로만 받게 되었던 초대교회 교인들이 현대의 성도들처럼 성경의 전체를 한눈으로 볼 수가 없었음을 의미한다. 그러므로 복음의 전체 그림을 보는 것은 오늘을 사는 그리스도인의 특권이요, 성도들에게 복음의 전체 그림을 보여주는 것은 목회자의 사명이다. 그래야만 저마다의 인생길에 깃든 섭리의 신비를 깨닫고 어떤 경우에도 삶에 투영된 복음의 전경(全景)을 보면서 하나님께서 나를 어디로 이끄시든지 온전함의 도상에서 믿음으로 전진할 수 있는 것이다.

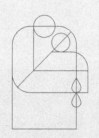

chapter 2

온전함의 원천,
목자의 심정

탈봇신학교를 졸업하고 몇 년 후 채플 설교를 부탁받았다. 설교를 하러 간 자리에는 구약 신학의 톰 핀리(Tom Finley) 박사, 조직신학의 로버트 소시(Robert Saucy) 박사, 헨리 할러만(Henry Holloman) 박사, 그 외 기라성 같은 설교학 교수들이 앉아 있었다. '내가 무슨 능력으로, 그것도 영어로 이 대단한 분들 앞에서 설교를 할 수 있을까?' 내게는 엄청난 부담이었다.

그런데 멘토 같은 교수님 한 분이 내게 "존(John), 부담되지? 잘하려고 하지마, 네가 확신하는 것, 네가 확실히 믿는 것, 없으면 절대 안 되는 것, 그것을 해"라고 격려하셨다. 그 말이 심중에 크게 각인되었다. 설교를 잘하고 못하고를 떠나서 만일 내가 전하는 것을 내가 확신하지 못한다면, 어떻게 성도가 확신할 수 있겠는가? 내가 생명을 걸고 믿지 못한다면 어떻게 성도가 믿음으로 반응할 수 있겠는가? 그래서 그날 내가 제일 확신하는 것, 내가 목회의 생명을 거는 것, 내가 죽어도 붙잡을 수 있는 것을 전했다. 그것이 바로 하나님의 목자의 심정[1]이었다.

목자의 심정은 내 목회 사역의 진원지이다. 이 심정을 깨닫고 형언키 어려운 은혜를 받았고, 감당할 수 없는 폭발적인 사역의 열매를 누렸다. 목회 사역의 고비를 만났을 때, 천길 낭떠러지의 캄캄함 속에서조차 다시 사명으로 일어서게 되었던 것도 나를 불쌍히 여기시는 하나님 아버지의 심정[2]을 놓치지 않았기 때문이다.

1.
삼위 하나님의
목자의 심정

1) 온전함의 시원(始原): 성부 하나님의 목자의 심정

성부 하나님은 참 목자이시다. 혹자는 흔히 예수님은 큰 목자이시나(히 13:20) 성부 하나님은 창조주이시고 목자와 관계가 없다고 생각한다. 그러나 그렇지 않다. 목자의 심정은 창조 때부터 성부 하나님에게서 뿜어져 나왔다. 예수님이 자신을 선한 목자라고 소개하시기 천 년 전에 이미 다윗은 하나님이 선한 목자이심을 시편 23편에서 계시로 보여주었다. 시편 23편의 하나님의 목자 되심은 에스겔 34장 11절 이하에 나오는 하나님의 참 목자 되심으로 연결되어 있다.

하나님은 선한 목자이시다. 하나님의 목자 되심은 이미 구약성경 여러 곳에서 소외된 자, 가난한 자, 억눌린 자의 보호자요 인도자로 나타난다. 예를 들어 욥기 5장 15절의 "하나님은 가난한 자를 강한 자의 칼과 입에서, 또한 그들의 손에서 구출하여 주시나니"라는 표현[3]은 목동으로 양을 쳤던 다윗의 "여호와께서 나를 사자의 발톱과 곰의 발톱에서 건져내셨은즉"(삼상 17:37)이라는 표현과 데칼코마니처럼 비슷하다. 두 성경은 시간적으로 큰 간격이 있다. 그렇지만 연약한 자를 보호하시는 하나님의 목자성에 대한 인식은 동일하다. 이러한 사실은 하나님의 목자 되심에 관한 통찰이 창조주 하나님을 믿는 사람에게 시대를 초월하여 가슴에서 발현되는 본능적 영감임을 보여준다.

하나님은 건져내는 목자이시다. 하나님의 목자 되심을 드러내는 구절인 "사자의 발톱과 곰의 발톱에서 건져내셨다"의 의미로 사용된 히브리어 '나짤'(נָצַל)은 창세기 32장 11절에서 야곱을 건져내심, 출애굽기 3장 8절에서 이스라엘 백성을 애굽에서 건져내심을 포함하여, 맹수와 같이 포악한 자의 입에서 건져낸다는 뜻으로, 구약에서 200회 이상 쓰였다. 이는 구약성경 전체에 하나님의 목자의 심정이 흐르고 있음을 여실히 드러내고 있다.

이러한 하나님의 목자의 심정이 어떻게 하나님의 자녀를 온전함으로 이끄는가? 레위기[4]의 마지막 장 마지막 단락은 성도의 온전함에 관한 중요한 실마리를 준다. 레위기는 '십분의 일은 여호와의 것'이라는 명령으로 끝나고 있다. 그런데 십일조의 방식이 특별하다. "목자의 지팡이 아래로 통과하는 것의 열 번째의 것마다 여호와의 성물이 되리라"(레 27:32). 구약에서 여호와의 성물은 흠도 티도 없는 온전함의 상징이다. 지팡이 아래를 지나는 열 번째 동물은 지팡이 아래를 지나기 전과 겉모습은 전혀 달라진 것이 없다. 그러나 지팡이 아래를 지나는 순간 여호와의 성물이 되는 것이다.

이처럼 하나님은 은혜로운 목자이시다. 우리가 온전해지는 것은 지팡이 아래를 지나는 열 번째 동물과 같다. 우리의 상태가 달라지거나 다른 사람보다 더 뛰어나서 온전해지는 것이 아니라, 순전히 하나님의 목자의 지팡이 아래에 있기 때문에 '지팡이 아래를 지나는 열 번째 동물처럼' 온전해지는 은혜를 입는 것이다. 지팡이 아래를 지나는 양을 여호와의 성물로 삼으시는 하나님께서 그의 모든 백성을 목자의 지팡이 아래로 지나게 함으로 거룩하고 온전하게 하시려는 시원이 바로 목자의 심정이다.

2) 온전함이 시작되는 길: 성자 예수님의 목자의 심정

예수님의 목자의 심정은 십자가의 보혈에서 흘러 나온다. "십자가는 사랑의 심장 파열 사건이다. 예수가 하나님과 나의 이름을 부르고 부르다가 죽은 곳, 예수가 한 손으로는 내 손을 붙잡고 또 한 손으로는 하나님 손을 붙잡고 사랑의 심장이 터진 곳이 십자가이다."[5]

생명을 살리기 위하여 자신의 전부를 내어놓는 것이 예수님의 십자가이다(엡 5:2). '자기 몸을 우리를 위하여 내어주시는' 예수님의 십자가가 목자의 심정의 시작이다. 목회자가 십자가에 기초한 목자의 심정으로 사역한다는 것은, 예수님처럼 성도를 위해서 자신을 희생함으로써 향기로운 냄새를 하나님께 드리는 것이다.

예수님을 믿는 신앙에서 중요한 것은, 우리를 위해 자기 아들을 아끼지 않으시고 모든 것을 내어주신 하나님의 심정을 깨닫는 것이다(롬 8:32). 하나님의 심정은 목자의 심정이요(시 23편, 80:1), 목자의 심정은 십자가에 흐르는 예수님의 마음[6]이다. 이 마음은 신학이 아니라 삶으로만 각성될 수 있다. 예수님의 목자의 심정을 깨닫는 것은 그저 감정적인 자각이나 지적인 각성이 아니라, 목회의 패러 다임을 혁신하는 것이다. 예수님의 마음을 깨닫는 것은 루터가 주 창했던 십자가 신학(Theology of the Cross)과 연결된다.

"십자가 신학의 핵심은 이해가 아니라 지각이다. 그런 이유로 십자가 신학은 생각이나 사변이 아니라 경험을 우선한다."[7] 이런 점에서 십자가 신학은 목자의 심정과 궤를 같이한다. 목자의 심정 은 이해가 아니라 가슴으로 지각하고, 삶으로 경험하지 않으면 제 대로 알 수 없는 것이다. "십자가 신학은 신학을 지적 사변으로 … 이해하고자 하는 모든 시도로 여기는 모든 개념에 저항한다. … 루터는 그리스도인이 어두운 황무지인 타락한 세상에서 존재해야 하고 실존적이고 형이상학적인 불확실성에 대한 깊은 불안에 대 응하며 살아가야 하는지에 대한 비전을 제시한다."[8]

이처럼 십자가에 기초한 목자의 심정 또한 감성적인 표현이 아 니라 성도가 이 땅의 불확실한 삶과 불안에 대항하여 신앙인으로 살아갈 수 있게 하는 신앙적 비전이고 원천이다. 왜냐하면 십자가 는 그리스도의 사랑을 알고 그 너비와 길이와 높이와 깊이가 어떠 함을 깨닫는 근원이기 때문이다(엡 3:18-19). 십자가에 흐르는 목자의 심정을 알면 그리스도의 사랑의 너비와 길이와 높이와 깊이를 깨 닫는 복을 누릴 수 있다. 이런 영적인 각성은 인간의 지각에도 영 향을 미친다. 그래서 목자의 심정을 깨닫는 자는 세상을 보는 눈이 열리고 사람, 시대, 문명을 보는 시각이 더 이상 고착되거나 협소하지 않고 말씀처럼 '넓게, 멀리, 높게 그리고 깊이' 볼 수 있게된다.

이처럼 목자의 심정은 무한한 예수님의 마음에서 기원하기에 그 깊이에 한계가 없는 사역의 원천이다.

3) 온전함을 이루는 능력: 성령 하나님의 목자의 심정

성부와 성자가 목자이신 것처럼 성령님도 목자의 심정이 충만하신 분이다. 예수님은 자신이 승천하신 후에 동일한 하나님이신 성령님이 오셔서 예수님이 말씀하신 대로 제자들을 인도하는 목자 역할을 감당하실 것을 알려주셨다(요 14:26, 16:13). 예수님의 승천 후에 일어난 사도행전의 역사는 목자의 심정으로 인도하시는 성령님을 그대로 보여주고 있다. 구약에서 성령은 목자의 마음으로 역사하신 영이다(창 1:2; 사 44:3; 욥 33:4). 신약에서도 교회의 목회자에게 목사의 은사를 주시는 성령님은 지금도 목자의 심정을 값 없이 부어주시며(엡 4:11), 또한 성령의 열매(갈 5:22-23), 성령의 진리(요 15:26, 16:13), 성령의 자유(고후 3:17)를 교회에 거저 주신다.

성령님의 목자의 심정은 로마서 8장 26절에 잘 드러나 있다. "성령도 우리의 연약함을 도우시나니…성령이 말할 수 없는 탄식으로…친히 간구하시느니라." 죄성을 타고난 인간의 연약함은 변개할 수 없는 태생적 속성이다. 이러한 연약함은 본성적으로 '인생의 마음에는 악이 가득하여 그들의 평생에 미친 마음을 품고 있는'(전 9:3) 상태에서 비롯되는 것이며, 내버려 두면 '더욱 악을 행하는'(렘 16:12) 상태로 가속화되기 마련이다. 죄의 중력에 사로잡혀 악으로 달려가는 인간의 방향을 되돌리기 위해서는 인간의 힘으로는 불가능하다.

인간의 연약함[9]에 대한 성령님의 탄식의 중심에는 목자의 심정이 있다. A. W. 토저(A. W. Tozer)는 이것을 "아이를 낳으려는 산모가 고통으로 외치는 것과 같은 외침"이라고 표현했다.[10] 인간은 스스로 자신을 되돌릴 수 있는 미세한 능력조차 없고, 그대로 두면 반드시 죽게 될 운명이다. 성령님은 죄에 팔려(롬 7:14) 죄의 노예로 사는 인간의 비참한 운명을 너무도 잘 아시기에, "죄와 사망의 법"(롬 8:2)에서 우리를 해방하시려는 것도 목자의 심정에서 비롯되는 것이다.

인간을 죄의 노예에서 다시 하나님 나라의 백성으로 거듭나게 하기 위한 산모의 고통스러운 외침과 같은 성령님의 말할 수 없는 탄식은 잃어버린 양을 찾기 위해 생명을 아끼지 않는 목자의 심정에서 발로(發露)한 것이다. 이러한 성령님의 애끓는 탄식을 성도들의 심중에 늘 메아리처럼 울리게 하는 것이 온전한 목회자의 간절함일 것이다.

성령님이 우리의 연약함을 탄식하시고 "하나님의 뜻대로 성도를 위하여 간구하심"(롬 8:27)이 없다면 우리는 그리스도인으로서 하나님이 원하시는 온전함의 도상을 걸어갈 수 없다. 그리스도인에게 요구되는 온전함에는 두 가지가 있는데 하나는 예수님의 인격 안에서 이루어지는 '칭의의 온전함'이고 다른 하나는 성령님을 통해 신자의 마음속에서 이루어지는 '성화의 온전함'이다.[11] 그리스도인에게 비극은 성령 하나님의 역사로 온전함에 이르는 성화의 역사를 시작했지만 시류(時流)에 빠져 온전함의 도상을 벗어나는 것이다. 이것은 사도 바울이 "너희가 이같이 어리석으냐 성령으로 시작하였다가 이제는 육체로 마치겠느냐"(갈 3:3)라고 엄히 경고했던 것이다.

온전함의 도상에서 벗어난 그리스도인처럼 비참한 사람은 없다는 사실은[12] 성령님이 왜 그토록 성도가 성화의 온전함을 이루도록 목자의 애끓는 심정으로 우리의 연약함을 도우시는지 그 이유를 생생하게 보여주고 있다.

2.
목회적 통찰로 이어지는 목자의 심정

목자의 심정은 목회적 통찰로도 이어진다. 목자의 심정은 과거를 돌아보고 미래를 조명한다. 돌아온 탕자 이야기를 율법의 시각으로 보면 탕자가 받은 징벌은 죄에 대한 마땅한 대가(代價)로 여기지만, 아버지의 심정에서 바라보면 징벌은 미래의 회복을 위한 정결의 언약이다. 탕자의 비유에 담긴 목자의 심정은 목회자에게 과거 지향적 목회를 할 것인가, 미래를 조명하는 목회 사역을 할 것인가에 대한 통찰을 제시한다.

목자의 심정이라는 단어에 대한 일반적인 인상은 긍정적이고 따뜻하다. 목가적이고 정서적인 '목자'와 '심정'이라는 두 단어의 결합은 사람들에게 공감을 불러일으킨다. 아마도 목자의 심정이라는 어구에 대한 인식도 그럴 것이다.

그러나 진정으로 목자의 심정을 이해하기 위해서는 그 당시 이스라엘 목자의 심장 속으로 들어가야 한다. 목자이기에 받았던 수모와 아픔, 고통과 상처가 달여져서 고아진 진액을 맛보고 삼켜야 비로소 진정한 목자의 심정을 가지고 목양하고 훈련하는 길이 열릴 수 있다.

고대 이스라엘에서는 양을 치는 목자에 대한 인식이 좋지 않았다. 성경이 기록되던 당시 이스라엘에서 목자는 천한 직업이었고, 노예보다 조금 나은 비천한 하인에 불과했다.[13] 그래서 예수님의 탄생 소식이 가장 먼저 베들레헴 들판에 머물던 목자들에게 전해진 사건은 하나님의 깊은 마음이 담겨 있는 것이다.

예수님의 탄생 소식이 이스라엘의 모든 목동에게 기쁨으로 주어진 것이 아니듯, 은혜의 대로인 목자의 심정도 십자가의 심정을 가지지 못한 목회자나 성도에게는 기쁨으로 주어지는 것이 아니다. 목자의 심정은 십자가의 심정을[14] 가지는 사람에게만 의미가 있다. '제자훈련을 목자의 심정으로 해야 한다', '목회를 목자의 심정으로 해야 한다', '사람들을 목자의 심정으로 대해야 한다'는 것은 마땅한 말이지만, 십자가의 심정을 갖지 못한 사람에게는 오히려 기쁨이 아니라 짐이 될 뿐이다.

목자의 심정은 사역자나 평신도 지도자들에게 선명한 십자가의 흔적이 될지언정 결코 특권이 될 수 없다. 목자의 심정을 깨닫기 위해서는 자기 백성을 살리기 위해 자기 아들을 상하게 하신 아버지의 애끓는 마음에 눈을 떠야 한다(사 53:10). 목자의 심정은 십자가에서 아들을 상하게 함으로 모든 것을 자기 양무리에게 주시기를 기뻐하는 하나님의 마음이다.[15] 이러한 목자의 심정을 지닌 참 목자를 가지는 것은 교회와 성도의 축복이다. 반면 그런 목자가 없는 것은 주님의 교회의 고통이요 아픔이 아닐 수 없다.[16]

3.
신구약성경에 흐르는
목자의 심정[17]

하나님의 목자의 심정은 창세기부터 요한계시록까지 선명하게 드러나 있다. 야곱은 창세기 48장 15절에서 "…내가 태어난 날로부터 오늘에 이르기까지 나의 목자가 되어주신 하나님"(새번역)을 고백한다. 야곱은 이 고백을 생의 마지막에 아들 요셉과 손자 에브라임과 므낫세를 축복하는 자리에서 했다. 유목민으로서 한평생을 들판에서 양과 염소를 치며 수십 성상(星霜)을 보내 온 야곱이 하나님을 자신의 친절한 목자라고 고백하는 장면은 깊이 묵상할수록 신앙의 진수를 느끼게 한다.

하나님의 목자의 심정은 예수님의 삶에 깊이 스며들어 있다. 만왕의 왕이신 하나님이 이 땅에 인간으로 오신 예수님의 성육신, 죄가 없으심에도 세상의 죄를 대신 지신 예수님의 십자가 그리고 지금도 우리를 위해 간구하시는 예수님의 중보기도(히 7:25), 이 모든 예수님의 사역에는 목자의 심정이 흘러넘치고 있다.

예수님은 베들레헴에서 태어나 이스라엘의 목자로 오셨고(마 2:6) 33년 동안 선한 목자로서 백성들을 섬기다가, 결국 양들을 위하여 자기 목숨을 버리셨다(요 10:11). 성경은 인간 역사의 마지막은 예수님이 재림하실 때, 보좌 가운데 계신 어린 양 예수님이 성도들의 목자가 되어 주시고 모든 눈물을 씻어 주실 것이라고 명확하게 기록한다(계 7:17).

예수님은 자신을 "선한 목자"(요 10:11)라고 하셨고, 수제자인 베드로는 예수님을 "목자장"(벧전 5:4)이라고 말했다. 어부였던 베드로가 예수님을 만나 부르심을 받은 곳, 만선의 기적을 목도한 곳, 부활하신 주님이 조반을 차려 주신 곳, 무엇보다도 예수님을 부인한 후 회복을 맛본 곳이 전부 갈릴리 호수였음에도, 예수님을 '큰 어부'라 하지 않고 '목자장'이라 한 것은 의미심장하다.

이렇게 하나님을 목자라고 고백한 이스라엘의 신앙 전통은 신약에까지 면면히 이어져 내려온다. 성경 전체에 혈맥처럼 흐르는 하나님의 목자 되심을 주목하고 살펴야 하는 이유는 무엇인가? 그 속에는 우리를 향한 하나님의 속깊은 의도와 애끓는 마음이 담겨 있기 때문이다.

목자의 심정이 잘 드러난 말씀으로 마태복음 9장 36절을 꼽을 수 있다. 여기에 예수님이 무리를 보시고 불쌍히 여기셨다는 말씀이 나온다. 이스라엘 백성이 목자 없는 양처럼 떠돌며 핍절한 모습을 보신 예수님이 느끼신 마음이다. 이때 '불쌍히 여기다'에 해당하는 헬라어 '스플랑크니조마이'(σπλαγχνίζομαι)는 우리말로 단장지애(斷腸之哀)의 마음으로 번역할 수 있다. 이 단어는 마태복음에 다섯 번, 마가복음에 네 번, 누가복음에 세 번, 복음서 전체에서 모두 열두 번 사용되었다.[18] 우리는 왜 이 단어에 주목해야 하는가? 제자훈련은 예수님을 닮는 것이기 때문이다. 예수님을 닮는 일의 핵심은 예수님이 품으신 목자의 심정을 회복하는 것이다.

이제 성경 전체를 관통하며 도도하게 흐르고 있는 하나님의 마음, 죄와 도탄에 빠져 허덕이는 인간을 보며 애태우시는 하나님의 목자의 심정 속으로 들어가 보자.

1) 모세오경에서 만나는 목자의 심정

(1) 아담을 찾아오시는 하나님의 마음[19]

인간 역사의 첫 장부터 하나님의 목자의 심정이 가득 묻어난다. 하나님은 양이 거주할 최고의 공간인 에덴동산을 손수 준비하시고, 인간을 사역의 동역자로 부르시고 그에게 그 땅을 경작하고 지키는 목양의 사명을 맡기셨다(창 2:8, 15).

창세기 3장을 보면 하나님께서 타락한 인간을 찾아오신다. 하나님은 우레, 번개, 구름, 연기, 불, 지진이 아니라 말씀으로 아담을 찾으신다. "네가 어디 있느냐"(창 3:9)라는 하나님의 물음 안에는 그를 회복시키고 함께 거하기를 원하시는 목자 하나님의 성육신적 마음이 담겨 있다(요 1:14). '찾아가는 것'은 목자의 심정의 핵심이다. "목자는 길 잃은 양이 스스로 길을 찾아 돌아오거나 목청껏 목자를 부르면서 돌아올 수 있다는 희망을 품어서는 안 된다. 양을 찾으려면 양이 있는 곳으로 가야 한다. 이것이 목자의 임무다. 만일 하나님이 우리를 만나려면 우리가 있는 곳으로 몸소 오셔야 한다."[20]

목자이신 하나님이 양을 찾아오시듯, 목회자가 성도에게 가는 것, 목회적 성육신이 목자의 심정의 문을 여는 열쇠다. 또한 이미 죄의 영역에 있는 아담에게 죄를 넘어서 찾아가시는 하나님의 모습에는 복음의 본질인 선교의 마음이 고스란히 담겨 있다.

어린 시절, "아담아, 네가 어디 있느냐"라는 질문을 읽을 때면 심장이 졸아드는 것 같았다. 하나님은 정말 무서운 분이라고 생각했다. 그러나 신학을 공부하고 성경을 더 깊이 읽으면서, 이 물음조차도 아담을 벌하고 정죄하며, 책벌하기 위한 것이 아님을 깨닫게 되었다. 만약 징계가 목적이라면 물으실 이유가 없다. 하나님께서 아담이 어디 있는지 몰라서 물으셨을까? 아니다. 이것은 비록 '타락했지만' 아담의 자리를 다시 정상으로 돌려놓으려는 하나님의 안타까운 마음이 담긴 질문이었다. '너는 내게서 등을 돌리고 떠났지만, 나는 나의 형상인 너를 잊을 수 없다. 네가 없는 것처럼 지나칠 수 없다!' 온 우주의 왕이신 하나님의 심중에 있던 이 마음이 구속(救贖)의 출발이다. 이 마음을 깨닫는 순간, 우리는 비로소 제대로 된 제자훈련을 할 수 있다.

창세기에서 야곱을 목자로서 만나주신 하나님께서(창 48:15) 출애굽기부터는 이스라엘 민족의 유일한 목자가 되어 주셨다. 이스라엘 민족이 40년 광야생활을 하는 동안에도 고아로 버려두지 않으시고 안타까운 아버지의 심정으로 매일 그들의 걸음을 인도하셨다(시 77:20, 78:52-54).

(2) 모세의 기도 속에 나타난 목자의 심정[21]

의사 누가는 모세의 한 생애를 애굽에서 양육과 교육을 받은 40년, 광야에서 고독을 통해 성장했던 40년 그리고 광야에서 하나님의 백성과 함께한 40년으로 묘사하고 있다(행 7장). 창세기에서 아브라함에게 이스라엘의 출애굽을 말씀하신 하나님은(창 15:13-14) 모세를 통해 이스라엘 백성을 출애굽하게 하시고, 40년 광야생활을 인도하도록 이미 계획하셨음이 분명하다.

그렇다면 수백 년 동안 노예생활에 익숙해진 이스라엘 백성이 광야에서 하나님의 길을 걸어가기 위해 가장 필요한 것은 무엇이었을까? 그들을 바르게 인도할 목자였다. 이스라엘 백성들이 노예의 삶으로 체질화되었다는 것은 세속적 풍습에 완전히 중독되었다는 말과 같다. 정신은 물론 몸의 모든 근력까지 세상의 중력에 사로잡힌 "목이 뻣뻣한 백성"(출 32:9)이 "위험한 광야 곧 불뱀과 전갈이 있고 물이 없는 간조한 땅"(신 8:15)을 지날 때 하나님의 길에서 이탈하지 않게 인도하도록 하나님은 모세를 어떻게 준비시키셨는가?

하나님은 모세를 광야에서 40년간 양을 치게 하시면서 이스라엘 백성을 목양할 준비를 시키셨다. 모세는 바로의 아들, 애굽의 왕자로서 세상 모든 학문과 강력한 리더십을 배웠지만 그것으로 이스라엘 백성을 인도하지 않았다. 학대받는 노예들을 돌보기 위해 요구된 가장 중요한 자질은 목자의 심정이었다.[22]

양을 지키기 위해 광야의 맹수들과 싸우고(삼상 17:34-35), 양을 위해 목숨까지 아끼지 않는 것(요 10:15)이 목자의 심정이다. 하나님은 모세로 하여금 거친 광야에서 생명을 걸고 자기 양 떼를 지키고 인도하는 목양의 삶을 살게 함으로, 그저 자신의 힘을 의지하던 모세를(출 2:12)[23] 진정으로 민족을 사랑하고 목자의 심정을 가진 사람으로 거듭나게 하셨다.

그렇다면 하나님께서 모세의 혈관에 흐르게 했던 목자의 심정은 무엇인가? 민수기 11장 12절은 이것을 선명하고 가슴 뜨겁게 보여주고 있다. "이 모든 백성을 내가 배었나이까 내가 그들을 낳았나이까 어찌 주께서 내게 양육하는 아버지가 젖 먹는 아이를 품듯 그들을 품에 품고 주께서 그들의 열조에게 맹세하신 땅으로 가라 하시나이까."

모세의 격정적 토로에 나타난 어미의 출산의 고통, 아비의 양육의 수고가 목자의 심정이다. 그러나 이 목자의 심정은 모세의 자생적 속성이 아니다. 하나님께서 이스라엘의 출애굽과 광야 여정을 위해 모세에게 부어주신 것이다. 모세의 목자의 심정은 치명적인 죄를 범한 이스라엘 백성들의 죄를 사해줄 것을 구하며, 그렇지 아니하면 차라리 자신의 이름을 하나님의 책에서 지워버릴 것을 간청했던 목숨을 건 중보기도에서 확인된다(출 32:32).

2) 역사서에서 만나는 목자의 심정

(1) 아간의 징벌 속에 드러난 하나님의 마음

여호수아의 가나안 정복 과정에서 충격적인 장면 중 하나가 탐욕으로 하나님의 명령을 어겼던 아간의 범죄를 둘러싼 사건이다.

아마도 주일학교에서 교사들이 아이들을 가르칠 때 시날산 외투와 은 200세겔을 훔쳤다고 아간을 돌로 쳐 죽이는 장면은 가장 조심스럽고 피하고 싶은 내용일 것이다. 그런데 이 말씀 속에도 하나님의 목자의 심정이 담겨 있다. 하나님께서는 그냥 날카로운 핀셋을 들어 즉각적으로 아간을 집어서 징벌하지 않으셨다. 대신 아간에게 여러 번 참회와 고백의 기회를 주셨다.

여호수아 7장 16-18절에 "나아오게 하고", "뽑혔고"라는 어구가 네 번씩이나 반복되고 있다. 성경은 아간이 뽑히기까지 유다 지파, 세라 족속, 삽디의 가계 그리고 마침내 아간이 뽑혔다고 말씀하고 있다. 이처럼 반복적으로 "나아오게 하고", "뽑는" 과정 속에 회개하기를 원하시는 하나님의 마음이 그대로 담겨 있다(벧후 3:9). 제비를 뽑는 과정은 형벌을 주기 위한 수순이 아니라 아간이 회개하기를 기다리시는 하나님의 마음이 투영된 것이다. 주저 앉은 이스라엘 백성들이 회개를 통해 다시 일어나 제사장 나라의 사명을 계속 써 내려가기 원하시는 아버지의 안타까운 마음이 드러난 것이다.

주일학교 교사들과 목회자들이 이 본문에서 아간의 징벌보다 기다리시는 하나님의 목자의 심정을 어릴 때부터 가르치고 싶어 준다면, 일평생 아버지 하나님의 애끓는 마음을 가슴에 담고 살아가는 신앙인으로 자라게 될 것이다. 이를 통해 자녀의 신앙의 기저(基底)는 한 단계 더 높아질 것이며, 제자훈련생들에게도 하나님의 목자의 심정을 깨우치게 하는 거룩한 일침(一鍼)이 될 것이다.

(2) 영적 기억상실증에 걸린 이스라엘을 향한 목자의 심정

40년의 광야생활을 마치고 약속의 땅 가나안에 입성하여 정착하기 시작한 이스라엘 백성들의 삶은 여호수아 시대 이후 사사 시대에 들어서면서 훨씬 더 악화되었다. 그들은 여호와를 알지 못했으며 이스라엘 역사에 함께하신 하나님도 알지 못하는 영적 기억상실증에 걸렸다(삿 2:10). 사사 시대에는 과거 이스라엘 백성들의 430년 애굽 생활을 다시 보는 것 같다. 사사 시대의 5단계 순환구조는[24] 12사사의 리더십 아래만큼 여러 번 반복되었다. 불순종하여 고통이 찾아왔을 때, 하나님께 부르짖음으로 하나님의 구원의 도움을 받아서 이스라엘 민족에게 평화가 찾아왔다. 그런데 사사 시대가 길어질수록 하나님의 구원의 도움에도 불구하고 이스라엘의 영적 상태는 회복되지 않고 오히려 더 악화되어서 결국은 완전 멸망의 길로 들어서게 되었다(삿 17:6, 21:25).

그러나 하나님은 이스라엘의 목자로서 자기 양들을 어떤 상황에도 버리지 않으셨다. "불순종의 결과로 이스라엘은 수세기 동안 빈곤 속에서 몸부림쳤다. 그러나 하나님은 다윗이라는 젊은 목자를 지도자로 택하셨다."[25] 하나님은 어릴 적부터 양치는 목자의 심정을 배운 다윗을 이스라엘 민족의 왕으로 세우셨다(대상 11:2; 시 78:70-72). 다윗은 하나님의 마음에 합한 자로 평생을 이스라엘 민족의 목자 같은 왕으로 섬겼다. 이스라엘의 어떤 시대든지 목자 없는 양 같이 흩어져 있는(왕상 22:17; 대하 18:16) 이스라엘 민족에게 꼭 필요한 진정한 리더는 하나님의 마음에 합한 목자의 심정을 소유한 자였다(행 13:22).

하나님께서 이스라엘의 반복되는 죄 가운데서 그들을 구원해 주신 이유는 이스라엘의 선한 행위와 회개 때문이 아니었다. 오히려 그들을 향한 하나님의 전적인 목자의 심정, 불쌍히 여기시는 마음 때문이었다(느 9:16-17; 삼상 12:22). 하나님께서는 이스라엘 백성이 반복적으로 죄를 지음에도 불구하고 아브라함과의 언약을 깨지 않으시고 품으셨다. 우리는 사사기에서 영적 기억상실증에 걸린 이스라엘이 징계를 받고 다시 돌아오기를 원하시는 하나님의 모습을 통하여 이스라엘 민족을 향한 애끓는 하나님의 심정을 볼 수 있다.

(3) 죄악된 행실조차 하나님의 역사로 바꾸시는 목자의 심정[26]

하나님의 목자의 심정은 그저 인간을 긍휼히 바라보시고 품어주시는 것을 의미하지 않는다. 목자의 심정에는 인간의 황무한 삶을 반전시키며, 구원 역사의 전진을 이루는 하나님의 꿈이 담겨 있다. 다윗 왕국이 흥왕하면서 사탄은 그의 마음에 잠재된 교만을 충동질했다. 다윗은 자신이 통치하고 있는 이스라엘의 군대가 얼마나 강성한지 알고자 인구조사를 감행했다. 칼을 뺄 만한 사람이 110만 명, 유다 지파 중에서는 47만 명, 총 157만 명이 되는 대군이었다. 인구조사가 왜 문제인가? 다윗은 골리앗 앞에서 고백한 것처럼, 구원하심이 사람의 칼에 있지 않고 하나님의 손에 달려 있다(삼상 17:47)고 믿는 사람이었다. 그런 다윗이 행한 인구조사는 하나님을 의지하기보다 자신의 군사력을 의지하고, 스스로 영광 받고자 하는 동기의 표현이었던 것이다.

이러한 다윗의 실수로 이스라엘 백성 7만 명이 전염병으로 죽게 되었다. 이때 다윗은 하나님께 인구 계수는 자신의 범죄이니 자신과 자신의 집을 치시고 자기 백성을 살려 달라고 간절히 기도했다. 그 기도를 들으신 하나님은 다윗에게 오르난의 타작마당에서 제단을 쌓게 하셨고, 번제단에 불로 응답하시며 구원의 문을 열어주셨다.

다윗이 제단을 쌓았던 오르난의 타작마당은 이후 솔로몬이 건축한 예루살렘 성전의 터가 되었다(대상 21:20-22:1; 대하 3:1). 또한 이곳은 아브라함이 독자 이삭을 바치려 했던 모리아 산이기도 하다(창 22:1-19). 다윗의 회개의 번제가 드려진 곳에 예루살렘 성전이 세워져 만민이 기도하는 집이 되었다. 그리고 예수님은 예루살렘 성전 근처인 갈보리 산에서 대속의 십자가를 지셨다.

인간의 연약함을 그대로 내버려 두지 않으시고, 상처와 절망을 치유와 소망으로 바꾸시며, 오르난의 타작마당을 만민이 기도하는 성전으로, 세상을 구원하는 십자가의 장소로 구원의 역사를 이루시는 것이 하나님의 목자의 심정이다. 이처럼 목양은 죄악된 행실조차 하나님의 원대한 구원 역사로 바꾸시는 하나님의 마음을 읽는 데서 시작된다.

3) 시편에서 만나는 목자의 심정

• 시편 23편: 목자의 심정의 절정인 예수님의 노래[27]

흔히 목가적으로 생각하기 쉬운 시편 23편은 실은 '메시아 시편'(Messianic Psalm)이다. 이 시편은 단순히 목자 하나님과 그분이 기르시는 양 다윗의 관계 정도를 노래하는 것이 아니다. 성자 그리스도가 성부 하나님을 향한 사랑을 다윗이 선지적으로 노래한 것이라고 볼 수 있다.

• **영혼의 온전한 만족** "여호와는 나의 목자시니 내게 부족함이 없으리로다"(1절). 이 고백은 무엇보다 예수님이 광야에서 시험을 받으실 때 성부 아버지께서 천사를 보내셔서 수종들게 하심으로써 광야에서도 부족함이 없게 만들어 주신 일을 상기시킨다(막 1:13). 예수님이야말로 돌보시는 하나님의 사랑 때문에 영혼이 진실로 만족하신 분이셨다.

• **영혼의 온전한 인도** "그가 나를 푸른 풀밭에 누이시며 쉴 만한 물가로 인도하시는도다"(2절). 예수님은 머리 두실 곳도 없었지만, 이른 새벽 기도하러 한적한 곳으로 가실 때(막 1:35) 하나님 아버지께서 예비하신 푸른 풀밭과 쉴 만한 물가의 은혜를 누리셨다.

• **영혼의 온전한 소생** "내 영혼을 소생시키시고 자기 이름을 위하여 의의 길로 인도하시는도다"(3절). 겟세마네 동산에서 예수님의 마음이 고민하여 죽게 되었을 때(마 26:38-39), 영혼이 소생되어 아버지께서 예비하신 '의의 길'(마 3:15)을 뚜벅뚜벅 걸어가실 수 있었다.

• **영혼의 온전한 보호** "내가 사망의 음침한 골짜기로 다닐지라도 해를 두려워하지 않을 것은 주께서 나와 함께 하심이라 주의 지팡이와 막대기가 나를 안위하시나이다"(4절). 예수님이 사망의 음침한 골짜기, 가장 고통스러운 갈보리로 이끌려 가셨지만, 성부

하나님은 성자 예수님이 당하는 수많은 고난 가운데서 그를 보호하시고, 그를 죽은 자 가운데서 살리셨다(행 3:15).

• **영혼의 온전한 공급** "주께서 내 원수의 목전에서 내게 상을 차려 주시고 기름을 내 머리에 부으셨으니 내 잔이 넘치나이다"(5절). 예수님은 하나님의 아들로서 아버지의 부요함과 풍성함으로 충만하시고 위로부터 임하는 기름부음을 받으시며(행 13:33, 시 2:2-9), 아버지께서 준비하신 '아들 메시아의 혼인 잔칫상'을 위해 하늘로 올림 받으셨다(계 19:9). 예수님이 이 땅에서 "사람이 떡으로만 살 것이 아니요 하나님의 입으로부터 나오는 모든 말씀으로 살 것이라"(마 4:4)라고 말씀하신 것처럼, 그분은 하나님의 '말씀'을 '떡' 대신 취하심으로 목자이신 하나님으로부터 무한한 공급을 받으셨다.

• **영혼의 온전한 거처** "내 평생에 선하심과 인자하심이 반드시 나를 따르리니 내가 여호와의 집에 영원히 살리로다"(6절). 마지막으로 예수님은 영혼의 영원한 거처를 얻으셨다. 예수님은 하나님의 집에 영원히 거하시기 위해 하늘로 올라가셨다(막 16:19, 골 3:1).

하나님이신 예수님은 온전한 인간으로서 하나님의 목자 되심을 세세토록 드러내셨다. 예수님은 하나님 아버지의 목자 되심 때문에 광야에서의 큰 시험과 같은 압박, 심지어 겟세마네 동산의 흑암 그리고 십자가의 고통도 기꺼이 지신 것이다. 그러나 이때도 예수님은 성부 하나님의 목자의 심정을 깨닫고 이겨내셨다(요 10:15).[28]

4) 선지서에서 만나는 목자의 심정

선지서에 나타나는 자기 백성을 붙드시는 하나님의 심정에 대해서는 마크 드리스콜(Mark Driscoll)이 잘 표현했다. "선지자들이 미래를 정말로 예언할 때가 있었던 것은 사실이지만 예언이 선지자의 사역에서 제일 큰 부분을 차지했던 것은 아니다. 그 대신에 선지자의 사역에서 주된 부분은 하나님의 영의 능력에 이끌려서 죄에 대해 크게 안타까워하시는 하나님의 심정으로 하나님의 말씀을 선포하는 일이었다."[29]

(1) 피투성이라도 살게 하시고 붙드시는 목자의 심정[30]

사랑의교회에 부임한 후에 시간이 지날수록 마음의 무거운 짐으로 눌렀던 것이 있다. 당시 주일학교의 건물로 사용하였던 소망관이 수천 명의 아이들이 왕래하고, 교육을 받으며 예배드리기에는 구조적으로 안전하지 않다는 사실을 알게 되었다. 그 후로 주일이 가까우면 마음이 무거워졌다. 게다가 교인이 800여 명일 때에 지었던 지하 본당이 수만 명의 성인 출석을 감당할 수 없다는 사실도 마음을 무겁게 했다. 그래서 지금은 소천하신 원로목사님과 의논하면서 교회를 건축하기로 결심했고, 삼만 명이 넘는 성도들이 헌신했다.[31] 지금의 서초동 부지를 매입해 교회를 짓기 시작한 배경은 그러했다.

그 과정 속에서 교회는 파열음을 내고 나는 목회자로서 찢겨졌다. 당시 적지 않은 사람들이 내가 받은 너무도 깊은 상처에서 회복할 수 없을 것으로 여겼다.

제천기도동산에서 6개월을 머무는 동안, 나를 살렸고 내가 살게 된 말씀이 있었다. "너는 피투성이라도 살아 있으라 다시 이르기를 너는 피투성이라도 살아 있으라"(겔 16:6b).[32] 이 말씀 속에는 하나님의 목자의 심정이 뜨거운 피의 강수처럼 흐르고 있다.

"피투성이라도 살아 있으라"라는 하나님의 벼락같은 말씀은 세상 군대에 짓밟히고 비참하게 버려진 이스라엘에 대한 하나님의 무한한 은혜를 강조하고 있다. 잠시라도 눈을 떼고 내버려두면 피투성이로 죽을 수밖에 없는 이스라엘, 목숨이 경각에 달린 이스라엘을 목자의 심정으로 살리고자 하시는 하나님의 강렬한 소원이 이 말씀 속에 혈루처럼 흐르며 천둥처럼 사방천지를 울리고 있다.

목자의 심정을 아는 자는 비록 피투성이 상태일지라도 하나님의 품에 있을 때 가장 안전하다는 것을 알게 된다. '내 가치는 사람들에 의해서 평가받는 것이 아니라, 아버지의 품 안에서 결정되는 것이다.'

(2) 공의가 하나님의 사랑에 삼킨 바 되는 목자의 심정[33]

목회를 하다 보면 절망적인 순간이 있다. 전후좌우를 보면 도무지 구원 받을 기미조차 없는 사람을 만나기도 하고, 사방팔방은 물론 하늘의 문조차 닫혀버린 듯한 상황에 부딪힐 때가 있다. 그럴 때 다시금 마음을 추스르고 목양의 마음으로 나를 살피도록 재촉하는 말씀이 있다. 하나님의 목자의 심정이 강수처럼 흘러넘치는 호세아 11장 8-9절이다.

"에브라임이여 내가 어찌 너를 놓겠느냐 이스라엘이여 내가 어찌 너를 버리겠느냐 내가 어찌 너를 아드마 같이 놓겠느냐 어찌 너를 스보임 같이 두겠느냐…나의 긍휼이 온전히 불붙듯 하도 다…네 가운데 있는 거룩한 이니 진노함으로 네게 임하지 아니하 리라."

이 말씀은 하나님을 떠난 북이스라엘을 향한 하나님의 읍소(泣訴)라고 할 수 있다. 천지간에 가득한 행악으로 인해 멸망할 수밖에 없고, 매사에 하나님의 법도를 버리고 사사건건 패악을 행하는 이스라엘은 마치 부모에 반항하는 아들을 돌로 쳐죽이듯이[34] '맹렬한 진노'로 멸망의 길에 내버려 둠이 마땅했다. 당시 이스라엘은 끝끝내 하나님에게서 등을 돌리는 그런 백성이었다(호 11:7).

사실 이 구절의 커튼을 열어서 보면, 하나님의 공의와 하나님의 사랑이 격렬하게 충돌하는 것을 볼 수 있다. 그런데 하나님의 불붙는 사랑이 하나님의 공의를 삼키고 있다. 목자의 심정은 이런 것이다. 논리적으로, 상황적으로는 용서할 수 없음에도 불붙는 사랑이 '죽어 마땅함'의 행악조차 삼키고 녹이는 것이다. 이것은 예레미야 31장 20절에서 "그를 위하여 내 창자가 들끓으니"라고 표현되었다. 바로 목자의 심정을 상징적으로 나타내는 단장지애의 원판이라고 할 수 있다.

특별히 "내가…네 가운데 있는 거룩한 이니"(호 11:9)라는 말씀은 목자의 심정의 중추(中樞)를 보여준다. 이 말씀은 의인 열 명이 없어서 멸망한 소돔과 고모라를 연상시킨다. 우리 역시 소돔과 고모라에 비해 나은 것이 하나도 없다. 그럼에도 우리가 멸망하지 않고 살아갈 수 있는 것은 죽어 마땅한 죄인들 가운데 하나님께서 '거룩한 이'로서 몸소 서셨기 때문이다.

끝끝내 하나님에게서 등을 돌리는 자녀라도 기어코 품으시는 하나님의 불타는 사랑, 창자가 끊어지는 애통하는 마음 그리고 우리의 행악 중에도 우리 가운데 친히 거룩한 이로 서셔서 멸망하지 않게 하시는 하나님의 마음이 목자의 심정이다.

하나님의 사랑이 그분의 공의를 삼키는 것을 깨닫기 위해서는 하나님의 마음에 있는, 자녀로 인한 아물지 않는 사랑의 상처를 볼 수 있어야 한다. 이것이 목자의 심정의 발로(發露)이다.

5) 복음서에서 만나는 목자의 심정

(1) 탕자를 기다리는 아버지의 심정[35]

'신학적 시각'에서 바라볼 때 탕자의 비유에는 창조-타락-구속의 프레임이 모두 들어 있다. 이 비유를 깨달으면 '목회적으로' 인간을 향한 하나님의 마음이 무엇인지 잘 알 수 있고, '선교적으로' 잃어버린 영혼을 찾으시고 기다리시는 아버지의 마음을 절감할 수 있다. 무리를 보시고 '민망히 여기고 불쌍히 여기시는' 예수님의 심정(마 9:36)은 누가복음 15장의 돌아온 탕자를 향한 아버지의 심정과 그대로 잇닿아 있다.

아버지는 저 멀리에서 아들이 돌아오는 것을 보고 "측은히 여겨 달려가 목을 안고 입을 맞추[며]"(눅 15:20) 아들을 품었다. 아버지는 아들이 일꾼으로 써달라는 간청을 하기도 전에 하인들에게 명하여 옷을 입히고 가락지를 끼우고 신발을 신겼다. 방탕아의 신분을 회복시켜 다시 상속자의 자리에 앉혀준 것이다. 이런 의미에서 이 비유의 주인공은 돌아온 탕자가 아니라 기다리시는 아버지이다. 자식의 부당한 대우 때문에 가슴에 깊은 상처를 입었으면서도 기다리시는 하나님 아버지는 "자비하시며 자비 안에 계시는 분"이셨다.[36]

여기서 우리의 영적 상상력이 발휘되어야 한다. 상식에 맞지 않는, 파격적 잔치가 벌어지는 광경을 보면서 돌아온 아들은 이런 생각을 했을 것이다. '왜 내가 아버지의 심정을 몰랐을까? 나는 아버지 밑에 있으면 자유함이 없다고 생각하고 아버지에게서 도망가려고 했는데 아니었구나. 아버지는 사랑으로 나를 기다리셨구나. 이제 알았으니 더 이상 나를 위해서가 아니라 아버지의 기쁨을 위해서 살아야지. 어떻게 하면 아버지의 마음을 기쁘시게 할까? 어떻게 하면 아버지를 더 사랑할까?' 탕자는 바로 이 순간 새로운 삶으로 거듭났을 것이다. 그의 인생길에서 섬광처럼 빛나는 클라이맥스라 할 것이다. 이러한 심정적 돌이킴, 즉 회개가 없으면 우리는 비록 집을 나가지 않았어도 탕자이다.

모든 사역의 핵심은 내가 무엇을 이룰까, 무엇을 성취할까가 아니다. '내가 왜 하나님 아버지의 심정을 몰랐을까? 내가 어떻게 하면 주님을 기쁘시게 할까? 어떻게 하면 하나님을 더 사랑할 수 있을까? 어떻게 하면 아버지가 원하시는 곳에 쓰임 받을 수 있을까?' 이것이 목자의 심정을 깨달은 온전한 제자에게 마땅한 마음이다.

(2) 오병이어의 현장에 나타난 목자의 심정[37]

오병이어 사건은 사복음서에 모두 나온다.[38] 예수님의 말씀을 들은 후 이제 날이 저물고 사람들은 허기지게 되었다. 목자의 심정을 아직 깨닫지 못했던 제자들은 예수님의 말씀을 듣기 위해 모였던 회중들을 흩어 보내려 했다. 그러나 예수님께는 이 순간, 이 자리가 카이로스[39]의 시간이요 장소였다. 오병이어의 사건은 하늘 은혜로 충만한 기적의 현장일 뿐 아니라, 하나님의 백성이 인생길에서 부딪히는 크로노스의 시간(배고프고 굶주린 시간)을 목자의 심정이 가득한 카이로스의 시간으로 살도록 영안을 뜨게 하는 사건이었다. 제자들은 이 사건을 통하여 그야말로 혁명적인 가치관의 변화를 경험했다. "그것은 죽음에서 생명으로 이동하는 순간이고 두려움에서 사랑으로 이동하는 순간이었다."[40] 이것은 목자의 심정이 겨냥하는 과녁이 무엇인지를 생생하게 보여준다.

예수님은 제자들에게 "너희가 먹을 것을 주라"(마 14:16)라고 하셨다. 요한복음 6장에서는 목자의 심정이 없는, 계산 빠른 빌립이 이백 데나리온의 돈이 있어도 부족하다고 불평조로 말했다. 그러나 목자의 심정에 조금이나마 눈이 열린 안드레는 말씀에 순종해 먹을 것을 찾아다니다 오병이어 도시락을 발견해 예수님에게로 가져왔다. 어쩌면 이 광경을 목격한 다른 제자들은 속으로 '하찮은 저것으로 도대체 무엇을 할 수 있을까?'라며 비웃었을지 모른다.

목자의 심정을 지니신 예수님은 그 작은 것을 무시하거나 매몰차게 내치지 않으시고 "떡을 가져 축사하시고" 제자들에게 나누어주라고 하셨다. 처음에는 안드레도 주님의 심정을 다 몰랐을 것이다. 그러나 보잘것없는 작은 보리떡을 전심으로 축사하시는 주님을 보며 일평생 가슴 뛰는 경이로움을 경험했을 것이다. 허기진 무리를 불쌍히 여기시는 마음, 길 잃은 양을 품으시는 예수님의 모습에서 목자의 심정을 깨달은 것이다. 안드레의 마음에 이식된 목자의 심정은 그 후로 어떤 상황에서도 그를 힘있게 사역하게 하는 원천이 되었을 것이다. 오병이어 사건을 통해 보는 목자의 심정은 오병이어의 기적에는 참여했지만, 생명의 떡에는 참여하지 못한 자들에 대한 영적인 안타까움에 기초한다.[41]

이 심정과 태도를 갖추지 못하면, 아무리 신약신학에서 말하는 제자도에 이론적으로 정통한다 해도 내게 맡겨진 훈련생들은 상처를 입고 중도에 포기하는 안타까움이 있을 수 있다. 우리가 누구길래 영혼을 섬기는가? 우리가 무슨 자격으로 다른 사람을 예수님의 제자로 걸어가도록 동기부여를 하는가? 비록 실력이 부족하고 안드레처럼 가진 것이 적을지라도 '내가 섬기는 영혼들을 어떻게 먹여볼까?' 하는 이런 간절함과 안타까운 심정을 갖고 나갈 때 비로소 영혼의 큰 목자 되신 예수님을 위하여 영혼을 돌보는 작은 목자, 그분의 심정을 나누는 목자가 될 수 있다.

(3) 간음한 여인을 용서하신 예수님의 마음[42]

간음하다가 현장에서 잡힌 여인이 끌려와 일순간 예수님 앞에 팽개쳐졌다. 이 순간은 인류 역사상 가장 대조적인 두 인격이 만나는 현장이었다. "여자와 남자, 죄인과 죄 없으신 하나님의 아들, 간음한 여인과 거룩하신 하나님!"[43] 목자의 심정이 없는 종교지도

자들은 예수님을 올무에 걸기 위해 "모세는 율법에 이러한 여자를 돌로 치라 명령하였거니와 선생은 어떻게 말하겠나이까"(요 8:4)라고 물었다.

그날 아침 하나님의 사랑을 가르침 받던 수많은 사람들의 눈이 한 곳에 쏠렸다. 아마도 신약성경에서 예수님을 따르던 군중들을 매우 긴장시킨 사건 중 하나일 것이다. 돌로 치라고 하면 사랑을 선포하신 예수님의 가르침이 의심 받고, 놓아주라는 말은 율법의 완성을 위해 오신 분이 하실 수 없는, 그야말로 진퇴양난의 질문이었다. 그런데 예수님은 손가락으로 땅에 글을 쓰시며 "너희 중에 죄 없는 자가 먼저 돌로 치라"(요 8:7b)고 말씀하셨다. 그러고는 다시 굽혀 손가락으로 땅에 쓰신 후에 여자만 남은 것을 보시고 "나도 너를 정죄하지 아니하노니 가서 다시는 죄를 범하지 말라" (요 8:11b) 말씀하셨다.

오랜 세월 주석가들은 이 사건을 해석하면서 초점이 빗나간 질문을 해왔다. '왜 예수님께서 그러셨는지'를 질문해야 함에도 '무엇을 쓰셨을까'만 질문했다.[44] 예수님은 땅에 글을 쓰신 후에 돌에 맞기 직전의 여인, 폭도들 가운데 심히 겁에 질려 땅 바닥에 쓰러져 홀로 있는 여인을 바라보셨다. 아마도 하늘의 천사들도 예수님께서 어떻게 행하실지 주목했을 것이다. 왜냐하면 예수님이 여인에게 하셨던 말씀은 하늘의 지혜가 풀리고, 복음의 비밀이 열리는 순간이었기 때문이다.[45] 흉악한 죄, 주홍빛 같은 죄라도 눈처럼 희게 하시는 복음의 신비, 죄인을 불쌍히 여기시는 예수님의 사랑의 마음이 폭포수처럼 흘러넘치는 현장이었다. 삶의 흉포함에 쓰러져 있는 여인을 거두시는 모습은 로마 카타콤 벽화에 두려움에 떠는 양을 안고 위험한 세상을 지나시는 선한 목자 예수님의 초상으로 나타났다.[46]

유대 종교지도자들은 자신들의 옳음을 입증하기 위해 이 여인을 이용하려 했지만 주님의 마음은 달랐다. 이 여인이 네 딸이고 네 누이라면 이렇게 욕보일 수 없다고 하신 것이다. 한 걸음 더 나아가, 여인이 평생 시달릴 수치와 죄책감에서도 자유하도록 여인의 상처 난 마음을 만져 주셨다. "나도 너를 정죄하지 아니하노니 가서 다시는 죄를 범하지 말라"(요 8:11)라는 말씀에는 '나도 너를 용서하니 너도 너를 용서하고 죄를 범하지 말라'는 목자의 심정이 배어 있다. 율법적으로 돌에 맞아 죽게 되는 비극적 현장에서 하나님의 지극하신 은혜가 인간의 극한 수치를 가리는 위대한 역사가 이루어졌다. 이로 인해 간음한 여인은 자유하게 되었다.

간음한 여인의 수치는 죄로 인한 인간의 수치를 대변하고, 예수님의 용서는 죄에 사로잡힌 인간을 자유케 하는 유비(類比)가 되고 있다. "우리가 수치와 모멸감을 느낄 때에도 예수님은 자기 정죄에서 우리를 구원해주시고 자유를 주신다."[47] 이처럼 예수 그리스도가 죄에서 우리를 어떻게 자유롭게 하시는지 R. A. 토레이(R. A. Torrey)가 영감 있는 통찰을 했다. "십자가에 달리신 그리스도는 죄책감에서 우리를 구하신다. 보좌에 앉으신 그리스도는 죄의 권세에서 우리를 구원하신다. 그리스도의 재림은 죄의 존재에서 우리를 구원하신다."[48] 이제 여인의 몸은 예수님의 목자의 심정을 통하여 하나님이 머무시는 성전이 되었다.

(4) 구레네 시몬을 부르시는 목자의 심정[49]

"그의 이름은 기묘자라." 이사야 선지자가 예수님을 부른 명칭이다.[50] 하나님의 기묘하심은 삶의 실제이며, 이것은 목자의 심정에서도 그대로 드러난다.

구레네 사람 시몬이 유대인의 큰 명절인 유월절을 맞아 예루살렘으로 왔다. 그는 분명 큰 기대와 설렘을 안고 왔을 것이다. 당시 만리 타국에 사는 유대인이 일평생 갖는 꿈이 있었다. 사는 동안 한 번은 예루살렘에서 절기를 지키는 것이었다. 구레네 사람 시몬도 그 중의 한 사람이었다. 그런 그에게 당황스럽고 심지어 분노를 일으킬 수 있는 일이 일어났다. 주변이 몹시 웅성거리고 사람들은 휩쓸릴 정도로 무리를 지어 움직이고 있었다. 그때 채찍을 맞아 살점이 떨어지고 검붉은 피로 점철된 죄수가 무거운 십자가를 지고 가다가 쓰러지기를 반복하는 것을 보았다. 그는 로마의 극형인 십자가를 끌다시피 간신히 지고 가는 죄수를 보면서 '이 불쌍한 죄수는 도대체 무슨 죄를 지었길래 이 무서운 십자가의 형벌을 받고 있는가?'라고 생각했을 것이다. 참혹한 광경으로 몸서리치는 순간, 로마 병정이 차가운 목소리로 그를 불러 세웠다. 그리고 그를 붙잡아 억지로 예수님의 피 묻은 십자가를 지게 했다(막 15:21).

아마도 시몬의 입장에서 일평생 이보다 더 당혹스럽고 어처구니없는 일은 없었을 것이다. 시몬의 얼굴은 자신에게 갑작스럽게 일어난 치욕으로 크게 일그러졌을 것이다. 세상은 그에게 닥친 터무니없어 보이는 불행을 조롱하거나 외면했다. 그러나 바로 그 순간이 구레네 시몬을 향한 하나님의 목자의 심정이 흘러넘치는 시간이었다.

예수님과 3년을 동고동락한 제자들이 도망하고, 예수님이 세우신 70인 전도대도 예수님을 버렸던 그때, 하나님의 심정은 이미 구레네 시몬을 향하고 있었다. 그리고 시몬을 통한 원대한 사역을 계획하고 계셨다. "처형당할 예수님 때문에 예루살렘 시가 떠들썩한 그때에 시몬이 온 것은 하나님의 섭리였다."[51]

이것이 목자의 심정이다. 세상이 외면하고 사랑하는 사람들마저 외면하는 순간에 하나님께서 손을 내밀어 붙잡으시는 것이다. 이러한 하나님의 목자의 심정은 세상의 상식이나 이성으로는 이해불가이다.

나중에 사도 바울이 시몬의 아내를 자신의 어머니라고 부를 만큼 구레네 시몬 집안은 로마 교회의 기둥 같은 가문이 되었다.[52] 겉으로 보기에는 시몬이 억지로 십자가를 진 것 같지만, 실상은 예수님의 절절한 사랑, 하나님의 목자의 심정이 시몬을 구원의 문으로 이끌고 있었던 것이다. 구레네 시몬을 부르시는 목자의 심정을 통하여, 목자의 심정은 단색이 아니라 다양한 색이며 단면이 아니라 입체적으로 보아야 함을 가르쳐 주고 있다. 인생길에서 때로는 억지로라도 우리를 붙드시고 십자가를 지게 하시는 하나님의 애끓는 마음, 그것이 우리를 사랑하시되 한없이 사랑하시는 목자의 심정이다. 억지로라도 십자가를 지게 하시는 예수님의 마음을 알도록 깨우치는 것이 온전한 제자훈련의 심원(心源)이다.

혹자는 구레네 시몬을 특별한 상황에서 특별한 경험을 한, 지금의 나와는 무관한 사람으로 생각할지도 모른다. 그러나 오늘의 모든 그리스도인이 구레네 시몬이다.[53] 그러기에 구레네 시몬에게 임한 하나님의 애절한 마음은 지금 이 순간에도 나를 위한 목자의 심정으로 흐르고 있다.

6) 서신서에서 만나는 목자의 심정

(1) 멸망을 면하게 하시려는 하나님의 심정

목자의 심정은 선교적이다. 서신서 가운데 목자의 심정을 요약해 보여준 구절이 있다면 베드로후서 3장 9절이다. "오직 주께서는 너희를 대하여 오래 참으사 아무도 멸망하지 아니하고 다 회개하기에 이르기를 원하시느니라." 하나님은 죄인에게 한두 번 경고하고 형벌에 처하시는 그런 분이 아니다. 하나님은 우리를 설득하고 납득시키기 위해 오래 참으신다(출 34:6). 하나님의 오래 참으심은 죄인들을 향한 사랑에서 우러나온 것이다. 그것이 바로 목자의 심정이다.

성부 하나님의 목자의 심정을 알았기에 성자 예수님도 목자의 심정을 가지고 죄인들을 위한 구속의 십자가를 지신 것이다. 예수님의 이 구속의 십자가는 '친히' 자원하는 십자가였다(벧전 2:24). 이 것은 목자의 심정을 가진 목회자의 마음이 어떠해야 하는지를 보여준다. 십자가의 사역조차 예수님처럼 자원하는 마음이 목자의 심정이다.

아무도 멸망하지 않고 구원 받기를 기다리시는 목자의 심정의 실제적인 예는 요나서 4장의 박넝쿨 논쟁에도 담겨있다. 내리쬐는 햇볕에 괴로워하던 요나가 벌레가 먹어버린 넝쿨로 하나님께 불평과 항변을 늘어놓자, 하나님께서 박넝쿨과 12만 명이나 되는 니느웨 거민들을 비교하시면서 요나를 책망하신다. 왜 그러셨을까? 하나님은 요나가 죄인들을 향한 당신의 애끓는 마음을 알기 원하셨다(욘 4:5-11). 요나의 이야기는 목자의 심정을 가진 여호와 하나님이 오래 참으시며 모든 사람을 구원하시려는 선교적인 하나님이심을 보여준다.

죄인들을 참고 기다리시는 하나님의 목자의 심정을 말할 때 우리가 목자의 심정으로 읽어야 하는 교리 중 하나가 형벌적 대속론이다.[54] 나는 장로교 목사로서 예수님이 지신 십자가가 형벌적인 대속을 가져왔다고 믿는다. 우리가 믿는 성경의 교리는 율법의 조문이 아니라 생명을 살리는 복음이어야 한다(고후 3:6). 당연히 이 교리에도 하나님의 목자의 심정과 예수님의 십자가의 보혈이 흘러야 한다.

목자의 심정으로 이 교리를 읽는다는 것은 모리아 산의 아브라함에게는 아들의 희생을 요구하시지 않았지만, 멸망할 수밖에 없는 모든 죄인을 위해서는 자기 아들을 기꺼이 희생제물로 내어주시는(롬 8:32) 하나님의 형언할 수 없는 사랑, "아무도 멸망하지 아니하고 다 회개하기에 이르기를 원하시는"(벧후 3:9) 하나님의 애끓는 마음으로 읽는 것이다. 목자의 심정으로 형벌적 대속론을 관통할 수 있다면 목회가 이전과는 비교할 수 없는 큰 용량으로 한 단계 올라가게 될 것이다.

(2) 바울의 "빚진 자" 속에 나타나는 목자의 심정

"헬라인이나 야만인이나 지혜 있는 자나 어리석은 자에게 다 내가 빚진 자라"(롬 1:14). 깊이 보지 않으면 이해하기 어려운 이 구절은 내게 목회적 사고의 틀을 확장시키는 통찰을 주었다. 바울은 헬라인이나 야만인이나 지혜 있는 자나 어리석은 자에게 복음을 전했다. 그들은 바울의 복음을 듣고 예수님을 믿었다. 그렇다면 바울이 빚진 자인가, 그들이 빚진 자인가? 모름지기 복음을 들은 자가 빚진 자다. 그러나 목자의 심정으로 사역했던 바울은 완전히 거꾸로 사고한다. '나로 하여금 예수 그리스도의 복음을 전할 수 있게 해 준 그들이 채권자다. 그들 때문에 내가 존재한다. 그들 때문에 내 생명을 조금도 귀한 것으로 여기지 아니하고 한 생애를 달릴 수 있었다. 따라서 내가 채무자다.'[55] 이것이 목자의 심정을 가진 사역자의 자세이다.

빚진 자의 마음으로 목자의 심정을 지닌 사역자는 어떤 경우에도 양 떼 위에 군림할 수 없으며, 맡은 사역에서 헛발질하지 않을 것이다. 양들로 인하여 오히려 자신이 사역자로서의 존재가치와 의미를 가질 수 있기 때문이다. 제자훈련생을 바울처럼 빚진 자의 심정을 가진 제자들로 양육하면 그 교회는 더 겸비하고 더 겸손해질 것이며, 우리를 더 순전하게 하여 제자훈련 과정을 마친 이후에 가끔 보이는 고질병 중의 하나인 자기 의에 사로잡혀 형제를 정죄하는 늪에 빠지지 않을 것이다(롬 12:16).

그러므로 제자훈련은 철저히 훈련생들에게 목자의 심정을 이식하는 과정이라 할 수 있다. 이 과정이 없으면 율법적 비판주의, 이상적(理想的) 비판주의[56]로 전락할 수밖에 없다.

7) 선지자적 비판이 아닌 제사장적 책임으로 나타나는 목자의 심정

지금까지 성경 전체에 흐르는 목자의 심정을 확인하면서 목자의 심정이 성경적으로, 목회적으로 참으로 중요함을 살펴보았다. 이처럼 목자의 심정이 중요하다면 목회자로서, 평신도 지도자로서 그리고 성도로서 자신에게 목자의 심정이 있는지를 어떻게 알 수 있는가? 그리고 목자의 심정으로 사역하기 위한 목회적 심성은 어떠해야 하는가? 마음의 추(錘)가 '선지자적 비판'과 '제사장적 책임' 사이에 어디쯤 있는지 점검해 보라.

우리에게는 건강한 비판의식이 필요하다. 그러나 목적을 잃어버린 채 정죄에만 사로잡힌 선지자적 비판은 자칫 비판 자체에 몰두하는 냉소주의로 전락할 수 있다. 대체로 자기 의가 강할수록 자기 논리와 자아실현 의지가 강해 날 선 비판주의로 빠지기 쉽다. 그렇게 되면 주변의 믿음의 형제들도, 출석하는 교회도, 교회 지도자도 다 못마땅해진다. 비판을 통해 어떤 열매가 좋은지는 분별할 수 있으나, 풍성한 열매를 거두기는 어렵다. 비판적 체질로 사역하면 사람들의 시선을 끌 수는 있으나, 시간이 지나고 나면 허공을 치는 사역으로 귀결되기 마련이다. 선지자적 비판주의 또는 비판주의에 빠진 신자는 반드시 제사장적 책임의식으로 균형을 잡아야 한다.

어떻게 선지자적 비판주의에서 제사장적 책임의식으로 중심을 이동할 수 있을까? 이것은 사역자로서 어떤 상황에서도 물어야 할 질문과도 관계가 있다. 지금 맞닥뜨리는 문제의 해법이 신학적으로 건강하고, 목회 현장에서도 진정성이 있으며, 선교적으로도 적절한가를 묻는 것이다. 그리고 여기에 대한 확실한 목회적인 해법은 목자의 심정이다. 신구약성경 전체를 관통하고 있는 하나님의 마음, 목자 예수 그리스도의 심정을 놓치면 제자훈련이 오히려 자기우월성을 주장하는 무서운 흉기가 될 수 있음을 사역 현장에서 숱하게 확인했다.

우리가 죄를 짓고 어둠에서 헤매는 것을 통한히 여기시며, 우리를 거기서 불러내기 위해 자기희생을 마다치 않으시는 하나님의 심정을 모르면 아무리 좋은 교리, 아무리 대단한 간증도 자기 파괴적 해악으로 돌아온다.[57] 한 영혼이라도 더 동참하게 하시려는 안타까운 마음에서 사역이 시작되어야 한다. 이 심정을 놓친 제자훈련은 기계적 행동교정주의, 교리교조주의 그리고 자기부인이 아닌 자기증명과 자기입증의 자랑으로 변질되고 전락한다. 제자훈련은 하나님의 마음에서 나온다. 온전한 제자훈련은 죄인을 찾아 불러내시고 새로운 심성과 자격을 부여하셔서 아들이 하신 순종을 행하며 "분부한 모든 것을"(마 28:20) 행할 수 있는 사람으로 살게 하시려는 하나님의 애타는 심정에서 시작한다.

4.
기독교적 관점에서 이해하는
목자의 심정

1) 하나님의 진노하심에 숨겨진 목자의 심정

하나님의 목자되심을 강조하는 것이 왜 그리도 중요한가? 많은 그리스도인이 성부 하나님을 거룩하시고, 근엄하시고, 책벌하시고, 징벌하시고, 진노하시는 아버지 정도로 생각한다. 나는 어린 시절 하나님을 생각하면 굉장히 두렵고 무서웠다. 그때 누가 목자의 심정을 지니신 아버지 하나님에 대해 가르쳐 주었다면, 사춘기 시절을 가슴앓이 하지 않고 더 값진 시간을 보냈을 것이다. 월요일에 사고나 문제가 생기면 주일성수를 제대로 못해서 책벌 받는 것이라는 죄책감에 시달렸다. 나중에 성경을 묵상하는 힘이 생기고 본격적으로 신학을 연구하면서 우리 목자 하나님의 심정을 알게 된 후로는 그런 두려움이 없어졌다.

하나님의 분노를 바르게 이해하지 못하면 하나님의 사랑도 제대로 이해할 수 없다.[58] 하나님의 사랑과 분노 사이에는 불일치가 없다. 마틴 루터는 하나님의 사랑을 진정으로 깨달으려면 먼저 자신이 하나님의 진노를 받아 마땅한 사람이라는 지독한 절망을 경험해야 한다고 했다.[59] 이러한 깨달음이 하나님의 무한한 사랑을 깊이 인식하게 한다. 이것은 하나님의 거룩한 진노하심의 뒷면에는 '목자의 심정'이 대문자로 쓰여 있음을 의미한다.

하나님은 진노하시는 무서운 분, 예수님은 그런 하나님을 진정시킨 분으로 오해하는 우리를 교정하는 통찰이 있다. "우리의 이해력을 뛰어넘는 이 놀라운 역설은 십자가가 하나님의 진노의 부어짐이며 동시에 하나님의 사랑의 부어짐임을 말한다. 하나님은 우리를 향한 사랑 때문에 죄에 대한 그분의 진노를 그리스도 안에서 삼키셨다."[60]

목자의 심정은 하나님의 극진하신 사랑이 하나님의 진노를 삼켰음을 깨닫는 것이다. 이것을 깨달은 자는 진노의 상황에서도 거룩한 두려움을 가지고 하나님 앞에 힘있게 나아갈 수 있다. 만약 아담이 하나님의 사랑이 하나님의 진노를 삼키는 목자의 심정의 은혜를 깨달았다면 결코 하나님을 피해 도망하지 않았을 것이다.

2) 하나님의 질투하심에 숨겨진 목자의 심정

성경은 하나님이 에서를 미워하신다고 했는데, 여기에서도 하나님의 목자의 심정을 보아야 한다. 이 말씀은 하나님께서 에서를 미워할 정도로 사랑하셔서 돌아오기를 기다리셨다는 의미로 읽어야 한다. 우리가 하나님의 목자의 심정을 깨닫는다는 것은 우리를 향한 하나님의 질투의 마음을 깨닫는 것과 같다.

창조주 하나님께서 피조물인 인생을 질투하신다는 것은 언뜻

이해하기 어려운 면이 있다. 그러나 '위대하고 전능하신 하나님께서 그 자녀들이 잠시 허튼 것에 마음 뺏긴다고 해서 그토록 신경 쓸 필요가 있을까'라고 생각한다면 우리를 향한 하나님의 사랑을 과소평가한 것이다. 하나님은 우리가 쉽게 합리화하는 작은 우상까지 주목하신다. 하나님은 유다 여인들이 하늘 여왕이라는, 당시 다산을 상징하는 여신을 본뜬 과자조차도 질투의 대상으로 삼으셨다. 그 자그마한 우상을 본뜬 과자들이 하나님의 질투를 야기시키고 하나님의 마음을 상하게 했다는 것을 어떻게 이해할 수 있겠는가?(렘 7:17-18, 44:19)

하나님께서 질투하시는 이유는 무엇인가? 우리와 하나님과의 관계 때문이다. 하나님은 우리와 하나님의 관계에 방해가 되는 것은 무엇이든지 반대하신다. 중요한 것은 우리를 향한 하나님의 질투의 목적은 세상의 그것과는 전혀 달리 우리를 보호하는 데 있다는 사실이다. "하나님의 질투는 우리가 삶에서 가장 좋은 것을 놓치지 않게 하며, 스스로를 망치지 않도록 도와주는 안전장치와 같은 것이다."[61]

하나님의 질투는 놀랍게도 언약사상과 연결되어 있다. "너희는 스스로 삼가 너희의 하나님 여호와께서 너희와 세우신 언약을 잊지 말고 네 하나님 여호와께서 금하신 어떤 형상의 우상도 조각하지 말라"(신 4:23). "네 하나님 여호와는 소멸하는 불이시요 질투하시는 하나님이시니라"(신 4:24). 하나님은 우리가 세상의 그 어떤 것과도 그의 사랑을 조금도 나누기를 원치 않으신다. 창조주 하나님이 피조물을 질투하신다는 이 놀라운 사실에 눈을 뜨는 것이야말로 하나님의 목자의 심정을 깨닫는 첩경일 것이다.

3) 자식을 많이 둔 가난한 어머니의 심정

목자의 심정을 한국인의 정서에서 찾는다면 무엇일까? 자식을 사랑하는 어머니의 심정에서 찾을 수 있다. 그중에서도 가난하지만 자식을 많이 둔 엄마의 심정에 목자의 심정이 녹아져 있다고 생각한다. 아이들이 배가 고파 밥을 달라 하면 줄 것이 없다고 해서 넋놓고 앉아 있는 엄마가 있겠는가? 어떡하든지 내 자식을 먹이려고 머리카락이라도 잘라 팔거나 모든 체면을 내려놓고 구걸이라도 한다.

　내가 초등학교 5학년쯤 되었을 때 일이다. 당시 부모님은 달동네 개척교회를 돌보시느라 불철주야 고생하셨다. 그날은 학교를 다녀와 오후 서너 시쯤에 너무 배가 고팠다. 부엌이라고 해봐야 초라하기 짝이 없는 조그만 공간이었는데, 선반 위에 보리쌀 삶은 것이 보였다. 위가 약했던 나는 그것을 먹고 소화가 안 되어 토하고 있었다. 심방을 다녀온 어머니가 그 모습을 보시곤 내 손을 잡고 우셨다. 그러고는 '어떻게 자식을 좀 먹여볼까' 하는 애끓는 심정으로 정신없이 이웃을 찾아 다니셨는데, 어머니의 모습에서 손톱이라도 빼주고 머리카락이라도 잘라주려는 마음이 느껴졌다. 우리는 하나님의 자녀로서 아버지 되시는 하나님의 심정을 다 모른다. 부모는 목숨까지 기꺼이 내어놓고 자녀를 끝까지 사랑하는 심정이 있다. 그러나 우리 아버지 하나님의 심정은 인간 부모의 심정과는 비교할 수가 없다. 이사야 49장 15절에서 "여인이 어찌 그 젖 먹는 자식을 잊겠으며 자기 태에서 난 아들을 긍휼히 여기지 않겠느냐 그들은 혹시 잊을지라도 나는 너를 잊지 아니할 것이라"라고 하셨다.

제자훈련은 일만 스승을 만드는 훈련이 아니라, 목자의 심정을 가진 아비를 만드는 과정이다. 이런 마음은 사도 바울이 고린도교회를 향해 쓴 편지 속에도 나타난다. "그리스도 안에서 일만 스승이 있으되 아버지는 많지 아니하니 그리스도 예수 안에서 내가 복음으로써 너희를 낳았음이라"(고전 4:15). 스승보다 아비가 전문지식이 부족하고, 분만실의 전문 간호사보다 산모가 출산 지식이 더 적지만, 자식은 어머니가 낳는다.

추모공원에 가보면, 자녀들이 부모를 모신 납골당이나 묘지를 장기간 찾아오는 경우는 드물다. 5년, 10년만 지나도 자녀들이 연락두절되어 관리가 잘 되지 않는데, 자녀를 먼저 보낸 부모는 거의 매달 찾아온다. 자녀를 가슴에 묻은 부모가 두고 간 꽃이 다르고 보살핌이 다르다. 제자훈련은 성경의 지식으로 초석을 놓기 전에 먼저 하나님의 심정에 깃든 이러한 아비의 마음, 어미의 마음을 훈련생에게 심는 것이다.

4) 특별한 사역과 평범한 사역을 결정하는 절박한 목자의 심정

무엇이 특별한 사역과 평범한 사역을 결정할까? 한국 사회가 어려웠던 시절, 부산 자갈치시장에서 고등어를 받아 머리에 이고 골목마다 다니면서 "고등어 사이소" 하며 장사하는 분들이 있었다. 이분들의 환경만 보면 자식을 대학에 보낼 수 없는 상황이었다. 그런데 고등어를 머리에 이고 팔고 다닌 분들 가운데 자녀를 대학에 진학시키고 사회적으로 훌륭한 사람으로 키운 어머니들이 적지 않다. '나는 못 했지만, 자식은 대학에 보내야지. 간난신고(艱難辛苦)는 내 대에서 끝내고 자식은 제대로 교육시켜 그들이 원하는 것을 이루게 해야지' 하는 어머니의 애절한 심정과 간절한 꿈이 어려운 환경 속에서도 아이들을 대학에 보내고, 자녀 교육을 통해서 가계(家系)의 새로운 문을 열게 한 것이다.[62] 이들에게서 자신의 손을 놓으면 자녀가 마치 천길 낭떠러지로 떨어질 것 같은 위기의식과 절박성을 본다.

그런데 오늘날 목회자에게 이러한 절박성이 있는가? 손을 놓으면 성도들이 마귀의 먹이로 전락한다는 절박한 의식이 있는가? 전쟁에서 패장은 생명을 부지하지 못한다. 오늘날 많은 목회자가 영적 전쟁에서 마귀에게 목을 내놓고 있다. 그 이유는 절박성에서 밀리기 때문이다. 마귀는 먹이를 찾아 우는 사자같이 절박하게 울부짖고 있다. 마귀는 먹이를 찾지 못하면 굶주리고, 전쟁에 지면 자기 목을 내놓아야 하는 것을 누구보다 잘 알기 때문이다.

그래서 마틴 로이드 존스(Martyn Lloyd-Jones)는 모든 죄 중에서 우리가 직면한 상황이 얼마나 절박한지를 모르는 것이 우리 세대의 두드러진 죄라고 말했다.[63] 목자의 심정은 양 한 마리를 잃으면 "그 잃은 것을 찾아내기까지 찾아다니는" 절박한 심정이다(눅 15:4). 잃어버린 양은 가시덤불에 털이 엉켜 있거나 뒤집혀 있어 꼼짝달

싹하지 못하는 상태에 놓이곤 한다. 양의 특성상 스스로를 구원할 수 없기 때문에 지금 목자가 찾지 못하면 죽을 수밖에 없는 절박한 상황에 있는 것이다. "잃은 자들의 영혼에 대해 부담이 없는 사람은 참으로 절박하게 기도할 수 없다." "우리가 결코 놓치지 말아야 할 것은 바로 이러한 절박성이다."[64]

5) 순교적 제자훈련과 목자의 심정

그리스도인이라고 다 그리스도인인가? 그렇지 않다. 성경을 하나님의 말씀으로 온전히 믿는 자가 그리스도인이다. 성경을 믿는다면 제대로 된 그리스도인인가? 아니다. 한 걸음 더 나아가야 한다. 성경 속에 드러난 하나님의 심정을 가슴속에 품는 자가 제대로 된 그리스도인이다.

바리새인은 누구보다도 율법을 알고 지켰지만 그 안에 하나님의 심정이 없었기 때문에 예수님으로부터 혹독한 책망을 받았다. 그들에게는 무리를 보시고 민망히 여기시는 예수님의 마음, 즉 목자의 심정이 없었다.

예수님이 제자들을 훈련하실 때 가장 중요하게 여기신 것은 무엇일까? 이는 우리가 제자훈련을 할 때 늘 마음에 품고 되새겨야할 마스터키와 같은 질문이다. 훈련에 어려움이 있을 때, 훈련이 궤도를 벗어나 있을 때, 훈련의 방향성을 새롭게 모색해야 할 때 제자훈련을 초심으로 리셋할 수 있는 근원적인 질문이다.

예수님이 제자들에게 가르치신 대명령과 대위임령은 본질적으로 자기 생명을 거는 것을 전제로 한다.[65] 이를 위해 예수님은 먼저 십자가의 죽음을 통해서 본을 보여주셨다. 이것은 양을 위해 목숨을 내어놓는 목자의 심정이 아니면 대명령과 대사명의 실천이 불가능함을 의미한다.

온전한 제자훈련을 하는 이유는 한 가지이다. 예수님을 닮기 위해서라면 기꺼이 죽음의 자리에 서고, 주저없이 순교의 길을 택하는 순교자적 신앙을 체질화하는 것이다. 위기의 순간이 오면 모든 가면은 벗겨질 것이다. 위기 순간에도 예수님이 서신 그 자리에 서기 위해서 가장 요구되는 것은 순교적 신앙을 삶의 거룩한 본능이 되도록 하는 것이다. 목자의 심정을 지닌 온전한 제자의 궁극적 지향은 순교자적 신앙인 것이다.

"교회 밖에는 구원이 없다"라는 말에 세상은 경기(驚氣)를 일으키고, 불신자들은 온갖 교묘한 말로 조롱하며 교회와 신자를 희화화해 왔다. 말세에 조롱하는 자들이 와서 자기의 정욕을 따라 행하며 교회와 그리스도인들을 조롱한다는 말씀(벧후 3:3)이 날카로운 칼처럼 가슴에 박히는 것이 현실이다. 순교적 영성으로 자신을 내어놓는 목자의 심정이 아니면 어떻게 이 세속의 두터운 무신론적 장벽을 돌파할 수 있을까!

목자의 심정을 지닌 제자의 혈관 속에는 순교자의 DNA가 있다. 오직 주님 되신 그리스도의 십자가를 지고, 복음의 영광을 위해 언제든지 생명을 내어놓을 각오가 있는가? 그렇지 않다면 너무나도 유혹적이며 숨 막힐 만큼 위협적인 세상 권세에 굴복해 손이 묶이고 눈이 빠진 힘없는 삼손의 수모를 피하지 못할 것이다.

chapter 3

온전함에 이르는 길,
십자가와 자기부인

이제 막 회심한 사람이든 제자훈련을 인도하는 목회자든 상관없이, 어느 시대 어떤 시절을 살아가든지, 그리스도의 제자라면 붙들고 있어야 할 훈련의 동기, 방법, 목표는 무엇인가? 지치지 않고 제자도에 매료되게 하는 영적 원리, 기본 동력은 무엇인가?

그것은 십자가를 지고 자기를 부인하며 주님을 따르는 삶이다 (눅 9:23). 십자가를 통한 자기부인은 온전한 제자도의 근간이고 핵심이다. 자기부인을 하며 나아가다 보면 끝내 자기 몫의 십자가를 지게 된다. 자기 죽음, 자기 내놓음이라는 십자가로 결말 지어지지 않는 제자도는 없다. 자기부인은 내면에서 일어나는 영적 전쟁이다. 십자가를 지는 삶은 그 내면의 외적인 표현이다.

갈라디아서 2장 20절의 말씀에서 보듯이, 자기부인과 십자가를 지는 삶은 떼려야 뗄 수 없다. '십자가에 못 박힌 나'는 곧 '내가 사는 것이 아니라 믿음 가운데 사는 나,' 즉 '자기부인으로 사는 나'이다. 이 둘은 별개의 실체를 가리킨다기보다는 동전의 양면처럼 같은 뿌리에서 나와 서로를 보강한다.

우리가 십자가 앞에 시시때때로 서야 하는 이유는 십자가가 우리의 몰골을 그대로 드러내기 때문이다. "예수의 십자가 앞에서 본 인간의 모든 의는 때 묻은 의복 같으며, 거룩하신 하나님께 눈을 떴을 때 보여지는 내 도덕적 존재는 똥 속의 구더기같이 추한 것이다."[1] 우리가 십자가 앞에 서야 하는 이유는 십자가가 우리 죄의 성정을 주님의 마음으로 재창조하기 때문이다. "십자가 앞에서 성령의 능력으로 우리 안에 창조된 그리스도의 마음은, 그 십자가가 말씀과 성찬으로 우리에게 다가옴에 따라 끊임없이 새롭게 재창조된다."[2]

　그러므로 예수님의 십자가는 죄 덩어리인 우리를 대속함으로, 죄인으로서는 절대 불가능한 온전함의 길을 여는 열쇠라고 할 수 있다. "십자가에서 예수님은 인류 역사상 가장 흉악하고 혐오스러우며 인간의 모든 죄를 모은 죄덩어리가 되셨다."[3] 이것을 요한 칼빈은 《기독교 강요》에서 "우리가 진정 그의 죽음에 참여한다면, 그의 죽음의 능력으로 우리 옛 사람이 십자가에 못박히고, 우리 안에 있는 죄덩어리가 죽게 되어 타락한 우리의 처음 본성이 더 이상 활기를 찾지 못한다"라고 표현했다.[4] 이 모든 것은 십자가 없이는 그 누구도 온전함의 길을 갈 수 없으며, 성도가 온전함의 길을 가기 위해서는 반드시 십자가와 동행해야 함을 마치 확성기를 댄듯한 목소리로 가슴 터지도록 외치고 있는 것이다. 십자가와 자기부인을 다룬 3장은 한편으로 처절한 자기 죽음의 터널을 체험하고 십자가의 깊은 신비를 경험한 후에 나온 필자의 고백이다.

1.
목자의 심정 혈관에는
십자가의 피가 흐르고 있다

십자가는 온전함의 기원인 목자의 심정이 솟아나는 원천이다. 오늘날 현대인들이, 심지어 교인들조차 목자의 심정을 온전히 이해하기는 쉽지 않다. 왜냐하면 신상필벌(信賞必罰)이나 인과응보라는 세상의 상식이나 원리에 중독된 생각과 사고방식으로는 은혜의 원리로 작동되는 목자의 심정을 있는 그대로 파악할 수 없기 때문이다.

목자의 심정에 대해서 짚고 넘어가야 할 것이 있다. 자칫하면 목자의 심정을 그저 하나님의 사랑이라는 그릇 속에 담긴 추상적인 무엇으로 생각하는 데서 멈춰버릴 위험이 있다. 혹은 목자의 심정을 목회의 어떤 특정 영역으로 다루면서 보다 건강한 목회를 위한 중요한 수단 정도로 여길 수 있다. 그러나 이것은 목자의 심정을 오해하고 오용하는 것이다. "십자가 신학이 하나님에 관한 추상적 교리가 아니라 다른 사람에 대한 사랑을 창조하는 그리스도의 삶과 죽음의 본을 따라 만든 그리스도교적 삶에 대한 실천 신학"[5]이듯이, 목자의 심정은 성도의 삶을 그리스도로 살아가게 하는 목양의 실천 원리이다.

목자의 심정이 예수님의 십자가에 기초하고, 목자의 심정의 원리가 십자가 신학의 강보(襁褓)에 온전히 싸여 있음을 이토록 강조하는 이유가 있다. 십자가를 이해하는 깊이만큼 목자의 심정을 이해할 수 있기 때문이다. 십자가를 바라볼 때 따라오는 각성은 사람마다 차이가 있다. 그 이유는 십자가의 넓이와 깊이가 너무도 크기 때문에 십자가를 받아들이는 깊이만큼 십자가의 사랑을 체감하는 깊이도 크게 달라지기 때문이다. 이런 점에서 온전한 제자 훈련의 뼈대인 목자의 심정을 이해하는 진폭은 십자가에 대한 깨달음에 비례하기에, 목자의 심정에서 십자가는 아무리 강조해도 지나치지 않다.

2.
십자가를 중앙선으로 삼는
온전함

사람들은 북극성과 같이 변하지 않는 삶의 기준점을 찾는다. 1990년대 중반 남아공 포체프스트롬 신학교에서 공부할 때, 남쪽으로 1,300킬로미터 떨어진 케이프타운의 스텔렌보쉬 신학교로 내려간 적이 있었다. 새벽 두세 시경, 차와 인적이 완전히 끊긴 도로 위를 나 혼자 달리고 있었다. 그때 갑자기 내가 바로 가고 있는지 역주행하고 있는지 구별이 안 됐다. 나는 오른쪽 차선으로 운전하는 것이 익숙한 사람인데, 오른쪽 운전대를 잡고 왼쪽 차선이 주행선인 나라에서 운전을 하니 더욱 그랬다.[6] 그 순간, '운전대 옆이 중앙선이다'라는 생각이 머리에 스쳤고, 그 긴 여행 내내 불안해하지 않고 운전을 잘 할 수 있었다. 운전석이 어느 쪽에 있건 중앙선이 운전석 옆에 있지 않으면 역주행하고 있는 것이다.

• 십자가가 온전함에 이르는 삶의 중앙선이다

그리스도인이 인생 역주행을 하지 않는 비결은 십자가를 삶의 중앙선으로 삼는 데 있다. 인생의 운전대가 어느 쪽에 있든지 간에, 어떤 상황에서도 십자가를 삶의 중앙선에 두고 달리면 신앙의 궤도를 이탈하지 않고 정주행할 수 있다.

십자가가 온전함에 이르는 삶의 중앙선임을 대조적으로 보여주는 두 인물이 있다. 베드로와 가룟 유다이다. 이 둘에 대한 선지식 없이 성경을 읽는다면, 이 두 사람의 결과가 판이함에 놀랄 수밖에 없다. 두 사람이 갖는 죄의 경중, 잘못의 무게를 따진다면 차이점을 발견하기 어렵다. 예수님을 부인하고 저주한 사람이나 예수님을 은 30에 판 사람이나 크게 다르지 않다. 베드로도 자기 잘못에 고통스러워하고, 가룟 유다도 자신의 결정을 후회했다. 오히려 예수님의 수제자였던 베드로가 예수님을 세 번이나 부인했다는 것은 당시 제자들을 더 크게 동요시킨 엄청난 스캔들이라고 할 수 있다.

그러나 베드로는 십자가 앞에 엎드렸고, 유다는 십자가에서 도망쳤다. 베드로는 천국 열쇠를 맡았고, 유다는 차라리 태어나지 아니하였더라면 좋을 뻔했다는 말씀을 들어야 했다. 베드로는 신앙을 완주했고, 유다는 신앙을 포기했다. 이 둘의 인생길을 바꾼 것은 십자가에 대한 각성이었다. 십자가를 각성한다는 것은 십자가를 어떤 경우에도 삶의 중앙선으로 삼는 것이다. 십자가를 삶의 중앙선에 둔다는 것은 어떤 상황에서도 예수님에 대한 사랑을 고백하고 실천하는 것이다. 요한복음 21장의 부활하신 예수님과 십자가의 사랑을 각성한 베드로 간에 오가는 대화는 아마도 한 영혼을 소성시키고, 이를 통하여 한 사람을 온전한 제자의 길을 걷게 했던 대화로, 인류사에 가장 위대한 문답일 것이다.

사도 바울은 다메섹 도상에서 예수님을 만난 후, 남은 평생 십자가를 중앙선으로 삼았다. 바울은 고린도전서 2장 2절에서 단호한 어조로 이렇게 선언한다. "내가 너희 중에서 예수 그리스도와 그가 십자가에 못 박히신 것 외에는 아무 것도 알지 아니하기로 작정하였음이라." 한글 성경에는 예수 그리스도와 그가 십자가에 못 박히신 것, 이 두 가지가 등치(等値)를 이루고 있는 듯 보이나 이 문맥에서 '와'(καὶ)는 헬라어 문법과 어의상 '곧' 또는 '즉'이라고 번역해야 한다. 따라서 위의 구절은 이렇게 읽어야 한다. "내가 너희 중에서 예수 그리스도, 즉 십자가에 못 박히신 분 외에는 아무 것도 알지 아니하기로 작정하였음이라."

바울에게 오직 예수 그리스도는 십자가에 못 박히신 분이다. 바울은 유대인들에게는 거리끼는 것이고 헬라인에게는 미련한 것인 십자가(고전 1:23)에서 하나님의 능력과 지혜를 발견했다. 바울이 소개하는 기독교는 한마디로 십자가를 중심으로 해서 삼위일체 하나님과 관계를 맺고, 이 관계는 모든 일상의 활동과 관계에도 영향을 미치는 영성이다. 십자가는 기독교 영성의 모태이고, 영성의 표준이다(갈 2:20). 바울이 그렇게 믿고 고백했듯이, 우리에게도 십자가는 절대 기준이며 신앙의 중심부이다(빌 3:10). 성도의 온전함 역시 십자가에서 출발하고, 십자가를 관통하여, 마침내 십자가에서 마무리된다. 십자가 없이는 제자도가 없고, 제자도 없이는 온전함이 없다. 온전함에 이르는 제자의 길, 그 길의 중앙선은 언제나 십자가이다.

중앙선인 십자가는 절대로 움직일 수 없다. 그러나 교회 내의 많은 성도가 중앙선인 십자가를 자신의 뜻대로 움직이고 있다. 신앙도, 사역도, 인생도 편의에 따라 기준을 바꾸면 십자가를 중앙선에 두는 것이 아니다. 이것은 교회가 진리의 상대주의에 오염되어 갈 때 나타나는 현상이다.

오늘날 교회 내에서 말씀의 상대주의화가 얼마나 횡행하는지 모른다. 겉으로 보기에는 물음표 하나, 쉼표 하나, 느낌표 하나의 차이일 뿐이지만, 그 결과는 첫 사람의 범죄로 세상이 망가진 것처럼 인생을 넘어지게 하는 것이다. 십자가를 그릇되게 사용하는 것은 십자가를 인질로 삼는 행위이다. 십자가의 용서의 은혜를 믿고 더욱 죄에 머무르는 것이 지금 우리가 보기에는 터무니없어 보이지만, 초대교회에는 예수님의 십자가의 도를 훼손시킬 만큼 심각한 현상이었다. 앞선 바울의 경고가 이것을 뒷받침하고 있다(롬 5:21-6:2).

십자가를 인질로 삼는다는 말을 이상하게 여기지 말라. 이미 그런 현상들은 도처에서 일어나고 있다. 자기 생각을 말씀에 맞추는 것이 아니라, 말씀을 자기 생각에 맞추는 행위는 이미 상대주의에 물든 교회 내에서 고착화되고 있다. 오스 기니스는 이것을 "진리를 인질로 가두는" 행위, 진리를 자기 욕망에 맞추고자 하는 것이라고 했다.[7]

십자가를 삶의 중앙선으로 삼는다는 것은 나의 욕망을 십자가에 맞추는 것이지, 십자가를 나의 욕망에 맞추는 것이 아니다. 어떻게 하면 욕망을 십자가에 맞출 수 있을까? 예수님의 말씀처럼 날마다 자신의 발을 씻는 것 외에 다른 길이 있을까! "욕망을 진리에 맞추려는 사람들에게 핵심 단어는 고백이다. … 고백은 언제라도 필요할 때마다 우리를 진리와 다시 맞춰갈 수 있게 해 주는 중간궤도 구실을 한다."[8] 회개의 고백이 십자가를 중앙선으로 삼는 것이라면, 말씀을 취사선택하며 진리를 자기 욕망에 맞춰 살아가는 삶의 분철화(compart-mentalize)는 십자가를 인질로 삼는 것이다.[9]

3.
십자가의 처형장을 통과하는
온전함

사도 바울은 모든 서신서에서 고매한 강단 신학(또는 윤리학)을 논하지 않았다. 실은 갓 믿은 자들의 행동을 형성하기 위해서, 또는 교정하기 위해서 편지를 썼다. 예수 그리스도를 믿었으니 이제 '이렇게 행하라' 또는 전에 모르고 행하던 부끄럽고 열매 없는 행실을 '이렇게 고치라'라고 한다. 이때 바울은 절대적인 기준을 초지일관 제시한다. 바로 십자가이다. 그리고 십자가를 중심으로 십자가를 향하여 모든 가치관, 사고, 태도 그리고 행위를 조정하는 순응의 과정이 신앙의 여정이라고 못박아 말한다. 이 신앙의 여정은 믿음, 소망 그리고 사랑을 통해 펼쳐진다. 그러나 분명히 언제나 다시 십자가로 수렴한다. 바울에게 있어 제자의 삶은 십자가에 순응(conformity)하는 삶, 곧 십자가를 짊어진 삶의 모습(cruciformity)이라고 압축할 수 있다.[10] 십자가에 순응하는 삶이 우리를 온전하게 하는 것은 십자가의 피가 우리를 "참 마음과 온전한 믿음"으로 이끌기 때문이다(히 10:19-22).

한편 사탄은 십자가가 성도의 삶을 온전하게 하는 길임을 알기에, 어떻게 하든지 성도들이 십자가를 외면하도록 갖은 애를 쓰고 있다. 예를 들면, 십자가에 대한 설교를 사람들이 기피하도록 하는 것이다. "십자가는 언제나 사람들을 불쾌하게 하였고, 1세기의 사람들은 십자가를 좋아하지 않았다. 그리스도의 십자가를 설교하는 것은 언제나 핍박이 따랐다."[11] "2세기에 글을 쓴 순교자 저스틴 마터(Justin Martyr)는 기독교가 십자가에 달린 그리스도를 선포한 '미친 짓'으로 인해 알렉산드리아와 지성적인 시민들의 기분이 상했다고 기록한다."[12] 그럼에도 사도들이 행한 설교의 핵심은 십자가였다. 바울은 "그리스도께서 십자가에 못 박혀 죽으심이 그의 설교의 중심이요 핵심"이라고 했다.[13]

십자가가 우리를 온전하게, 더욱 성숙하게 만드는 것을 "성숙한 거룩"으로 표현할 수 있다.[14] 십자가가 우리를 성숙한 거룩으로 이끄는 이유는 "구원의 창시자를 고난을 통하여 온전하게"(히 2:10) 하시고, "고난으로 순종함을 배워서 온전하게"(히 5:8-9) 되셨기 때문이다. 예수님이 '온전하게 되셨다'는 것은 도덕적인 온전함이 아니라, 우리를 구원하실 대제사장으로서 그 직무를 온전히 이루셨다는 의미이다. 예수님이 십자가의 고난을 통해 성부 하나님께서 이 땅에 보내신 뜻을 온전히 이루신 것처럼, 우리 또한 자기 십자가를 지는 순종을 통해 세상을 향해 보냄 받은 소명자의 삶을 온전히 감당할 수 있게 된다.

1) 십자가와 내면 변혁의 연관성

십자가가 우리의 내면을 변혁시킨다는 사실은 추상적인 짐작인가 아니면 정확한 실체인가? 성경을 읽는 가운데 독자를 긴장시키는 본문이 있다. 마가복음 10장 35-45절에 보면 세베대의 아들 야고보와 요한이 예수님께 이런 요청을 했다. "주님이 메시아로서 영광을 받는 그날에 우리를 예수님의 우편과 좌편에 앉게 해주십시오." 이 말은 나머지 열 제자 모두가 분노할 만큼 심각한 것이었다. 열두 제자 모두 내면의 미성숙함이 단숨에 드러나는 장면이 아닐 수 없다.

예수님은 어떻게 이들의 미성숙함을 바라보며 치유하셨는가? 이 사건의 전후에 십자가에 대한 말씀이 나오는 것을 유념해야 한다. 성경 기자가 제자들의 미성숙한 내면의 모습을 십자가 사건 사이에 기록한 의도가 무엇인지 알아야 한다. 아마도 예수님의 십자가 사건 이후에, 제자들은 사도로 사역하면서 자신들의 내면이 얼마나 미성숙했는지 그리고 그러한 미성숙함이 십자가 사건을 통해서 어떻게 치유되고 변화되었는지를 깨달았을 것이다.

예수님의 십자가 사건으로 내면의 변화를 경험하기 전의 제자들은 "서로 다른 언어를 말하고, 서로 다른 정신을 표명하며, 서로 다른 야망을 표현했다."[15] 이것은 지금도 마찬가지이다. 나는 40여 년 목회 경험 가운데 생긴 기이한 궁금증이 있다. '예수님을 믿는다고 하고, 예배에 열심으로 참석하고, 신앙의 연륜이 깊고, 심지어 교단의 지도자이고, 신학적으로 대단한 명성을 지닌 사람인데도, 왜 서로 간에 복음적인 소통이 되지 않는가?'이다. 그것은 십자가를 진정으로 경험하지 못했기에 서로 다른 언어, 서로 다른 정신, 서로 다른 야망이 있기 때문이 아닐까!

십자가로 인한 내면의 변혁을 사도 바울만큼 실감나게 고백했던 인물도 드물다. 그는 십자가를 만나기 전에는 족보를 신뢰하고, 지식을 신뢰하고, 명예를 신뢰했다. 그런데 십자가를 경험한 후에는 이 모든 것을 배설물로 여겼다. 이전에 자신이 영광스럽게 여겼던 것들을 다 해(害)로 여겼다(빌 3:5-7). 십자가를 경험한다는 것은 이런 것이다. 영혼의 외벽이 깨지고 내면이 송두리째 바뀌는 것이다. 십자가를 통과하면 우리의 속사람은 수선하고 보강하며 뜯어 고치는 수준이 아니라 참으로 새로운 피조물이 된다. 예수님을 믿고 새로운 피조물이 된다는 것은 단지 거룩한 서사가 아니라 실체요 현실이다.

사도 바울은 셋째 하늘을 보았을 뿐 아니라(고후 12:2), 그의 손수건만 만져도 병이 떠나고 악귀가 물러갈 정도로(행 19:12) 하늘의 능력으로 충만했다. 그 정도가 되면 고통과 수난의 십자가 대신 하늘 영광으로 충천한 예수님과 그로부터 받은 하늘의 신비를 나눌 만한데, 그는 여전히 십자가를 붙잡고 십자가만을 자랑했다(갈 6:14). "왜 그럴까? 십자가는 바울이 얻은 모든 것의 근원이요 원천이었고 바울을 '바울' 되게 한 원인이었기 때문이다."[16]

그러나 우리는 조금만 신앙의 이력이 생기고, 나름의 교회 직분을 맡으면 십자가 외에 다른 것들을 자랑한다. 오늘날 교회에서 사역자나 성도들 간에 혹은 개인의 신앙생활에서 균열이 가고 소리가 나는 이유다. 온전한 제자훈련은 어떤 상황에서도 십자가만 자랑하는 체질이 되도록 훈련하는 것이다. 그렇게 하려면 십자가를 경험해야 한다. 십자가를 경험하기 위해서는 십자가 아래에서 살아야 한다. 정말 십자가 아래 살면 어떤 일이 일어나는가? 약할 때에 하나님의 능력이 온전히 임하시는 것을 경험한다(고후 12:9). 고난 당할 때 고난 속에 하나님께서 임재하심을 경험한다. 신앙으로 인해 핍박이나 수치를 당하는 것이 부끄러운 것이 아님을 경험한다. 죽음을 두려워하기보다 죽음 이후의 삶을 바라보는 소망을 경험한다.

십자가를 삶의 중앙선으로 삼아 살아가는 길, 즉 그리스도를 닮은 존재로 변화되어 가는 삶은 회개와 믿음으로 점철되어 있다. 제자는 그리스도의 은혜만이 아니라 죄 또한 깊이 있게 들여다본다. 만약 죄가 그렇게 심각한 문제가 아니었다면 하나님께서 우리를 위해 아들을 내어 주실(롬 8:32) 만큼 파격적인 조치를 취하지 않으셨을 것이다. 우리가 자신의 죄를 심각하게 고민하는 만큼 십자가를 통해 나타나는 은혜를 갈망하게 된다(롬 7:24-25). 이때 깊은 회개가 일어난다. 통회하며 열매를 맺는 회개는 우리를 위한 그리스도의 십자가 사역을 지속적으로 의뢰할 때 그 결과로 일어난다. 삶의 안팎에서 일어나는 지속적인 변화는 우리 마음에 기생하던 우상들이 폭로되고 파괴될 때 일어난다. 우상을 찍어내고 그 제단을 훼파한 후 오로지 그리스도를 의존할 때 일어난다. 신자에게 주어진 유일한 변혁의 가능성은 십자가를 지고 그리스도를 따르는 것뿐이다. 우상을 벗고(회개), 나를 위해 이루신 그리스도의 일을 즐겨야 한다.[17] 회개와 믿음으로 요약되는 십자가를 지는 삶과 인격 내면의 변혁은 절대 분리되지 않는다.

십자가를 통한 변혁이 일차적으로 일어나는 곳은 인간 내면, 즉 우리의 속사람이다. 우리는 생각, 감정, 의지, 관계, 행실이라는 실존의 차원을 가지고 있다. 따라서 이 영역들에서 변혁이 일어난다는 것은 곧 우리가 성경적으로 온전해지고 있다는 뜻이다.

지나온 목회를 돌아보면, 얼굴에 빛이 나는 몇몇 성도가 떠오른다. 그들은 인생길에서 십자가를 경험하며 믿음이 깊어진 사람들이다. 내 경험상 이렇게 십자가를 통과한 분들의 조언과 자기 명예를 지키는 분들의 조언은 달랐다. 깊은 웅덩이에 빠진 것 같은 어려움을 만났을 때, 십자가와 자기 죽음을 통과한 분들의 조언이 아니었으면 많이 헤맸을 것이다. 이들은 "십자가가 영광으로 이르는 문이며, 새 예루살렘으로 들어가는 입구이고, 성금요일이 가고 부활절이 온 것처럼 신자들의 삶의 고난과 고통과 모순들도 반드시 해결되고 변화될 것이라는 확고부동한 확신 가운데 사는"[18] 사람들이다.

2) 십자가로만 이루는 온전함

십자가가 신앙인의 삶을 온전함으로 이끄는 근거는 무엇인가? 십자가는 하나님의 타협할 수 없는 거룩함과 하나님의 지극한 사랑, 이 두 가지를 온전히 만족시키는 유일한 수단이요, 동시에 인간의 불가항력적인 죄를 해결하고 돌이킬 수 없을 만큼 훼손된 하나님의 인격적 형상을 회복시킬 수 있는 유일한 길이기 때문이다. 십자가의 온전한 희생이 있었기에 인간의 온전한 회복이 가능하게 된 것이다.

우리가 십자가를 통해서 온전히 회복되도록 예수님은 갈보리에서 세 개의 잔을 받으셨다.[19] 첫 번째는 예수님이 골고다에 도착했을 때 받으신 잔이다(마 27:33-34). 그것은 자비의 잔이었다. 고통을 완화시키는 쓸개 탄 포도주가 들어 있는 잔인데, 예수님은 이 잔을 거부하셨다. 두 번째는 예수님이 목마르다고 외치셨을 때 한 군병이 신 포도주를 갈대에 꿰어 예수님의 입술을 적셨던 잔으로 체휼의 잔이었다(요 19:28-29). 세 번째는 예수님께서 남김 없이 마셨던 죄의 잔이었다(마 26:39). 어윈 루처(Erwin W. Lutzer)는 예수님이 마신 세 번째 잔에 대해 이렇게 말했다. "예수님은 이 죄의 잔을 마시기 위해 한 방울도 흘리지 않으시고 온전히 그리고 단숨에 마시기를 원하셨다. 이 잔은 당신과 나를 위하여 주님이 온전히 비우신 죄의 잔이었다."[20]

이처럼 십자가로 이루어지는 온전함은 예수님의 전적인 희생에 의해서 주어진다. 예수님의 제물 되심으로 하나님의 자녀들을 영원히 온전케 하신 것이다(히 10:14). 예수님의 십자가로만 이루어진 온전케 하심은 완벽하기 때문에 어떤 티끌조차 더하고 뺄 수 없다. 이제 우리는 예수님이 십자가에서 완전한 희생을 통해 이루신 온전한 구원을 받은 자로서 "그리스도의 십자가가 헛되지 않게"(고전 1:17) 성화의 길, 십자가의 길을 힘써 바르게 걸어가야 할 책임이 있다.

십자가를 삶의 중앙선으로 삼고 십자가의 길을 묵묵히 걸어간 다는 것이 어떻게 성도의 삶을 온전하게 하는지를 D. A. 카슨(D. A. Carson)의 일화를 통해서 선명하게 살펴볼 수 있다. 그는 당시 80 대 신학자인 칼 헨리(Carl F. H. Henry) 박사와 케니스 칸처(Kenneth S. Kantzer) 박사를 인터뷰하면서 물었다. "두 분은 거의 반세기 동안 엄청난 영향을 끼쳤습니다. 두 분이 매력적인 이유는 훌륭한 인격을 지니셨기 때문입니다. 강하면서도 독선적이지 않고, 편향된 교리에 굴복하지 않고 개인적인 제국을 세우지 않았습니다. 그렇다면 하나님의 선하신 은혜 안에서, 이 영역에서 두 분이 자신을 지키는 데 가장 중요한 것은 무엇이었습니까?" 당황스러울 수도 있는 질문에 한 사람이 이렇게 대답했다. "도대체 누가 십자가 옆에 서 있으면서 교만할 수 있단 말입니까?" 카슨은 이 순간을 이렇게 표현했다. "위대한 순간이었다. 그들은 자신들의 자세가 예수 그리스도의 것과 동일해야 한다는 것을 잘 알았기 때문에, 자신들의 온전함을 유지해 온 것이다."[21]

십자가가 성도의 삶을 온전하게 한다는 이 진리를 깨달은 마틴 루터는, "십자가만이 우리의 신학이다"(*crux sola est nostra theologia*)[22]라고 했다. 자기를 부인하고 자기 십자가를 지고 예수님을 따르는 것, 이 세 가지가 우리 신앙의 핵심이다. 십자가는 죄로 인해 비참함과 절망 속에 살아가는 인간이 바라볼 수 있는 유일한 소망이고, 주님의 몸 된 교회와 성도가 궁극적으로 지향해야 할 신앙의 기준이며, 죄의식과 절망으로 고통스러워하는 인간이 평안과 쉼을 얻을 수 있는 유일한 곳이다. 십자가를 통하지 않고서는 온전함에 이를 수 없다. 십자가가 온전함이다.

3) 온전함의 길, 먼저 십자가의 처형장을 지나야 한다

자기 십자가를 진다는 것은 문자적으로는 치욕과 수치, 억울함의 자리로 나아간다는 뜻이다. 그러나 삶의 현장에서 십자가를 진다는 것은 이보다 훨씬 큰 의미를 지닌다. 로마의 식민지에서 십자가형은 흔히 볼 수 있는 광경이었다. 그런데 십자가형을 선고받은 죄수가 반드시 감당해야 하는 일이 있었다. 죄수는 자신이 처형당할 십자가를 등에 지고 형을 집행하는 장소까지 가야만 했다. 이러한 역사적인 사실을 염두에 두면, 요즘 쉽게 입에 오르내리는 '십자가를 지고 가라', '십자가를 지겠다'는 말은 내가 처형을 당하는 장소까지 십자가를 지고 가서 그곳에서 죽겠다는 말과 다르지 않다. 왜냐하면 "만일 어깨에 십자가를 메고 그리스도를 따르고 있다면 우리가 가는 곳은 오로지 한 군데, 십자가 처형장밖에 없기 때문이다.[23] 본회퍼(Dietrich Bonhoeffer)는 이 사실을 "예수님께서 사람을 부르실 때는 그 사람이 와서 죽으라고 부르시는 것"이라고 표현했다.[24] 십자가는 분명하게 우리를 온전함의 길로 이끌지만, 이를 위해서는 반드시 십자가의 처형장을 지나는 것이 먼저다.

"너희가 아는 바와 같이 우리가 먼저 빌립보에서 고난과 능욕을 당하였으나…"(살전 2:2). 바울은 빌립보에서 귀신에게 붙들려 점치는 일로 인생을 망치고 있던 여종에게서 귀신을 쫓아낸 선한 일을 했기 때문에 수욕을 당했다(행 16장). 주님을 따라 가는 십자가의 길이 아니었다면 이런 일을 당할 필요가 없었다. 바울의 말을 들어 보자. "…내가 그리스도를 위하여 약한 것들과 능욕과 궁핍과 박해와 곤고를 기뻐하노니…"(고후 12:10). 바울은 믿음의 아들 디모데에게 사역을 계승할 목적으로 디모데후서 3장 12절을 건넨다. "무릇 그리스도 예수 안에서 경건하게 살고자 하는 자는 박해를 받으리라." 바울은 십자가를 지는 삶, 즉 수욕의 자리로 나아가는 삶을 구차하게 여기거나 체념하는 마음으로 감당하지 않았다.

초신자든 세례를 받은 신자든, 예수님을 따라 그 온전함에 참여하기로 다짐했다면 수욕의 자리, 십자가의 처형장을 통과해야 온전함에 이를 수 있는 것이다.

4.
십자가의 죽음을 통한
온전함

성도나 목회자 가운데 기독교 신앙에서 십자가가 차지하는 절대 중요성을 인정하지 않는 사람은 아무도 없다. 또한 그 누구도 기독교에서 십자가의 능력과 생명력을 부인하지도 않는다. 그럼에도 한국교회나 성도들이 십자가의 능력으로 살고 있다고 쉽게 말하지 못하는 이유는 무엇인가?

사역자들 가운데도 복음과 십자가를 개념의 십자가, 지식의 십자가, 문화적 상징의 십자가로만 생각하고 생명의 십자가, 체험의 십자가, 변화의 십자가에 대해서는 제대로 인식하지 못하는 경우가 적지 않기 때문이다. "십자가의 생명력을 안다고 하는 것은 그것이 우리 삶의 고백이 되고, 우리의 뼈에 살이 붙는 것과 같다."[25]

온전한 제자도, 온전한 제자훈련은 개념의 십자가, 지식의 십자가를 지나 삶의 현장에서 올려드리는 고백적 십자가, 우리의 뼈와 살로써 작동하는 십자가로 체화하는 훈련이다. 십자가에 대해 이해하는 것을 넘어 십자가가 내 삶에 어떤 의미를 갖는지, 십자가가 자신의 삶과 주변 사람들에게 어떤 의미를 부여해 줄 수 있는지를 고백하도록 하는 것이 목적이 되어야 한다. 이러한 십자가적 삶의 고백을 이루는 제자훈련이 이루어진다면 지금 한국교회에 제자훈련으로 인해 파생되는 여러 난제들[26]이 해결될 수 있을 것이다.

십자가가 주는 온전함은 역설의 신앙을 이해한다면 보다 구체적으로 깨달을 수 있다. 서기관과 바리새인들이 예수님께 표적을 구했을 때, 예수님은 "악하고 음란한 세대가 표적을 구하나 요나의 표적밖에는 보여줄 표적이 없느니라"(마 16:4)고 말씀한 이유는 이제 곧 감당해야 할 십자가를 말씀하신 것이다. 그러면 어떤 십자가인가? 요나는 물고기 배 속에서 3일 주야를 있으면서 운명이 바뀌었다. 죽음이 생명으로 변한 것이다. 자기만 알던 자가 다른 생명에 관심을 가지게 되었다. 이것은 진정한 제자도, 온전론이 추구하는 온전한 제자훈련의 진면목이 아닐 수 없다. 진정한 제자훈련, 온전한 제자도는 요나처럼 십자가의 삶을 통과하며 물고기 배 속에서 죽음 대신에 생명을, 도망자의 삶 대신에 소명자의 삶을 사는 것이 아니겠는가? 이것이 십자가를 통해 성도를 온전함에 이르게 하는 실체이며, 온전한 제자훈련이 추구하는 고백적 십자가, 성도의 삶을 온전함으로 이끄는 변화의 십자가, 한국교회를 살게 하는 생명의 십자가의 모습이다.

1) 온전한 제자훈련과 죽음

그리스도인에게 이 땅에서 온전함의 절정은 죽음이다.[27] 이 말은 세상이 죽음을 인생의 끝으로 보는 반면에, 믿는 사람은 죽음을 영생의 새로운 시작으로 여기는 것만을 의미하지 않는다. 물론 그리스도인에게 죽음은 육신의 장막을 벗고 영광의 궁전에 입성하는 것이요, 영원한 아침에 깨어나는 것이다.

그러나 이렇게만 죽음을 바라본다면, 이 땅에서의 삶은 뒤로하고 그저 죽음을 기다리며, 죽음을 사모하는 차원에만 머물지도 모른다. 이것은 죽음을 삶의 절정으로 여기는 온전한 삶이 아니다. 성도가 추구하는 온전함은 죽음 너머 영원을 바라보며 현재의 삶을 온전히 살아가는 것이다. 그리스도인의 온전함은 이 땅에서의 삶이 천국에서 이어진다는 것을 이해하고 실천하는 사람에게 주어지는 열매이다.

죽음은 무신론자에게는 넘을 수 없는 벽이지만, 성도에게는 기차가 터널을 지날 때의 잠시 동안의 어둠과 같은 간주곡에 불과하다. 그러나 죽음이 일시적인 어둠이요 일식(日蝕)에 불과하려면 이 땅에서의 삶이 죽음 이후 계속 이어진다는 각성과 믿음이 요구된다. 세상에 있을 때 하나님을 사랑한 사람은 죽음 이후에 천국에서도 하나님을 사랑할 것이다. 이 땅에서 예수님을 보며 기쁨을 누렸던 사람은 죽음 이후에 천국에서도 예수님으로 인해 기쁨을 누릴 것이다. 이 땅에서 진리와 선을 사랑하며 실천한 사람은 정금으로 된 도성, 거룩함과 온전함만이 들어갈 수 있는 도성의 한복판에 거하게 될 것이다.[28]

온전한 제자훈련에서 죽음을 중시하는 이유는 죽음에 대한 태도가 삶의 태도를 결정하기 때문이다. 그리스도인에게 죽음이 온전함을 이룬다는 사실을 이해하기 위해서는 예수님이 죽음을 통해서 이루신 온전함을 살피는 것이 먼저다. 예수님은 자신의 죽음을 통하여 삼중의 사역을 완성하셨다. "자신을 온전케 하셨고, 자신의 인성과 인격을 온전케 하셨고, 우리의 구속을 온전케 하셨다. … 그분은 자신의 온전함 속에서 우리를 이끌어 온전케 하셨다."[29] 예수님의 죽음이 성도의 삶을 온전함으로 이끌었다는 사실은 우리로 하여금 죽음을 두려움이 아니라 기대감으로 바라보게 하는 거룩한 동력이 된다.

삶과 죽음에 대해 가장 균형을 가진 사람은 사도 바울이다. 바울은 세상을 떠나는 것이 자신에게 좋지만, 이 땅을 사는 것은 다른 사람을 위함이라고 말한다(빌 1:23-24). 바울의 미래관과 현재의 인생관이 선순환적으로 상호작동하고 있는 것이다.

온전한 제자의 인생을 한마디로 정리하면, 영원을 위해 투자하는 인생이다. 제자훈련은 이를 위한 것이다. 현재를 살지만 우리의 시선이 늘 영원을 향해 있을 때 온전한 삶의 궤도를 걸을 수 있다. 어떻게 살 것인가, 어떻게 사는 것이 잘 사는 것인가를 묻지만, 우리의 시선이 현재만 향해 있다면 나중에 되돌아볼 때 신앙의 궤도에서 벗어나 있음을 보게 될 것이다.

목자의 심정은 이 땅에서만 잘 사는 것이 아니라, 영원한 세계까지 영적으로 성공하길 원하시는 하나님의 마음이다. 온전함의 절정인 죽음을 잘 맞이하기 위해서는 이 땅에서 영원한 것에 삶을 투자하고 실천해야 한다. 영원한 세 가지는 무엇인가? 주님이 영원하고(히 1:12), 말씀이 영원하고(벧전 1:25), 하나님의 뜻을 행하는 자가 영원하다(요일 2:17). 이 세 가지를 기억하고 이를 위해 살아가는 것이 이 땅에서 잘 사는 것이요, 이것을 몸에 체화하게 하는 것이 온전한 제자훈련이다.

2) 조화(造花) 같은 제자훈련, 생화(生花) 같은 제자훈련

오랜 기간 제자훈련을 하면서 마음에 결정체처럼 남는 진리가 있다. 제자훈련에도 조화(造花)가 있고 생화(生花)가 있다는 사실이다. 그리고 이것은 제자훈련 과정을 마친 후에도 훈련생의 평생에 영향을 미친다.

그러면 조화 같은 제자훈련은 무엇인가? 겉으로는 탐스러워 보이나 한꺼풀을 벗겨 내면 경쟁과 자기 의와 정죄의 요소들로 꿈틀거리고, 다른 사람을 살리는 생명력이 결여되어 있다. 성경적으로 표현하면, 조화 같은 제자훈련은 선악을 알게 하는 나무를 선택하는 것이라 할 수 있다.

반면에 생화 같은 제자훈련은 생명력이 가득한 제자훈련이다. 다른 사람을 살리고 세우며, 행복하게 하는 훈련이다. 여기에는 향기가 있고 무엇보다 성장이 있으며, 풍성한 열매가 있다. 한마디로 '생명나무'를 선택하는 제자훈련이라고 할 수 있다.

이렇게 말하면 누구든지 사람을 살리고 생명의 기운으로 가득한 생화 같은 제자훈련을 택하지, 경쟁과 정죄와 자기 의로 가득한 조화 같은 제자훈련을 택하는 사람이 어디 있을까라고 말할지 모른다. 그러나 모든 것이 풍성했고 한 치의 부족함도 없었던 에덴동산의 아담과 하와가 그러했듯 현실은 선악을 알게 하는 나무를 택하는 조화 같은 제자훈련이 적지 않다. 왜냐하면 때로는 조화가 생화보다 더 진짜 같아 보이고, 더 아름다워 보이기 때문이다. 가짜는 가짜를 숨기기 위해 더 진짜같이 보이도록 위장한다. 그래서 '누가 조화 같은 제자훈련을 할까?'라고 말하지만, 실상은 적지 않은 사람들이 더 진짜같아 보이는 조화 같은 제자훈련에 끌리는 것이다.

어릴 때 부친으로부터 들었던, 짧지만 기억에 새겨진 말이 있다. "호박순은 돌려놓는 대로 자라는 법이다." 호박줄기에서 돋아나는 연한 순은 사람의 손길이 붙잡아 놓는 방향대로 자란다는 뜻이다. 그런데 이 말은 한 가지 더 깊은 의미를 담고 있다. 순이 여릴 때는 원하는 대로 방향을 바꾸는 것이 쉽지만, 이미 줄기로 굳어버리면 사람이 돌려놓아도 다시 본래 줄기의 위치대로 뻗어 나간다. 이런 면에서 훈련 사역자의 책임은 너무도 막중하다.

훈련 사역자의 손끝에 따라서 결과적으로 훈련생의 연한 순이 정죄와 비판에 능한 조화 같은 제자훈련으로 뒤틀려 뻗기도 하고, 생명과 세움이 거룩한 본능으로 체화된 생화 같은 제자훈련으로 자라기도 하는 것이다. 그러므로 훈련 사역자는 자신의 제자훈련이 조화 같은 제자훈련이 아니라, 생화 같은 제자훈련이 되도록 "내가 좋은 포도 맺기를 기다렸거늘 들포도를 맺음은 어찌 됨인고"(사 5:4)라는 하나님의 탄식을 늘 심중에 두어야 할 것이다.

생화 같은 제자훈련의 핵심은 자기 죽음에 있다. "꽃이란 죽기 때문에 꽃이다"라는 말이 있다.[30] 자신이 언제까지나 아름답게 피어 있을 것이라고 생각하는 생화는 없다. 희생과 섬김으로 자신이 죽지 않으면 생화 같은 제자훈련이 아니다. 이것이 목자의 심정에 붙잡힌 온전한 제자훈련의 생얼굴이다.

5.
자기부인과
자기 의(自己義)

제자훈련을 받았지만, 자기부인을 하지 못하는 사람에게 나타나는 치명적인 병이 '자기 의'이다. '자기 의'는 제자훈련을 송두리째 무위(無爲)로 만드는 암적인 존재이다. 자기 의에 사로잡힌 사람의 심중에는 훈련 과정을 마치면 마치 제자훈련의 자격증을 취득한 것처럼 여기는 무엇이 있다. 이런 오해는 선교단체의 제자훈련이 교회에 접목되면서 그릇 파생된 것이다. 선교단체의 제자훈련은 제한된 시간에 의도된 목적에 맞는 사람을 기르는 프로그램이라는 특성이 있다. 이것이 교회에 들어오면서 좋은 열매도 있었지만, 전혀 생각하지 못한 문제들도 동반했는데, 그중 하나가 자기 의라는 독소이다. 성경을 안다고 하는 사람일수록, 신앙의 연륜이 있는 사람일수록 제자훈련을 받고 나면 이런 면을 띠는 경향이 있다. 이것은 유대 전통과 철저한 종교적인 훈련을 받은 사울에게서도 볼 수 있었던 모습이다(빌 3:4-6). 진정한 제자훈련은 훈련 과정을 마친 뒤에 시작된다. 자기 의는 '주 안에서 자라는' 제자훈련에서 벗어날 때 나타난다.

1) 제자훈련적 삶을 망치는 치명적 병(病)

제자훈련의 열매는 다 열거할 수 없을 정도로 풍성하다. 그리스도인의 지상목표인 예수님을 닮아가는 몸이 되고, 선교적 삶을 살며, 다른 사람이 하나님의 사람으로 서도록 신앙의 대로를 열어주는 것이 제자훈련이다. 수목으로 비유하면 제자훈련은 우리의 마음 밭을 옥토로 기경하여 뿌려진 씨앗이 새가 깃드는 나무로, 사람들의 영혼을 살찌우는 열매로, 주님의 몸 된 교회가 필요한 재목(材木)이 되게 한다.

그런데 이처럼 풍성하게 자란 나무를 한순간에 병들게 하고, 주변마저 초토화시키는 질병이 있다. 네덜란드 재목병(Dutch Elm Disease)은 유럽과 북미 전역에 느릅나무의 황폐화를 초래한 곰팡이 질병이다. 이 질병은 느릅나무껍질 딱정벌레에 의해 전파되어 초기 감염 후 불과 몇 년 내에 성숙한 나무를 죽이는 것으로 악명 높다. 또 20세기에 북미의 밤나무를 거의 완전히 전멸시킨 반설균(Cryphonectria parasitica)도 있다. 우리나라의 경우 소나무의 치명적인 질병으로 선충류가 있다. 딱정벌레에 의해 전염되는 선충은 초기 감염 후 몇 개월 이내에 소나무를 고사시킨다.

위에서 네덜란드 재목병, 반설균, 선충류를 언급한 데는 이유가 있다. 좋은 나무를 키우는 데에는 수십 년, 반세기 이상이 걸린다. 그런데 그런 나무들이 앞서 언급한 병에 걸리면 수 개월, 수 년을 견디지 못하고 쓰러진다. 제자훈련의 경우, 오랜 시간을 걸쳐 훈련으로 세워지고 키워진 재목을 썩게 만드는 병이 바로 자기 의이다. 문제는 나무를 고사시키는 질병에 걸리면 누구라도 그 나무가 치명적인 병에 걸린 것을 알아챌 수 있지만, 제자훈련에서 자기 의의 병에 걸리면 다른 사람은 알아차려도 정작 본인은 알지 못한 다는 것이다. 오히려 다른 사람을 병들게 하면서도 오히려 자신은 더욱 건강한 줄 안다.

자기 의는 주님의 몸 된 교회를 망치는 가장 주요한 적(敵)이다. "정통교리를 믿는 데에는 칼빈 못지않고, 인간의 전적 부패를 믿 는 데에는 정통 침례교 신자 못지 않은 사람이 여전히 교만하고 자기 의에 빠질 수 있다. 만일 바리새인에게 "모든 사람은 죄인인 가?"라고 물으면 그들은 "물론이죠, 우리만 빼고요"라고 답할 것 이다."[31] 이처럼 자기 의에 사로잡힌 자의 특징은 바리새인처럼 자 기 외에는 다 죄인인 줄 안다.

2) '자기 의'의 특징

자기 의에 갇힌 사람은 진정으로 다른 사람의 생명에는 관심이 없 다. 그들의 관심은 바리새인들처럼 자신들의 틀에 세워진 교리나 신앙적 이념이다. 누가복음 14장에는 대조적인 인물이 등장한다. 한쪽은 율법교사와 바리새인이고 또 다른 쪽은 수종병을 가진 사 람이다. 예수님은 그들에게 안식일에 병 고쳐 주는 것이 합당하냐 고 물으셨다. 율법교사와 바리새인들은 성경을 인용하여 말할 줄 아는 자였다. 그들이 인용하는 성경은 옳았다. 그들은 사이비 종교 신자도 아니고, 광신자들도 아니었다. 그들은 정통 종교를 믿었고,

모세의 자리에 앉아 사람들을 가르쳤다. 그들의 문제라면 자기 의에 빠져 있는 것이다. 여기서 우리는 대단히 중요한 질문을 마주해야 한다. "정통 종교를 믿는 사람, 건전한 교리를 갖고 자기 교파에 충성하고 조상의 교회에 충실한 사람이 맹목적이고 완고하고 사악해질 수 있는가?"[32]

이 질문은 오늘날 제자훈련을 하는 목회자들에게 심각하게 도전하고 있다. 바리새인처럼 자기 의의 옷을 입고 있는 사람은 오히려 자신의 신앙적인 신념에 투철한 사람일 수 있다. 성경도 알고 교리도 알며, 무엇이 옳은지도 아는 사람이다. 그런데 이들의 결정적인 문제는 생명에 대해서는 관심이 없다는 사실이다.

성경에서 자기 의가 갖는 특징들을 고스란히 보여주는 예가 있다면, 예수님의 탕자 비유에 나오는 첫째 아들을 들 수 있다. 앞서 자기 의의 특징으로 생명에 대해서는 관심이 없음을 이야기했다. 아버지가 탕자였던 동생을 위해 성대한 잔치를 베풀자 첫째 아들은 이성적으로 이해할 수가 없었다. 아버지의 곁을 떠나지 않고 열심히 일했지만, 지금 눈에 보이는 것은 아버지의 모든 관심이 동생을 향해 집중된 것이었다. 그는 자신이 마땅히 받아야 할 것에 대한 아버지의 부당함에 대해 분노했다. 그는 자신의 훌륭함을 동생의 부덕함과 비교하면서 자기 의를 느꼈다.[33] 첫째 아들은 공로 의식에 사로잡혀 아버지의 사랑에 의한 은혜 의식에 눈이 닫혀 있었다. 자기 의는 끈질기다. 자아가 강한 자는 하나님의 은혜를 모르는 자이다(롬 10:13). 공로 의식과 자기 의는 예수 그리스도의 십자가의 깊은 신비를 깨달으면 자연스럽게 사라진다. 한국교회가 복음의 생명력을 회복하고 사명을 다하는 길은 공로 의식과 자기 의는 벗어 던지고 은혜 의식과 하나님의 의로 옷을 입는 것에서 비롯될 수 있을 것이다.

온전한 제자훈련은 하나님의 의의 옷을 입는 훈련이지, 자기 의의 옷을 입는 훈련이 아니다. 자기 사랑, 자기 신뢰, 자기 의, 자아도취, 자기 과장, 자기 연민, 자기 동정, 자기 충족은 예수님을 닮아가는 자의 성품이 아니다. 이중에서도 '자기 의야말로 하나님의 은총에 대한 가장 큰 방해물이다.' 자기 의의 옷을 입고서는 은혜의 샘물에 몸을 씻을 수 없기 때문이다.

자기 의는 사람들이 영적으로 잠든 사이에 마귀가 와서 곡식 가운데 뿌려놓은 가라지이다(마 13:25). C. S. 루이스는 《악마의 편지들》에서 교회를 무너지게 하는 방법은 사람들이 자기 의를 갖도록 하는 것이라고 말한다.[34] 그래서 목회자는 제자훈련을 시작하는 처음부터 이 문제를 신중하고 심각하게 다루어야 한다. 그렇게 애지중지하게 키웠던 아름드리 수목이 한순간에 무너지는 일이 일어나지 않으려면 말이다.

자기 의의 관점에서 욥기를 다시 읽을 필요가 있다. 욥기의 주제는 일반적으로 고통을 생각하고, 조금 깊이 들어가면 하나님의 임재와 그의 주권을 묵상하게 된다. 앤드류 머레이(Andrew Murray)는 다른 면에서 욥기를 읽었다. 그는 당대의 의인으로 여겨졌던 욥이 하나님의 시험을 받고 자기 안에 있는 자기 의라는 죄를 보게 되었다고 통찰했다.[35] 신약에서는 바울이 갈라디아 교인들아 하나님을 열심히 경배하면서도 자기 의에 가득한 삶을 살았고, 이로 인해 교회 내에는 온갖 종류의 질투와 시기가 끊이지 않았다고 지적하고 있다.

자기 의는 타락한 인간의 모습이요 타락한 인간의 본성이다. 신앙인에게 있어서 자기 의는 어떻게 나타나고 있는가? 대개 공로 의식에서 비롯되지만, 때로는 전혀 다른 모습으로도 나타날 수 있다. 즉 '자신의 방식으로 죄를 해결하는 것'도 자기 의에 속한다.[36]

3) '자기 의'의 해독제

자기 의에 대해서 이렇게 나름의 긴 설명을 하는 이유는 자기 의가 하나님의 은혜의 대로로 들어가는 것을 가로막는 큰 걸림돌이기 때문이다. 자기 의는 자신의 영혼을 질식시킨다. "자기 의의 신조 속에는 죄인의 구주를 위한 공간이 전혀 들어 있지 않기" 때문이다.[37]

자기 의의 뚜껑을 열면 그 밑바닥에 똬리를 틀고 있는 것은 '공로 의식'과 '직분 의식'이다. 자신을 드러내고 싶은 마음은 아담의 범죄 이후로 우리 속에 장착된 죄의 본성이기에 인간의 어떤 노력도 그저 미봉책에 지나지 않는다. 자신을 드러내려는 공로 의식은 실상 자신을 노예로 만드는 달콤한 유혹일 뿐이다. 이것을 해결하는 유일한 길은 은혜이다. 로마서 6장 14절 말씀처럼 공로 의식은 우리를 자유케 하는 은혜를 체험하면 사라진다.

어떻게 해야 자기 의의 덫에 걸리지 않고 온전한 제자의 여정을 걸어갈 수 있는가? 찰스 스펄전은 예수님이 말씀하신 '하나님 사랑'이라는 첫째 되는 계명(마 22:38)의 망치로 자기 의를 산산조각 낼 수 있다고 말했다. 자기 의는 태어날 때부터 우리에게 있고, 자기 의(self-righteousness)라는 죄만큼 그 속에 치명적인 독을 품고 있는 죄는 아마도 없을 것이다.[38] 자기 의는 신자를 죽이는 치명적인 독이며, 이 독의 유일한 해독제가 하나님을 사랑하고 영혼을 사랑하는 데 있음을 뜻한다.

영혼을 사랑하고 생명을 얻는 것에 관심을 갖도록 하는 것이 자기 의의 중독에서 해독이 되고, 자기 의의 외투에 걸려 넘어지지 않는 비결이다. 자기 의는 그릇된 제자훈련의 해악이요 후유증이다. 그러므로 온전한 제자훈련은 자기 의가 발아(發芽)되지 않도록 처음부터 경계해야 한다. 예수님이 말씀하신 크고 첫째 되는 계명의 망치로 불철주야 자기 의를 산산조각내는 것이 온전한 제자훈련이다.

6.
온전함에 이르는
자기부인(自己否認)

십자가가 온전함에 이르는 유일한 길이라면, 자기부인은 십자가를 지는 유일한 길이다. 성경은 예수님의 제자라면 자기를 부인하지 않고서는 온전함을 이루는 십자가의 길을 갈 수 없다고 분명하게 말씀한다(마 16:24). 자기부인은 온전한 제자도의 가장 중요한 초석이다. 오늘날 그릇된 제자훈련으로 파생되는 모든 파열음, 그중에서도 제자훈련의 가장 암적 존재인 '자기 의'는 전적으로 '자기부인의 부재'에서 비롯된다.

자기부인이 아니면 그 누구도 십자가의 길을 걸어갈 수 없기에 예수님 스스로 자기부인의 본이 되셨다. 예수님은 어떻게 자기를 부인하셨는가? 예수님은 영원히 하나님과 동등하시며, 아버지와 하나이시다(요 10:30). 그런데 예수님은 스스로 "하나님과 동등됨을 취할 것으로 여기지 아니하시고"(빌 2:6) 십자가 지기를 원하시는 하나님의 뜻에 자발적으로 굴복하셨다. 예수님은 우리에게 자신을 주시기 위해 자기를 부인하셨다. 그와 똑같은 원리가 그리스도를 따르는 자들에게 적용될 수 있다.[39]

그러나 자기부인이 온전한 제자의 길을 가기 위한 관문이기는 하지만, 자기부인 자체가 목적이 아님을 주지할 필요가 있다. 자기 부인은 철저하게 그리스도를 좇고 십자가를 지기 위해서 요구되는 것이다. 이것을 언급하는 이유는 자기부인이 때로는 스토아 철학의 고행처럼 여겨지는 경우가 있기 때문이다.[40]

1) 제자훈련은 자아실현이 아니다

영적 각성을 위한 여러 갈래 중 제자훈련만큼, 타락한 인간 본성을 제어해서 우리의 몸을 영적 체질로 바꾸는 것은 찾기 어렵다. 체질 변화에는 절대적 시간이 필요하다. 제자훈련은 죄의 몸을 말씀의 불에 달구고 깎아 자르며, 담금질하고 수십 수백의 벼름질을 통해 예수님을 닮은 거듭난 존재로 만드는 것이다. 천지만물을 통치하시는 예수님이 제자들과 3년간 동고동락 하신 것도 죄성을 가진 제자들의 체질을 바꾸기 위함이 아니겠는가!

온전한 제자훈련은 성도들의 삶에 거룩한 본성을 추구한다. 한 꺼번에 삶을 변화시킬 수는 없지만, 하나님의 속성에 합당한 거룩한 요소를 매일 하나씩 삶에 뿌리내리도록 할 수는 있다. 거룩한 요소들이 거룩한 본성으로 스며들 때까지, 거룩한 행동을 보편적으로(universally), 끊임없이(constantly), 영구적으로(permanently) 할 수 있도록[41] 훈련하는 것이다.

그렇게 시간을 들여 죄의 본성을 말씀의 풀무에 녹여내 만들려는 결과물은 무엇인가? 바로 자기부인이다. 이것은 인간 본성의 대척점에 있기에 세상의 방식으로는 도달할 수 없다. 그래서 치열하고 철저한 제자훈련이 필요하다. 그러므로 오늘날 교회 내의 제자훈련이 자기부인이 아닌 자아실현(自我實現)의 도구로 사용되고 있는 것은 아닌지 돌아봐야 한다. 제자훈련 하는 교회 안에 파열음이 있다면 그 밑바닥에 자아실현의 욕구 분출이 있기 때문이다. 그렇게 되면, 제자훈련이 실상은 자신의 뜻을 실현할 기회를 호시탐탐 노리는 가룟 유다와 같은 사람을 배출하는 지경에 이를 수 있다.

이런 점에서 우리는 교회 내에서 사역이나 형제에 대한 판단과 비판이 일어날 때, 그것이 자기부인의 열매인지 아니면 자아실현의 폭발인지 깊이 들여다봐야 한다. 예수님이 형제 사랑에는 한계 없이 문을 열어 놓으셨음에도, 형제를 판단하는 자리에는 결코 서지 않도록 엄하게 경고하신 이유를 다시 생각해야 한다(마 7:1).

성경은 자아실현을 타락의 시초로 보여준다. 창세기에서 아담과 하와가 선악과를 따 먹은 근본적인 이유는 자아를 실현하라는 사탄의 속삭임에 굴복했기 때문이다. 이렇게 아담과 하와가 하나님의 말씀에 불순종하면서까지 시도한 자아실현은 결국 인류의 타락과 파멸로 이어졌다.

인간은 시시때때로 올라오는 타락한 본성에 몸이 지배당하는 죄의 유기체라고 할 수 있다. 우리 또한 훈련을 통해 자기를 부인하는 법을 체질화하지 못하면 결국 아담과 하와처럼 자아실현의 길로, 죄의 본능의 길로 회귀할 수밖에 없다. 그러므로 제자훈련 사역자는 제자훈련이 명백한 자기부인의 체질로 바꾸는 영적 담금질임을 기억하고, 어떤 경우에도 훈련생이 자아실현의 길로 빠지지 않도록 주의해야 한다. 또 훈련생은 내가 가는 길이 자기부인의 길임을 천명하고, 행여나 자아실현의 길에 서 있는 것은 아닌지 끊임없이 돌아봐야 한다.

2) 가보지 않은 제자의 길: 자기를 부인하는 것

"무리와 제자들을 불러 이르시되 누구든지 나를 따라오려거든 자기를 부인하고 자기 십자가를 지고 나를 따를 것이니라"(막 8:34).

예수님은 이 말씀을 "무리와 제자들", 즉 모든 사람을 향해서 말씀하셨다. 이것은 특정한 사람들에게만 주신 말씀이 아니다. 예수님 앞에 있는 모든 사람에게 예외 없이 주신 말씀이다. 이 말씀은 제자가 되는 확실한 신앙 기준이 자기부인에서 시작됨을 보여 준다. 자기부인의 길은 더 안락함을 누리고, 더 높은 지위를 차지하며, 더 쉽게 걸어갈 수 있는 길이 아니다.[42] 스스로를 보호하고 드러내며 지키고 고무하며, 위로하고 보살피며 사는 현대인들에게 자기를 부인하라는 말씀은 예수님을 따르기 위해 목숨을 내놓으라는 소환장이다.[43]

흔히 자기부인이라 하면 자기경멸, 자기부정 또는 자기의 고유함을 무시, 외면, 혹은 금욕한다는 뜻으로 생각하는 경향이 짙다. 그러나 원어로 볼 때 '부인한다'는 '나와 어떤 대상의 연결고리를 끊는다'라는 뜻이 있다. 이렇게 볼 때 자기부인은 자기 중심성이라는 아주 지독한 우상에 대하여 "No"라고 선포하고 돌아서는 단호한 결단이다.[44] '자기부인'이라 할 때 '부인하다'라는 똑같은 단어가 쓰인 곳이 있다. 베드로가 예수님을 부인할 때 "내가 예수님을 알지 못한다"고 세 번이나 말하던 바로 그 본문이다. 베드로의 부인은 '나는 예수님과 관계가 없다'는 뜻이다.[45]

세상 사람들에게 마가복음 8장 34절은 일상적인 인식과 경험의 범위를 벗어난 비상식으로 들릴 것이다. 신앙생활을 적당히 하려는 명목상 그리스도인들에게도 난감한 구절이다. 기독교 신앙은 근본적으로 거룩한 과격함을 가지고 있다. 신앙은 결코 경박하거나 피상적이지 않다. 주님을 따름은 적당히 온건하고 문화적으로 중립인 위치에 서는 것이 아니다. 성경적 제자도는 급진적이고 과격적이다. 죽음에서 생명으로, 어둠에서 빛으로, 사탄의 권세에서 하나님 나라로, 내 중심에서 하나님께 전적 위탁으로의 전이(轉移)이기 때문에 예수님을 따름에는 세상의 상식이나 원리를 넘어서는 과격함이 따른다. 세상의 가치관과 병립할 수 없고 그것을 뒤엎는 급진성을 갖고 있기 때문에 과격하다.

3) 자기부인과 자아

자기를 부인하라는 말씀은 자아부인을 의미한다. 그러나 이것을 문자적으로만 받아들여 자아를 악한 존재로만 이해해서는 안 된다. "자아는 전적으로 선하거나 전적으로 악한 실재가 아니며 따라서 전적으로 선하거나 전적으로 부인되어야 하는 것은 아니다."[46]

존 스토트의 말처럼 "자아는 선과 악, 영광과 수치가 혼합된 복합적 실재이다."[47] 그리고 "하나님의 형상이면서도 때로는…마귀에게 아부하며 충성을 맹세"하는 존재이다.

그렇기 때문에 우리는 자아에 대해 섬세하고 신중한 태도를 가질 필요가 있다. 우리가 십자가에 못 박아야 하는 자아는 죄의 중력에 사로잡혀 주님을 거역하는 자아이다. 아담의 타락 이후에도 인간의 자아에는 여전히 하나님의 형상을 담고 있는 자아와 타락의 결과로 돌이킬 수 없이 손상된 자아라는 양면이 모두 존재하고 있다. 우리가 "부인하고 포기하며 십자가에 못 박아야 하는 자아는 타락한 자아이다."[48]

우리가 예수님을 구주로 모신 후에 우리의 자아에 큰 변화가 생겼다. 예수님을 믿기 전의 자아가 '창조되고 타락한 자아'였다면, 예수님을 믿은 후의 자아는 '창조되고 타락했으며 구속(救贖)된 자아'이다. 우리는 구속된 자아를 못 박을 필요는 없다. 구속된 자아는 아담의 타락으로 훼손된 하나님의 형상이 예수님의 구속으로 회복된 자아, 재창조되고 새롭게 된 자아이다(고후 5:17). 타락한 자아는 무가치하지만, 구속된 자아는 값을 매길 수 없는 가치를 가지고 있다. 왜 그럴까? 타락한 자아는 하나님을 예배하거나 하나님께 영광을 올려드릴 수 없지만, 구속된 자아는 하나님을 예배하고 영광을 올려드릴 수 있기 때문이다.

그러므로 성경적 자아부인은 '타락한 자아의 부인'을 의미하는 것이며 '구속된 자아'를 부인하는 것이 아니다. 이 두 가지가 선명하지 않기 때문에 적지 않은 교인들이 혼란을 겪고 있다. 자아에 대한 이러한 이해가 없다면, 어떻게 "벌레보다 못한 죄인"이라고 고백하다가 같은 자리에서 "하늘 보좌의 왕자"라는 말을 자연스럽게 할 수 있겠는가?

우리가 문자적으로만 자아를 해석하면 자칫 "종교적 자아"라는 기형적인 자아를 출산할 수 있다. 이것은 자아를 악으로만 생각하는 것만큼이나 위험하다. 종교적 자아는 성경에 나타난 말씀의 정신은 무시하고 문자만 숭배하며 자기 의에 사로잡힌 자아이다. 겉으로는 말씀을 따르는 것처럼 보이나 실제로는 십자가를 지고 그리스도를 따르기 위해 자기를 부인한 적이 없는 사람이다.[49]

"십자가 앞에 설 때 우리는 우리의 가치와 무가치함을 동시에 보게 된다. 왜냐하면 우리를 위해 죽음을 불사한 그분의 사랑과 그분을 죽음에 이르게 한 우리의 큰 죄를 모두 깨닫기 때문이다."[50] 우리가 자아를 단면이 아니라 타락된 자아와 구속된 자아라는 양면으로, 입체적으로 보고 이해해야 하는 이유는 자아에 대한 바른 이해가 성도로서 바른 정체성을 가지고 온전한 제자의 길을 걸을 수 있게 하기 때문이다.

4) 자기부인과 삶의 우선순위

누가복음 9장 57절 이하에 보면 예수님의 제자가 되겠다고 찾아온 세 부류의 사람이 등장한다. 예수님은 그들에게 어찌 보면 매정한 말씀을 하신다. 첫 번째 사람은 "선생님이 가시는 곳은 어디든지 따라가겠습니다"라고 각오를 밝혔다. 예수님은 "그래, 너 생각 잘했다. 이리 와 나를 따르라" 하지 않으셨다. "여우도 굴이 있고 공중의 새도 집이 있으되 인자는 머리 둘 곳이 없도다"라고 말씀하셨다. 두 번째 사람은 조금 전 세상을 떠난 아버지의 장례를 치르고 예수님을 따르겠다고 했다. 예수님은 가정사를 챙기는 그 사람을 칭찬하기는커녕 예의범절에 크게 어긋나는 듯한 말씀을 하신다. "죽은 사람을 장사하는 것은 다른 사람에게 맡기고 너는 하나님 나라를 전파하라."

세 번째 사람이 예수님을 따르고 싶지만 먼저 가족들과 작별인사하고 따르겠다고 하자, "쟁기를 잡고 뒤를 돌아보는 자는 하나님 나라에 합당하지 않다"라는 말씀을 건네셨다. 왜 예수님은 자신을 따르겠다는 자들에게 냉담하게 들릴 수 있는 말씀을 하셨을까? '온전한 제자의 길'은 안전과 편안한 삶으로 이어지지 않을 수 있다. 당연하게 받아들여지는 습관과 문화조차도 전복(顚覆)하는 '반문화'(counter-culture)의 길이다. '사람 좋다'는 평가를 받으면 되는 삶이 아니라, 주님과 복음을 위해서 목숨까지 내어놓아야 하는 '순교의 길'[51]이기 때문이다. 예수님은 자신을 따르겠다는 자들에게 처음부터 짚고 넘어가야 할 것들을 있는 그대로 정확하게 알려 주신다.

따르겠다고 온 세 사람에게 주신 주님의 말씀을 정리하면 이렇다. 제자의 길은 위험하고 전복적이며, 순교를 각오해야 걸어갈 수 있는 길이다. 제자가 되겠다고 나온 세 사람에게 주신 말씀은 누가복음 14장 26절 그리고 33절에서 명제적으로 정리되어 재차 선포된다.

"누구든지 내게로 오는 사람은, 자기 아버지나 어머니나, 아내나 자식이나, 형제나 자매뿐만 아니라, 심지어 자기 목숨까지도 미워하지 않으면, 내 제자가 될 수 없다"(26절, 새번역).

"그러므로 이와 같이, 너희 가운데서 누구라도, 자기 소유를 다 버리지 않으면, 내 제자가 될 수 없다"(33절, 새번역).

이 두 구절을 문자적으로 해석해서는 안 된다. 그러면 '원수를 사랑하라' 하신 예수님의 말씀과 정면충돌을 일으킨다. 예수님은 한 번은 이렇게, 다른 한 번은 저렇게 말씀하지 않으신다. 그렇다면 이 말씀은 무슨 뜻인가? 예수님은 왜 그분을 따르는 사람들에게 높은 문턱으로 보이는 짐을 지우시는가?

위의 말씀은 주님에 대한 우선순위, 즉 사랑의 우선순위를 정립하라는 말씀이다. 모든 정당한 사랑이 주님을 사랑하는 데서 흘러나오기 때문에, 사랑의 우선순위가 옳게 세워져 있지 않으면 자기 자신, 가족을 제대로 사랑할 수 없다는 뜻이다. 주님 사랑함을 최우선순위로 둠으로써 나머지 모든 것에 대한 사랑의 순위를 바르게 세우는 것이 제자의 삶이라고 하신다.

온전한 제자훈련은 지속적으로 삶의 우선순위를 빚어내는 과정이다. 우선순위가 중요한 이유는 그것이 삶을 성공시키는 최선의 처세 방식이기 때문이 아니라, 그 사람의 진짜 관심이 어디에 있는지를 보여주기 때문이다. 사역자가 훈련생에게, 성도에게 우선순위의 조정을 끊임없이 촉구하고 또 그렇게 하도록 해야 하는 것은 결정적인 순간에, 삶의 기로에서 참된 관심과 진정한 사랑을 예수님에게만 두도록 체질을 바꾸기 위해서이다. 평소에 책 읽기를 가장 좋아한다고 말하면서도 결정적인 순간에 게임을 선택한다면 책 읽기는 그저 취미에 불과할 뿐이다. 신앙생활에서도 이런 경우가 적지 않다. 신앙적인 일을 하거나 참여하는 것을 좋아한다고 말하면서도 결정적인 순간에 데마처럼 세상을 선택한다면(딤후 4:10) 신앙생활의 우선순위는 그저 취향에 불과할 뿐이다.[52]

진정한 자기부인은 즉각적이고 전폭적으로 무릎 꿇는 과정이 뒤따른다. 그러므로 예수님의 말씀에 즉각적이고 전폭적인 무릎을 꿇는 순종의 행위가 없다면 사실 자기를 부인하는 것이 아니다.[53]

5) 자기부인과 관계 절연(絶緣)

'자기를 부인한다'는 말은 내가 내 인생의 주인 노릇을 하며 관여했던 모든 고리를 끊고, 인생의 최종 결정권을 주님께 드린다는 것이다.[54] 내가 나의 주인 되는 권리를 포기하고, 대신 주님이 내 인생의 최종 결정권자임을 믿고 주님을 신뢰하고 의탁하라는 뜻이다. 이것이 자기부인의 요체다. 그리스도인의 자기부인은 매우 급진적인 관계 절연의 의미를 담고 있다.

관계 절연을 성경의 "배설물"이라는 표현만큼 정확하게 표현하는 단어가 있을까?[55] 바울이 사용한 이 단어는 매우 과격하다. 바울은 과거에 자신에게 어느 정도 좋았던 것, 취향으로 여겼던 것, 있어도 좋고 없어도 좋은 그런 것을 배설물로 여긴 것이 아니라, "내게 유익하던 것"을 배설물로 여겼다. 여기서 사용된 유익이라는 단어 '케르도스'(κερδος)는 빌립보서 1장 21절에서 바울이 "이는 내게 사는 것이 그리스도니 죽는 것도 유익함이라"에 사용된 단어와 동일하다. 그러므로 바울이 배설물로 여긴 유익은 정말 꼭 가지고 싶은, 요즘 말로 하면 인생템이다. 이처럼 예수님과 더 나은 관계를 가지기 위해 세상의 것과 절연한다는 것은 세상적으로 내가 정말 좋아하고 없어선 안 되는 것을 배설물로, 나를 부끄럽게 하는 오물로 여긴다는 것이다.

온전한 제자로 살기 위해서 굳이 이렇게까지 급진적으로 해야 하는 이유는 무엇인가? 죄의 가속적인 중력을 전복하기 위해서이다. 죄는 그냥 두면 나중에는 손쓸 수 없을 정도로 자라게 된다. "선과 악은 복리로 증가한다. 그렇기 때문에 지금의 작은 결정들이 한없이 중요한 것이다. … 오늘 겉보기에 사소한 정욕이 마귀에게 고지나 선로나 교량을 터주고 결국은 그 길을 통해 적의 공격을 받게 되는 것이다."[56] 죄의 집요한 악순환의 고리를 끊는 것이 자기부인 속에 담긴 관계 절연의 의미이다.

자기부인의 의미가 이론적으로는 명쾌하게 다가온다. 하지만 실제 삶의 현장에서는 어렵다. 그래서 자아부인의 첫 경험이 중요하다. 타락한 자아를 끊어낸 경험을 한 번이라도 하게 되면 영혼의 새로운 지평이 열리게 된다. 제자훈련은 자아부인의 경험을 쌓음으로 영적인 자유를 일상에서 누리는 훈련이라고 할 수 있다.

우리가 왜 분노하면서 잠 못 이루는가? 왜 상처받고 타인을 거부하고 마음의 문을 닫아버리는가? 나의 나 됨 그리고 주님의 최종 결정권 사이에서 '이것만큼은 못 놓습니다'라며 부들부들 떨기 때문이다. 하지만 이때 십자가를 깨닫고 자기를 부인하는 사람은 최종결정권을 주님께 올려드린다. 이것은 온전한 제자훈련에서 체득하는 하늘의 지혜이다. 최종결정권을 주님께 드리면, 사람과 사건으로부터 적절히 거리를 유지할 수 있는 자유함이 생기기 시작한다. 인생은 내가 모든 것을 결정하는 것 같지만 마지막으로 가면 최종 결정권은 내가 행사하지 못한다. 수술대에 올라간다고 생각해보라. 수술은 내가 받지만 수술 동의서는 보호자가 사인한다. 냉정하지만 이게 현실이다. 임종 직전에 스스로 사망신고서에 사인하지 못하는 것과 같다.

6) 자기부인과 하나님의 영광

주님이 우리에게 억하심정이 있으셔서 자기부인을 하고 늘 최종 결정권은 그분에게 위탁하라고 하시는 게 아니다. 우리는 자아실현이 아니라 자기부인을 통해서 우리의 창조주이며 구원자이신 하나님 앞에 설 수 있는 자격, 즉 의로움을 얻는다.

많은 성도가 거꾸로 하고 있다. 예수님을 제삼자 보듯 하고 자신을 최종 결정권자로 여긴다. 주님으로부터는 독립하고 나 자신에게는 지대한 관심을 쏟는다. "내가 결심한다. 내가 결정한다. 내가 명령한다"라는 말들이 끊임없이 보잘것없는 인간의 입에서 흘러나온다. 이처럼 하나님께 결정권을 드리는 것 같지만, 실상은 자신이 자기결정권을 행사하는 성도의 모습에 대해서 A. W. 토저가 잘 표현했다. "그 앞에 엎드리기는 하지만 자기 머리에 쓴 왕관을 애써 감추고 엎드린다."[57]

신앙적 관점에서 보면 이것이 바로 인생 역주행이다. 자기 머리에 쓴 왕관을 붙잡은 채 하나님께 엎드리는 것은 하나님께 결정권을 드리는 자기부인이 아니다. "내가 주인 삼은 모든 것 내려놓고 내 주 되신 주 앞에 나가 내가 사랑했던 모든 것 내려놓고 주님만 사랑해." 이 찬송 가사처럼 살 때 신앙의 길을 정주행할 수 있다.

죄란 자기를 주장하는 실제적인 세력인데 이런 성향을 제거하는 훈련을 하지 않으면, 제자훈련은 참담한 실패로 끝날 수 있다. 오히려 제자훈련의 이름으로 트집잡기, 상처주기에 능한 사람들을 양산할 뿐이다.

제자 됨의 본질상 우리는 더 이상 양다리 걸치는 삶, 영적 피아식별이 안 되는 생활을 할 수는 없다. 삶의 전 영역에서 온전한 제자로 살든지 아니든지 선택해야만 한다. 왜냐하면 "십자가 앞에서는 누구도 중립을 지킬 수 없기 때문이다."[58] 제자의 관점에서 우리는 종교적 삶과 성경적 삶을 구별할 필요가 있다. '종교적 삶은 양다리를 거치는 사람들을 위한 것이며, 기독교는 하나님의 진리에 올인하는 사람들'이다.[59] 온전한 제자는 세상과 타협하는 종교적 삶으로는 불가능하다.

7) 자기부인이 두려워질 때

자기부인이라는 말을 들으면 본능적으로 냉담하거나 자기방어적이 되기 쉽다. 왜 그럴까? 아마도 자기부인은 세상적인 즐거움을 버리고, 금욕적인 자기절제를 통해서 이루어진다고 생각하기 때문일 것이다. 자기부인과 기쁨이 공존할 수 없다는 생각은 낯선 것이 아니며 오래전부터 있었다. 그래서 적지 않은 사람들은 자기부인이라는 말을 들으면 마태복음 19장 22절의 부자 청년처럼 '근심하는' 반응을 보인다. 과연 그런가? 자기부인은 예수님의 제자로 살아가려는 사람들에게 우울한 소식인가?

그래서 혹자는 이런 질문을 던진다. "기쁨을 향한 열심을 신앙생활의 원동력으로 인정하면서도 동시에 자기부인을 받아들이는 것이 어떻게 가능한가?" 조나단 에드워즈(Jonathan Edwards)는 이런 질문에 대해 자기부인이 기쁨을 추구하는 것과 모순되지 않을 뿐 아니라 사실상 슬픔의 뿌리를 뽑는 것이라고 주장했다.

"자기부인도 신자들에게는 골칫거리로 여겨질 것입니다. … 그러나 자기부인을 해본 사람이면 누구나 자기부인을 실천한 이후보다 더 큰 기쁨과 즐거움을 경험하는 때가 없다는 사실을 증언할 수 있습니다. 자기부인은 슬픔의 뿌리와 근원을 제거합니다. 자기부인은 수술의 고통에 대한 보상으로 상처를 치유하고 건강을 회복시키기 위해 아프고 고통스러운 환부를 칼로 도려내는 것과 다름없는 일입니다."[60]

에드워즈의 관점에 따르면, 자기부인의 가장 큰 장애물은 실천하지 않는 거짓 두려움이다. 사실 자기부인은 우리 속에 있는 죄성을 뿌리 뽑는 수술이기에 일정한 고통이 따르지만, 죄의 뿌리가 뽑힌 후에 누리는 희열에 비하면 크지 않다. 이런 점에서 자기부인은 더 큰 참된 즐거움을 누리기 위해 우리 속에 있는 세상을 향한 마음을 베어내는 것이라고 할 수 있다. 자기부인으로 죄된 무엇을 끊어내는 것에 과장된 고통이나 지나친 두려움을 느끼는가? 이때 삶의 커튼을 열 수 있다면 아마도 마귀가 우리를 삼키려는 굶주린 사자 같은 울부짖음과 맹렬한 몸부림을 보게 될 것이다(벧전 5:8).

그러므로 온전한 제자훈련 사역자는 성도와 훈련생들이 자기부인이 갖는 막연한 두려움에 맞서는 훈련을 하게 해야 하고, 기어코 자기부인의 실천장으로 이끌어 자기부인으로 인한 영혼의 즐거움을 경험하게 해야 한다. 자기부인으로 인해 갖는 백 가지 두려움도 진정으로 자기를 부인하는 한 번의 참된 경험에 미치지 못함을 가르치는 것이 온전한 제자훈련이다. 이러한 자기부인을 가능하게 하는 원동력은 목자의 심정과 십자가 신학임을 40년 목회 사역을 통해 절절히 깨닫고 있다.

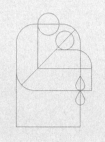

"성경에 예언된 교회의 위대한 영광의 날은 아직 오지 않았다."**

– 조나단 에드워즈 Jonathan Edwards

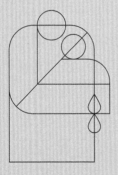

–
Part
ǁ

온전함의 줄기:
온전론의 목회적 통찰

chapter 4

온전한 제자훈련을 위한 교회론:
온전한 제자의 성장과 교회 공동체

복음이 서양 문화에 정착하여 개인존중의 옷을 입은 교회는 한 사람의 소중함을 강조한다. 그러나 그 한 사람은 그리스도의 몸에 붙어있을 때 소중한 것이다. 아무리 개인이 중요하지만 몸에 붙어있지 않은 지체는 죽음이다. 그런데도 아직 예수님의 몸(교회)보다 개인 자체에 더 중점을 두는 경향이 농후하다. 이로 인해 교회 내의 사람이나 시스템이 자기 마음에 들지 않으면 쉽게 교회를 떠나는 현상이 있다. 이러한 행태는 일종의 영적 소비주의(spiritual consumerism)일 뿐이다. 그 결과 교회가 허약한 공동체가 되었다. 개인주의, 이기주의의 발로로 한 사람의 소중함을 극단적으로 주장하면 교회의 공동체성은 손상될 수 밖에 없다. 여기에는 개인주의에 물든 미국의 선교적 영향도 없지 않다.

한 사람 한 사람이 모여 교회를 구성한다는 말은 틀리지 않다. 그러나 교회는 단지 사람들의 총합이 아니다. 교회는 그리스도의 몸(The body of Christ)이면서 또한 그리스도 안에서 한 몸인(One body in Christ) 존재이다(롬 12:5).

오늘날 한국교회는 교회 내 개인의 소중성을 붙들다가 잘못된 개인주의의 공세에 일종의 역습을 맞은 형국이다. 걸어다니는 성전으로서 한 개인의 교회성은 주님이 머리 되신 교회 공동체에 이어져 있을 때 의미가 있고, 생명을 유지할 수 있는 것이다. 개인의 교회성을 지나치게 강조하면, 주님의 몸 된 공동체의 영광보다 개인의 영광이 앞서게 되고 자기 의에 사로잡히고 만다. 그 결과 지나친 개인주의적 복음은 자기 독선의 신앙으로 전락해, 내적으로는 자라지 못하고 외적으로는 공동체를 분열시키는 가슴 아픈 사태가 벌어진다.

"당신 한 사람이 교회다." 맞는 말이다. 그러나 재차 강조하지만 몸에 붙어 있을 때 그 한 사람이 소중하다. 그리스도의 몸과 밀접하게 관계되지 않는 한, 개인의 영적 생명은 보장할 수 없다. 나 때문에 몸이 있는 것이 아니라 몸인 예수님 때문에 지체인 내가 존재한다. 내가 있어서 교회가 있는 것이 아니라 예수님의 몸 된 교회가 있기 때문에 내가 존재한다. 순서가 틀리면 안 된다. 지나치게 개인주의적 교회론, 한 사람과 한 영혼을 절대시하는 교회론 때문에 한국교회가 상당히 약해졌음을 알아야 한다. "가지가 포도나무에 붙어 있지 아니하면 스스로 열매를 맺을 수 없다"(요 15:5)라는 예수님의 말씀에 다시 귀를 열어야 한다.

사랑의교회는 교회 건축과 관련하여 큰 고난을 통과해 왔다. 그러나 참으로 역설적이게도 우리는 이 고통스러운 시기를 통해서 공동체성을 체득했다. 교회가 겪은 고난의 시기를 '평신도들이 교회론이라는 신학을 몸으로 배운 시기'라고 기억하고 싶다. 온 교회가 공동체성을 몸으로 경험하면서 목양적으로 더 끈끈해졌다. 한 집에 모여 살면서 한솥밥을 먹지 않아도 얼마든지 영적 혈연으로서의 끈끈한 유대와 지지, 공감과 신뢰를 만들어낼 수 있음을 입증했다. 그리고 그것을 '영가족 사랑의교회'라는 말로 표현했다.

처음에는 '영적 가족'이라는 의미로 불렀다가 점점 더 의미가 확장되면서, 영적 가족이라는 의미의 영(靈)가족, '영원한 가족'이라는 의미의 영(永)가족 그리고 젊은 활기가 있다는 의미에서 영(Young)가족, 영광과 고난을 함께하는 영가족으로 부른다.

1.
건강한 교회론이
건강한 목회를 결정한다

사역자에게 "교회가 무엇인가?"라고 물으면 "예배하는 곳이다"
"교육하고 양육하는 곳이다", "상처받은 자를 치료하고 위로하는
곳이다", "사회 정의를 구현하는 곳이다", "성도를 천국으로 보내
는 곳이다" 등 다양하게 답변한다. 이 질문이 중요한 이유는 교회
를 보는 시각, 즉 목회자의 교회론에 따라 목회 방향이 결정되기
때문이다.

　필자는 탈봇 신학대학원에서 공부하면서 *ETS*(*Equipping the Saints*)
의 저자 데이브 도슨(Dave Dawson)과 네비게이토의 유럽과 서부 태
평양 지역 리더이자 〈2:7 시리즈〉 위원이었던 데니 렙코(Denny
Repko)와 교류를 하면서 초지일관 던진 질문들이 있다. "교회 내에
서 제자훈련을 어떻게 해야 하는가?", "왜 제자훈련이 교회 중심
으로 가지 않는가?", "왜 그 좋은 교재들에 교회론이 없거나 빈약
한가?" 이러한 질문에 그들도 고민하고 있다고 대답했다. 그리고
후에 고민해서 나온 교재가 지역교회에서 사용 가능한 제자훈련
교재 〈그리스도의 제자가 되는 길 DFD 시리즈〉와 〈2:7 시리즈〉

였다. 교회론은 지역교회는 물론 선교단체에서도 사역의 뼈대가 됨을 보여주고 있다.

제자훈련 목회를 나무로 비유하면, 뿌리가 되는 목회 철학이 교회론(ecclesiology)이요 줄기가 되는 목회 전략은 제자도(discipleship)이며, 열매가 되는 목회 방법은 구체적인 제자훈련(discipleship training)이다. 사역을 나무에 비유한 이유는 목회의 풍성한 열매가 사역의 튼실한 뿌리에서 나오기 때문이다. 우리는 종종 '무슨 열매를 맺는가?', '얼마나 큰 열매를 맺는가?'라며 눈에 보이는 과실에 큰 관심을 두지만, 정작 눈에 보이지 않는 뿌리에는 그 정도로 마음을 쏟지 않는다. 그 결과 적지 않은 사역자들이 뿌리가 아닌 과실에 집중하는 가분수적 사역을 하고 있다. 이렇게 되면 목회는 작은 풍랑에도 중심을 잃은 채 흔들리기 마련이다.

건강한 교회론이 건강한 목회를 결정한다.[1] 건강한 교회론에 목숨을 걸면 사역의 길이 열리게 된다. 교회 안팎에 부는 거친 비바람에도 요동하지 않는 사역을 진정으로 원한다면, 목회자들이 성경적이면서 21세기의 상황에 맞는 교회론을 확고히 붙잡아야 한다. 그러므로 목회자는 자신이 지금 하는 사역이 뿌리에 관한 것인지, 줄기에 관한 것인지, 열매에 관한 것인지를 지속적으로 물어야 한다.

1) 닫힌 교회와 열린 교회 그리고 온전론의 태동

교단 신학교를 졸업한 목회자들이 갖는 어려움이 있다. 자칫 소속

교단 신학에 갇혀서, 자신이 섬기는 교회를 닫힌 교회로 만들 수 있기 때문이다. 자신의 교회 전통에 갇히면 다른 교파나 교단의 강점을 취하기 힘들다. 그렇게 되면 교회가 가진 역동성과 에너지가 발산되지 못하고 사역이 생명력을 잃어버리는 위험에 빠질 수 있다.

인공지능이나 가상현실이 일상화되는 4차 산업혁명 시대의 도래는 21세기 목회자들에게 말씀을 전하고 나누는 일에 근본적인 변화와 태세 전환을 요구하고 있다. 오늘의 하루는 어제의 한 달, 과거의 몇 년과 맞먹는 전광석화(電光石火)와 같은 세상이다. 과거의 평면적인 목회 매뉴얼만으로는 시대의 복잡다단한 입체적인 요구를 감당할 수 없게 되었다. 또한 우리의 목회 현장은 목회자 자신의 교단이나 신학교의 외투만으로는 변화무쌍한 세속의 거친 폭풍우를 막아낼 수 없음은 부인할 수 없는 사실이다.

지금과 같은 상황에서 교회가 살고 강단이 살며 목회자와 성도가 사는 길은, 복음적으로 지켜야 할 절대가치의 문제가 아니라면 다양한 형태의 교회와 교회 밖 선교단체의 강점들을 융합하여 자신의 것으로 삼는 것이다. 목회자가 자기 성정에 맞는 교회의 전통만 고집하는 것은 결국 성도가 누릴 부요함을 제한하고, 주님이 의도하신 신앙의 풍성함을 앗아가는 자해행위가 아닐 수 없다.

어떻게 다양한 교회의 강점들을 융합할 수 있을까? 예를 들면, 교회에서 장로나 안수집사, 권사를 세우는 임직식은 대단히 중요하다. 여기에 고교회의 장엄한 의식을 가지면서도 은사주의 교회의 기름부음이 있다면 임직자들은 주님의 몸 된 교회를 섬기는 자로서의 자기 인식이 더욱 깊이 뿌리내릴 것이고, 참석한 성도들 역시 중직자로서의 소명을 더 깊이 고민하며, 직분이 자리가 아니라 은혜임을 감사하는 귀한 시간이 될 것이다.

물론 교회의 강점을 융합하거나 교단을 넘어서는 강단 교류는 쉬운 일이 아니다. 교리나 신학이 생명으로서 작동하는 것이 아니라 그저 그 속에 안주하면서 자기 의의 옷을 입고 있는 사람들로부터 날 선 비판들이 칼날처럼 날아올 수도 있다. 그러나 이런 현상이 크면 클수록 오히려 그것은 그동안 자신의 목회와 교회가 닫혀 있었음을 반증한다.

젊은 날 나의 사역을 돌아보면, 전통교회와 교회 밖 선교단체의 강점을 취하기 위해 몸부림쳤다. 당시 전통교회는 교리는 있지만, 양육이 적었다. 신앙적인 활동은 있으나, 선교단체에 있는 꿈과 비전과 사명이 부족했다. 반면에 선교단체는 예배가 약하고, 교리와 신학이 부족했다. 거의 반세기 전에 섬겼던 대학부 사역에서 필자는 교회의 좋은 신앙적 전통을 붙잡으면서도 교회 밖 선교단체의 양육과 선교의 강점을 교회에 자리잡게 하는 일에 전심을 쏟았다. 지금의 온전론은 이미 이러한 사역에서부터 태동되었다고 할 수 있다. 개인 구원을 중시한 전통교회의 강점과 선교적 삶을 중시했던 교회 밖 선교단체의 강점을 녹인 온전론은 급변하는 사회와 시대의 어떤 도전도 넉넉히 담아내는 큰 그릇으로서, 동시에 세상의 상처와 아픔을 선교적 마음으로 새롭게 빚어내는 복음의 모루로서 사명을 타고났다.

2) 올바른 교회론을 위해 생각의 패러다임을 바꿔야 한다

개인적으로 교회에 대한 생각, 즉 교회관은 신앙의 여러 시절을 지나면서 많은 변곡점을 맞았다. 청소년기에는 주로 지역교회를 생각했고, 하나님을 예배하기 위한 곳으로 여겼다. 예배를 위해 주일 성수를 무엇보다도 중요시하던 시기였다. 길을 지나다가 교회 건물이 보이면 본능적인 동질의식을 느끼며 뭔지 모를 설렘이 있었다.

대학시절에 제자훈련에 눈을 뜨게 되면서, 교회는 성도를 훈련하기 위해 존재하며, 훈련하지 않는 교회는 역할을 다하지 못하는 것으로 여겼다. 그 당시 선교단체의 양육에 철저하게 빠져 있었다. 예를 들면, 지금도 목회의 중추적 뼈대가 된 디모데후서 2장 2절을 통해서 개인 양육을 통한 제자훈련을 전부처럼 여기며, 네비게이토의 훈련 교재를 가슴에 품고 다니던 때였다. 당시 일대일 양육에 깊이 몰입되어 있던 터라 패기가 앞섰다. 때로 옥한흠 목사님과 함께 교회와 대학부의 방향에 대해 밤을 새워 토론하기도 했다. 그때 나누었던 대화를 통해 어느 정도 교회론의 바탕이 마련되었고, 제자로서 예수님을 닮는 기존 생각의 틀이 깨어지고 새로워지며 확장되었다.

지금 내가 가지고 있는 교회론이 사역의 뼈대로 확실하게 뿌리 내린 것은 미국에서 목회를 시작하면서부터였다. 이제는 건강한 교회론의 상식이 된 "지상교회는 세상으로부터 부름 받은 하나님의 백성인 동시에 세상으로 보냄받은 그리스도의 제자들의 공동체"라는 사실에 가슴이 뜨거웠고 그 열기가 사역 전체를 사로잡았다. 세상으로부터 부름받은 하나님의 백성이라는 특권과 동시에 세상으로 보냄 받은 그리스도의 제자라는 소명을 가진 생명의 공동체가 지상교회다. 만약 하나님 백성의 특권만 강조한다면 하나님을 찬양하고 구원받은 것을 기뻐하며, 우리만의 잔치를 열고 교회 내의 예배에만 온통 에너지를 쏟을 것이다. 그러나 주님께서 그분의 백성들을 세상에 남겨놓으신 이유가 있다. 바로 세상으로 보내시기 위해서다(요 20:21).

한편으로 세상으로부터 부름받은 하나님의 백성이며 동시에 세상으로 보냄받은 그리스도의 제자들의 교회(Disciple Church)라는 개념에서 한 단계 깊어지면서 제자를 재생산하는 교회(Disciple Making Church)로 그리고 이것은 훈련된 제자들이 선교하는 '제자훈련 선교교회'(Disciple Making Mission Church)로 발전되어 정립되었다.

오늘날 한국교회의 목회자들은 다양한 교회관 위에 서 있다. 그러나 굳어진 교회론에 갇혀서는 지금의 세상을 적절하게 감당할 수가 없다. 올바른 교회론으로 무장되기 위해 생각의 패러다임이 바뀌어야 한다. 우리가 패러다임을 바꾸는 것은 그저 시간이 지나면 옷이 낡아져 새 옷으로 갈아입는 것 같은 이유 때문이 아니다. 오로지 어떻게 하면 교회와 성도가 주님과 더 나은 관계를 가질 수 있을까 하는 열망 때문이다.

원래 이방 선교는 예수님의 수석 제자인 베드로가 하는 것이 자연스러워 보이나 바울에게 맡겨졌다. 왜냐하면 갈릴리에서 성장한 유대인이었던 베드로는 사회 문화적인 생각의 틀이 굳어져서 유대인적인 사고의 틀을 깨기가 쉽지 않았기 때문이다. 이것은 사도행전 10장의 베드로가 음식에 대한 율법적 생각에 갇혀 있는 모습을 보여주는 부분에서 생생하게 나타나고 있다. 그와 달리 사도행전 16장을 보면, 바울은 소아시아 지역에 가서 복음을 전하려 했으나 주님이 마게도냐인의 환상을 통해 "건너와서 우리를 도우라"(행 16:9) 하시니 즉시 순종했다. 바울은 자기 생각의 틀보다 환상 중에 주님이 명령하신 것을 따랐다. 그리고 유럽의 첫 관문인 마게도냐로 가서 복음의 문을 열었다. 사역자도 바울처럼 복음의 전진을 위해서는 생각의 틀을 열어놓고, 패러다임을 바꿀 수 있어야 한다. 교회론도 마찬가지다. 기존에 가지고 있던 좁고 닫힌 교회론을 버려야만 제자훈련 사역이 가능할 수 있다. 생각의 패러다임을 넓히지 못하면 사역의 그릇은 간장 종지에 그칠 뿐 은혜의 대접이 될 수 없다.

3) 포스트 코로나 시대를 견인하는 교회론

교회론은 사실 종교개혁이 뿌리내리는 단초로 작용했다. 만일 교회론에 대한 신학적 문리가 터지지 않았다면 종교개혁은 역사적으로 자리 잡지 못했을지 모른다. 알리스터 맥그래스는 이렇게 정리한다. "첫 세대 종교개혁자들이 은총의 문제와 씨름했다면 2세대 개혁자들은 방향을 바꿔 교회의 문제를 놓고 다투었다. 은총론의 문제로 가톨릭교회의 주류 가르침에서 갈라져 나온 개혁자들은 이러한 분리를 정당화할 수 있는 일관된 교회론을 세우고 또한 서유럽의 여러 도시에 들어서는 새로운 기독교 교회들에게 기반을 제공해야 할 필요성을 절감하게 되었다."[2] 종교개혁 시대에 교회가 시대의 파고를 넘고 역사의 새로운 문을 열기 위해서 교회론의 정립이 중요했던 것처럼, 한국교회가 코로나 이후 격변의 시대를 지나기 위해서도 시대의 빗장을 여는 교회론이 필요하다.

건강한 교회론은 20세기의 목회에서도 중요했지만, 전대미문의 코로나의 강을 건너면서 포스트 코로나 시대에 더욱 중요해졌다. 전 세계가 코로나로 극심한 몸살을 앓았을 때, 교회는 비대면 예배를 강요당했다. 이때 시류에 함몰되지 않고 교회가 살고 목회가 사는 시금석 중의 하나가 성경적인 건강한 교회론이었다.

건강한 교회론, 성경적 교회론은 포스트 코로나 시대를 복음으로 견인하는 데 더 큰 역할을 할 것이다. 지능을 가진 기계가 일자리를 대신하고, 사람들이 현실 세계를 넘어 가상현실에서 더 많은 시간을 보내며 더 많은 일상을 공유하는 시대가 도래할 때, 교회론이 든든히 확립되어 있지 않으면 지역교회는 공동체성의 의미를 잃어버린 채 온갖 그럴듯한 명분과 변명 속에서 앞으로 나아갈 동력을 잃어버릴 것이다. 이는 목회자의 교회론, 교회에 대한 확고한 인식이 포스트 코로나 시대에 목회의 사활을 결정할 만큼 중요해졌음을 의미한다.

• 건강한 교회론을 위한 역사적 이해: 가정이 교회요 교회가 가정이다

16세기의 종교개혁은 당시 가톨릭의 그릇된 구원관을 교정하기 위한 하나님의 역사였다. 종교개혁자들은 다른 어떤 신학적인

영역보다 구원론에 예민하게 집중하여 개혁을 외쳤다. 그런데 종교개혁의 구원론이 가톨릭의 구원론에 대비되면서, 다른 신학적인 주제들도 구원론의 혁신만큼 크게 개혁될 것이라는 생각을 가졌다. 그러나 실상 다른 신학적인 영역들은 로마 가톨릭의 전통을 따르거나 여기에서 크게 벗어나지 않았다.

그중의 하나가 교회론이었다. 4세기에 기독교가 국교화되면서 교회는 가정을 떠나 눈에 보이는 건물 안으로 들어가게 되었다. 4세기부터 16세기 종교개혁 전까지 교회는 더욱 화려한 건물로 지어졌고, 기독교 공동체는 건물이라는 정체성을 가지게 되었다. 종교개혁자들은 구원론의 영역은 개혁했지만 교회론에 대해서는 여전히 로마 가톨릭적 상황에서 교회를 이해했다. 교회를 건물로 이해했던 가톨릭의 전통은 여전했고, 교회는 건물에 모이는 공동체라는 패러다임을 벗어나지 못했다. 한마디로 교회는 건물이라는 사고에 갇혀버렸다.

그러나 교회는 장소와 조직이기 이전에 먼저 사람과 생명체 (organism)이다. 교회를 가정(家庭)이라는 관점 없이 예배와 친교를 위해 모이는 장소인 건물이나 건물 속에 있는 공동체로 여기는 것은 결코 성경적이지 않다. 신약의 초대교회 성도들에게 기독교 공동체는 가정이었고, 가정이 교회였다. 가정과 교회는 전혀 이분화되지 않았다. 그래서 초대교회 성도들에게 교회는 '가는 곳'이라기보다 '모이는 것'이었다. 초대교회에서는 태생적으로 가정을 떠난 교회란 존재하지 않았다. 사도 바울은 가정과 교회를 동일하게 생각했고, 목회 철학의 관점으로는 교회가 가정이요 가정이 교회였다. 가정이 모든 교회생활의 기초가 되었고, 초기 예루살렘교회에서는 집회나 공동체 형성 및 교제, 기도와 가르침, 성찬을 행하기 위해 집이 사용되었다.[3]

안타깝게도 4세기부터 교회가 가정으로부터 분리되기 시작하면서 교회는 가는 곳이라는 인식이 일반화되었다. 종교개혁 이후의 교회론도 이를 뒷받침했다. 프로테스탄트의 교회론은 교회의 존재 목적을 세 가지로 설명했다. 하나님께는 예배, 성도에게는 양육, 세상에 대해서는 전도였다.[4] 이러한 교회론은 교회가 가정이 아니라는 전제가 있다. 종교개혁자들은 교회와 가정을 이분화하여 프로테스탄트 교회론을 가정으로부터 분리된 시각 위에 정리했다.

건강한 교회론을 위해서는 가정을 목회 철학의 중심에 두고 초대교회처럼 교회를 가정 속으로, 가정을 교회 속으로 완전히 접목시켜야 한다. 오늘날 교회에서 일어나는 파열음의 뿌리는 가정과 교회의 분리에서 나온다. 우리 각 개인이 교회이며 내가 걸어 다니는 교회라고 말은 하지만, 예배를 드리고 교회 문을 나서는 순간 교회는 사라지고 세상의 원리가 작동되는 것도 가정과 교회가 분리된 신앙에서 비롯된 것이다. 그러므로 21세기 목회 철학은 종교개혁의 모델에서 가정을 중심으로 하는 초대교회의 모델로 돌아가야 한다.

4) 바울의 사역에 누수가 없는 비결: 예수님께 절대 기초한 교회론

교회론은 우리 신앙에서 설계도와 같다. 부실공사를 하지 않고 제대로 집을 지으려면 반드시 정교한 설계도가 필요하다. 에베소서는 교회론을 확고하게 확립시켜 주는 성경이다. 그런 에베소서에서 사도 바울은 이렇게 권면한다. "그러므로 주 안에서 갇힌 내가 너희를 권하노니"(엡 4:1). 이 말씀을 편견 없이 묵상하면 충격을 받을 수밖에 없다. 객관적으로 보면 바울은 주 안에 갇힌 자가 아니고 감옥에 갇힌 자였기 때문이다. 그러나 바울은 감옥에 갇힌 죄수가 아니라 주 안에서 갇힌 자, 즉 예수님의 포로라고 말한다.

바울이 이렇게 말할 수 있었던 이유는 예수님으로부터 받은 충격적인 교훈 때문이었다. 그가 성도를 핍박하기 위해 다메섹으로 가는 도중에 하늘로부터 천둥 같은 소리를 듣고 땅에 엎드려졌다. 그때 들은 말이 무엇인가? "사울아 사울아 네가 어찌하여 나를 박해하느냐"(행 9:4). 바울은 한 번도 예수님을 직접 박해한 적이 없다. 어쩌면 바울은 한 번도 예수님을 직접 보거나 만나지도 못했을지 모른다. 그래서 바울이 다메섹으로 향하는 도상에서 처음 이 말을 들었을 때 매우 놀라면서도 동시에, 교회라는 살아있는 유기체가 무엇인지를 본능적으로 체감하고 체득하였을 것이다. '아, 성도를 핍박하는 것이 바로 예수님을 핍박하는 것이구나.'

바울이 "교회는 그의 몸이니"(엡 1:23) 그리고 "그는 몸인 교회의 머리시라"(골 1:18)라고 말했을 때, 이것은 서재에서 나온 추상적인 신학적 사색의 결과물이 아니다. 그가 몸으로 체득한 사실을 기록한 것이다. 바울의 사역에서 그가 복음을 위하여, 성도를 위하여 그리고 예수님을 위하여 자신의 전부를 누수 없이 드릴 수 있었던 것도 생명체로서의 주님의 몸 된 교회관이 있었기 때문이다.

이처럼 예수님에 절대 기초한 교회관이 바울로 하여금 누수 없는 사역을 감당하게 했다는 증거가 있는가? 그는 자신의 사역을 성도의 믿음의 제물과 섬김 위에 전제로 드리는 것(빌 2:17)으로 표현하고 있다. 여기에는 교회는 주님의 몸이요 성도는 그의 지체이며, 교회의 머리는 주님이시라는 확고한 교회관이 담겨있다. 전제는 포도주를 제단에 붓는 것이다. 바울은 평생 예수님을 위해 자기 몸을 으깨어서 믿음의 제물과 봉사로 제단에 바치겠다고 말했다. 주님의 몸 된 교회를 위해 이렇게 하는 일이 정말 기쁘며, 함께 기뻐해야 한다고 했다(빌 2:18). 이것은 마치 2천 년 후 양화진에 묻힌 루비 켄드릭(Rubye Rachel Kendrick) 선교사가 "내게 천 개의 생명이 있다면 그 모두를 조선에 바치리라"라고 고백한 것과 그 맥을 같이하고 있다. 교회가 주님의 몸이요 성도는 교회의 지체이며, 주님은 교회의 머리라는 교회관을 가지면 사역에 결코 누수가 있을 수 없다.

- **자신만의 고백과 검증된 교회론을 쓸 수 있는가?**

미국에서 교회를 개척하고 부흥하기 시작했을 때, 어느 목사님이 찾아와서 물었다. "어떻게 하면 개척을 잘할 수 있습니까? 어떻게 하면 교회가 부흥합니까?" 그때 그 목사님에게 "제가 외교적으로 이야기할까요? 사실을 말할까요?"라고 되물었다. 외교적으로 대답한다면, 그것은 누구나 인정하는 신앙 상식적인 것으로 '하나님의 은혜'를 말하면 될 일이다. 그런데 그 목사님은 구체적이고 실제적인, 실체가 있는 대답을 원했다. "목사님이 다른 참고서적이나 자료 없이 목사님 스스로 확고하게 4-5페이지, 많게는 10페이지 정도의 분량으로 교회가 무엇인지 자신의 것으로 고백된 그리고 검증된 내용을 쓸 수 있습니까?"라고 되물었다. 목회자로서 어떤 사역의 풍파와 폭우가 몰아친다 할지라도 조금의 요동함이 없이 본질과 생명을 붙잡는 목회를 하려면, 교회론이 진정한 부흥의 열쇠이다.

5) 온전한 제자훈련과 부흥

예수, 복음, 교회, 성령, 믿음, 선교, 진리, 구원, 성경. 이 단어들은 기독교의 뼈대를 이루는 키워드들이다. 이 단어들 중 하나라도 없으면 온전한 기독교는 이 땅에 세워질 수 없다. 그런데 이 단어들의 또 다른 특징은 이단들이 애용하는 단어라는 것이다. 이단으로 분류된 단체 중 위에서 언급된 단어들을 쓰지 않는 곳은 찾아볼 수 없다.

가장 고귀하고 영광스럽고 예수 향기가 나는 단어들이 이렇게 오용되는 이유는 무엇일까? 여기에는 사탄의 치밀하고 집요하며, 끈질긴 흉계가 도사리고 있다. 기독교의 가장 중요한 키워드를 오염시켜 생명의 복음을 훼손하고 복음의 본질을 흐리게 함으로써, 사람들이 예수 믿는 것을 그악스럽게 방해하기 위함이 그 첫 번째이다. 그러므로 성도와 목회자는 이런 단어들이 언론 매체에서 부정적으로 도배되고 발길질을 당하는 것을 보면 '아, 사탄이 발작하고 발악하고 있구나'라고 생각하면서 마음에 통한함을 가지고 기도의 자리로 나아가는 것이 마땅하다.

그런데 이단이나 세속의 미디어에서 오용되는 위의 단어들 못지않게, 기독교권 내에서 잊히거나 오해를 사는 단어가 '부흥'이다. 언제 어느 세대에서든 가장 절실한 단어인 부흥이 요즘처럼 잊히거나 무시당하는 때는 없을 것이다. 심지어 교회 내에서 진보를 자처하거나 교회 갱신과 개혁을 주장하는 어떤 이들에게 '부흥'은 '기복'만큼 터부시되고, 시대에 뒤떨어진 단어로 외면당하고 있다.[5]

부흥이라는 단어가 교인들에게서 이처럼 소외당하는 이유가 무엇일까? 여기에도 사탄의 사나운 간계가 있음은 물론이다. 교회의 부흥은 사탄이 가장 싫어하는 현상이기에 사탄의 입장에서는 당연할 수밖에 없다.[6]

그러나 부흥은 온전한 제자훈련의 핵심이다. 부흥은 그저 미지근한 자가 다시 뜨거움을 얻는 정도가 아니다. 성경에서 부흥의 본질을 보여주는 장면이 사도행전 3장에 나온다. 걷지 못하는 자가 나사렛 예수의 이름으로 일어나 걸을 뿐 아니라 "뛰기도 하며 하나님을 찬송"하는 것, 그것이 부흥의 요체이다.

온전한 제자훈련은 세속의 모진 풍파를 만나 주저앉아 있는 사람, 세상의 유혹에 마음이 쏠려 있는 사람, 라오디게아 교회 교인들처럼 미지근한 사람이 나사렛 예수의 이름으로 다시 일어서고 예수님의 보혈로 심장이 맥박치며, 말씀으로 심령이 뜨거워져 주님께 돌아오는 것이다.

우리는 마귀의 손아귀에 붙잡힌 '부흥'이라는 단어를 되찾아 와야 한다. 19세기의 첫 반세기 동안 미국의 제2차 대각성운동을 이끌었던 찰스 피니(Charles Grandison Finney)는 우리가 부흥을 체험하지 못하는 이유를 이렇게 말했다. "당신이 왜 부흥을 체험하지 못하는 줄 아는가? 그것은 오직 하나의 이유, 즉 당신이 부흥을 원하지 않기 때문이다. 당신이 그것을 위해 기도하지도 않고 갈망하지도 않으며, 그것을 위해 별 노력도 하지 않고 있기 때문이다."[7]

찰스 피니의 말을 제대로 이해할 필요가 있다. 사실 성도라면 누구나 부흥을 원한다고 생각하는 것이 상식이다. 신자 중에서 부흥을 원하지 않는 사람이 누가 있겠는가? 그런데 찰스 피니는 대부분의 성도가 진정으로 부흥을 원하는 것은 아니라고 말한다. 부흥을 원한다고 생각하는 것과 진정으로 부흥을 삶으로 원하는 것은 큰 차이가 있다. 진정으로 부흥을 원한다면 기도하고 갈망해야 한다. 기도하지 않고 갈망하지도 않는 사람에게 부흥은 찾아오지 않는다.[8]

온전한 제자훈련은 성도들을 주님을 기쁘시게 하는 온전한 자로 세우는 것을 목적으로 한다. 주저앉은 자를 다시 일으키고, 미지근한 자를 다시 사명으로 뜨겁게 하여 하나님 나라의 진정한 일꾼으로 거듭나게 하는 것이 온전한 제자훈련이 지향하는 부흥이다.

2.
전통적 교회론,
내향화의 덫에 걸려 있다

역사적으로 교회의 이미지는 사회, 정치, 문화와 관련하여 여러 단계를 거쳐왔다.[9] 1세기부터 4세기까지의 초대교회는 영적인 야성과 복음의 순수성을 가지고 세상을 복음화하기 위해 거룩한 전투력을 가졌다. 그래서 에베소가 문을 열고, 빌립보가 백기를 들고, 로마 제국이 항복했다. 결국은 테오도시우스 황제에 의해 주후 392년에 기독교가 로마 제국의 모든 지역에서 국교로 받아들여졌다. 이처럼 초대교회의 이미지는 전투적이었다.

기독교가 로마제국의 국교가 되면서 세속 황제의 정치권력과 교회가 결탁했다. 이때부터 종교개혁이 일어나기까지 중세 천 년은 교회가 정치, 사회, 문화의 모든 영역에서 중심축 역할을 했다. 유럽의 대로는 교회를 중심으로 사방팔방으로 뻗어 나갔고 중앙 광장과 시청 옆에 교회가, 바로 곁에 법원이 세워져 있다. 그러나 교회가 정치와 결합하고 권력화되기 시작하면서 교회는 급속히 세상에 동화되어 갔다. 중세 전반기에는 교회가 세상 정치권력과 손을 잡는 타협적 이미지였다면, 중세 후반기는 권력을 앞세우며 세속화에 빠지는 세상 동화적(同化的) 이미지라고 할 수 있다.

교회가 급속한 세속화 속에서 타락하게 되자, 개혁자들은 "이것은 참 교회상이 아니다. 참 교회상을 회복해야 한다. 그러려면 세상과 손을 잡고 세상에 동화되었던 교회는 이제 세상과 맞잡은 손을 놓고, 거룩한 분리가 일어나야 한다"라고 선포하며 종교개혁을 일으켰다. 종교개혁자들은 참 교회상의 표징으로 다음 세 가지를 제시했다. 말씀이 제대로 선포되고 있는가? 성례전이 제대로 시행되고 있는가? 교회의 권징이 제대로 행해지고 있는가? 이것이 종교개혁이 낳은 참 교회상의 표징이 되었다.

1) 세상과 분리된 교회와 내향화의 덫

종교개혁의 영향이 400-500년을 내려오면서 새로운 문제가 부각되었다. 그것은 교회의 내향화[10]이다. 교회가 복음의 순전함을 지키기 위해 세상과의 거룩한 구별과 분리가 일어나는 것은 좋았지만, 수백 년의 시간이 흐르면서 분리적 교회의 후유증이 드러난 것이다. 교회의 에너지가 교회 내부로 집중되면서 교회의 내향화가 일어난 것이다. 이로 인해 세상을 향한 복음 전파의 사명이 약화되고 진리를 수호하는 정신은 경직되며, 자신만의 교리를 절대시하는 교파의 분화가 본격화되었다. 자신의 교리를 지키는 일에는 목숨을 걸었지만, 사람을 살리는 것에는 냉담한 것이 내향화의 험한 몰골이다.

여기에 전통주의 교회의 맹점이 있다. 지키는 것에 몰두하다 보니 다툼과 분열이 다반사다. 말씀과 교회의 거룩함 등을 강조하는 것까지는 좋았는데, 쉽게 분열하고 대립각을 세우는 체질로 변모한 것이다. 행함은 없이 교리적 순결과 정통성만 강조하고, 조금만 달라도 갈라서는 경향이 대세를 이루다 보니 무엇보다도 선교할 힘이 사라졌다. 내향화로 인해 생겨난 경직된 형식주의, 냉소적 비판주의가 교회의 생명력을 떨어뜨리고 이로 인해 교회의 존재 목적인 영혼 구원과 세계 복음화 그리고 소금과 빛으로서의 교회적 사명의 구현을 어렵게 하는 요인이 되었다.

(1) 교회의 내향화가 가져오는 문제들

교회 내향화의 결정적인 문제는 교회의 힘이 밖으로 나가지 못하고 내부로 갇혀 쌓이면서 교리적 차이와 신앙방식의 차이가 충돌을 일으키고, 세상의 이념들이 교회 내로 비집고 들어와 틈을 벌리면서 폭발하는 데 있다. 그러나 교회의 에너지는 내부 폭발(internal expolsion)이 아니라 선교 폭발(mission explosion)이 되어야 한다.

교회가 밖으로 나가지 못하면 교회의 힘, 복음 전달의 능력은 약화될 수밖에 없다. 탈봇신학교를 졸업하고 미시간에 있는 칼빈신학교에 신학석사(Th. M) 과정에 들어갔을 때의 일이다. 선교와 복음전도(Mission and Evangelism)에 대한 리포트를 내면서, 'Soul Winning'이라고 썼다. 그런데 담당교수가 무슨 'Soul Winning'이냐, '언약신학'(Covenant theology), '왕국신학'(Kingdom theology)은 교회 안에 있는 하나님의 백성을 확인(confirm)하는 것이라고 하면서 빨간 줄을 그었다.

탈봇신학교를 졸업하고 PCA(Presbyterian Church of America)에서 안수를 받기 전에 지인이 OPC(Orthodox Presbyterian Church)라는 교단을 추천해 줬다. 그곳은 웨스트민스터 출신들이 주류를 이루는 미국의 장로교 계통의 보수 교단이다. 한번은 이 교단에 속한 백 명 정도 모이는 교회에 갔다. 이런 경우 웬만하면 반갑게 환영하는 것이 상식인데, '우리는 우리 식대로 잘 꾸려갈 테니까 당신은 오지 않아도 괜찮다'는 식으로 반응했다. 너무 내향적인 모습을 보였다. 이처럼 내향적인 교회는 내부적으로 폭발하거나 선교적으로 허약한 면을 가지고 있다.

분리적 교회론은 교회의 내향화만이 아니라 평신도의 무력화, 교역자의 권위주의 문제를 가지고 있다. 세상으로부터 교회를 지킨다는 뜻과는 달리 전통주의에 집착하게 된다. 세상과 거룩한 분리를 강조하는 전통적인 교회는 지상교회의 소명을 제대로 반영하지도, 실천하지도 못하는 약점이 있다.

오래전, 사랑의교회의 한 부교역자가 전통을 중시하는 교회에 부임하게 되었다. 강단에 오르는데 신발을 벗고, 손에는 흰 장갑을 껴야 했다. 거룩한 강단에 어떻게 신발을 신고 올라갈 수 있으며, 주일의 거룩한 의식을 집전하는데 어떻게 맨손으로 할 수 있느냐는 이유였다. 주일 강단에서 흰 장갑을 벗는 데 5년이 걸렸다고 한다. 전통주의에 사로잡힌 교회가 내향화될 때 나타나는 전형적인 모습이라 할 수 있다.

(2) 교회의 내향화를 어떻게 극복할 것인가?

그렇다면 분리적 교회가 낳은 내향화의 문제들을 어떻게 극복할 것인가? 교회의 내향화를 극복하기 위해서는 기독교의 역사적인 배경을 좀 더 살펴볼 필요가 있다. 성경에서 이탈된 로마 가톨릭교회의 가르침에 대항하여 종교개혁가들은 다섯 가지 '솔라'(Solas)의 깃발을 세웠다. 지금도 개혁주의 신학을 따르는 목회자들은 지난 오백 년 동안 외친 다섯 가지 솔라, 오직 성경(Sola Scriptura), 오직 그리스도(Solus Christus), 오직 은혜(Sola Gratia), 오직 믿음(Sola Fide), 오직 하나님께 영광(Soli Deo Gloria)을 소중히 여기고 교회의 귀한 전통으로 붙잡고 있다. 이러한 5대 솔라(Five Solas)는 교회를 세상과 구별하게 했고 복음을 지키는 데 중추적인 역할을 했다.

그러나 교회가 5대 솔라만 붙잡는 동안 성경의 또 다른 중요한 솔라를 놓치게 되는 안타까움이 일어나면서 교회 내향화를 초래하는 불씨가 되었다.

5대 솔라는 성경적이지만 성경은 아니다. 그런데 적지 않은 성도들과 심지어 목회자들까지도 이 다섯 가지를 성경의 전부인 것처럼 여기고 있다. 로마 가톨릭교회의 비성경적인 부분을 교정하는 관점에서는 종교개혁자들이 내세운 다섯 가지 솔라로 충분할 수 있다. 그러나 하나님이 주님의 몸 된 교회와 지체에게 명하시는 것을 이루기 위해서는 적어도 오직 선교(Sola Missio)와 오직 성령(Solus Spiritus)을 놓쳐서는 안 된다. 이 둘은 21세기 교회가 하나님이 원하시는 선교적 교회의 사명에 순종하려면 반드시 붙잡아야 하는 솔라이다. 동시에 교회의 내향화를 극복하기 위한 절대적인 요소들이다. 교회의 내향화는 성령님의 기름부음이 있는 선교적 삶으로만 극복될 수 있다. 그리고 이것은 세상으로 파송된 교회의 정체성을 담보하며, 온전한 제자훈련을 열매 맺게 하는 최선의 길이기도 하다.

더불어 주님의 몸 된 교회가 주님의 사명을 이루지 못하는 내향화를 벗어나기 위해서는 1세기의 초대교회가 가진 전투적 교회상을 회복해야 한다. 그리고 전투적 교회상을 회복하는 길은 세상으로부터 부름 받은 하나님의 백성 의식과 세상을 향해 보냄 받은 소명자 의식에 투철한 사도성을 회복하는 데 있다.

(3) 2033-50 비전과 내향화 극복

펄 속에 묻힌 배를 다시 띄우는 길은 온갖 노력으로 배를 흔들고 끌어내는 데 있지 않다. 밀물이 들어오면 배는 뜨는 것이다. 내향화의 펄 속에 있는 경직되고 기력을 잃어가는 교회를 다시 사명의 바다로 띄우기 위해서는 선교의 밀물이 들어와야 한다. 식어버린 교회의 엔진에 선교의 불을 붙이는 것이다.

대다수 사람들이 우리나라가 세계 최저의 출산율로 인구의 감소가 불가피하다고 생각한다. 교인 수 역시 줄어들 것이며, 따라서 교회도 쇠퇴할 것으로 여긴다. 특히 교회 내에 똑똑하다고 자신하는 지성인일수록, 문제를 자신이 아닌 외부의 탓으로 돌리는 어그러진 개혁과 진보에 발을 내딛고 있다.

그러나 이러한 주장과 예측에는 세상의 논리만 분출될 뿐, 어느 한 지점에도 교회를 위해 피 흘리신 예수님의 피가 적셔져 있지 않다. 그저 현상태를 유지하는 것만으로 자족하는 분위기가 팽배하다. 어떻게 이것이 주님께서 피 흘려 사신 교회의 모습일 수 있는가?

초대교회가 어떻게 성장했는지 교회사를 살펴 보았다. 초대교회는 10년마다 40-50퍼센트씩 증가했다.[11] 4세기 로마 제국은 1,500만 명이 예수님을 믿었다. 여기서 나는 '2033-50의 비전'을 보았다. 지금 한국의 출산율이 0.7명 정도이고, 서울은 0.53명이다. 그런데 2033-50의 비전은 지금부터 10년 이후에 우리나라 인구의 50퍼센트가 기독교 신자가 되기를 꿈꾸는 것이다. 교회 내의 똑똑한 사람들은 고개를 저으며 어불성설이라고 말한다.

그러나 진리의 패권은 사람에게 있지 않다. 하나님의 역사는 사람의 생각을 뛰어넘는 것이다. "깊도다 하나님의 지혜와 지식의 풍성함이여…누가 주의 마음을 알았느냐 누가 그의 모사가 되었느냐"(롬 11:33-34).

나는 통일 이후의 교회를 생각한다. 2033-50은 남한은 물론 북한 동포들을 가슴에 품고 있다. 이들의 마음에 하나님의 불이 들어가기만 하면 2033-50은 교회를 다시 일으키며 능히 이룰 수 있는 하나님의 꿈이요 비전이 될 것이다. 교회의 내향화가 에너지의 내부 폭발을 가져온다면, 이것을 치유하고 회복하는 길은 선교 폭발이다. 2033-50은 선교 폭발로 한국교회를 다시금 세계 선교의 선봉장으로 이끌 것이다.

3.
실사구시의 교회론,
부국강병의 교회론

교회는 이것이다 저것이다, 이래야 한다 저래야 한다고 말들을 한다. 그러나 달동네 개척교회 목사의 아들로 태어나 대학생 부흥운동의 최전선에 서보고, 이후 남가주사랑의교회라는 이민교회를 개척하여 북미주의 건강한 복음주의자들과 상호 연대하고 협력한 경험과, 사랑의교회에 부임하여 개인적으로 교회적으로 고난의 시기를 지나면서 형성한 교회론이 있다.

그것은 '영적 실사구시의 교회론'이요, '하나님 나라 부국강병의 교회론'이다. 영적 실사구시의 핵심은 고린도전서 4장 20절의 "하나님의 나라는 말에 있지 아니하고 오직 능력에 있음이라"이다. 이것이 고린도전서 4장 1절에서 언급한 "그리스도의 일꾼이요 하나님의 비밀을 맡은 자"의 진면목이다. 말을 앞세우고 있는 고린도 교회의 모습이나 이천여 년이 지난 현대 교회의 실상은 크게 다르지 않다. 당시에도 큰 소리를 내는 자가 앞자리를 차지했고, 오늘날에도 좁은 전통이나 얕은 교리, 혹은 신앙의 연배를 내세우며 목소리를 내는 사람들이 앞자리에 있는 경우가 적지 않다.

그러나 하나님 나라는 철저하게 말이 아니라 하나님의 능력으로 세워지는 영적 실사구시의 나라이다.

하나님 나라의 부국강병은 레위기 26장 8절의 "너희 다섯이 백을 쫓고 너희 백이 만을 쫓으리니"에 있다. 하나님 나라는 오합지졸의 나라가 아니다. 히브리서 12장 4절 말씀처럼 "피흘리기까지" 마귀와 대적하는 큰 용사들이 지사충성하는 나라이다. 그러나 용사를 세상의 철갑으로 무장한 사람으로 오해해서는 안 된다. 하나님은 소심한 기드온을 "큰 용사"라고 부르셨다(삿 6:12). 하나님 나라의 부국강병은 하나님의 이 심정을 헤아리는 것에서 시작한다. 세상에서 폭풍우를 만나고 세속의 거친 삼각파도를 보면 두려워하지만, 그 뒤에 계신 더 크신 하나님께 시선을 두기 때문에 세상이 감당하지 못하는 강병이 되는 것이다. 온전한 제자훈련은 이러한 영적 실사구시의 교회론을 가르치고, 하나님 나라의 부국강병을 체질화하는 훈련이다.

1) 제자훈련 목회를 가능케 한 그 한 구절

필자는 대학 시절 선교단체에서 실시하는 제자훈련에 아주 강한 영향을 받고 있었다. 당시 네비게이토는 그 안에서 봉사할 사람이 아니면 훈련생을 받지 않았다. 이런 연유로 교회에 남아야 할 많은 일꾼이 그 선교단체로 갔다. 그러나 내가 만났던 네비게이토 선배는 내가 교회에 남을 것을 알면서도 팀 리더 수준으로 개인적인 양육을 이어갔다. 그 덕에 *SCL* 교재와 *DFD* 시리즈[12]를 마치고

PBS[13] 과정 후에 캠퍼스 사역 그리고 제자훈련을 할 수 있는 단계까지 마칠 수 있었다.

지금 생각해 보면 당시 필자는 제자훈련에 대해서 다분히 교조적으로 무장되어 있었다. 바로 그런 시기에 옥한흠 목사님을 만났고, '지역교회가 성도들을 제자로 훈련시킬 수 있는가'라는 문제를 본격적으로 고민하게 되었다. 옥 목사님과 몇 번이나 밤을 새워 토론하면서 선교단체에서 시행하는 원리 중심의 양육과는 다른, 지역에 세워진 그리스도의 몸 된 교회를 위한 제자훈련의 가능성에 관해서 서서히 눈을 뜨게 되었다. 이때 내게 교회 내 제자훈련이 가능하다는 확신을 가지고 이 사역에 매달릴 수 있게 해준 기둥과 같은 성구가 있다. 이후로 나는 틈만 나면 디모데후서 2장 2절 말씀을 묵상하면서 교회 밖 선교단체의 제자훈련을 교회의, 교회를 위한, 교회에 의한 제자훈련으로 만드는 일에 매진했다.

"또 네가 많은 증인 앞에서 내게 들은 바를 충성된 사람들에게 부탁하라 그들이 또 다른 사람들을 가르칠 수 있으리라"(딤후 2:2).

바울은 이 서신을 로마 감옥 안에서 자신의 처형 임박을 예감하면서 썼다. 그의 동역자 몇몇은 야속하게도 어려운 환경 중에 그를 버리고 떠났고(딤후 4:10), 일부는 맡겨진 사명을 제대로 행하지 않았다. 바울은 이런 비상사태 앞에서 디모데에게 맡겨진 교회 세움의 일을 단단한 경건의 힘으로 행하라고 강력하게 명했다. 바울의 그 간절한 당부가 바로 디모데후서 2장 2절에 고스란히 담겨 있다.

이 구절에 담긴 세 가지 핵심을 살펴보자.

첫째, **들음** "내게 들은 바"는 바로 앞 디모데후서 1장 13-14절에 잘 요약되어 있다. "너는 그리스도 예수 안에 있는 믿음과 사랑으로써 내게 들은 바 바른 말을 본받아 지키고 우리 안에 거하시는 성령으로 말미암아 네게 부탁한 아름다운 것을 지키라." 디모데는 바울에게서 무엇을 들었는가? 주 예수 그리스도에 관한 모든 건전한 교리들과 이 신령한 가르침에 합당한 모범적인 행실을 취하라는 말을 들었다.

둘째, **검증** "증인 앞에서"의 '앞에서'(διά)는 '통하여'(through)로도 번역될 수 있다. 그러나 이 말은 디모데가 바울의 복음을 누군가의 중계를 통해서 들었다든가, 바울에게서 복음을 들을 때 함께한 사람들이 있었다는 뜻이 아니다. 디모데가 복음을 듣고 복음에 합당하게 반응하며 성장하는 모습이 여러 증인에 의해 '입증되었다'(attest)라는 뜻이다.

셋째, **위임** 디모데는 바울로부터 받은 것을 또 다른 "충성된 사람들", 즉 단지 교회 내 직분이 높은 사람이 아니라 인품과 삶으로 복음의 능력을 입증하고 있는 사람들에게 전수할 책임을 지고 있다. 이들에게 복음을 전하고 복음으로 살 것을 위임함으로써 이들 역시 바울처럼 또 디모데처럼 가르침으로써 교회를 세워 나갈 수 있다. '부탁하라'는 '보증금을 걸다'(deposit)라는 의미로, 무거운 책임이 뒤따름을 알 수 있다. 그래서 나는 여기서 질문했다. "나의 디모데는 어디 있는가? 아니, 나는 과연 제자훈련에 충성된 사람인가?" 이 두 가지 질문을 달고 다녔다. 나와 함께 목자의 심정사역을 위하여 목숨 걸 세 명이 있는가?

이 구절을 오랫동안 묵상하는 가운데, 하나님께서 교회 밖 선교단체에서 행하시는 제자훈련과 양육 과정이 교회 내에서 이뤄지지 못할 이유도 없고, 이뤄지지 않는다면 오히려 사명을 감당하지 않은 것이라는 결론에 도달하게 됐다. 그 이유는 사도 바울이 선교단체 대표가 아닌 교회의 목사 디모데에게 교회를 위해 사람을 세우고 검증할 것을 명령하고 있기 때문이다. 하나님의 교회가 바르게 세워지기 위해 반드시 있어야 할 요소들, 곧 예수 그리스도의 복음, 증인들의 점검, 위임에 의한 재생산은 바로 제자훈련의 내용 및 방법과 정확하게 일치한다. 바울은 목사 디모데에게 교회 안에서 제자훈련을 하라고 그 원리와 방법을 당부하고 있는 것이다. 예수님을 구주로, 또 삶의 주인으로 모시기로 작정하고 반응한 사람들에게 주님의 모든 가르침과 분부를 가르쳐서 지키게 하되, 이것을 증인들 앞에서 검증하고, 이 일에 진보를 보이는 신실한 자들은 다시 다른 충성된 사람들을 세우는 선순환이 지속되도록 하는 것, 이것이 바로 교회 밖이든 교회 안이든 제자훈련의 기본이라는 신념이 내 안에 강하게 싹텄다.

교회가 부흥의 수단으로 제자훈련을 어느 정도 활용하는 수준이 아니라, 교회의 핵심 사역이 제자훈련이라는 강력한 믿음이 생겨난 것이다. 이것이 주님의 계획이고 소원이라면 당장은 낯설고 어렵게 보여도 반드시 될 것이라는 믿음으로 사역의 방향을 내디뎠다.

2) 신학 교과서 밖으로 나온 교회론

교회 없는 제자훈련은 마치 탄환이 장전되지 않은 빈 총과 같다. 위력이 있을 듯하나 막상 삶에서 능력을 발휘하지 못한다. 온전한 제자훈련은 성도 한 사람 한 사람이 교회가 되어가는 과정이고, 교회를 배우는 훈련의 발걸음이다. 온전한 제자훈련은 삶의 모든 영역에서 '교회 밖으로 풀어짐'이라고 할 수 있다. 삶과 사역의 현장으로 성도의 삶을 풀어놓는 온전한 제자훈련 교회론이 무엇이며, 어떤 과정을 거쳐 어떻게 형성되었는지를 살펴보자.

10여 년 전 제천기도동산에 여섯 달 동안 칩거하면서 교회와 필자의 사역 전체를 놓고 애절한 심정으로 기도하던 때가 있었다. 제천기도동산 인근에는 충청북도와 강원도의 경계를 이루는, 해발 998미터 높이의 산이 있다. 십자봉이라는 그 산꼭대기에 올라가서 사역의 짐과 아픔 때문에 눈물로 엎드렸다. 진 짐이 너무 무겁고 오해와 질시는 너무 두터워 숨을 쉴 수 없을 정도였다.

하루는 이런 기도를 드렸다. "주님, 교회도 사역도 지금은 무거운 짐일 뿐입니다. 저는 너무 큰 상처를 입었습니다. 사역의 모든 무거운 짐을 여기서 다 벗어 버리렵니다!" 그때 주님이 이런 감동을 주셨다. "너는 그것이 나를 위해 죽겠다는 것이냐, 아니면 네 자존심 지키려고 죽겠다는 것이냐? 네 자존심 지키려고 죽지 말고 나를 위해 죽어줄 수 없겠니? 양들을 위해 죽을 수는 없겠니? 가슴에서 피가 흘러도 내 교회를 지켜줄 수 없겠니? 오해의 돌팔매와 질시의 조리질을 날 위해 참을 수 없겠니?" 그날 내 마음을 파고든 그 음성 때문에 목회자로서 당한 견딜 수 없는 모멸과 고통을 감내할 수 있었다. 그때까지만 해도 주님의 몸 된 교회의 거룩함과 영광을 지키는 일에 목숨을 드릴 수 있다면 드리겠다는 각오로 살아왔지만, 이 사건을 겪으면서 나의 교회론은 신학 교과서 밖으로 나와 역사와 삶 그리고 사역의 현장에 착근하게 되었다.

사랑의교회는 혹독한 오해와 비난의 불화살을 맞고 나서 더 창조적인 분화(分化)를 했다. 단지 사역의 가짓수가 늘어난 게 아니라 수천 도의 가마에서 구워낸 달항아리처럼 용량도 커지고 더 단단해지며 빛깔도 신비한 색을 띠게 됐다. 이를 통해 살아있는 교회 현장을 더 촘촘히 설명할 수 있고, 현장에 적용했을 때 더 전향적인 사역 결과들을 만들어내게 되었다.

3) 완성된 교회 vs. 완성되어 가는 교회

신학적으로 가톨릭과 프로테스탄트는 교회론에서 큰 차이가 있다. 가톨릭은 지상교회를 완성된 교회로 보지만, 프로테스탄트는 지상교회를 완성되어 가는 교회, 과도기적 교회로 여긴다. 가톨릭은 완성된 교회로 생각하기에 강단 위에는 아무 옷이나 입고 올라갈 수 없다. 가장 큰 차이는 성례에 있다. 프로테스탄트는 성만찬과 세례가 있고, 조금 확장하면 브레드런교회(Brethren Church)[14]의 세족식 정도가 있을 뿐이다. 그러나 가톨릭은 일곱 가지 성사가 있다. 성만찬도 우리는 영적 임재를 통한 기념설을 따르지만, 가톨릭은 완성된 교회로 생각하여 화체설을 따른다.

이는 완성된 교회와 하나님 나라의 도래를 기대하면서 완성되어 가는 교회와의 차이이다. 완성되어 가는 교회는 예수 그리스도의 재림에 대한 강도와 사모함이 훨씬 깊다. 가톨릭은 완성된 교회를 믿기에 고난과 십자가를 강조하면서 그것과 연관된 찬송이 많지만, 부활을 강조하거나 마라나타를 강조하는 면이 약하다.

완성되어 가는 교회, 유기적이며 과도기적 교회의 특징은 데살로니가전서 1장 1절에 잘 드러나 있다.[15]

"바울과 실루아노와 디모데는 하나님 아버지와 주 예수 그리스도 안에 있는 데살로니가인의 교회에 편지하노니 은혜와 평강이 너희에게 있을지어다."

위의 말씀은 교회를 세 가지 측면에서 파악하고 말씀한다.
○ 교회는 하나님 아버지 안에 있다.
○ 교회는 예수 그리스도 안에 있다.
○ 교회는 데살로니가에 있다.

먼저 '하나님 아버지 안에 있는 교회'라는 말은 교회가 세상의 조직이 아니라는 뜻이다. 따라서 세상의 사고방식이나 세상의 정치조직과 시스템이 교회에 들어올 수 없다. 두 번째로 '교회는 예수 그리스도 안에 있다'는 의미는 교회가 구약의 성전과는 확연하게 구별됨을 보여준다. 예수 그리스도의 성품과 예수님이 하신 일, 특히 예수님이 자신의 피 값으로 사신 교회임이 강조된다. 교회는 철두철미하게 예수 그리스도와 함께 서고 나아가는 존재이다. 세 번째로 데살로니가인의 교회라는 것은 어떤 지역에 서 있는 구체적이고 현실적인 교회가 정말로 소중하다는 뜻이다. 장로교, 침례교, 성결교 등 교단을 막론하고 한 지역교회가 소중한 것이다.

(1) 우리가 추구해야 하는 교회는 예수 그리스도의 재림을 사모하며 완성되어 가는 교회이다

지상교회는 완전한 교회가 아니다. 흠과 티가 있는 교회이다. 동시에 티나 주름 잡힌 것이 없이 거룩하고 흠이 없는 거룩한 교회로 변화되어 가는 도상에 있는 존재이다(엡 5:27). 이 사실이 중요한 이유는 오늘날 교회에 대한 비판이 이원론적이기 때문이다. 어떤 이들은 교회는 거룩한 존재이기에, 조그마한 문제조차도 현미경으로 티를 찾고 침소봉대하면서 어떤 흠도 있어는 안 될 것처럼 비판한다. 한편으로 다른 이들은 교회는 세상에 속해 있기에, 문제와 흠이 있는 것은 어쩔 수 없다며 인본주의적으로 타협하려고 한다. 전자는 공의나 정의, 혹은 개혁의 이름으로 교회의 흠과 티를 신랄하게 비판한다. 후자는 관용과 사랑, 용서의 이름으로 교회의 흠과 티를 감추려고 한다. 양자 모두 자기 앞에 영광스러운 교회로 거룩하고 흠이 없게 하시며(엡 5:27), 교회를 사랑하시고 위하여 자신을 주시는(엡 5:25) 예수님의 모습과는 크게 다르다.

주님께서 피로 사신 주님의 몸 된 지상교회는 수많은 흠과 티에도 불구하고, 아니 흠과 티가 있기에 더욱 하나님께서 원하시는 온전한 거룩함의 도상을 뚜벅뚜벅 걷는다. 이것을 강조하는 이유는 지금 교회의 흠을 비판하는 자나 교회의 티를 감추는 자 모두의 가슴에, 교회의 지체라면 마땅히 가져야 하는 본능적인 교회 사랑의 모습을 찾아보기 어렵기 때문이다. 무슨 말인가? 양자 모두 예수님의 보혈이 혈관에 흐르면 있을 수 없는 일들을 거침없이 자행하고 있다.

정말 교회를 사랑한다면, 소위 공의의 이름으로 교회에 상처 주는 일을 할 수 없다. 진정으로 피를 나눈 관계라면 부모의 잘못에 대해서, 혹은 자녀의 잘못에 대해서 세상 법정으로 달려가기를 서슴지 않는 것은 정상일 수가 없다. 부모의 고통이 자녀의 고통이고, 자녀의 문제가 부모의 문제이기에 어려움이 있으면 가슴앓이하고 숱한 밤을 불면으로 몸부림치면서 어떻게 하든 서로의 고통을 줄이기 위해서 애쓸 것이다.

한편으로 참으로 주님의 몸 된 교회의 지체라면, 마치 양심에 화인 맞은 자처럼 거짓과 탐욕으로 아무렇지 않게 교회를 더럽히는 일에 동참할 수는 없다. 교회는 예수님의 신부이다. 신부의 미덕은 깨끗함이요 정결함이다. 그런데도 세상의 온갖 추함으로 신부의 옷을 더럽히면서, 신부로서 더러운 옷을 입는 것을 부끄러워하지 않는다면 진짜 신부일 수 없다. 그런데 심각한 문제는 관용과 사랑과 용서의 이름으로 더러움을 당연한 것으로 여기는 것이다. 공의의 옷을 입고 교회의 흠을 비판하는 자도, 용서의 옷을 입고 교회의 티를 감추는 자도 한꺼풀 벗겨 보면 많은 경우 그 마음 깊은 곳에 사욕이 똬리를 틀고 있는 것을 볼 수 있다.

온전한 제자훈련은 주님의 몸 된 교회 사랑을 본능으로 체화하고 체득하는 훈련이다. 조금이라도 교회의 이름이 훼손되는 것을 보면 가슴에 피멍이 들어야 한다. 주님의 피로 세우신 교회가 상처 받는 것을 보면 고통으로 잠을 이룰 수 없는 것이 온전한 제자의 모습이다. 그리고 그 상처를 치유하기 위해서 어떤 수고와 희생의 대가를 지불하고서라도 부모가 자식을 품듯이 자녀가 부모를 감싸듯이, 교회의 아픔을 품고 감싸는 길로 성도를 인도하도록 가르치고 양육하며, 교회 사랑을 체질화하는 것이 온전한 제자훈련의 참모습이다.

(2) 도상의 교회는 요한계시록의 일곱 교회를 향한 예수님의 심정을 보아야 한다

요한계시록의 일곱 교회 중에서 칭찬받은 교회는 둘 뿐이다. 그런데 예수님은 이 둘만 자신의 교회라고 말씀하지 않으셨다. 못나고 부족하고 부끄러운 다섯 교회도 품으시고 사랑하셨다. 교회 사랑은 칭찬받는 교회뿐 아니라, 세상적으로 비판을 받아 마땅한 교회도 가슴 깊이 품는 것이다. 이것이 주님의 몸 된 교회는 지금 이 순간에도 어떤 티와 흠과 주름에도 불구하고 예수 그리스도의 재림을 사모하며 완성되어 가는 교회라는 의미이다.

그러면 완성되어 가는 교회론의 관점에서 내가 지금 온전한 제자훈련을 받고 있는지 어떻게 알 수 있는가? 천국의 소망을 가지고 재림을 사모하는 마음이 깊어지고 있는가? 지금 삶의 현장에서 부활의 능력으로 신앙의 자생력을 가지며 살아가고 있는가?

장차 들어갈 흠도 티도 어떤 주름도 없는 영광스러운, 완전한 교회인 천국에 대한 기대감으로 가슴이 펄떡이고 있는가? 죽음이 절망의 벽이 아니라 영원한 삶을 위한 새로운 문으로 믿어지며, 부활에 대한 소망이 삶의 동력으로 작동하고 있는가? 여기에 대해서 분명하게 "예"라고 답한다면 온전한 제자훈련을 받고 있는 것이다.

4.
조직으로서의 교회에서
생명력 있는 선교적 교회로!

"교회는 그 주인과 결합하고 그 주인으로 인해 서로 연합된 신자들의 초자연적인 유기체이다."[16] 세상의 평가 기준과 가치 판단으로는 도저히 이해할 수 없는 것이 교회라는 뜻이다. 빈부귀천 남녀노소가 한 성령, 한 주님, 한 믿음 그리고 한 하나님 아버지 아래서 극복된 사회를 말한다. 실제로 박사학위 몇 개를 가진 사람들도 교회에 나오면 누구보다 앞서 배우려는 자세를 갖고, 환경적인 어려움으로 배움의 기회를 갖지 못했던 산골의 노인들도 성경을 읽고 지혜가 생겨 온 교회에 신령한 덕을 끼치는 모습은 비일비재하다. 한 번도 자신의 삶의 터전을 벗어난 적이 없는 신자들이 전세계를 위해 기도하는 사회가 바로 교회다. 세계적인 교육 컨설팅 그룹이 봐도 초자연적 유기체인 교회의 신비를 다 이해할 수 없을 것이다.

유기적인 교회 vs. 조직으로서의 교회
필자가 20년 전 사랑의교회에 담임목사로 부임해서 옥한흠 목사님께 이런 질문을 했다. "목사님, 안수집사가 1,000명이 넘는데 안수집사회 회장이 없네요." 그때 목사님이 "교회는 생명의 능력으로 움직여 나가야지 자꾸 조직에 의존하려고 하면 안 된다"라고 하신 대답은 조직체와 유기체의 차이를 선명하게 보여주고 있다.

1973년에 빌리 그래함 전도집회, 이듬해인 1974년에 엑스플로 대회가 열렸다. 그 행사를 치르기 위해 물론 조직도 있었지만, 조직력보다는 생명의 역동성이 그런 초대형 행사가 가능하도록 만들었다. 대회의 산파였던 김준곤 목사님이 전국에 설명회를 다니셨는데, 부산에서 하신 말씀을 직접 들었다. 여의도에 100만 명이 모인다니까 100만 명이 못 모일 이유 70가지가 나왔다. "100만 명이 모이면 화장실은 어떻게 하나?" "100만 명이 모여서 어디서 먹나?" "100만 명이 모였는데 전염병이 돌면 어떻게 하나?" 한 걸음 더 나아가서 "100만 명이 모이는데 북한에서 다연장 로켓포를 쏘면 100만 명이 떼죽음 당하는 것 아닌가?"

그때 기도하다가 이런 공감대가 형성됐다. "화장실에 갈 거 참으면 되지. 밥이 없으면 금식하면 되지. 북에서 미사일을 쏘면 우리는 기도의 미사일을 쏘리라." 1974년 엑스플로 대회 동안에는 전국에서 오는 참석자들의 식사를 위해 막대한 물자가 필요했다. 600톤이 넘는 쌀, 150톤의 단무지와 새우 그리고 360만 개 빵을 참석자들이 소비했다.[17] 엑스플로 대회는 조직이 치러 낸 행사가 아니다. 유기적 생명력이 일한 행사다. 이런 영적 생명력이 발현되어 한국교회가 활화산처럼 타오르는 부흥의 단초가 됐다.

사랑의교회의 유기성을 보여주는 대표적인 운동 하나가 '특별새벽부흥회'이다. 1만-2만 명의 성도들이 모이지만 그 흔한 회장, 서기, 회계 등도 없다. 코로나 팬데믹 가운데서도 방역 지침을 지키면서 수천 명이 모였다. 생명의 역사가 나타나고, 누가 말하지 않아도 기도의 능력과 사명 회복의 역사가 일어나기에 조직이 없어도 강력한 은혜가 임했다.

1) 교회는 만질 수 있는 거룩함이다

'교회는 만질 수 있는 거룩함'이라는 말은, 지상교회는 예수님의 성육신처럼 이 땅에 뿌리를 내리고 있음을 의미한다. 지상교회를 이 땅에 속하지 않고 천상에 속하는 것으로 이상화하는 순간, 교회에 대해 비판이 많아진다. 교회의 앞날을 이론으로 걱정하기 시작한다. 교회를 이상화하면 신기하게도 그 순간부터 성숙과 성장이 멈춘다. 제자 승법(乘法)번식의 법칙은 오간 데 없어지고, 교리와 해석의 심화만 논하게 된다. 전도와 선교에 대한 열정은 식어버린다.

20세기 서구의 교회들이 바로 이런 순서로 역동성과 복음전도의 힘을 잃고 쇠퇴의 길을 걷게 됐다. 사람들은 '교회라면 이러저러해야 한다'라고 주장한다. 하지만 전도지 한 장 건네본 적 없고 단기선교 한 번 나가본 적 없는 사람들이 이렇게 말할 때마다, 복음으로 현장을 누벼본 훈련자들은 교회 사랑에 가슴앓이를 하게 된다.

너무나 많은 사람이 교회를 관념의 차원에서 묵상한다. 막연히 '만민을 위해 기도하는 집', '예배와 영적 교제를 위한 신령한 모임', '건물이 아니라 사람' 등등이라고 말한다. 그러나 그 뜻을 하나하나 깊이 따지고 들면 대답을 잘 못한다. 듣기만 했지, 실제로 자기 고민으로 붙들고 씨름해보지 않았기 때문이다.

교회는 건물이 아니라 사람이라는 말을 생각해보자. 갓 탄생한 건전한 교회의 모습을 보여주는 사도행전 2장 43-47절을 보라. 예수 그리스도가 그토록 고대하던 메시아이셨음을 확증받고 하나님의 새로운 사회, 즉 교회로 모이기 시작한 유대인들은 그들의 신앙을 물질로 표현했다. 그들은 물건을 통용했고, 구제함으로써 소유를 나누었다. 그리고 무엇보다 일상적인 물질인 떡과 음식을 나누는 애찬과 공동식사를 했다. 초대교회의 '교회'는 순 이론이 아니라 물질로 표현되는 장(場)이었다.

그러나 물질로 표현되는 장으로서의 교회를 오해해서는 안 된다. 스가랴서의 말씀대로 천하게 쓰이는 솥이 성전에서 쓰이는 성구 대접을 받고, 전쟁용 병마의 말 방울에도 대제사장의 관에만 새겨진 '여호와께 성결'(קֹדֶשׁ לַיהוָה)이라는 문구가 새겨지는(슥 14:20-21), 물질의 거룩화, 거룩의 평범성을 꿈꾸는 것이 기독교 신앙이요 신학이다. "돈과 관련된 죄를 권좌에서 몰아내는 일이야말로 죄의 회개에서 가장 힘든 부분에 속한다. … 사람들이 그리스도인이 되고도 마지막까지 하나님의 은혜로 변화되기를 꺼리는 부분은 대부분 지갑이라는 것이다."[18] 우리는 '돈지갑이 회개해야 진정한 회개'라고 믿고 고백할 만큼 거룩을 삶의 구체적인 현장에서 찾는다. 이것이 교회는 만질 수 있는 거룩함이라는 의미이다.

현장, 물질, 시간과 공간, 역사적 순간이 빠진 교회는 결코 교회

일 수 없다. '교회는 사람(people)이며 동시에 장소(place)'임을 믿는다.[19] 여기서의 장소는 역사적인, 실증할 수 있는 구체적인 물적 공간이다. 거룩한 교회는 물리적 구체성을 지닌 교회다. 그리스 철학에서 말하는 상상 속의 이상(ideal)이 결코 아니다. 그런데 언제부턴가 교회를 관념 속의 결사체로 보는 경향, 교회로부터 현실과 현장을 박리(剝離)하는 사람들이 자꾸 늘어나고 있다.

2) 교회는 선교라는 모태에서 태어났다

하나님의 선교는 성삼위일체 하나님의 성품에서 유래되어 피조물된 인간의 공간과 시간에 침투한 하나님의 일하심이다. 성부 하나님께서 때가 차매 성자 예수님을 파송하여 선교지인 이 땅에 선교사로 보내셨다(갈 4:4). 예수님은 이 땅에 오셔서 학교나 회당, 성전을 세우지 않으시고 오직 제자 공동체, 즉 교회를 세우셨다. 성부 하나님과 성자 예수님이 성령 하나님을 교회에 파송하셔서 교회가 선교 공동체의 정체성과 역할을 감당하도록 도우셨다.[20] 그러므로 예수님과 성령님이 낳은 교회의 정체성은 처음부터 선교적인 공동체이다.[21]

임신한 여인의 뱃속에 있는 아이는 태어나기 전에 부모의 DNA를 이어받는다. 그리고 태어나면 부모의 외형뿐만 아니라 DNA를 가지고 태어난다. 같은 개념으로, 교회가 태어나기 전에 예수님과 성령님이 가슴에 품으셨던 교회의 모습은 선교 DNA를 확실하게 계승 받았다. 다시 말해 교회는 태어날 때부터 선교적 DNA를 지니게 된다는 것이다. 교회가 태어난 후에 선교 활동을 많이 해서 교회가 선교적으로 된다는 것은 오해이다.

주님은 어떤 교회가 이 땅에 세워지길 바라셨는가? 주님의 마음에 있던 그 교회와 세계선교, 전도 그리고 이웃 섬김은 어떻게 연결되는가? 또한 이것들은 제자훈련과 어떤 식으로 연결되어 있는가? 먼저 구약 이스라엘의 선교교회를 살펴보자.

선교의 주체 되시는 하나님께서 범죄한 아담과 하와를 먼저 찾아오시는 선교의 발걸음을 하셨다(창 3:9). 그들이 스스로 하나님을 찾아올 때까지 기다리지 않으시고 하나님이 목자의 심정으로 찾으신 것이다. 또한 바벨탑 사건으로 흩어진 민족들을 목자의 심정으로 바라보시고, 보잘것없는 우상을 숭배하던 데라의 맏아들 아브라함을 찾아오시고, 그를 다른 민족들에게 파송하시며 복의 근원이 되도록 사명을 주셨다(창 12:1-3).

아브라함이 준비가 되어서 파송하신 것이 아니다. 하나님 성품 자체가 선교이기에 아브라함을 처음 만나주실 때부터 파송하신다. 아브라함 안에서 이스라엘을 부르신 그때부터 하나님의 마음에는 선교하는 구약교회가 있었다(창 12:1-3). 애굽에서 조상의 하나님의 이름조차 잊고 살던 노예 이스라엘을 다시 구출하시고 계명들을 주어 구속을 맛본 백성답게 살라고 하신 목적도 결국 열방을 구원하시기 위함이었다(출 19:5-6).

마찬가지로 소년 다윗이 골리앗과 맞서는 것도 선교의 내용이다. 다윗을 통하여 온 세상이 이스라엘에 하나님이 계신 줄을 알게 하셨다(삼상 17:46). 다니엘의 사자 굴 사건은 그 당시 페르시아

제국에 다니엘의 하나님은 살아 계시는 하나님이심을 선포하는 선교 스토리이다(단 6:26). 이사야 선지자가 들은 하나님의 음성은 오늘날의 교회가 귀를 활짝 열고 들어야 할 음성이다. "내가 누구를 보내며 누가 우리를 위하여 갈꼬"(사 6:8). 우리로 하여금 이방의 빛으로 주님의 구원을 베풀어 땅 끝까지 이르게 하는 것이 하나님의 부르심이다(사 49:6).

3) 교회는 처음부터 선교적이었다[22]

하나님은 선지자들을 통해서 이스라엘의 사명은 단지 부강한 나라, 군사력이 강성하고 상업이 융성한 나라가 아니라, 온 세상 모든 민족의 구원을 위해 앞서 봉사하는 거룩한 나라, 즉 제사장 나라임을 상기시켜 주셨다. 이스라엘이 세상과 '다른' 거룩한 존재, '여호와께 성결'의 나라가 되어야 선교가 가능하기 때문이다. 무엇보다 아브라함과 다윗의 자손으로 오신 예수님(마 1:1)은 십자가와 부활을 통해 "하늘과 땅의 모든 권세를"(마 28:18) 받으신 분이다. 이런 예수님이 우리에게 땅 끝까지 이르러 자기 백성들을 이끌어 내라고 하신다. 교회는 애초부터 하나님의 마음 안에서 선교적으로 설계되었다.

역대하 6장 32-33절에는 유명한 솔로몬의 예루살렘 성전 헌당 기도가 나온다. 그 기도 중에는 '하나님을 모르는 이방인들도 이 성전에 와서 기도하면 하나님이 들으시고 하나님의 하나님 되심을 깨닫게 해달라'는 간구가 있다. 이때 이스라엘은 소위 선교사

이스라엘(Missionary Israel)이었고, 가장 멋있게 선교적인 삶을 살았던 시기다. 이방인의 기도를 들으시기를 원했던 솔로몬의 헌당기도는 이사야 56장 7절의 "내 집은 만민이 기도하는 집이라"라는 말씀에서 그 의미가 더 깊고 더 넓게 구현되고 있다. 하나님의 교회는 처음부터 그냥 기도하는 집이 아니라 만민이 기도하는 집, 나아가 만민을 위해 기도하는 집이다. 이 구절은 선교적 이해 없이는 온전하게 깨달을 수 없다.

제자훈련 2.0과 1.0의 가장 큰 차이는 선교론이라 봐도 무방하다. 단지 선교를 더 많이 하자, 선교지향적으로 되자는 데 강조점이 있다고 생각하면 오해다. 선교를 더 많이 하는 게 목적이 아니라, 교회가 선교를 위해 존재하는 것을 아는 것이 목적이다. 제자훈련을 잘 받아 선교 사역도 감당할 수 있을 만큼 성숙한 사람들이 되는 것도 온전한 제자훈련의 강조점이 아니다. 제자훈련이 바로 선교훈련이고 생활 속 증거훈련이며, 전도훈련임을 알게 하는 것이 목적이다. 선교, 훈련, 증거, 생활이 따로 가지 않는다. 이러한 것이 모두 하나님의 한 언약의 내용이고 예수님의 십자가와 부활 사건이 궁극적으로 선교적임을 알게 하는 것이 온전한 제자훈련의 목적이다.

사랑의교회 제자훈련 과정 가운데 제자훈련생과 2년차 훈련 단계인 사역훈련생들은 하기(夏期) 단기선교를 떠난다. 사랑의교회 파송선교사 및 협력선교사가 섬기고 있는 전 세계 다양한 나라에 비전트립으로 진행되고, 국내 미(未)자립교회와 여러 봉사 기관에서 봉사활동을 한다. 제자훈련을 마치고 선교하러 나가는 것이 아니라 제자훈련과 선교, 전도가 동시다발로 이루어진다는 새로운 훈련-선교 패러다임이 제자훈련 2.0이다. 이런 점에서 온전한 제자훈련은 어떤 교재를 마치는 것으로 끝나는 것이 아니라, 잃어버린 선교 DNA를 교회에 회복하는 과정이다.

5.
사도성과 선지성으로
미래의 이력서를 쓰는 교회

1) 21세기 교회의 놀라운 축복: 사도성의 계승

그동안 지상교회는 세상으로부터 부름 받은 하나님의 백성의 모임으로 정의되었다. 그러다가 반세기 전부터 사도성의 계승을 조명하면서 평신도의 의미와 소명을 다시 발견하고 지상교회는 세상에서 부름 받은 하나님의 백성일뿐 아니라 세상으로 보냄 받은 하나님의 백성으로 재정의되었다.

교회의 사도성의 계승에 대해서는 옥한흠 목사님이 한스 큉 (Hans Küng)을 인용하여, 교회가 사도직은 계승할 수 없지만 사도의 교훈과 사역은 계승할 수 있으며, 사도성의 계승을 유효하게 하는 것은 성령님임을 밝혔다.[23] 사도성의 핵심은 지상교회는 사도들의 터 위에 세워진 공동체요, 세상으로 보냄 받은 공동체이며, 이로 인해 교회의 지체인 모든 성도는 예외 없이 세상으로 보냄 받은 자라는 사실에 있다.

사도성의 계승이 구원사적으로 무게를 갖는 이유는 무엇인가?

성부 하나님은 창세기 3장에서 원시복음인 "여자의 후손은 네 머리를 상하게 할 것"(창 3:15)이라는 말씀을 통해 성자 예수님을 이 땅에 보내실 것을 선포하셨다. 그리고 "때가 차매"(갈 4:4)라고 성경은 선언한다. 그렇다면 어떤 때가 찼다는 말인가? 복음이 사통 팔달로 전해질 수 있는 로마의 길과 이방의 족속들에게 전해질 수 있도록 헬라어가 준비되는 "때가 차매" 예수님이 이 땅에 오신 것이다. 주님을 이 땅에 보내시기 위한 구원사적인 하나님의 계획은 얼마나 무게감이 있고 얼마나 소중하며, 얼마나 언약적이고 얼마나 영광스러운가! 우리를 보내심도 마찬가지이다. "아버지께서 나를 보내신 것 같이 나도 너희를 보내노라"(요 20:21)라는 예수님의 말씀 속에는 하나님의 엄청난 구원사적 무게와 언약적인 깊이와 새창조를 위한 영광스러움이 그대로 담겨 있다. 이것이 사도성의 계승이 가지는 확고부동한 의미이며 확실히 붙들 이유이다.

(1) 교회는 어떻게 사도성을 계승하는가?

모든 성도가 성령님을 통해서 사도성을 계승하는 것은 선택의 문제가 아니다. 한국교회 모두가 이 지고지순한 주님의 사도성을 계승해야 할 책무와 사명, 영광이 있다. 이 영광을 위해 물 떠온 하인의 헌신과 전적인 위탁이 필요하다(요 2:9). 그러면 구체적으로 교회는 어떻게 사도성을 계승하는가?

첫 번째는 말씀을 받음으로 계승한다. 가톨릭과 프로테스탄트의 차이는 여기에 있다. 가톨릭은 완성된 교회론을 가지고 있기 때문에 우리처럼 매 주일 성경본문을 집중적으로 깊이 풀어서 연속으로 강해하는 일이 드물다. 그런데 우리는 말씀을 통한 사도성의 계승이 있기 때문에 주일 설교나 성경대학, 혹은 성경공부를 통해 성경을 가르칠 기회를 찾아 가르치고 말씀을 나눈다.

하나님께서 사도성 계승을 위해 교회에 말씀과 목회자를 주신 것이다. 목회자는 성도들에게 말씀을 전하고 나누는 이 은혜에 가슴이 뛰어야 한다. 사도성을 계승하는 이 영광스러운 일에 목회자가 하나님의 심정을 깨닫고 말씀의 도구로 사용될 수 있다는 사실은 참으로 감격스럽고 가슴 벅찬 사명이 아닐 수 없다.

교회가 사도성을 계승하는 두 번째 방법은 소명의식이다. 처음 제자훈련을 시작할 때 가졌던 마음이 있다. '이 땅에 있다가 사라질 일시적인 것을 위하여 인생을 낭비하지 아니하고 영원한 것을 위하여 일생을 어떻게 쓰임 받을 수 있을까' 하는 소명의식이다. 이를 위한 최선의 목회가 바로 한 사람 한 사람을 그리스도의 온전한 제자로 삼는 일이다. 특히 성도를 그리스도의 온전한 제자로 삼아 세상을 변혁시키는 목회자의 소명은 교회가 사도성을 계승하는 혈관이라고 할 수 있다. 이미 하나님은 주님의 몸 된 모든 지상교회, 모든 지역교회마다 사도성의 교훈과 사역을 계승하는 축복을 주셨다. 그런데 교회가 말씀의 부족으로, 소명의 부재로 사도성이 끊어진다면 진정 안타까운 일이 아닌가!

2) 사도성의 축복을 누리기 위해서는 선지성의 은혜에 눈을 떠야 한다

조직신학에서 교회의 특징을 설명할 때 세 가지를 언급한다. 통일성(Unity), 보편성(Catholicity), 거룩성(Holiness)이다.[24] 그러나 21세기 상황에서 어떤 신학자들은 사도성을 포함하여 교회의 특성을 네 가지로 설명한다.[25] 복음주의 신학의 한 줄기는 사도성 계승(Apostleship Succession)을 인정한다. 그렇다면 초대교회의 선지성 계승(Prophetship Succession)에 대해서는 어떻게 생각되고 있는가? 사도 바울이 에베소서 4장 11절에서 선지자를 교회에 주신 은사로 언급할 때 구약의 선지자 같은 직분과 기능으로 생각했을까? 아니면 폭 넓은 교회 사역에 필요한 기능으로 이해했을까?

신학자 웨인 그루뎀은 구약의 선지자 역할을 신약의 사도들이 했다고 설명한다.[26] 구약의 선지자들이 하나님 말씀을 대변하는 것처럼 신약의 사도들이 성경의 권위를 대표했다. 그러나 그는 넓은 의미에서 예언의 은사를 나타내는 선지성은 지금도 존재한다고 인정했다.[27] 세계적인 순복음 계통 신학자 고든 D. 피(Gordon D. Fee)는 에베소서 4장 11절의 나오는 사람들을 직분과 은사보다 기능으로 해석했다.[28] 교회에는 성도를 하나되게 하고 온전하게 하는 데 다섯 가지 기능이 꼭 필요한 것이다. 사도성, 선지성, 전도성, 목양성, 교사성이다. 기능이 없는 은사는 존재하지 않는다. 현재 지상교회에 구약의 선지자 같은 사람은 존재하지 않지만 선지성은 교회가 온전한 기능을 하게 한다. 21세기 사역자들이 풀어야 할 핵심은 어떻게 선지성 기능을 사용하여 성도들을 온전하게 할 것인가이다.

사도 바울은 선지자들을 직접 만났던 사람으로서 그들의 은사를 인정했다(행 21:9-14, 13:1). 그리고 고린도 교회에 선지자 존재에 대하여 부인하지 않고 확실히 존재하는 것을 가르쳤다(고전 12:28, 14:37). 베드로가 거짓 선지자와 거짓 교사가 교회 가운데 있다고 경고한 것은 선지자와 교사의 은사를 부정한 것이 아니라 선지자의 존재를 인정한 것이다.

교회가 "사도들과 선지자들 위에"(엡 2:20; 벧후 3:2) 세워졌다면, 선지성은 교회의 특징이 될 수 없는가? 왜 사도성은 외치는데 선지성에 대해서는 침묵하는가? 21세기 복음주의 교회 가운데 선지성을 어떻게 접목해야 할지 모르는 교회가 적지 않다. 선지자 은사의 사용 위험성 때문에 선지자 은사를 사용하지 않은 것은 불이 위험해서 불을 사용하지 않는 어리석음과 같다. 은사 오용에는 두 가지 면이 있다. 은사의 경계를 넘어서 과분하게 사용하거나 은사를 전혀 사용하지 않는 것이다.

또 다른 질문은 21세기 교회에 선지성을 인정한다면, 선지성이 어떻게 지역교회에 건전하게 접목되어야 하는가? 사도성과 선지성이 어떻게 목회 철학에 조화롭게 균형을 이룰 것인가? 이런 영역의 연구나 책자들을 접하기 쉽지 않다. 사도행전 13장을 보면, 교회의 리더십에 사도의 은사를 가진 사람이 있었다. 물론 교사도 있었고, 사도 바울과 바나바 같은 사람도 있었다. 안디옥 교회는 사도와 선지자의 역할이 잘 조화됨으로써 건강한 선교 교회가 되었다.

(1) 선지성은 선교를 위한 것이다

"성령은 하나님의 선교적 교회에 생명과 능력을 불어넣는 선교적 하나님과 선교적 아들의 영이시다."[29]

교회는 모퉁잇돌 되신 예수님 위에, 사도들과 선지자들의 터 위에 세워졌고(엡 2:20), 성령님은 이방인과 외인들을 하나님 아버지께로 나아가게 하신다(엡 2:18). 오순절에 성령의 임재를 시작으로 주님의 교회의 사도성과 선지성은 선교적 DNA를 입었다. 사도성과 선지성의 기능은 다르지만 핵심 DNA는 선교이다.

선교의 영이 교회에 선교의 생명과 능력을 불어넣으시는 것처럼, 하나님의 백성들은 선지적인 선교 활동에 동참하도록 부르심을 받았다. 심장이 생명과 떼어놓을 수 없는 관계이듯, 선지성은 선교와 깊은 연관이 있다. 선지성은 하나님의 백성이 하는 선교의 심장부에 자리잡고 있다.

구약의 선지자들의 기능은 이스라엘 백성들이 하나님께로 돌아오게 하는 것과 이방 민족을 향한 선교적 삶을 살도록 깨우치는 것이었다. 구약의 대선지서와 소선지서들은 목자의 심정으로 싸여있는 선교적 선지성으로 가득 차 있다(사 49:6; 욜 2:28; 욘 4:11).

십자가 사건 이후 부활하신 예수님은 교회 사역의 중심을 갈릴리에서 예루살렘으로 옮기시기 위해 제자들에게 위로부터 능력을 입을 때까지 예루살렘에 머물라 하시고(눅 24:49), 떠나지 말라는 선지적인 명령을 하셨다(행 1:4). 여기에는 교회가 갈릴리 지방에서 예루살렘 도시로, 유대 예루살렘 도시에서 글로벌 지역으로 확장하기를 원하시는 예수님의 선교적 의도가 있다.

사도행전 13장을 보면, 안디옥 교회는 사도와 선지자의 역할이 잘 조화됨으로써 건강한 선교교회가 되었다. 사도성은 앞을 향해 달려가는 추진력이고 선지성은 달려가는 방향이다. 안디옥 교회는 사도성과 선지성이라는 두 바퀴를 달고 글로벌을 향한 선교 여정의 문을 열었다.

(2) 선지성으로 미래의 이력서를 쓰다

선지성이란 시대적으로 미래를 분별력 있게 보는 것이요, 성경적 시각에 기초한 거룩한 비전이다. 그리고 그 비전을 추진하고 바르게 실현되도록 인도하는 것이 사도성이다. 이런 면에서 온전론은 사도성에 선지성을 균형 있게 목회적으로 접목하는 것이다. 선지성은 영적인 헤드라이트처럼 시대를 꿰뚫고 미래를 비추며, 미래를 현재로 가져와서 실행하도록 하는 은사이다. 웨인 그루뎀은 선지성은 미래를 추측하는 것(prediction)보다 미래를 갈 수 있도록 교회를 온전하게 세우는 것(edification)이라 설명한다.[30] 교회의 다섯 가지 기능은 세상에서 선교적인 목적을 이루기 위해서 존재한다. 특별히 전도사, 목사, 교사 기능의 은사는 성도들로 하여금 현재의 사명을 이루게 하고(엡 4:12), 사도와 선지자의 기능은 미래에 이루어야 할 사명으로 달려가게 한다.[31]

선지성이 시대를 꿰뚫고 미래를 비춤으로 미래를 현재로 가져와서 실행하는 은사라면, 이것을 어떻게 목회적으로 적용할 수 있을까? 바울의 고백처럼 우리의 인생길은 알지 못하는 것(롬 8:26)과 아는 것(롬 8:28) 사이를 걸어가는 여정이다. 선지성은 우리의 삶이 하나님의 뜻이라는 궤도에서 이탈하지 않도록 할 뿐 아니라, 미래를 현재로 끌어와서 미래의 이력서를 쓰게 할 수 있다. 그러나 인간의 생각과 시각은 얼마든지 세상의 중력에 끌려 언제든지 잘못될 수 있는 위험을 안고 있다. 이런 이유로 선지성의 은사를 외면할 수 있지만, 우리에게는 모든 일이 합력하여 선을 이루는 '선지성의 안전망'(롬 8:28)이 있다.

선지성에 눈을 뜬 사람은 과거의 이력서에 얽매이지 않고 미래적인 현재를 살 수 있다. 허망해진 시대에 어떻게 미래를 가져올 수 있는가? 하나님과 현실을 비교하는 데 길이 있다. 민수기 13-14장의 열두 정탐꾼 중 두 사람은 하나님과 현실을 비교함으로 미래의 이력서를 썼지만, 나머지 열 사람은 자신들과 현실을 비교함으로 미래의 이력서를 쓰지 못했다. 온전한 제자훈련은 성도들에게 차가운 현실 속에서도 하나님과 현실을 비교함으로 미래의 이력서를 쓰게 하는 훈련이다. 피터 드러커(Peter Ferdinand Drucker)는 앞으로 나타날 일이 분명하면 그것이 아직 경험되지 않았을지라도 '발생한 미래'라고 말했다.[32] 모든 그리스도인은 하나님의 언약의 말씀이 분명하기 때문에 이미 우리에게 발생한 미래임을 믿고 하나님을 찬양할 수 있어야 한다. 우리는 과거의 이력에 얽매이는 자들이 아니라 발생할 미래를 내다보며 찬란한 언약의 완성을 이루는 하나님의 백성들이다.

미래의 이력서를 쓰는 선지성의 핵심은 성령님께 있다. 마귀는 과거에 집중하게 하지만 성령님은 미래를 조망하게 하신다.[33] 지금 우리의 모습이 초라할지라도 하나님은 은혜의 씨앗이 뿌려질 때 여기에 잠재된 엄청난 가능성의 축복을 보시는 것이다. 이것이 요한복음 6장의 오병이어 사건에 나타나는 핵심이다. "그것이 이 많은 사람에게 얼마나 되겠사옵나이까"(요 6:9). 이것은 현재를 사는 인간의 본성의 소리이다. 그러나 이미 예수님은 축사하실 때 오병이어에 그리고 오병이어를 내놓은 소년의 마음에 은혜의 씨앗을 심으셨고, "보리떡 다섯 개로 먹고 남은 조각이 열두 바구니에 찼[다]"(요 6:13). 이것이 성도가 미래의 이력서를 쓰는 것이다. 마귀는 우리의 약점과 궁색한 과거를 돌아보게 하여 전진하지 못하게 하지만, 성령님은 우리의 작은 것이라고 해도 주님과 동행할 때 미래에 일어날 가능성을 보시는 것이다. 이것이 온전한 제자훈련의 열쇠이다. 때로 제자훈련이 자신은 물론 성도 간에 파열음을 일으키는 상황은 거의 예외 없이 자신이나 이웃, 교회의 과거에서 눈을 떼지 못하고 있기 때문이다.

6.
온전한 신앙의 비밀인
교회의 영광

4차 산업혁명 시대 그리고 본격적인 인공지능 시대가 도래했다. 반기독교적인 문화와 무신론이 기승을 부리고, 코로나 팬데믹을 지나면서 교회를 둘러싼 상황이 더 어려워지고 더욱 깊어지고 있다. 하지만 필자는 여전히 예수 그리스도의 교회만이 세상을 바꿀 수 있다고 확신한다. 교회가 세상을 바꾸는 희망과 대안이 되는 근거는 무엇인가? 에베소서는 예수님이 교회의 "머리"(엡 1:22, 4:15)가 되시고, 나아가 교회가 그분의 "신부"라고 선언한다(엡 5:23, 고후 11:2). 두 표현 모두 교회가 우리 주님의 가장 큰 관심의 대상이 되었다는 뜻이다. 신랑에게 신부는 자신의 모든 것을 주어도 아깝지 않은 이 세상에서 가장 아름다운 존재다. 예수님은 그의 몸 된 교회를 이런 눈으로 보고 계신다. 이런 의미에서 교회는 예수님의 유일한 사랑이요, 예수님이 사랑을 올인(all-in)하신 곳이다. 남편은 아내를 맞이하면서 아내를 보호하고 행복하게 할 책임을 진다. 예수님도 자신의 신부인 교회를 향하여 아름다운 신부, 거룩한 신부로 만드시려는 꿈이 있다. 에베소서 5장 27절은 그 꿈을 이렇게 표현한다. "자기 앞에 영광스러운 교회를 세우사 티나 주름 잡힌 것이나 이런 것들이 없이 거룩하고 흠이 없게 하려 하심이라."

영광스러운 교회, 티나 주름 잡힌 것이 없이 거룩한 존재, 이것이 우리를 향한 주님의 간절한 꿈이다. 설령 교회에 이런저런 문제가 있더라도 우리를 향한 주님의 꿈이 변경되지는 않는다. 이 우주에서 하나님의 가장 큰 관심사는 교회이다. 역사의 중심은 영웅도 민중도 아니다. 역사의 중심은 교회이다. 또한 역사는 교회를 위하여 존재한다. 이 말은 교회 지상주의나 거만한 승리주의와는 상관없다. 예수님의 관심과 눈이 신부인 교회에 고정되어 있다는 사실이다.

주님의 관심을 받는 교회는 지상에서 어떤 모습으로 존재하면서 주님의 뜻인 흠 없는 거룩함에 이르는가? 사도 바울은 골로새서 1장 24절에서 그리스도의 남은 고난을 주의 몸 된 교회를 위하여 자기 육체에 채운다고 했다. 어떻게 하는 것이 예수님의 고난을 그 육체에 채우는 것인가? 27절에 나오는 한 단어에서 단서를 발견할 수 있다. 이 구절에 나오는 "이 비밀의 영광"은 에베소서 5장 27절의 "영광스러운 교회"와 일맥상통한다. 바울이 말하는 비밀이란 무엇인가? '내 속에 있는 예수 그리스도'가 비밀이다. 우리 신앙의 진정한 비밀은 우리 속에 계신 예수 그리스도이시다. 신앙생활을 하면서 힘들고 고통스럽더라도 환경에 지배되지 않고 하나님을 다시 신뢰할 수 있는 가장 큰 힘이 무엇인가? 내 속에 계신 예수님이시다. 내 속에 계신 예수 그리스도가 비밀임을 아는 사람들에게 한결같이 확인되는 것이 '교회의 영광'이다. 자기 마음에 그리스도가 계신다는 비밀을 아는 사람들은 교회에서 하나님 영광의 풍성함을 맛보고 경험한다. 인종과 연령과 성별을 초월하여 하나님의 풍성함에 참여하게 된다.

1) 초라하지만 영광이 가득한 교회

1960, 1970년대 한국교회는 볼 것 없이 초라했다. 부친은 부산 근교의 산 중턱에서 교회를 개척했다. 교회는 큰 절 옆에 있었고, 비가 오면 여기저기에 비가 샜다. 당시 부친이 강도사였는데, 내가 지나갈 때면 아이들이 "강도 아들이 지나간다"라며 돌멩이를 던지고 욕했다. 그럴 때마다 속으로 "환난과 핍박 중에도 성도는 신앙 지켰네. 이 신앙 생각할 때에 기쁨이 충만하도다"라는 찬송을 불렀다. 한국교회가 이 영광을 회복해야 한다. 개인적인 차원에서 내 인생이 아무리 잘 나가고 좋아도 교회 생활이 안정되지 못하고 힘들면, 다른 모든 면에서 세상의 거친 도전에 직면하게 된다. 그러나 어렵고 힘들어도 교회에 와서 현실 돌파의 은혜를 체험하고 주님과의 관계가 더 깊어지면, 현실적인 문제가 해결되는 모습을 숱하게 보아왔다. 이것이 교회의 축복이다.

우리 주님은 항상 겸손하고 소박하시며, 늘 섬기셨다. 그러나 주님은 교회에 관해 말씀하실 때만큼은 강하게 선포하셨다. 그분 자신과 교회의 영광에 관해 스스럼없이 주장하는 태도로 말씀하셨다. 주님은 마태복음 16장 18절에서 "내가 이 반석 위에 내 교회를 세우리니 음부의 권세가 이기지 못하리라"라고 말씀하시고, 바로 이어서 17장에서는 예수님이 변화산 산상에서 영광스러운 모습으로 나타나셨다. 요한계시록 2장에서 주님은 오른손에 일곱 별을 붙잡고 일곱 금 촛대 사이를 왕래하신다. 하나님의 교회들을 붙잡으시고 주님께서 친히 어거(馭車)하시겠다는 뜻이다. 이때 주님은 어떤 모습으로 나타나셨는가?

공생애 기간에 머리 둘 곳이 없다고 하셨던(마 8:20) 주님이 금띠를 두르셨고, 그 발은 풀무불에 단련한 빛난 주석같았다(계 1:14-17). 이는 마치 느부갓네살의 꿈에 나타난 철의 발을 한 신상의 상징과 같이 거칠 것이 없고 막을 것이 없다는 뜻이다. 온유와 겸손의 주님께서 그 어떤 전차부대의 돌파력보다 더 강한 힘을 과시하신다. 주님은 지상의 교회를 먼발치에서 바라만 보고 계시지 않는다. 성령님을 통하여 교회에 힘주시고 순결함을 공급하시며 최후 승리에 이르도록 보전하신다. 이러한 교회의 영광과 승리에 대한 확신 없이는 제자훈련을 할 수 없다.

2) 머리의 영광이 몸의 영광이다

저명한 서양사가 에드워드 기번(Edward Gibbon)은 《로마제국 쇠망사》에서 이렇게 쓰고 있다. "로마라는 거대한 체계가 공개적인 폭력에 의해서 손상을 입었거나 완만한 쇠퇴 속에 무너져가는 동안에 순수하고도 겸허한 종교가 사람들의 마음속에 부드럽게 스며들어 침묵 속에서 소리없이 성장하고 박해 받으며 새로운 활력을 얻음으로써, 마침내 카피톨리누스의 폐허 위에 승리의 십자가를 세웠다."[34] 예수님은 가장 위대한 변혁가셨다. 겸손과 온유와 십자가의 길을 통해 인간 심성과 세계를 근원적으로 변혁하셨다.

에베소서는 "교회의 머리는 예수 그리스도시요, 교회는 그의 몸이며, 성도는 그의 지체"라고 말씀한다(엡 4:15-16). 모든 몸은 머리의 지시를 받아야 한다. 이 땅의 교회는 타 조직이나 단체의 말을 듣는 곳이 아니다. 교회는 오직 그리스도의 명령을 듣는 곳이다. 그래야 영적 전쟁을 할 수 있다. 에베소서가 개진하는 교회론은 영적 전투로 끝난다. 전투는 용맹하고 지략이 뛰어난 대장의 명령에 순종하는 군사가 있을 때 승리할 수 있다. 영적 전투는 교회론의 핵심 중 하나다. 몸은 머리의 명령을 들어야 한다. 몸이 머리의 말을 듣지 않으면 그 몸은 완전히 망가진 것이다. 머리가 몸에서 떨어져 나갔다면 몸이 자유로워지는 것이 아니라 죽는 것이다. 그러므로 우리는 예수님이 교회의 영광스러운 머리 되심을 믿어야 한다.

3) 주님의 영광이 사라진 교회의 경직화[35]

지역교회도 영적으로 둔해지면 세상의 단체, 기관 등과 비슷한 흥망성쇠를 보인다. 처음에는 허니문 단계이다. 부흥기에 교회를 개척할 때는 있는 것 없는 것 다 팔아서 헌신해도 하나도 아깝지가 않다. 그러다가 15년, 20년 정도 지나고 교회가 부흥하면 그 다음에는 반드시 '관료화'가 일어난다. 사역하면서 가장 두려운 것은 교회가 나무등걸처럼 굳어지는 것이다. 여기에 대해서는 오스 기니스(Os Guinness)가 잘 표현했다. "얼마가 될지는 모르지만 하여간 일정한 세월이 지나 창설자의 웃음 띤 얼굴의 초상화가 거룩한 모습으로 후계자들의 이사회실에 걸리고 나면 남는 것은 기념비뿐입니다. 한마디로 관료주의가 혁명적 사건을 일상적 업무로 바꾸어 버리고 새로운 발견을 제도로 둔갑시켜 버리는 것입니다."[36]

교회의 관료화가 무서운 것은 초기에는 자각증상이 없고 일단 걸리면 완치가 불가능하며, 생명력의 고갈이 점진적으로 진행되다가, 결국은 그럴듯한 껍데기만 남게 되기 때문이다. 이것은 교회가 조직화하고 어느 정도 안정되면서 역사와 전통이 생기기 시작하면 반드시 찾아오는 현상이다. 그렇게 되면 갑자기 불평이 생기기 시작한다. 초창기에는 상상도 못하던 불만들이 안정기에 나타난다. 이것은 교회가 조직화, 관료화하기 때문에 생기는 현상이다. 그 다음에는 교회가 사고의 경직화(Fortress of the Mind) 단계로 들어간다. 나와 다르면 튕겨 내고, 파당을 짓기 시작하다가 나중에는 다른 사람들은 접근불가한 그들만의 요새가 된다. 교회가 관료화되고 나중에 생명력을 잃는 화석화의 단계로 진입하는 주된 이유는 과거의 전통에만 안주하기 때문이다.

교회의 역사는 오래되어도 교회는 늘 젊어야 한다. 이것은 주님의 몸 된 교회가 생명력을 가졌다는 표지이기도 하다. 교회가 물가에 깊이 뿌리내린 푸른 감람나무[37]처럼 청청함을 유지하려면, 과거의 전통에 함몰되지 않고, 때로는 시대의 안목을 가지고 전통을 뛰어넘는 것이 필요하다. 로이드 존스는 이것을 형식적 전통주의에 함몰되지 않는 비연속성의 원리로 표현한다. 여기서 비연속성이란 닫힌 전통의 원리를 추종하지 않는 것을 말한다. 복음의 은혜가 넘친 성도는 관성화된 전통의 연속성의 원리보다 성령님의 새롭게 하심을 입은 창조적인 비연속성의 원리를 강조한다. 복음적인 사람은 교회 역사를 살펴보면서 '조에'(ζωή)의 생명으로 충만한 영적인 몸이었던 교회가 어떻게 굳어지고 죽은 제도로 화석화 되어가는지를 안다. 복음적인 사람은 그것이 가장 큰 위험임을 인식한다.[38] 전통은 좋은 것이지만 전통에 안주하는 것은, 점점 뜨거워지는 물속에서 처음에는 따뜻함을 누리다가 결국은 안락하게 죽어가는 개구리와 같다.

4) 새 창조의 열매인 교회는 늘 새로워야 한다

필자는 옷이나 물건을 하나 사면, 십수 년씩 쓴다. 한국에 돌아와서 이발소도 같은 곳만 이용하고, 같은 집에서 살고 있을 정도로 개인 생활에서는 변화를 별로 좋아하지 않는다. 그러나 교회에 관해서는 정반대이다. 단 한 번도, 단 한 순간도 '그 자리에 정체되고 관습적인 교회'를 생각해본 적이 없다. 이런 생각과 실천은 몇 가지 신앙적인 깨달음에서 비롯되었다.

새 창조의 가장 영광스러운 열매인 교회는 늘 새로워야 한다. 신자에게 어머니인 교회[39]를 주신 하나님은 창조주이시다. 첫 창조도 고상하고 장엄했지만, 예수님의 십자가와 부활로 이루신 두 번째 창조는 얼마나 훌륭한가! 이 새 창조가 새 하늘과 새 땅으로 완성되었을 때 그 아름다움과 드높음은 또 얼마나 더할 것인가!

예수님의 성육신으로 새 창조된 교회는 새로워져야 한다. 그렇지 않으면 그리스도 몸의 지체된 우리가 어떻게 날로 새로워질 수 있겠는가? 예수님이 보내주신 성령님은 새롭게 하시는 분이다. 원래 피조세계는 주의 영으로 늘 새로워지는 곳이다. 이런 면에서 구태(舊態)는 늘 새롭게 하시는 성령님의 사역과 대척점을 이룬다. 온전론에서 말하는 교회론의 일성(一聲)은 새롭게 하시는 성령님을 통하여 날마다 새로워지는 교회에 있다. 예배, 설교, 기도, 찬양의 겉모습을 말하는 것이 아니다. 성령의 기름 부으심이 있는 예배, 설교, 기도, 찬양, 섬김이 새로운 것이다. 이런 점에서 목회자, 사역자, 평신도 지도자들이 가지는 가장 중요한 고민과 숙제는 '어떻게 하면 주님의 몸 된 교회를 새롭게 할까'가 되어야 한다. 성령님의 역사인 '교회의 새로워짐'은 자기 의의 도구로 변질된 개혁이나 갱신과는 결이 다르다.

7.
온전한 훈련으로 깨어난 평신도들이
가득한 교회는 어떤 모습인가?

제자훈련이 시작된 지 한 세대가 훨씬 넘었다. 이로 인해 교회 내 평신도의 역할에 대해서 많은 각성과 지식이 쌓였다. 평신도가 주체인 교회라는 표현은 이제 익숙한 말이 되었다. 평신도는 교회 내의 특정 그룹이나 사람이 아니다. 온전한 제자도가 지향하는 평신도는 하나님의 부르심을 받은 백성으로서, 세상에 보냄 받은 사명자로 깨어난 소명의식을 가진 성도를 말한다.

1) 평신도와 민(民)의 나라 그리고 하나님 나라

평신도를 깨워 교회의 전 영역에서 하나님의 일꾼이 되게 하는 것은 이제 건강한 상식이 된 제자훈련의 뼈대이다. 모든 민족을 제자로 삼으라는 예수님의 대위임령(마 28:19-20)에서부터 시작하여 중세의 종교개혁을 통하여 만인제사장직을 일깨움으로 평신도가 교회의 주역임을 다시 확인했고, 20세기에 다시 평신도를 깨워 모든 성도가 교회의 주체로서 섬김과 헌신을 다하게 했다. 여기까지는 성경에 기초한 전통적 관점에서 보는 평신도의 역할이다.

우리나라에서 평신도가 교회의 주체가 되는 것에 대해서는 한국의 역사적 맥락에서 다시 생각할 필요가 있다. 기독교가 어떻게 왕과 양반의 나라를 민(民)의 나라로 바꾸었는지를 알지 못하면, 무의식 속에 새겨진 유교 사상의 영향으로 평신도가 진정으로 교회의 주체가 되는 것을 제대로 이해할 수 없다.

고려는 불교 이념을 바탕으로 두었던 귀족의 나라요, 조선은 유교를 사상적 기초로 삼은 양반의 나라였다. 조선은 유교가 500년 이상 뿌리를 내리면서 엄격한 사농공상(士農工商)의 서열이 돌처럼 굳어졌다. 그 결과 백성은 변방이었고, 주체적 힘을 갖지 못했다. 역사적인 기록을 보면 지역에 따라 차이가 있으나, 대체로 18세기 초까지 상민과 노비가 80퍼센트를 넘었다. 특히 노비의 비율이 30퍼센트에 이르렀다. 19세기 말부터 20세기에 진입하면서 노비의 비율이 급격하게 줄어들었으나[40] 민족의 심중에는 여전히 반상제(班常制) 의식이 뼛속 깊이 박혀 있었다. 이렇듯 백성을 나라의 변방으로 여기는 반상제도의 틀에 갇혀서는 '평신도가 교회의 주체다'라는 말은 실효성을 갖기 어렵다.

이 반상제 의식을 뿌리부터 흔들었던 사건이 3.1운동이다. 일본 식민지에 항거한 3.1운동은 기독교가 주도한 민(民)의 운동이었다. 당시 교회가 전국 3.1운동 거점의 70퍼센트를 차지했다. 그리고 3.1운동이 일어난 지 40일이 채 지나지 않아 상해임시정부가 태동했다. 상해임시정부의 헌장 제7조는 "대한민국은 신의 의사에 의하여 건국"되었음을 밝히고 있다.[41] 놀랍고도 위대한 선언이다.

백성이 주체가 되었던 3.1운동에 뿌리를 둔 상해임시정부의 목표가 하나님 나라를 세우는 것이었다. 하나님 나라는 계층이나 계급의 차별 없이 모든 지체가 자신의 소명을 다하는 나라다. 그리고 1948년 대한민국(大韓民國)이 건국됨으로 백성이 처음으로 이 나라의 주체가 되는 '민(民)의 나라'가 되었다.

민의 나라는 계급상으로 어떤 차별도 허용하지 않는 하나님 나라의 정신에서 비롯되었다. 그리고 이것은 평신도가 교회의 지체요, 주체로서 받은 사명대로 헌신과 섬김을 다하는 길을 열었다.

기독교에 기초한 3.1운동이 신국(神國)건설을 주창한 상해임시정부의 동력이 되었고, 30년 후인 1948년에 대한민국 제헌국회가 이윤영 목사님의 기도로 시작했다. 민이 중심이 되는 대한민국을 기도로 시작하는 초석이 되었다. 이것은 평신도들이 교회의 지체로서 그리고 주체로서 역할을 감당할 수 있는 한국교회의 영적인 DNA요, 우리나라가 복음에 들어온 지 100년 만에 민족 종교를 바꾸는 거룩한 자산으로 작동했다.

2) 제사장 의식을 가진 평신도의 네 가지 특권

평신도가 교회의 주체임을 일깨운 대표적인 성경적 근거로, 베드로전서 2장 9절의 만인제사장직을 손꼽고 있다. 구약시대에는 레위 지파 계열 아론의 후손을 제사장으로 삼았다. 그 후로 중세까지, 아니 반세기 전까지만 해도 하나님과 사람 사이를 중보하는 역할은 목회자가 대신했고, 성도들도 이를 당연시했다. 그러나 성경은 예수 그리스도의 보혈로 구원 받고 예수님의 피로 구속된 모든 성도는 왕 같은 제사장으로, 언제 어디에서나 하나님께 나아가는 특권을 가지게 되었음을 말씀하고 있다.

만인제사장은 하나님께 나아가는 특권, 영적 제사를 드리는 특권, 말씀을 증거하는 특권, 중보하는 특권을 가지고 있다.[42] 모두가 평신도로서, 나아가 예수님의 제자에게 주어진 귀한 특권이다.

첫째, 온전한 제자훈련은 말씀과 기도로 언제 어디서나 어떤 환경에서도 하나님께 직접 나아갈 수 있다는 사실이 성도의 참으로 큰 권세이며, 이것이 얼마나 감사와 감격이 되는지 가르치고 체질화하는 훈련이다. 적당히 훈련하고 양육해서는 우리 사회에 만연한 무신론적 사고와 문화의 급류를 버티지 못할 것이다.

둘째, 모든 성도는 자기 자신을 형제와 이웃을 위해 하나님께 영적 제물로 드리는 특권을 누리게 되었다. 구약시대의 제물은 흠이 없고 정결하고 가장 좋은 것으로 드려졌다. 오늘날 우리가 영적 제물이 된다는 것은 부정하고 흠 투성이인 우리가 예수님의 피로 정결하고 흠이 없으며, 의로운 존재로서 드려짐을 의미한다. 온전한 제자훈련은 하나님께 드려질 수 없었던 부정한 존재가 예수님의 피로 정결하고 흠이 없는 영적 제물이 되었다는 것을 가르친다. 또한, 이제는 여기에 걸맞은 거룩한 선민의식을 가지고 믿음으로(히 11:4), 순종함으로(삼상 15:22), 공의로움으로(말 3:3), 감사함으로(시 50:14) 살아야 한다는 것 그리고 영적 제물로 드려질 때 누리게 되는 은혜를 가르치는 것이다. 우리가 영적 제물로 드려질 때 받는 두 가지 은혜가 있다.

우선 영적 제물이 되면 가족, 동료, 이웃을 변화시킬 수 있다. 우리가 무슨 수로 죄의 중력에 사로잡힌 자를 변화시킬 수 있을까? 세상적인 방법으로는 가족과 이웃을 변화시키는 것은 사실상 어려운 일이다. 그들을 변화시키는 유일하고 확실한 방법은 내가 제물이 되면 되는 것이다.

또한 영적 제물이 되면 환난, 고통, 괴로움 속에서 신음하는 사람들을 살리는 힘이 될 수 있다. 당시 노예들은 여느 가축보다 훨씬 더 비참한 처지에 있었다.[43] 바울은 숨 쉬는 짐승으로 여김 받던 이들에게 쉼 없이 기쁨을 이야기했고, 실제로 데살로니가 교인들은 많은 환난 가운데서도 성령의 기쁨으로 말씀을 받았다(살전 1:6). 그 이유는 말씀을 전했던 바울이 자신을 전제로 드리는 삶을 살았기 때문이다(빌 2:17). 바울은 먼저 자신을 제물로 드렸고, 제물로 드려진 바울의 삶을 통하여 바울과 연결되는 모든 사람이 극한 환난 속에서도 기쁨이 넘쳤다. 이것이 자신을 영적 제물로 드림으로 받는 능력이요 은혜이다.

셋째, 왕 같은 제사장으로서 천지를 창조하신 하나님의 우주적 권능을 가진 말씀, 영원한 생명의 복음을 전하는 것은 은사 받은 소수에게만 주어진 특권이 아니라 모든 성도의 특권이며 사명이다. 문제는 이것을 의무로 여기고 특권으로 생각하지 않는 데 있다. 그러나 조지 엘던 래드(George Eldon Ladd)는 교회의 최종적 승리는 하나님 나라의 복음을 선포하는 과업을 완수할 때까지 기다려야 하며, 교회와 성도에게 이보다 큰 소망은 생각할 수 없음을 지적한 후에 한 가지 질문을 던졌다. "당신은 주님이 오시기를 바라는가?"[44] 오늘날 신앙인이 왕 같은 제사장으로 산다는 것은 일상에서 주님이 속히 오시기를 소망하며, 이러한 소망이 하루 속히 실현되도록 복음을 증거하며 사는 것이다. 왜냐하면 복음이 모든 사람에게 전파되는 그때에 역사적 종말이 오고 주님이 오실 것이기 때문이다(마 24:14).

넷째, 오늘날 만인제사장직으로서의 중보는 주로 형제, 자매와 이웃을 위해 하나님께 올려 드리는 기도를 통해서 이루어진다. 이런 점에서 성도도 얼마든지 사역자와 목회자를 위해서 중보기도할 수 있다. 아브라함 카이퍼(Abraham Kuyper)는 시골 교회에서 목회하다가 성도들을 통해 거듭난 경험을 고백했다. 그는 설교가 끝난 뒤에도 교인들이 자리를 떠나지 않고 기도하는 모습을 보았다. 그 교인들은 거듭나지 못한 것만 빼고는 목회자의 자질을 모두 갖춘 젊은 목사를 위해 "목사님이 거듭나도록" 기도하고 있었다. 이렇게 성도들의 중보기도로 거듭난 사람이 아브라함 카이퍼이다.[45]

사실 중보기도는 성도의 특권인 동시에 온전한 제자훈련을 받았는지를 점검하는 증거이며, 제자훈련의 핵심적인 점검표이다. 또한 온전한 제자훈련이 진정으로 추구하는 것이 결국은 생명 사역임을 가르쳐주는 가장 선명한 지표이다. 오랜 제자훈련을 통해서 그리고 훈련과정을 수료한 훈련생들을 순장으로 파송하고 그들을 지켜보면서 분명한 사실을 발견했다. 순원들을 위한 눈물을 가슴에 담고 있는 순장이, 성경 지식은 많으나 비판적 냉소주의에 빠진 순장에 비해 풍성한 열매를 맺는다는 것이다. 순원들의 변화는 결정적으로 순장의 섬김과 중보기도에 달려 있다. 훈련생들이 동일한 사역훈련 과정을 거쳐 순장으로 사역 현장에 파송된 후 일정 시간이 지났을 때 다락방마다 서로 다른 열매를 보이는 이유가 여기에 있다.

3) 왕 같은 제사장의 축복을 누리는 평신도

하나님께서 이스라엘 백성들에게 "너희는 내게 대하여 제사장 나라"(출 19:6)라고 말씀하실 때 이스라엘 백성은 참으로 초라하기 그지없었다. 수백 년간 애굽의 노예살이를 벗어난 지 겨우 두세 달이 지난 이스라엘 백성은 노예 근성을 쉽게 버리지 못했다. 어려움만 생기면 다시 애굽으로 돌아가려는 못된 본성이 그대로 살아 있었다. 어린 양의 피로 노예 신분에서는 벗어났지만, 그들은 예전의 초라한 노예 옷을 그대로 입고 있었다. 이렇게 초라하고 보잘것없는 사람들에게 하나님은 "제사장 나라"라고 천지를 울리는 말씀을 하셨다.

왕 같은 제사장이 된 지금 우리의 모습이 이와 같다. 이스라엘 백성들처럼 여전히 세상 죄의 권세에 휘둘리며 "이 사망의 몸에서 누가 나를 건져내랴"(롬 7:24)라고 하는 초라한 모습이다. 그럼에도 하나님께서 우리를 왕 같은 제사장이라고 말씀하신 이유는 우리 속에 만왕의 왕 되시는 분의 자녀로서 왕의 씨앗, 대제사장 되시는 예수님의 제자로서 제사장의 씨앗을 품고 있기 때문이다. 비록 지금은 누추한 모습을 가졌다고 해도 모든 성도는 왕 같은 제사장의 태생이며, 또 그렇게 살아야 하는 거룩한 운명을 가지고 있다.

온전한 제자훈련은 이것을 몸에 체화하며 삶으로 살아가게 하는 것이다.

- **어떻게 왕 같은 제사장의 '책임', '시각', '용량'을 가지도록 훈련할까?**

동서양 모두 왕의 자리를 계승할 황태자에게는 특별한 교육이 이루어진다. 나라를 다스릴 수 있는 역량을 키우고 시대적 안목을 가지도록 하기 위해서다. 동양에서는 왕의 자녀들에게 경서(經書)와 서예와 역사를 가르쳤다. 이 세 가지가 평범한 사람을 황제로, 영주로 만드는 것이다. 경서와 서예와 역사를 제대로만 가르치고 배우면, 평범한 사람도 나라를 이끌 수 있는 책임 의식과 용량을 갖게 되는 것이다.

세상에서도 경서를 제대로 가르치면 평범한 자가 왕의 책임을 다하는 비범한 자가 될 수 있는 것처럼, 목회자가 살아 있는 하나님의 말씀인 성경을 제대로 가르칠 수 있다면, 성도들을 하나님 나라를 세우는 왕 같은 제사장으로서 특권과 책임과 사명을 가진 자로 양육할 수 있다. 이런 점에서 성경을 가르치고 전하는 목회자의 역할이 얼마나 중요한지 모른다. 교인들을 하나님 나라의 왕자로 세우느냐 못하느냐가 사역자에게 달려 있다. 우리나라의 경우 전통적으로 세자를 잘 가르치지 못하면 세자의 스승이 벌을 받았다. 태종실록에는 "만일 또한 이와 같으면 다음에는 서연관(書筵官, 세자의 스승)을 죄 주겠다"라는 기록이 있다.[46] 태종은 세자 양녕이 글을 잘 암송하지 못하자 그 벌로 환관의 종아리를 때리면서 다음에는 양녕이 잘못하면 세자의 스승을 벌하겠다고 경고했다.

당시 세자 양녕의 나이 11세였다. 세상의 세자도 경서를 제대로 암송하지 못할 때 스승이 벌을 받았는데 오늘날 교인들이 살아계신 하나님의 말씀을 제대로 배우고 익히지 못하고 암송하지도 못한다면 하나님은 누구를 벌하시겠는가? 그렇기에 목회자는 성도를 제대로 가르치기 위해 그저 가르치는 자의 마음이 아닌 아버지의 마음, 목자의 심정을 가져야 한다(고전 4:15).

성경을 제대로 가르치고 암송하게 하는 것은 자녀의 복일 뿐 아니라 영적인 삶을 살 수 있는 최고의 길이다. "만일 영적인 삶의 모든 훈련 중에서 딱 하나만 골라야 한다면 나는 성경암송을 택할 것이다."[47] 세자의 경서 암송은 강제적 의무였다. 세자의 마음에 박혀 있는 경(經)이 나라가 위기를 당하는 순간에 빛을 밝힐 것이기 때문이었다. 교회에서 성도들이 성경을 암송하는 것도 의무가 되어야 한다. 그것이 결정적인 순간에 살아있는 말씀으로 성도를 살릴 것이기 때문이다. 사랑의교회는 매주 토요비전새벽예배(이하 토비새) 때 72구절의 성경을 일어서서 암송한다. 그렇게 해서라도 성도를 말씀으로 체질화하는 것이 결국은 성도를 하나님 나라의 왕 같은 제사장으로 만드는 것이다.

4) 영적 재생산에 참여하는 평신도

평신도의 역할에 대해서 가장 크게 일깨워진 영역은 제자를 삼고 파송하는 일이다. 이전에는 이를 목회자나 전문 사역자에게 주어진 일로 여겼으나, 이제는 다른 사람의 영혼을 섬기면서 제자를 삼고 파송하는 영적 재생산이 평신도의 사명임을 자각하게 된 것이다. 영적 재생산은 평신도의 사명일 뿐 아니라, 한편으로는 목회자의 사역 체질을 바꾸게 하는 원천이기도 하다.

교회 내에서 영적 재생산이 어떻게 가능한가? 평신도가 시간을 내서 다른 사람을 말씀으로 가르치고 훈련하여 파송하는 것인가? 물론 일상에서 직업을 가진 사람이 풀타임 사역자처럼 하는 것은 쉽지 않다. 그런데 제자훈련하는 교회에서는 평신도가 영적 재생산의 주역이다. 주일학교 교사, 다락방 순장을 통해서도 얼마든지 영적 재생산에 참여할 수 있다. 예를 들면, 순장의 가장 중요한 역할 중 하나는 자신의 순원을 순장으로 파송하는 데 있다. 영적 재생산인 것이다. 다락방 모임은 일주일에 한 번뿐이지만, 순원을 위해 기도하는 시간은 한 주간 내내 열려 있고 섬길 수 있는 기회도 열려 있다. 특별히 따로 만나서 훈련하지 않아도 이러한 중보기도와 섬김을 통해 얼마든지 평신도에게도 영적 재생산의 길이 열려 있는 것이다.

5) 영적 재생산은 가정에서부터 시작되어야 한다

이런 점에서 우리는 영적 재생산의 고정관념을 깨야 한다. 영적 재생산은 교회 내부 사역으로만 제한되지 않는다. 온전한 제자훈련에서 말하는 영적 재생산의 진수는 가정에서부터 시작한다.

영적 재생산의 핵심은 단지 다른 영혼을 제자로 삼고 파송하는 것에 있는 것이 아니라, 신앙을 다음세대로 계승하는 데 있다. 당대에 제자훈련을 통해 많은 사람의 영혼을 건지는 영적 재생산이 이루어진다고 해도 신앙이 다음세대로 이어지지 못한다면, 그 의미는 반감될 수밖에 없다. 부모의 신앙이 자녀의 신앙으로 그리고 손자의 신앙으로, 그다음 4대로 이어지는 것이야말로 영적 재생산의 절정이라고 할 수 있다. 아무리 제자훈련을 잘하는 사역자, 제자훈련을 잘 받은 순장이라 할지라도 가정에서 자기 자녀에게 신앙을 계승하는 재생산에 실패한다면 그것만큼 안타까운 일도 없다!

진정한 영적 재생산은 개념이나 지식을 배우는 훈련이 아니라 삶과 가정에서 신앙의 계승이 실제로 일어나는 것이다. 이것이 온전한 제자훈련에서 그토록 가정 제자훈련을 강조하는 이유이다.

8.
사랑의교회를 온전함으로 세우는
세 가지 토대

1) 특별새벽부흥회: 교회와 성도를 온전함의 체질로 바꾸는 현장

특별새벽부흥회(이하 특새)는 어느 날 새벽에 섬광처럼 가슴을 밝혔던 영감(靈感)에서 시작되었다. 미국 LA지역에서 사역하면서 미시간에 있는 칼빈신학교를 다녔다. 장거리 통학으로 체력이 바닥난 어느 날, '은혜는 육체의 한계를 뛰어넘어야 받는다'라는 생각이 번개처럼 스쳤다. 이것은 나의 사역을 새 차원으로 올려놓는 특새의 거룩한 불꽃이 되었다. 이후 미국 남가주사랑의교회에서 사역하던 시절부터 시작한 특새의 역사는, 서울 사랑의교회에 부임해서도 한 해도 빠지지 않고 지속하여 35년이 넘는다.

미국 남가주사랑의교회에서의 사역을 마치고 2003년 8월에 서울 사랑의교회로 부임하게 되었다. 그때 교회 부속건물에서 기도모임이 시작되었다. 처음에는 새로 부임하는 담임목사와 교회를 위해 마음을 함께하는 정도였다. 그런데 이심전심(以心傳心) 기도의 갈급함이 터졌다. 성도들이 점점 더 참여하게 되었고, 기도의 열기를 감당하기 위해서 본당으로 자리를 바꾸었다. 전혀 계획되지 않은 특새가 시작된 것이다. 사랑의교회 1차 특새는 47일간이나 계속됐고, 그렇게 시작된 사랑의교회 특새는 2023년 현재 21차에 이르기까지 하나님의 역사(歷史)로 진행 중이다.

특새의 새벽은 천상에서 내리는 은혜의 이슬이 우리의 심령에 떨어지는 시간이다. 특새에서 받는 은혜는 이른 비와 늦은 비의 강수가 되어 성도와 교회를 살리는 생명의 저수지요 축복의 진원지가 되고 있다. 3월 혹은 4월에 시작되는 봄 특새는 10월 혹은 11월의 특새로 이어지고 가을 특새는 다시 이듬해 봄 특새로 이어지면서, 특새는 "쉬지 말고 기도하라"(살전 5:17)는 말씀의 공동체적 실증(實證)이며, 성도와 교회를 지키는 불성곽이 되고 있다. 특새에서 타오르는 기도의 불은 제자훈련을 통한 말씀의 토양과 긴밀한 연관이 있다. 제자훈련으로 말씀의 토양을 잘 일구어 놓으니 여기에 기도의 불이 떨어지면서 활활 타오르게 된다. 어떻게 새벽 두세 시에 나올 수 있겠는가? 주의 전을 사모하는 열심이 성도들의 마음을 삼킨 것이다.

(1) 특새는 성령님의 인격적 사역의 맞춤형 현장이다

특새를 인도하면서 시간이 지나고 회차 수가 더할수록 더 깊이, 더 분명하게 쌓이는 확신이 있다. 특새는 성령님의 인격적 사역이 각 성도의 필요에 따라 맞춤형으로 역사하는 현장이라는 사실이다. 특새에는 어떤 순서가 있는 것이 아니다. 자연스럽게 말씀과 기도, 찬양이 흐른다.

새벽 두세 시에 일어나서 특새에 참석하는 것은 어떻게 보면 은혜를 위해 자발적 고난에 참여하는 것이라고 할 수 있다. 사람마다 각각의 특별한 처지와 고유의 기도제목이 있을 수 밖에 없다. 그런데 성령님은 인격적으로 각 사람에게 필요한 맞춤형 은혜를 주신다.

특새는 치유의 현장이다. 삶의 고단함과 어려움을 안고 새벽을 깨워 달려오는 성도들의 가슴에 담긴 각양의 기도들이 봇물처럼 터져서는 사랑의교회를 휘감고 다시 개인과 가정으로 흐른다.

특새는 교회와 성도를 온전함의 체질로 바꾸는 현장이다. 집중적인 말씀과 기도, 영혼의 찬양을 통해 주님의 몸 된 교회와 지체가 더욱 주님을 닮아가는 시간이다. 체질을 바꾸려면 한두 번의 운동으로는 안 된다. 집중적이고 지속적인 훈련을 해야만 가능하다. 특새는 성도와 교회의 체질을 주님을 닮아가는 몸으로 바꾸는 집중적이고 지속적인 특별한 영적 훈련의 현장이다.

특새는 영혼의 나이테가 새겨지는 시간이다. 저마다 인생을 누수 없이 살기를 바라는 소원이 있다. 특새는 성도들의 인생 나이가 헛되지 않도록 누수 없이 살게 하는 가장 강력한 영적인 실천 도구라고 할 수 있다. 특새에 한 해 두 해 참석하다 보면 어느덧 우리의 영혼에는 기도의 결, 말씀의 결, 찬양의 결이 켜켜이 새겨진다. 의식하지 않았지만 어느 순간 두터워진 신앙의 나이테를 만들면서 인생의 어떤 비바람도 능히 이겨내는 거목으로 우뚝서게 되는 것이다.

특새는 자녀에게 영적 귀소(歸巢)의 씨앗을 심는 시간이다. 자녀가 신앙을 가지고 세상을 살아가는 것은 모든 믿는 부모들의 소원이다. 때가 되면 아이들은 부모를 떠나야 하고, 험한 인생길을 걷는 동안 신앙에서 벗어나게 될지도 모른다. 인생길에서 정말 어려운 순간을 맞이할 때, 자녀는 부모와 함께했던 특새의 시간과 현장이 생각날 것이다. 어릴 때 작은 가슴을 채웠던 특새의 시간, 특새의 영감이 어른이 된 자녀를 신앙의 자리로 돌아오게 하는 영적 귀소본능을 일깨우는 씨앗이 되는 것이다. 그러므로 특새에 자녀를 데려오는 것이야말로 부모가 자녀를 진정으로 축복하는 시간이다.

특새는 모든 성도를 하나의 강단, 한 번의 집회, 유일한 경험으로 초대한다. 대형 교회로서 놓치기 쉬운 은혜의 사각지대가 없도록 교회 곳곳을 은혜 아래 연결한다. 주일학교에서 노년 세대에 이르기까지, 강단 초대로 번갈아 섬기며 같은 마음을 품는다. 하나님이 조직하시는 '하나님의 군대'(His Army, 대하 14:13)로 기름 부으심을 받는 시간이다.

(2) 특새는 어떻게 공동체의 신앙을 온전함으로 이끌고 있는가?

특새를 통해 누리는 사역의 가장 큰 은혜를 꼽는다면 예방목회를 들 수 있다. 특새는 교회 공동체를 온전함으로 이끈다. 특새를 통해서 성도들의 상처가 치유되고 해결되는 것은 명백하다. 그러나 목회에서 치유보다 중요한 것은 예방이다. 한번 병이 들면 다시 건강하게 되기 위해서는 평소보다 더 많은 에너지가 필요하기 때문이다. 특새는 성도들의 신앙을 이륙하게 하고, 궤도에 진입한 신앙이 이탈하지 않고 은혜의 노선을 지속하게 하는 강력한 항속 장치와 같다. 그러므로 한 번의 영감 있는 특새는 수백 수천의 심방에 쏟아부어야 하는 사역의 에너지를 교회의 더 본질적인 사역에 쏟게 함으로 공동체를 더욱 건강하게 한다.

성도들이 간증을 기록하는 '특새 은혜의 게시판'(교회 홈페이지)은 공동체를 온전함으로 이끄는 거룩한 소통의 장이다. 하나님의 살아계심이 어디에 있느냐고 물으면 특새 게시판을 보라고 말한다. 여기에는 성도들의 감격과 기쁨을 담은 수천의 글들이 올라온다. 특새에서 받은 감동을 게시판에 쓰는 사람과 그 글을 읽는 사람의 심령이 하나가 되고, 이것이 사랑의교회를 세우는 영적인 샘이 된다. 세상적인 어려움으로 마음이 힘들 때 게시판에 올라온 글을 읽으면서 다시 일어설 수 있는 새 마음이 되는 것이다. 성도들이 서로 직접 대면하지는 않아도 게시판을 통하여 영적인 소통을 하면서 공동체적 치유가 일어나고, 이것이 공동체를 건강하게 하는 것이다.

특새는 공동체를 온전하게 세우는 성령님의 새로운 길이다. 성령님의 임재 속에서 성도들이 함께 모여 서로를 위해, 교회의 지체를 위해 그리고 민족과 세계교회를 위해 올려드리는 중보기도로 건강한 공동체성을 강화하는 시간이다. 그러므로 특새를 지속적으로 하는 교회의 공동체성은 더욱 건강해지고 이로 인해 공동체적 신앙의 온전함은 더욱 강력하게 확보될 수 있음은 자명하다.

전대미문의 코로나 사태는 특새를 글로벌화하는 결정적인 계기가 되었다. 집회 금지로 인해 현장 예배가 제한받는 상황에서 온라인은 오히려 전 세계의 지역교회들을 초연결하는 수단이 되었다. 특새를 통해 생명의 복음과 예수 믿는 환희가 주님의 몸 된 교회의 혈관을 타고 환경과 상황을 넘어, 국가와 인종을 초월하여 흘러가는 것을 목도했다. 서울의 새벽은 동유럽의 밤이요, 남미의 오후이며, 아프리카의 저녁이다. 예수님 안에서 새벽과 밤이, 낮과 저녁이 공명하며 예배의 영광과 찬양의 기쁨, 기도의 전율이 넘치는 제단이 된 것이다.

코로나가 끝나면서 성도들은 예배당에 모이게 되었지만, 온라인으로 드리는 포맷은 더욱 깊어지고 튼실해졌다. 그래서 이제는 수많은 교회가 온라인으로 특새에 참여하며 명실상부한 하나 됨의 자리가 되었다. 이런 면에서 글로벌 특새는 주님의 몸 된 교회의 우주성과 지역교회의 지체성을 동시에 보여주는, 하나님의 교회가 무엇인지를 체감하게 하는 살아 있는 현장이라고 할 수 있다.

특새 사역이 한국교회와 현장 목회자들에게 주는 실제적인 영감은 무엇인가? 코로나 이후 한국교회가 침체기를 맞이하면서 한국교회의 말씀자본, 기도자본이 점점 약화되고 신앙의 야성이 쇠하고 있는 것이 안타까운 현실이다. 특새는 한국교회 기도자본의 야성을 깨우는 중추 역할을 하고 있다.

성도들은 언제든지 은혜 받을 그릇으로 준비되어 있다. 목회자부터 육체의 한계를 뛰어넘는 결심으로 사역을 한다면 성도들의 그릇은 은혜로 채워질 것이며, 특새가 이를 위한 마중물이 될 것이다.

'육체의 한계를 뛰어넘는 사역'과 같은 구호들은 압축된 은혜에서 터져나오는 영혼의 외침이다. 특새가 무엇인지 직관적 체감을 위해 몇 가지 주제와 구호를 소개한다.

"믿음의 전성기를 주옵소서"

"기도로 믿음의 명문가문을 일으키라"

"우리는 은혜의 하루살이입니다"

"이 새벽, 영혼의 세포가 춤을 추게 하소서"

"주여, 내 생명에 기적을 주옵소서"

"믿음의 날개를 펴 성령의 기류를 타고 비상하라"

"은혜의 새날을 준비하라"

"모든 매인 것이 풀어지리라"

2) 순장반: 성도와 교회가 온전함의 열매를 맺게 하는 깊은 샘

사랑의교회는 매주 화요일 순장반 모임이 있다. 순장반은 제자훈련을 마치고 다락방을 인도하고 있는 남녀 순장들을 위해 마련한 평생교육 프로그램이다. 생활 현장에서 평신도 지도자로 뛰고 있는 순장들이 영적으로 약해지거나 말씀에 대한 무지함으로 오는 위험을 사전에 막아주고, 전 교회의 구심력을 항상 강력하게 유지하기 위한 사랑의교회 비밀병기라고 할 수 있다.[48]

무엇보다 화요순장반은 순장들이 담임목사의 목회 철학으로 정렬하고, 순원들을 섬기는 동력을 얻는 현장이다. 공동체의 생명력은 구심력에 달려 있다. 강력하고 건강한 구심력은 공동체가 궤도에서 이탈하지 않게 한다. 튼실한 구심력이 건강한 원심력을 결정하는 것이다. 공동체를 펄떡이게 하고, 기대하는 과실을 맺게 하는 것은 헌신된 소수이다.[49] 화요순장반은 사랑의교회라는 생명의 공동체가 풍성한 열매를 맺게 하는 깊은 샘이다.

(1) 담임목사의 목회 철학으로 정렬되는 시간

순장반은 교회 내의 어떤 모임이나 공동체보다도 교회를 펄떡이게 하는 맥박이요, 교회의 모세혈관까지 담임목사의 목회 철학이 흐르게 하는 심장이다. 그래서 필자는 순장반 준비에 설교를 준비하는 것만큼이나 진액을 쏟는다.

교회가 어려웠을 때 교회가 회복되고 마음을 모아 나아갈 수 있었던 것은 순장들이 순장반 모임을 통해 담임목사의 마음과 한방향으로 정렬하고, 순장으로서 자신의 자리에 정위치 하고 있었기 때문일 것이다. 그러므로 생명의 공동체로서 지역교회의 사활은 순장반의 활력과 건강 정도에 달려 있다고 해도 과언이 아니다.

화요일 낮순장반은 순장들이 모여서 그 주에 인도할 다락방을 담임목사와 함께 준비하는 시간이다. 여직장인다락방을 인도하는 순장들이나 남순장들은 이날 녹화된 영상을 보며 다락방 인도를 준비한다. 그런데 사실 순장반은 다락방 인도만 준비하는 시간이 아니다. 담임목사의 목회 철학으로 함께 정렬하는 시간이다. 이때 전달된 담임목사의 목회 철학이 다락방에서 공유되어 교회 전체를 하나님께 부복하게 하는 영적 차렷자세를 만드는 것이다. 담임목사의 솔직한 마음을 가감없이 나누는 시간이며, 어린아이와 같은 마음으로 울고 웃는 시간이다.

순장반에서 순장들에게 순장의 역할과 의무 그리고 사역을 통해 받는 축복 등을 귀에 못이 박힐 정도로 강조한다. 순장에게 맡겨진 영혼 섬김의 사역이 얼마나 소중하며 귀한지에 대한 확고한 사명 의식을 심어주기 위해서이다. 예수님을 믿는 순간부터 모든 신자에게는 사명의 씨앗이 뿌려져 있다. 그런데 뿌려진 사명의 씨앗이 싹을 틔우고 가지를 뻗고 열매를 맺도록 하는 것은 그들 속에 있는 사명이 얼마나 귀한지를 절감하게 하는 담임목사에게 크게 달려 있다.

(2) 순장을 영적 재생산의 사명자로 세우는 시간

순장반은 만인제사장의 개념이 구현되는 시간이기도 하다. 현실적으로 교회의 모든 구성원이 영혼을 세우고 섬기는 제사장적 삶을 사는 것은 어렵다. 순장반은 이것을 삶의 현장에서 실제적으로 구현하는 현장이라 할 수 있다. 순장들이 영적 재생산을 위해 준비되고 섬기는 자로 참여할 수 있도록 훈련하는 것이다.

순장반은 교회의 심장이다. 사실 교회의 건강은 순장반에 달려 있다고 해도 과언이 아니다. 순장반에 사력을 다해 진액을 쏟는 것은 순장 한 사람이 살면 함께하는 순원들이 살기 때문이다. 이런 점에서 담임목사에게 화요순장반 인도는 크나큰 영적인 부담이자 거룩한 기대로 꽉찬 시간이다. 대개 목회자들이 월요일에 쉰다는 개념이 있는데, 필자에게 월요일은 화요일 순장반에 대한 영적인 설렘이 있는 날이다. 순장반을 인도하는 필자나 말씀의 속살을 먹기를 기대하는 순장들이 화요일 아침 따뜻한 마음, 기쁜 마음으로 모인다. 이렇게 준비된 순장반을 통해 평신도 지도자들이 말씀 사역을 감당할 수 있도록 하는 것이다.

화요순장반은 순장 개개인에게 성장의 기회이자 말씀으로 재무장하는 시간이다. 순장들은 다락방 교재 본문을 최소한 네 번 다룬다. 화요순장반을 앞두고 교재를 예습하고, 화요순장반을 통해 학습하고, 다락방 모임을 앞두고 정리하고 그리고 다락방 모임 시 교재를 가지고 나눔으로써 누구보다 말씀 앞에 온전해져가는 신앙을 체득하고 있다. 순장들이 단순히 남을 가르치기 위해 배운다는 생각을 조금이라도 하지 못하도록 각별히 주의하고 있다. 성직자가 은혜에서 떠나면 외식주의에 빠지기 쉽다. 순장도 마찬가지이다. 그러므로 누구보다 먼저 자기 자신이 영적으로 건강하고 바로 살기 위해 말씀을 배우는 자세를 잃지 않도록 항상 강조한다.

(3) 교회의 미래를 준비하는 시간

순장반은 교회의 미래를 생각하는 자리이다. 공적인 자리에서 과거를 회상하는 데 시간을 보내는 교역자들이 적지 않다. 담임목사로서 순장반을 어떻게 이끌어가야 하는지 다시금 각성케 하는 사건이 있었다. 필자가 사랑의교회에 부임하고, 옥한흠 목사님이 마지막 순장반을 이끄는 시간이었다. 그동안 25년 이상 순장반을 이끄셨고, 마지막 시간을 맞아 얼마나 많은 말씀을 심중에 담았겠는가? 지난 과거를 생각하고 돌아보면서 여러가지 회상적이며 감동적인 이야기를 하실 수 있는 시간이었을 것이다. 그런데 목사님은 당신의 지난 인생을 회고하기보다 순장들이 더욱 세워지기를 격려하고 기도하셨다. 이처럼 순장반은 철저하게 성도와 교회의 미래를 준비하는 자리이다.

순장반은 순장들이 풍성한 말씀의 꼴을 체험하고 기도로 승화되는 것은 물론이거니와 목양의 관점에서 맡겨진 순원들을 돌보는 착한 목자로 세워지는 시간이다. 또한 은혜의 저수지로서 순장부터 은혜를 저장하여 그 은혜가 다락방을 통해 흘러넘치게 하는 영적 선순환의 시발점이라고 할 수 있다.

순장반에서는 다락방 교재를 다루기 전에 교우들을 위해 기도하는 시간이 있다. 심히 어려움에 처한 성도들을 위한 합심 중보기도이다. 하나님의 도우심이 없이는 살 수 없는 상황 속에 있는 교우들을 위해 전심으로 기도하는 시간이다. 성도들과 순장들이 주님의 몸 된 지체로서 공동체 의식을 느낄 수 있는 시간이다.

필자는 사랑의교회 순장반을 인도할 때, 순장들의 마음이 기경(起耕)되도록 부흥회처럼 인도한다. 말씀을 받기에 앞서 말씀의 씨앗이 옥토에 뿌려져 풍성한 열매를 맺기 위해서는 말씀을 바르게 받을 수 있는 마음 밭으로 기경되는 것이 중요하기 때문이다.

이처럼 순장반은 먼저 담임목사부터 매주마다 사역의 초심[50]에 서게 하는 시간이고, 순장들을 사명자 의식으로 재충전하는 시간이며, 순원들을 신앙의 궤도에 다시 정위치하게 하는 '성도와 교회가 온전함의 열매를 맺게 하는 뿌리요, 그 자양분을 공급하는 깊은 샘'이다.

3) 평신도를 깨운다 제자훈련지도자세미나: 성도와 교회의 온전함을 위한 영적 플랫폼이다

CAL 세미나는 사랑의교회가 지역교회에 제자훈련을 소개하고 보급하기 위해 1986년에 시작한 "평신도를 깨운다 제자훈련지도자 세미나"(Called to Awaken the Laity Discipleship Training Seminar)이다.[51] 벌써 40년 가까이 지속되면서 120회를 넘었고, 이제는 글로벌 세미나로 정착했다. 전 세계에 수많은 세미나가 있지만, 수십 년 이상을 한결같이 할 수 있었던 것은 전적인 하나님의 크신 은혜요, 한국교회와 세계교회를 향한 하나님의 뜻이 있다고 생각한다.

(1) 제자훈련지도자 세미나의 생동하는 현장

참석한 목회자들은 '주제강의' 트랙, '소그룹 인도법' 트랙, '현장참관' 트랙, '실습' 트랙으로 구성된 CAL 세미나를 통해 제자훈련의 정신과 실제에 대해서 배우게 된다. 간단하게 네 가지 트랙을 소개한다.

• '온전론' 등 제자훈련 '주제강의' 트랙

주제강의 트랙은 평신도를 반드시 훈련해야 한다는 강한 신념을 심어주어, 목회 철학, 목회 전략, 목회 방법의 패러다임을 전환하는 시간이다. 특히 2014년 3월부터 세미나 첫째 날 주제강의로 이뤄지고 있는 '온전론' 강의는 그리스도의 제자들이 삶의 현장에서 어떻게 제자의 삶을 실천해야 하는지 그리고 제자훈련 교회

(Disciple Making Church)가 온 세상을 주님께 돌려드리는 제자훈련 선교교회(Disciple Making Mission Church)로 변모해야 하는 당위성은 어디에 있는지에 집중한다.

• 귀납적 소그룹 성경공부 등 '소그룹 인도법' 트랙

소그룹 인도법 트랙에서는 소그룹 이론과 함께, 실제 소그룹을 지도하기 위한 방법론을 소개하고 있다. 소그룹의 환경과 성격, 소그룹과 리더십 그리고 귀납적 개인 성경연구 및 귀납적 소그룹 성경연구 등의 체계적인 강의를 통해 사람을 온전히 변화시키기 위한 최적의 환경인 소그룹 인도법을 전달한다.

• '현장참관' 트랙

CAL 세미나의 가장 큰 특징은 참가자들이 이론 강의만 듣는 것이 아니라 순장반과 제자반, 다락방 소그룹 등에 직접 참여하여 참관과 실습을 해볼 수 있다는 점이다. CAL 세미나는 세 개의 현장참관 트랙을 통해, 오늘날의 사랑의교회를 만든 평신도 훈련 현장을 직접 참관할 수 있다. 즉 사랑의교회 3,000여 명의 순장들의 은혜의 젖줄이 되는 순장반, 성도들을 온전한 제자로 훈련시키는 소그룹인 제자훈련반, 교회의 모세혈관과도 같은 다락방 소그룹까지 세 가지 모임의 세 가지 색깔을 직접 체험해 봄으로써 제자훈련이 결실한 열매를 경험할 수 있게 된다.

• '실습' 트랙

CAL 세미나가 다른 세미나와 구별되는 점은 실습에 있다. 이론 강의만 전달하는 것이 아니라, 이론이 구현되는 현장을 수동적으로 참관하는 것만이 아니라, 한 주간 동안 배운 제자훈련의 이론과 실제를 직접 실습해 봄으로써 지식 전달 수준의 세미나를 넘어서는 결과를 손에 쥐게 된다.

(2) 사랑의교회를 주님의 몸 된 교회로 더욱 체질화하는 현장

사랑의교회 제자반, 순장반, 다락방 참관·실습은 CAL 세미나의 백미라 할 수 있다. 이 시간을 통해 성령님과 함께하는 생명의 공동체를 경험하게 된다.

한 번의 세미나를 위해 전 교회적으로 수많은 성도가 헌신한다. 화요일에 진행되는 '순장반 참관'을 위해서는 1,000여 명의 낮다락방 순장들이 CAL 세미나가 진행되는 사랑의교회 안성수양관으로 직접 내려와 순장반 현장을 공개한다. 수요일 오후 시간에는 10개 반 120여 명의 제자훈련생들이 직접 사랑의교회 안성수양관으로 내려와 제자반 현장을 공개한다. 금요일에는 CAL 세미나에 참석한 모든 교역자가 사랑의교회 다락방 현장으로 이동하여 오전에 한 개 다락방을 참관하고, 오후에는 다른 다락방에서 1일 순장으로 다락방을 실제로 인도한다. 이뿐만 아니라 매일 중보기도팀이 CAL 세미나와 참여한 목회자들 그리고 섬기는 교회를 위해 간절히 기도한다.

제자훈련과 다락방은 봄, 가을에 진행되는 CAL 세미나 현장을 공개해야 하기 때문에 육체적, 영적으로 많은 희생을 감수해야 한다. 사랑의교회 교인들에게 참으로 부담되는 시간이 아닐 수 없다. 그러나 이런 섬김을 경험하고 나면 다락방과 제자훈련이 나 자신과 사랑의교회에만 국한된 것이 아닌, 전 세계교회에 귀하게 쓰임 받고 있다는 사실을 깨닫게 된다. 그러면 개교회를 넘어서 전 세계를 품는 마음을 가지게 되고, 전 세계의 영가족과 교회를 위해 기도하고 후원하는 생명력 넘치는 공동체성을 체질화하게 된다.

(3) 빚진 자의 심정으로 세계교회와 함께하며, 세계선교의 물꼬를 여는 제자훈련 국제화의 현장

CAL 세미나는 에티오피아, 가나, 브라질, 중국, 대만에서 직접 세미나를 개최하기도 하고, 세계 각지에서 국내 세미나에 참석함으로써 '제자훈련 국제화'의 현장이 되었다. 이제는 사랑의교회 성도들에게 익숙해진 '제자훈련 국제화'라는 개념은 2011년 디사이플지 1월호에서 "세계적인 복음의 글로벌 스탠다드 플랫폼을 제공하는 것"이라고 밝힌 것이요, 이미 2005년에 옥한흠 목사님이 언급한 것이다.[52]

제자훈련 국제화는 철저히 동반자적 관계 위에서 시작되고 완성될 것이다. 우리가 가진 것을 아낌없이 담대하게 나누지만, 이것은 철저하게 받는 사람 중심성을 가지고 서로를 견인하는 빚진 자의 심정으로 하는 것이다.

제자훈련 국제화는 우리 앞에 펼쳐진 중국교회를 세계선교의 문이 되게 하고, 남미에서 기독교 성장을 이끌고 있는 브라질교회, 아프리카에서 이슬람의 남하를 막는 방파제가 되고 있는 가나와 에티오피아교회 그리고 회교권의 영향 속에서도 순교적 영성으로 성장하는 동남아시아 교회와 함께, 쇠퇴해 가는 유럽교회의 부흥의 물꼬를 열어갈 것이다. 한국교회는 세계 곳곳에 선교사를 파송하는 '선교적 영성'이 있다. 더불어 북한교회의 '순교적 영성'과 전 세계에 흩어져 있는 한국교회 디아스포라의 '국제적 영성'이 합해지면, 제자훈련 국제화는 엄청난 시너지를 내면서 실천될 수 있을 것이다.

chapter 5

온전한 제자훈련을 위한 성령론: 온전론에서 보는 성령 하나님 재발견

1.
전통적 신앙의 껍질을 깨고
성령 사역에 눈을 뜨다

필자는 4대째 예수님을 믿는 집에서 태어났다. 목회자이신 부친은 예배드리기 전에 장로교 12신조[1]를 읽으셨다. 한국교회가 갖는 보수적 신앙의 좋은 전통이라고 생각한다. 그러나 이러한 전통은 말씀과 교리를 중시하지만 성령 충만이나 소위 성령의 은사적 역사에 대해서는 강조하지 않았다.[2]

사실 보수적 전통의 교회나 목회자들이 성령의 능력이나 성령의 기름 부으심에 대해 소홀한 것은 특별하거나 이상한 현상이 아니다. 《기독교 강요》는 칼빈주의자들이 성경 다음으로 중요하게 여기는 책이다. 그런데 1541년 프랑스어 초판의 《기독교 강요》를 보면 성령의 능력이라는 표현이 스무 번 정도 나오는데, 오순절 교단이나 은사주의자들이 중시하는 성령의 기름 부으심의 역사를 강조하거나 설명하는 경우는 눈에 띄지 않는다. 당대에는 가톨릭의 오류를 바로잡고 성경의 진리로 바로 돌아가는 것이 관건이었으므로, 요한 칼빈이 자신의 저서에 철저히 말씀 중심의 내용을 담았기 때문이라고 할 수 있을 것이다. 성령의 능력이라는 표현은 주로 말씀을 깨닫고 육신의 본능이나 탐욕을 제어하고, 성례의 은혜를 깨닫기 위해서 쓰였다. 따라서 보수 교단에서 자란 필자 같은 경우, 성령의 기름 부으심이나 성령의 능력의 외적 역사(役事)에 대해서 제대로 듣고 깨닫고 경험하지 못한 것은 오히려 자연스러운 일이라 하겠다.

그런데 성령에 대해 보수적인 사고의 틀을 깨는 사건이 일어났다. 그리고 이 일은 필자가 성령과 성령 사역에 대해, 성령 하나님에 대해 재발견하는 시발점이 되었고, 균형 잡힌 영성에 대해 생각의 문을 여는 신앙 인생의 역사(歷史)가 되었다.

1976년에 내수동교회 대학부 30여 명이 강원도 예수원으로 수련회를 갔다. 거기서 대천덕 원장님[3]을 만나고 그동안 겹겹이 쌓인 신앙의 껍질이 벗겨지는 경험을 했다.

야외 강당에서 집회를 하기로 되어 있었는데 비가 내렸다. 원장님이 "하나님의 영광을 위해 비가 오지 않도록 기도합시다"라고 말씀하시고 기도를 하는데 비가 그쳤다. 그때 내게 충격을 주었던 것은 '기도하니 비가 그쳤다'는 놀라운 현상만이 아니었다. 성령께 의존하여 한계나 제한 없이 드리는 기도가 나를 놀라게 했다. 그때까지 나는 기도는 하지만 내 속에 어떤 기준이 있어서 제한을 두고 기도했던 것 같다. 그런데 지금 당장 하나님의 일을 위해 비가 오지 않도록 기도하자는 원장님의 요청은 나의 기도 내용의 한계와 기도 자체의 질적 인식을 깨뜨리며, 영적 패러다임의 변화를 가져왔다. 성령을 의존하여 하는 기도에는 제한이나 한계가 있을 수 없음을 몸으로 체험하는 시간이었다. 그동안 성령에 대해서 설명은 할 수 있었지만 성령에 대한 체험은 없었다. 사실 이런 경험을 글로 쓰는 것이 지극히 조심스럽다.[4] 그럼에도 기술하는 것은, 필자가 어떻게 실제적인 성령의 역사, 기름 부으심에 눈을 뜨게 되었는지를 말하기 위해서이다.

성령의 능력과 기름 부으심은 성경에 도도히 흐르는 은혜의 강수이다. 그러므로 이것에 대해 마음을 열고 나누는 것은 예수님의 '온전한' 제자가 되기 위해 마땅히 요구되는 것이다. 그렇다면 말세에 물 붓듯이 성령이 임하시는 이유는 무엇인가? 그 이유는 우리가 성령의 능력을 받아서 완장을 찬 것처럼 살게 하기 위해서가 아니다. 초대교회에도 이런 사람들이 있었기에 사도 바울은 성령의 능력을 이야기한 뒤에 사랑을 강조했다.[5] 성령께서 우리에게 성령의 기름 부으심의 역사를 행하시는 것은 연약한 자를 도우시는 목자의 심정에서 비롯된 것이고, 우리가 그 성령의 능력을 받는 것도 자신만의 유익이 아니라 목자의 심정으로 다른 사람을 돕고 위로하고 세우기 위해서다. 이 사실을 잊지 않도록 '천사의 말을 할지라도 사랑이 없으면 내게 아무 유익이 없느니라'라는 말씀(고전 13:1-3)을 새겨야 할 것이다.

1) 온전론에서 보는 성령과 은사주의 운동

21세기에 들어서서 인공지능이 사람의 노동은 물론, 지적인 영역까지 실제로 대신하는 전대미문의 상황이 벌어지고 있다. 인공지능이 머지 않아 영적인 영역까지도 장악할 것이라는 예견이 이상하지 않은 시대가 도래한 것이다.

온전론의 관점에서 오순절 성령 운동과 은사주의 운동을 어떻게 보아야 할까? 먼저 프로테스탄트의 역사를 보면, 종교개혁 이후 가톨릭과의 치열한 신학적 논쟁을 벌이는 기간에는 구원론을 중심으로 한 튼실한 교리가 중요했다. 그러다 보니 성령의 사역적 은사들은 칼빈과 루터의 신학에서 그리 강조되지 않았다. 루터와 칼빈은 개인적으로 은사 중단론자(cessationist)로서 오순절 성령주의자들이 강조하는 방언, 기적의 은사들이 중단되었다고 믿었다.[6] 프로테스탄트 개혁자들은 은사주의자들을 가톨릭 교회보다 더 강하게 반대했다.[7] 이런 시각에 큰 변화가 일어난 것은 종교개혁이 일어나고 4세기가 지난 후였다. 20세기에 들어서 가장 두드러진 복음주의 운동 중 하나가 오순절 은사주의 운동이다.

20세기 복음주의 교회가 다시 여기에 시선을 두게 된 것은, 성령의 은사를 배제하고서는 온전한 신앙의 여정을 감당할 수 없다는 것을 목회 현장에서 절감했기 때문이다. 이런 면에서 은사주의 운동의 밑바닥에는 하나님께서 그의 자녀들에게 의도하신 온전함에 대한 열렬한 추구가 있다는 사실을 주지해야 한다. 오순절 은사주의는 교리 중심적 교회 몸통에 하나님을 향한 "열심"(enthusiasm)의 날개를 달게 되었다.[8] 그러면 오순절 은사주의는 온전론의 어떤 영역에 열심을 내도록 돕는가?

첫째, 내적 성화의 부분이다. 성도들이 온전하게 성화되는 과정은 성경(요 17:17)과 성령님이 협력하는 합작품이다(벧전 1:2). 은사주의 운동은 신앙의 온전함을 추구하는 것과 밀접한 관계가 있다.

"은사주의 운동은 하나님이 오늘날 대부분의 그리스도인이 알고 있는 것보다 더 높은 수준의 온전함을 추구하도록 교회 전체를 선동하기 위해 보낸 자극제이다."[9]

둘째, 오순절 은사주의가 성도와 교회를 하나님의 온전하신 뜻을 이루는 거룩한 수단이 되게 한 것은 전도와 선교에 초점을 맞추고 있기 때문이다. 오순절 은사주의는 모든 성도가 전도와 선교를 위해서 하나님의 부르심을 받은 사역자라는 정체성을 가르쳤다.[10] 그들은 성령이 전도와 선교를 위해 초대교회에 주신 은사를 이 세대 교회에게 동일하게 주신다고 믿는다.

성도가 더 높은 수준의 온전함을 추구하도록 하나님께서 교회 전체를 선동하기 위해 보내신 자극제가 은사주의 운동이라는 표현은, 우리가 왜 은사주의 운동을 교리나 교단적인 차이로 인해 외면해서는 안 되는지를 잘 보여주고 있다. 그러므로 성령의 사역적 은사들을 받는 것은 신앙의 온전함을 위해 받아도 좋고 받지 않아도 그만인 선택 사항이 아니라, 하나님이 원하시는 온전함을 누리기 위해서는 반드시 가져야 할 의무요 성도의 특권이라고 할 수 있다.

2) 온전론에서 보는 성령론의 뼈대, 계시의존적 사색을 도우시는 성령님

성령론은 온전론의 뼈대와 같은 부분이다. 성령의 역사가 없는 온전론은 존재하지 않는다. 그러면 온전론에 기초한 성령론의 뼈대는 무엇인가?

'현실적으로 숱한 기적들과 십자가 그리고 부활까지도 경험했던 제자들이 신앙의 패러다임을 바꾸지 못한 채 여전히 디베랴 호숫가에서 고기를 잡는 어리석은 행동을 했던 것은 아직 성령을 체험하지 못했기 때문이다. 그래서 위로부터 임하시는 성령의 능력과 기름부음을 받는 것이 중요하다.' 이 진술에는 무엇 하나 틀린 말이 없다. 그런데 이런 사실을 신앙 상식처럼 잘 알면서도 많은 성도가 예수님의 부활 이후에도 호숫가의 제자들처럼 삶의 변화를 누리지 못한 채 사는 것을 어떻게 이해할 수 있을까?

고기를 잡으려면 깊은 물로 가야 하고 산삼을 캐려면 심산유곡으로 들어가야 하는 것처럼, 성령을 만나고 성령의 기름부음 받기를 원한다면 성령의 계시로 가득한 곳을 찾아야 한다.

두 가지 장소가 있다. 첫째 장소는 성령의 계시로 가득한, 아니 성령의 계시만으로 기록된 성경이다. 기독교는 추리의존적 사색이 아닌 계시의존적 사색을 하는 종교다. 계시의존적 사색이라는 말은, 성령의 계시로 이루어진 말씀에 기초하여 판단하고 사유하는 것을 말한다. 동시에 성경의 진정한 해석은 성령의 내적 증거의 도움, 즉 성령의 조명과 계시로만 가능함을 의미한다. 로마서 8장 16절은 성령이 내적 증인으로서 신자의 영에 하나님의 계시의 진리를 확증하시는 역할을 잘 보여주고 있다.[11]

온전한 제자훈련의 성령론은 철저하게 계시의존적 사색에 기초한다. 성령의 강수가 넘쳐흐르는 성경 말씀을 두고 다른 무엇을 통해서 성령을 구하거나 체험하는 것은 온전한 제자훈련의 주류가 아니다.

적지 않은 사람들이 성령 충만에 대해 오해하고 있는 부분이 있다. 하늘에서 불이 떨어지고 방언이 터지며, 중병이 치유되는 것만 성령 충만의 증거로 여기고, 이것을 구하는 것에 몰두하는 성도들이 있다. 분명히 이것도 성령이 역사하신다는 증거다. 그러나 성령 충만의 증거는 더 많은 곳에서 지금도 생생하게 일어나고 있다.

예를 들면, 지성인들 중에서도 예수님을 믿고 성경 말씀을 읽는 가운데 패러다임의 완전한 변화를 경험하는 사람들이 많이 있다. 계시의존적 사색을 통해서 성령의 기름 부으심을 받은 대표적인 사람이 성 어거스틴이다. 그는 젊은 날 오랫동안 마니교에 심취했다. 그런데 어느 날 성경 말씀을 읽고 그의 지성이 정수리부터 발끝까지 변화되었다. 그야말로 지성이 성령의 세례를 받은 것이다. 바로 이런 점이 우리가 '계시의존적 사색을 도우시는 성령님'을 말할 때 의미하는 것이요, 온전한 제자훈련이 추구하는 성령론의 뼈대이다.

둘째 장소는 성령의 임재가 가득 찬 교회 공동체이다(고전 3:16). 구약에서는 하나님의 쉐키나 영광이 솔로몬이 이 땅의 재료들로 만든 성전 안에 임재하셨다(대하 7:1-3). 하나님의 영광을 담을 수 있는 공간은 인간의 눈으로 볼 수 있는 성전이었다. 그런데 신약 시대에는 움직이지 못하는 건물 교회가 아니라, 성령의 능력이 가득 찬 역동적인 공동체가 성경적 교회의 정체성이다. 온전론은 공동체적 성령론을 강조한다. 교회 공동체 테두리를 이탈한 성령 은사주의 형태는 건강하지 않다. 성경이 온전한 제자를 세우는 데 필수적인 것처럼 성령도 온전한 제자를 세우는 데 절대적이다.

초대교회에서 성령은 공동체로 모였을 때 임하셨다. 예루살렘의 같은 장소에서 동일한 시간에 모여 기도하는 120명 공동체에 성령이 강림하셔서 그들을 온전하게 변화시켰다(행 1:15). 120명이 각자 집에서 기도할 수 있었지만 함께 모였을 때 성령이 임재하셨다. 이방인에게 성령을 부어주실 때도 여러 명이 함께 모인 공동체에 오셨고(행 10:44-48), 안디옥 교회 5명의 리더가 함께 모여서 공동으로 예배하고 기도할 때 성령이 임하셨다(행 13:1-3). 평범한 지역교회였던 안디옥 교회가 공동체에 임하시는 성령을 통해 선교교회로 태어나는 역사적인 순간이었다.

2.
성령의 인격과 성령의 능력은
동체(同體)다

성육신하신 예수님께서 공생애 사역을 하실 때 성령께서 함께하신 것처럼, 오순절 성령 강림 이후 성령은 교회가 온전한 제자를 세우도록 도우신다.[12] 오순절에 성령이 임하고 예루살렘 교회가 세워진 다음 바울이 다시 고백한 것은 "교회는 그리스도의 몸"이라는 천지간의 선포였다. 이것은 오늘날까지 사도성을 계승하여 예수님의 보내심을 받았다고 고백하는 모든 교회를 향해, 교회는 예수님의 제2의 성육신이라 부를 수 있다고 말씀한다.[13]

1) 목자의 심정에 기초한 성령론

사역 현장에서 성령론을 다룰 때 '성령의 능력'과 '성령의 인격', 이 두 가지를 동떨어진 것처럼 이분법적으로 다루는 흐름이 있다. 전통적인 교단은 성령의 인격을 주목하고, 은사주의적 교단은 성령의 능력을 중시한다. 문제는 서로를 배타적으로 여긴다는 데 있다. 여기에 대해서 R. A. 토레이는 어떤 사람은 성령의 역사만을 중요시하고, 또 다른 사람은 성령의 역사를 거의 무시하고 말씀만을 중요시하는 경향이 있다고 설명했다.[14] 성령의 은사와 성령의 열매는 균형을 이루어야 함을 말한다. 또한 제임스 패커(James Packer)는 한쪽으로 치우치는 것을 '영적 오판'이라고 했다.[15]

목자의 심정에 기초한 온전론에서 보는 성령론은 이 둘을 배타적이 아니라 실로 밀접한 관계, 동전의 양면으로 본다. 인격이 없는 성령은 본질을 잃어버린 것이며, 능력이 없는 성령은 현실을 잃어버린 것이다.

어떻게 보면 한국교회에서 인격과 능력을 구별하는 이분법적인 성령론은 유교적인 맥락과도 흐름을 같이 하는 면이 있다. 조선시대 혈관에 흐르는 유교는 조선 초기 성리학을 바탕으로 세를 얻었다. 성리학은 만물의 존재와 생성을 밝히는 관념적 학문으로, 명분론을 중시하면서 천리(天理)와 질서를 당연하게 여겼다. 그러나 관념이나 명분에 치우친 성리학은 현실의 문제를 해결할 수 있는 사상적 실천 기능을 잃어갔다. 여기에 대한 반작용으로 출현한 것이 지행합일의 실행을 중시했던 양명학이다. 실천되지 않는 앎은 참이 아니라고 여겼다.

그러나 현실의 실행에만 방점을 두는 지나친 실사구시는 천박함으로 흐를 위험이 있다. '바른 행실'은 '바른 앎' 없이 불가능하기 때문이다. 이런 점에서 우리는 사역의 스펙트럼을 넓혀야 한다. 전통적인 교단과 교파의 장점이 있고 또 그것대로의 선함이 있지만, 때로는 서로의 경계를 넘어 세상을 조감하시는 하나님의 시각으로 사역을 바라보는 것이 하나님의 지상명령을 수행하는

데 더 유익하기 때문이다.

목자의 심정에 기초한 성령론은 명분과 실천을 통합하는 거룩한 실사구시라고 할 수 있다. 여기에는 결코 앎과 실천, 성령의 능력과 성령의 인격적 열매가 이분법적일 수가 없다. 이것은 언제나 하나 되게 하시는 성령의 사역과도 맞지 않다. 온전론의 성령론은 전자가 후자를 밀어내는 것이 아니라 오히려 전자가 후자를 끌어당기는 신학이요 실천이다. 이것이 가능할까? 성육신하신 예수님께서 100퍼센트 신성과 100퍼센트 인성을 가지신 것처럼, 온전론이 추구하는 성령론은 100퍼센트 성령의 인격 사역과 100퍼센트 성령의 능력 사역을 균형 있게 강조한다.

2) 엘리야를 통해서 보는 성령 하나님의 온전함

그동안 성령론이 교리나 교단의 입장에 따라 갈등이나 반목의 양상을 보인 것은 성령님을 신약적 시각으로만 보았거나, 성령님의 모습을 입체적으로 보지 못한 것에 원인이 있다고 생각한다. 성령론을 입체적으로 바라보기 위해서는 구약에 나타난 성령님의 모습부터 살펴봐야 한다.

성령 하나님은 한 영혼을 온전한 제자로 세우실 때, 각 영혼의 상태와 상황에 맞춤형으로 개입하신다. 어떤 이에게는 성령의 열매를 맺게 하시고, 어떤 이에게는 성령의 능력을 부어주신다. 동시에, 한 영혼이 온전한 제자로 성숙해가는 과정에서도 각 시기에 따라 '성령의 인격 사역과 성령의 능력 사역'을 조화롭게 사용하신다.

예를 들어, 엘리야는 성령의 인격성과 성령의 능력을 동시에 보여주는 롤모델이다. 우리는 흔히 엘리야를 바알과 아세라 선지자 850명을 물리친 '능력의 선지자'로만 바라본다. 그러나 엘리야는 '능력의 선지자'이기 전에 '섬김의 선지자'였다. 엘리야는 가뭄으로 목숨이 위태로운 사르밧 과부의 집에 우거하면서 그 집에 양식이 떨어지지 않게 했고, 심지어 여인의 아들이 병들어 죽었을 때도 전심의 기도로 살려냈다. 이처럼 소외되고 연약한 생명을 소중하게 돌보는 엘리야의 섬김에서 성령의 인격적 사역을 발견할 수 있다. 신약은 성령님을 우리의 연약함을 도우시는 분으로(롬 8:26), 우리의 생명을 살리시는 분으로(롬 8:11), 우리와 함께 하시는 분으로(요 14:17)으로 묘사하고 있다. 이것은 누구도 주목하지 않는 사르밧 과부를 돕고 과부의 아들을 살리고, 가뭄이 끝날 때까지 함께 했던 엘리야의 모습이다.

열왕기상 18장에서 엘리야는 성령의 능력을 강력하게 드러냈다. 살기등등한 아합 왕과 850대 1의 갈멜산 영적 전투에서도 기백을 가지고 기도함으로 하늘에서 불이 떨어지게 하여 바알 선지자 450명을 처단했고, 그가 기도함으로 3년 반의 가뭄이 멈추고 이스라엘에 단비가 내렸다. 사르밧 과부의 집에서의 엘리야와 갈멜산 영적 전투에서의 엘리야의 모습은 확연히 달랐지만, 모두 성령의 작품이었다.

엄청난 영적 전투를 승리로 이끈 엘리야가 탈진하여 죽게 되었을 때 그를 다시 일으켜 세우시고 사십 주 사십 야를 걸어 하나님의 산 호렙에 이르게 하신 분도 성령이시다. 영적 기력이 소진되어 쓰러진 엘리야는 하나님에게서 달아나려 했지만, 하나님은 모세에게 소명을 주셨던 바로 그 시내산으로 엘리야를 부르셨다. 이러한 과정 속에서 사명을 주시는 성령의 역사를 보여준다.

우리는 엘리야의 심령에서 성령의 인격성을 보고, 엘리야의 사역에서 성령의 능력을 볼 수 있다. 즉 소외되고 연약한 사르밧 과부, 한 사람을 돌보고 치유함으로 그의 마음을 하나님께로 온전히 돌아오게 하는 성령의 인격적 사역과 거짓 선지자들을 처단하고 비를 내리게 하는 성령의 능력적 사역을 동시에 보여준다.

엘리야를 통해서 보는 성령 하나님의 온전함은 오늘날 우리가 추구해야 하는 성령 사역의 모습이 어떠해야 하는지를 보여준다. 성령의 인격적 사역과 성령의 능력적 사역은 나눠져 있지 않으며 함께하는 것이다.

온전한 제자를 세우기 위해 사도 바울은 성령의 역사를 예민하게 따랐다. 성령의 능력을 강조해야 할 때가 있고 성령의 인격을 강조해야 할 때가 있기 때문이다. 사도 바울은 심각한 영적 전쟁 속에 있는 에베소 교회를 향해서는 성령 충만을 명령하여 강력한 성령의 검, 즉 성령의 능력을 무장할 것을 요구하였으나, 빌립보 교회를 향해서는 기뻐하는 성령의 인격을, 갈라디아에 있는 교회를 향해서는 성령의 인격적인 열매를 맺도록 권면했다. 때를 따라 성령의 역사에 예민하게 반응하고 균형 있게 조화를 이루는 것, 이것이 성령 충만한 온전한 제자훈련의 열쇠이다.

3.
성령의 역사와 제자훈련:
성령의 담금질과 성도의 빚어짐

제자훈련은 철저히 성령으로부터 시작되고 성령이 이끄시지만, 제자훈련의 '훈련'이라는 단어가 갖는 '내가 애쓰고 추스르며, 노력해야 하는' 태생적 속성과 충돌하는 경향이 없지 않았다. 이것은 서구 기독교사에서 조나단 에드워즈의 '하나님의 절대적 주권에 의한 부흥론'과 찰스 피니의 '인간의 노력이 수반되는 부흥론'의 충돌로도 이어졌다.[16] 어떻게 하면 성령의 전적인 주도와 인간의 전적인 노력이 충돌되지 않고 온전하게 결합할 수 있을까?

제자훈련은 성령의 담금질과 같다. 대장장이가 철을 담금질할 때, 철을 가열하고 그것을 모루에 올려 단조하고 다시 재가열하여 단련함으로 원하는 형체가 만들어지듯이, 우리 역시 성령의 붙잡힘 속에서 고난의 풀무불로 가열되고 인생의 모루에서 두드려지고 담금질됨으로써 하나님께서 원하시는 모습으로 빚어진다. 그러므로 성령의 담금질과 성도의 빚어짐은 제자훈련의 상호 충돌이 아니라 거룩한 보완이라고 할 수 있다.

성령의 담금질과 성도의 빚어짐을 위한 사역 사례를 소개한다.

1) 청계산 기도회, 강단 산상기도회: 챗GPT 시대에 진정으로 성도를 사랑하는 목양의 길

사랑의교회는 매년 광복절 예배를 드린 후 청계산에서 산상기도회를 가진다. 수천 명의 성도들이 산에 올라 말씀을 듣고 전심으로 기도하는 시간이요 성령의 불이 떨어지기를 기도하는 자리이다.

산기도는 한국교회의 특별한 용어다. 한 세대 전만 해도 전국의 산골짜기는 기도 소리로 메아리쳤다. 그러나 언제부터인가 산에서 기도 소리가 희미해졌다. 예전에 기도의 무릎으로 반질거렸던 반석에는 이끼가 끼고 초목으로 싸여 있다.

청계산 기도회는 과거의 부흥을 그리워하는 회귀가 아니다. 성령의 능력으로 이 시대를 돌파하는 하나님의 전략이요 능력의 자리이다. 어떤 이는 지금처럼 세상이 초광속으로 달려가고 심지어 챗GPT처럼 인공지능이 세상을 움직이는 시대에 산기도는 적절하지 않다고 말한다. 과연 그런가? 인공지능이 세상의 패러다임을 바꾸는 지금이야말로 우리가 더욱 기도의 자리로 나아가야 할 때다. 아무리 인공지능이 세상을 장악한다고 해도, 하나님의 영이 인공지능에 임할 수 없고, 하나님의 사랑이 인공지능을 채울 수 없는 일이다. 이 땅에 하나님 나라를 세우는 것은 하나님의 영이 임하는 자에게만 주어지는 축복이다.

산은 하나님의 능력이 임하는 자리였다. 아브라함은 모리아 산에 올라 여호와 이레의 하나님을 만났고 모세는 시내 산에 올라 하나님의 말씀을 받았으며, 엘리야는 갈멜산에서 불로 응답하시는 하나님을 경험했고, 베드로는 변화산에서 하나님의 영광을 보았으며, 예수님은 감람산에서 눈물로 기도하셨고 갈보리산에서 십자가를 지심으로 세상을 구원하셨다.

기도의 산은 적당한 계절이나 시간에만 올라가는 것이 아니다. 사랑의교회는 매주 토요일 아침, 부흥헌신토요비전새벽예배로 이름하여 산상기도회를 가진다. 개인과 이웃, 사회와 나라를 위해 성령의 도우심을 구하며 전심으로 함께 기도한다.

기도를 통해 하나님께 나아가는 목적도 있지만 성도들이 어떤 상황에서도 기도로 대응하는 기도의 체질을 만들려는 목적도 있다. 흔히 그 사람이 먹는 것이 그 사람의 실체이고 그 사람이 사랑하는 것이 그 사람의 본질이며, 그 사람이 가진 것이 그 사람의 지위라는 말을 한다. 그러나 진짜 인간의 모습은 위기의 순간에 무엇을 하느냐가 그 사람의 얼굴이요 머리요 심장이요 실체이다.

산상기도회는 성도들이 인생의 위기에서 거룩한 본능으로 하나님 앞에 엎드리기를 체질화하는 훈련이다. 성도를 진정으로 사랑하고 성도가 진정으로 하나님의 사람으로 살기 원하며, 성도가 이 땅에서 위기의 순간에 하나님께 부르짖는 사람이 되기를 바라는 목자의 심정 때문에 강단에서 산상기도회를 하는 것이다.

2) 기도의 지팡이, 부흥의 실체를 보여주는 은혜의 상징

성경을 보면 하나님께서 일으키신 놀라운 기적의 현장에는 어떤 상징물이 있음을 볼 수 있다.[17] 그것처럼 우리에게도 부흥을 꿈꾸는 기도의 상징물이 있는데, 그것은 모세와 야곱이 들었던 것과 같은 지팡이이다.

기도의 지팡이는 성물이 아닌 부흥을 위한 기도의 상징물이며 믿음보고의 도구이다. 기도의 지팡이 자체를 무슨 성물이나 축복의 부적으로 여기는 것은 주의해야 한다.[18] 우리가 소유한 그 어떤 것도 그 자체가 우리를 지키는 성물이 될 수는 없다. 심지어 인쇄된 성경도 우리가 귀하게 여기고 주야로 가까이함이 마땅하지만, 책 자체가 우리를 보호하는 성물이 될 수는 없다. 오직 기록된 말씀을 믿음으로 받고 순종하여 삶으로 체화할 때, 내 속에서 하나님의 살아있는 말씀으로 역사하는 것이다.

기도의 지팡이는 뱀 꼬리를 잡는 것이요 계란으로 바위를 치는 것이다. 일반적으로 뱀을 잡기 위해서는 머리부터 제압해야 한다. 뱀의 꼬리를 잡으면 뱀에게 물릴 위험이 있기 때문이다. 이것은 세상의 상식이다. 그러나 하나님은 모세에게 뱀의 꼬리를 잡으라고 명하셨고, 모세는 그 말씀을 좇아 뱀의 꼬리를 잡았다. 모세는 그 지팡이로 홍해를 갈라 구원의 길을 냈고, 반석을 쳐서 생명의 물을 마시게 했다. 또한 세상은 계란으로 바위를 치는 것을 조롱하지만, 기도의 지팡이는 계란으로 바위를 쳐서 깨뜨리는 것이다.

세상은 지금도 우리에게 세상의 상식대로 살기를 강요한다. 그러나 뱀의 머리를 잡는 세상의 상식으로는 홍해를 가르지 못하고 반석에서 물을 낼 수 없다.

기도의 지팡이는 평생 붙잡아야 할 기도제목을 가지고 하나님께 나아가는 기도의 도구이다. 기도의 지팡이는 홍해를 가르고 반석에서 생수가 터져 나오게 하는 하나님의 도우심을 기대하는 성도들의 간절함을 담은 것이다. 기도의 지팡이 자체가 능력이 있는 것이 아니라 성도들의 간절함을 보시는 하나님께 능력이 있는 것이다.

이 지팡이에는 일련번호가 새겨져 있다. 그리고 그 번호는 성도 각 개인에게 부여된 고유번호이다. 왜 그렇게 하는가? 현대를 살아가는 우리에게 익숙한 인터넷은 익명성을 무기로 자신의 욕망과 분노를 표출한다. 그러나 익명의 무리 속에 숨어서는 진정한 부흥을 위한 제자의 자리, 헌신의 자리에 나올 수가 없다. 지팡이 번호에 연결된 실명을 통해 익명성 뒤에 숨어 있는 무리가 아닌 하나님 앞에서 분명한 신앙의 정체성을 가지고 제자의 자리, 헌신의 자리에 사명자로서 서는 것이다.

부흥의 이유를 말하고 수많은 부흥의 역사를 말하지만, '내 생애에 단 한 번만이라도 부흥이 일어나기를 소원하는 것'은 전혀 다른 차원이다. 우리 각자의 삶에서 한 번이라도 부흥을 체험하고 그 부흥의 은혜로 열혈(熱血)의 사명자로서 살도록 하는 것이 기도의 지팡이의 실체이다.

또 기도의 지팡이를 통해 자녀 세대에도 믿음을 계승하고자 하는 열망이 담겨 있다. 세상의 꾀와 방식에 익숙했던 야곱은 하나님의 손에 다듬어졌고, 결국은 이스라엘이 되어 지팡이 머리에 의지하여 하나님을 예배하는 사람이 되었다(히 11:21). 기도의 지팡이는 자녀에게 부모의 신앙이 어떠했음을 보여주고, 기도의 계승, 신앙의 계승을 보여주는 거룩의 흔적으로 기억될 것이다.[19]

4.
성령 충만의 언어로 푸는
제자훈련

우리는 성령론에 관해서는 겸손해야 한다. 그러나 우리가 마땅히 해야 할 질문은 과감히 던져야 한다. 목회의 본질이 한 사람을 '온전한 자'로 만드는 것이라면, 우리는 성령 충만을 어떻게 제자훈련과 연결해야 하는가?

에베소서 5장 18절, 사도행전 6장 5절의 '충만하다'라는 동사의 원형은 '플레로오'(πληρόω) 그리고 '성령 충만을 받으라'에서 '충만을 받으라'는 '플레루스테'(πληροῦσθε)이다. 이 말은 기본적으로 인격적인 충만을 뜻한다. 인격적인 성령 충만은 시간이 걸리는, '장기적인 충만'이다.[20] 달이 꽉 차서 보름달이 되는 것은 하루아침에 되지 않는다. 초승달이 보름달이 되는 데에는 일정한 시간이 걸린다. 그러나 사도행전 4장에서 무리가 다 성령이 충만하여 담대히 하나님의 말씀을 전했다고 할 때 사용된 어휘는 다르다. 이때는 헬라어로 '핌플레미'(πίμπλημι)라는 말이 쓰인다.

사도행전 4장은 베드로와 요한이 산헤드린 공회에서 핍박받고 감옥에 갇힌 상황, 즉 지금 당장 능력 받지 않으면 살 길이 없는 상황을 배경으로 하고 있다. 필요하면 지금 당장 치유가 일어나야 하고 당장 능력 받아야 하며, 지금 담대해야 한다. 그래서 이런 상황과 배경에서의 성령 충만을 '단기적인 충만'이라고 설명한다. 앞서 언급한 '플레로오'가 시간이 걸려서 채워지는 충만이라면, '핌플레미'는 마치 바람 빠진 타이어에 바람을 집어넣듯이 특별한 사역을 위한 일시적인 충만, 지금 당장 주시는 충만이다. 따라서 전자는 장기적 충만, 내적 충만이라면 후자는 단기적 충만, 외적 충만이다. 전자가 인격적 충만이라면 후자는 사역적 충만이다.

전통, 환경, 사람의 성향에 따라서 어떤 교회는 사역적 충만을 강조하고, 어떤 교회는 인격적 충만을 강조한다. 내가 어느 성향인지를 알고 그 성향을 따라가는 것은 중요하지 않다. 오히려 내게 무엇이 부족한지를 깨달아 자기의 부족함을 메우려고 애쓰는 것이 중요하다.

1) 성령 충만은 흘러넘치는 역사로 나타나야 한다

우리는 늘 성령 충만을 구한다. 그런데 성령의 역사를 체감할 수 없는 이유는 무엇인가? 흔히 우리는 성령 충만을 문자적으로 해석하여 그릇에 물이 가득 차듯이 우리의 몸에 성령으로 가득 찬 상태를 생각한다. 이것은 성경에서 말씀하는 성령 충만이 아니다. 성경은 성령에 대해서 말씀하실 때 언제나 샘 솟는 것으로, 흘러넘치는 것으로 표현하고 있다.

'흘러넘침'은 삼위 하나님의 고유한 속성이기도 하다. 하나님은 생수의 근원(spring of living water, 렘 2:13)이라 불리셨고, 예수님은 "내가 주는 물은 그 속에서 영생하도록 솟아나는 샘물이 되리라"고 하셨고(요 4:14), 성령님은 생수의 강(rivers of living water, 요 7:38-39)으로 표현되었다. 삼위 하나님의 흘러넘침을 앤드류 머레이는 다음과 같이 통찰했다. "하나님은 순결한 사랑과 복이 늘 흘러넘치는 샘이시다. 그리스도는 하나님의 충만하심을 은혜로 보여주시고 예비하신 저수지와 같고, 성령님은 하나님과 어린 양의 보좌 아래로 흐르는 생명수의 강과 같다."[21]

특히 요한복음 7장 38절에서 "생수의 강"이라는 표현에 주목해야 한다. 한글성경에서는 생수의 강을 단수(river)로 번역했지만, 원어상으로는 하나의 강이 아닌 여러 개의 강을 의미하는 복수(rivers)로 나타나 있다. 성령 충만은 우리 속에 생수의 강들이 흘러넘치는 것이다.

신앙은 자신만의 축적으로 끝나면 비극이다. 성령의 생수의 강이 나에게서 흘러넘쳐 다른 사람에게 연결되고 다른 사람이 변화될 때, 진정으로 나의 문제가 해결되는 것이다. 이것이 신앙의 역설이다. 성령 충만의 가장 강력한 증거는 일차적으로는 흘러넘침에 있지만, 이차적으로는 내가 은혜의 수로가 되어 흘러넘침을 전하는 통로가 되는 것이다. 성령이 역사하시면 그 사람은 은혜를 전달하는 통로인 생수의 강이 된다. 심지어 십자가 상에서 회개한 강도도 비록 회개한 후의 시간이 짧기는 했지만, 수많은 영혼에게 축복의 통로가 되었다.[22]

사람들은 대부분 내 문제가 해결된 뒤에 다른 사람의 문제가 해결된다고 생각하지만, 성령의 역사는 오히려 나에게서 흘러 나간 생수의 강이 다른 사람을 치유할 때, 비로소 내가 치유되고 나의 영혼의 갈증이 해갈되는 것이다. 이것이 온전한 제자훈련이 추구하는 성령 충만이다. 성령의 흘러넘침이 무엇인가? "어느 누구도 하나님의 영을 소유한 채 자신에게만 가두어 둘 수 없다. 성령은 계신 곳에 머물러 있지 않고 흘러 나가신다. 흘러 나감이 없다면 그분은 거기 계시지 않는 것이다."[23] 이것이 이사야 35장 6-7절의 "광야에서 물이 솟겠고 사막에서 시내가 흐를 것임이라 뜨거운 사막이 변하여 못이 될 것이며…메마른 땅이 변하여 원천이 될 것이며"의 의미이다.

2) 기름부으심의 축적이 목회를 결정한다

같은 말, 같은 찬송, 같은 기도를 할 때 능력으로 역사하는 것과 그렇지 못한 것의 차이는 어디에서 연유하는가? 기름부으심의 쌓임에 열쇠가 있다. 그리고 이것이 목회의 두터움을 결정한다. 목회의 두터움은 목양의 무게요 깊이다. 목회가 깊고 묵직한 중심추를 가질수록 교회 안팎의 풍파에 흔들리지 않는다.

후배 목회자들에게 신신당부하는 말이 있다. "말하는 사람부터 확실한 믿음을 가지고 말하라. 그래야 성도들이 믿고 따른다. 이것은 설교만이 아니라 강단에서 발화(發話)되는 모든 것을 포함한다. 예를 들면, 찬송 한 장을 부르더라도 기름부음을 사모하며 전심으로 부르라. 한 번 두 번이 아니라 열 번 스무 번을 부르고 강단에서라. 그것이 내 것으로 고백되고 체화되고 믿어지는 것과 그냥 정해진 순서에 따라 부르는 것은 전혀 다른 차원이다."

이것은 목회의 경험적인 진리다. 필자는 찬송가 458장 "너희 마음에 슬픔이 가득할 때"를 적어도 천 번 이상을 불렀을 것이다. 대학부 시절 7년 동안 용산철도병원에서 사역할 때 매주 불렀던 찬송이다. 찬송을 부른 횟수를 말하는 것이 아니다. 찬송 속에 축적된 기름 부으심을 말하는 것이다. 이럴 때 찬송가 한 장을 부르더라도 사람들의 영혼에 거룩한 공진이 일어나고 가슴으로 은혜가 흐르며, 하나님의 역사하심이 있는 것이다. 열 번, 스무 번을 부르고 백 번을 부르면서 심령이 찬양의 물줄기로, 성령의 기름 부으심으로 젖어 강단에 서면 성도들도 영으로 느끼게 될 것이다.

오늘날 교회 내에서도 냉소주의가 만연하다. 사회의 무신론적 사상과 반기독교적인 문화의 영향이 교회 내로 스며들고, 이제는 강단까지 냉기가 차오르고 있다. 이럴 때 강단이 살려면 성령의 기름부으심이 쌓여야 한다. 이것이 강단에서 축적되면 어느 순간 영적인 임계점이 열리고 기름부으심을 통한 보혈의 강수로 "축복의 잔"(고전 10:16)이 넘치는 그날이 반드시 임할 것이다.

5.
목자의 심정에 기초한
성령님의 모습

1) 질서, 구조, 방향을 잡아 주시는 성령님

캘리포니아 중가주(中加州)에 가면 허스트 캐슬(Hearst Castle)이라는 중세 성 모양의 대저택이 있다. 집 주인 허스트의 취미 중 하나는 그림을 수집하는 것이었다. 어느 날 허스트가 도록(圖錄)을 보다가 '아! 내가 이 그림은 사고 싶다'라는 마음이 생겨서 그 그림을 소장하려고 오랜 시간 애를 썼지만 사지 못했다. 나중에 알고 보니 그 그림이 자기 집 그림 수장고에 있었다. 자기 집에 있는 줄도 모르고 찾아 헤맸던 것이다.

우리도 허스트와 다르지 않다. 예수님의 피의 공로로 하나님의 용서와 용납을 받았다. 성령께서 우리 눈을 밝혀 주셔서 이 엄청 난 사실을 믿게 되었다(엡 1:18). 이는 정말 큰 보화이다. 그럼에도 이 보화를 마음 한쪽 창고에 넣어놓고 엉뚱한 데서 찾고 있지는 않은 가?

창세기 서두에 이런 말씀이 나온다. "땅이 혼돈하고 공허하며 흑암이 깊음 위에 있고 하나님의 영은 수면 위에 운행하시니라"(창 1:2). "운행하시니라"라는 표현은 마치 독수리가 고공에 떠서 절벽 위에 지어 놓은 둥지에 든 새끼들을 내려다 보며 비행하는 장면을 그리는 듯하다(신 32:11). 성령은 둥지 위를 활공하는 독수리처럼, 창조의 첫 순간부터 주권자와 능력자로서 지어질 세상에 대한 사랑과 관심을 한껏 드러내며 활약하신다. 성령 하나님의 활동이 아직은 형태도 없고 특정한 구조와 방향이 없는 무의 상태로부터 놀랍도록 질서가 있는 세계를 창조하셨다. 오늘날 삶이 무질서하고 혼돈과 공허, 심지어 흑암으로 가득할 때조차도 성령이 그 위를 운행하시며 은총을 베푸실 때 하나님이 의도하시는 창조적 질서가 잡힌다.

성령이 하나님의 자녀에게 질서와 구조와 방향을 잡아 주시는 것에 대해, 알리스터 맥그래스는 성령을 "인류에게 생명과 방향을 부여하는 형성의 에너지" 그리고 "바람이 배의 돛을 가득 채우듯, 믿음의 삶에 방향성과 동력을 제공하는 것"으로 표현했다.[24] 스펄전도 "성령은 타락한 사람이 한순간에 방향을 바꿔 그리스도를 향하게" 하는데, 한마디로 "성령의 역사는 마음을 새롭게 바꾸는 개조 작업"이라고 말했다.[25]

이러한 사실은 우리가 왜 제자훈련을 할 때 철저하게 성령께 의존해야 하는지에 대한 분명한 이유를 보여준다. 물론 우리는 예수님을 닮아가도록 애써야 한다. 그러나 결국 우리의 삶에 방향성과 동력을 제공하는 것은 성령이시다. 왜냐하면 세상에 붙들려 고착된 마음을 다시금 새롭게 개조하는 것이 성령의 역사이기 때문이다. 성령의 강력한 역사가 아니면 우리의 심령에 콜타르처럼 덕지덕지 붙어 있는 오물들을 무슨 수로 떼어낼 수 있을까! 그러므로 제자훈련 이후에도 여전히 옛 성품에 실질적인 변화가 없다면, 사실상 질서와 구조와 방향을 잡아주시는 성령께 의존한 제자훈련이 아님을 방증하는 것이다.

2) 인생의 좌초된 배를 다시 띄우시는 성령님

우리에게 아주 못된 생각이 어른거릴 수 있다. 성령님이 나를 완전히 지배하시면 내가 손해를 보는 것처럼 느끼는 것이다. 성령님이 나를 이용하신다고나 할까, 나를 착취하시는 것처럼 느껴지는 것이다. 하지만 실상은 전혀 다르다. 성령님이 오셔서 나를 완전히 지배하시면 손해를 보는 것이 아니라, 내 인격과 삶은 성령의 영향으로 온전히 충만해진다(고후 3:17; 갈 5:22-23; 엡 5:18). 성령님이 오셔서 나를 온전히 지배하시면 시온의 대로가 열리고 사막에 샘이 터지며, 광야에 길이 열린다. 성령님이 오셔서 내 생각을 지배하시고 나를 장악하시면, 날마다 솟는 샘물 같은 충만한 사역을 경험할 수 있다. 어떻게 하면 우리가 성령의 충만하심에 사로잡혀 살 수 있을까?

살다 보면 삶이 표류하고 고난을 당할 때가 있다. 낯선 장소에 불시착할 수도 있다. 인생이란 배가 항해하다가 좌초될 때도 있다. 암초에 부딪히기도 하고, 어떤 때는 뻘 속에 갇히기도 한다. 좌초된 배를 올바른 방향으로 나아가게 하는 방법은 뻘 속에 내려가서 그 배를 들어올리려고 애쓰는 것이 아니다. 힘을 쓸수록 배가 뻘 속에 갇힐 수가 있다. 뻘 속의 배가 뜨는 방법은 하나밖에 없다. 성령의 흘러넘치는 역사를 통하여 은혜의 밀물, 은혜의 만조가 몰려오는 것이다. 성령님이 우리의 생각을 지배하시고 내 삶을 제한 없이 사용해 달라고, 나를 완전히 지배해 달라고 매일 강청하며 그 실재를 체화하며 살아가는 것을 익히는 것이 제자훈련이다. 제자훈련은 사람의 생각, 논거, 힘으로는 절대 할 수 없다. 오로지 성령님의 생수의 강, 충만이 가능하게 하는 사역이다.

3) 후패한 본성의 약점에 매인 우리를 자유케 하시는 성령님

많은 성도가 성령 충만을 사모하며 성령의 은사를 구하지만 첫 단추를 제대로 꿰지 못하여 성령 충만의 문 앞에서 서성거리고 있다. 사도행전 2장의 오순절 성령강림에 대해서는 알지만, 이것이 유월절 사건을 기점으로 일어났다는 사실은 지나치고 있다. 그래서 성령 충만을 위한 기도의 시작은 "어린 양의 피에 의존합니다. 어린 양의 피의 능력이 우리 가운데 역사하기를 원합니다"가 되어야 한다.

지난 사역의 고비고비마다 사역의 전환점이 되었던 현상은 어린 양의 보혈에 전심으로 의존했을 때 일어났다. 우리의 연약함을 예수님의 보혈에 그대로 의존한다는 것은 성령님이 우리의 연약함을 도우시도록 완전히 자신을 내려놓는 것이다. 이럴 때 세상의 중력이 아니라 성령의 중력이 작용하게 된다. 찢어지기 쉬운 얇은 종이는 그 자체로 연약함 투성이다. 그런데 이것을 두꺼운 강철판에 붙이는 순간 어떤 비바람이라도 종이를 찢을 수도, 통과할 수도 없다. 성령의 도우심도 이와 같다. 쇠붙이는 물에 넣는 순간 가라앉는다. 그런데 쇠붙이를 두꺼운 나무판 위에 얹어서 물에 넣으면 가라앉지 않는다. 나무의 부력이 쇠붙이의 중력을 이기기 때문이다.

성도들 가운데 예수님을 믿으면서도 여전히 자신의 약점에 매여 어떤 상황에서도 신앙의 전진을 하지 못하는 사람들이 있다. 좋은 설교를 들어도, 오랜 기도 생활을 해도, 신앙의 멘토를 만나도 자신의 약점에 묶여 있기 때문에 신앙의 날개로 날지 못하는 것이다. 예수님의 보혈에 의존할 때 임하시는 성령님만이 후패한 본성에 매인 약점으로부터 우리를 자유케 할 수 있을 것이다(고후 3:17).

인생의 연약함과 약점에 매인 우리를 자유케 하는 성령의 능력에 대한 실감나는 표현이 있다. "만일 성령의 한 방울의 기쁨이 지옥에 떨어진다면, 그것은 지옥의 모든 고통들을 삼켜버릴 것이다."[26] 한 방울 성령의 기쁨이 지옥의 모든 고통을 삼켜버리는 능력이 있다면, 성령의 물줄기가 우리 속에 흐를 때 우리 내면에 일어날 변화는 실로 얼마나 크겠는가? 우리를 감고 있는 연약함, 약점의 동아줄이 아무리 두텁고 강인하다 해도 여호와의 영에 감동된 삼손이 자신을 결박한 밧줄을 단숨에 끊은 것처럼, 성령은 우리를 자유케 할 것이다. 제자훈련 후에도 약점이 주는 상처와 연약함에 여전히 얽매여 있다면, 성령에 의존하지 않는 제자훈련을 했음을 보여주는 것이다.

예수님께서 공생애 사역을 시작하시면서 이사야 61장 1절 말씀을 선포하셨다(눅 4:16-19). 그런데 여기서 주의해야 하는 것은 '자유'의 의미이다. 이 자유는 우리가 하고 싶은 대로의 자유가 아니라, 성령께서 기뻐하시는 대로 우리를 통하여 일하실 수 있는 자유이다. 율법 아래 있을 때는 의무였지만, 생명의 성령의 법 아래 있을 때는 성령께서 주시는 자유함으로 행하는 것이다.

성령님은 그의 기쁘신 뜻대로 자유롭게 일하시기 위해서 약점과 연약함에 매인 우리를 자유하게 하신다. 그러므로 정말 약점으로부터 자유하기 원한다면, 자유의 열쇠를 가지고 계시는 성령님에게 더욱 매달리고, 그분의 도우심을 구하는 것이 먼저일 것이다. 그래서 "너희가 만일 성령의 인도하시는 바가 되면 율법 아래에 있지 아니하리라"(갈 5:18)를 다른 말로 바꾸면, "너희가 성령의 자유함에 순종하면, 더 이상 자신의 약점의 매임에 굴복하지 아니하리라"가 될 수 있다.

4) 녹이고 빚고 채우고 사용하시는 성령님

성령의 기름 부으심을 갈망할 때 부르는 찬송이 있다. "살아계신 주 성령 내게 임하사 살아계신 주 성령 새롭게 하소서. 녹이고 빚고 채우고 사용하옵소서." 찬송의 가사가 온전한 제자훈련의 본질을 그대로 보여주고 있다. 많은 경우, 성령님이 나를 사용하여 달라는 기도가 먼저이다. 그러나 온전한 제자훈련은 내가 성령 안에서 먼저 녹아지는 것에서 시작한다. 오늘날 성령의 은사 혹은 성령의 능력과 관련된 성령 사역에서 일어나는 파열음은 녹아짐이 없이 은사를 받고, 녹아짐이 없이 능력을 받는 것에서 비롯된다. 온전한 제자훈련은 녹아짐을 먼저 가르치는 훈련이다. 녹아짐은 성령 역사의 시작이요 결과다. 인디언 선교의 아버지로 불리는 데이비드 브레이너드(David Brainerd)는 성령의 역사가 강하게 임했던 날에 대하여 일기에 이렇게 적었다. "강력한 권능이 거룩한 진리에 수반되었다. … 거친 격정은 없고 달콤하고 겸손한 녹아짐만 있었다."[27]

녹아짐이 중요한 이유는 녹아질 때 진짜가 드러나기 때문이다. 금광석을 녹이면 다른 모든 것은 타서 사라지고 금만 남는다. 우리의 성품을 성령의 용광로에 넣으면 진짜만 남는다. 예수님을 믿어도 여전히 뾰족한 성품, 상처를 주는 날카로운 성격, 딱딱한 돌같은 마음이 있다. 그러나 새 영을 받으면 굳은 마음이 제거되고 부드러운 마음이 주어진다(겔 36:26). 온전한 제자훈련은 성령의 풀무불 속에서 우리를 태우고 녹여서 주님께 쓰임 받는 엑기스만 남기는 훈련이다. 그런데 우리는 풀무불에서 벗어나기 위해서 발버둥치고 있다. 이것이 우리가 하나님의 임재를 경험하지 못하는 이유이다.[28]

온전한 제자훈련은 '성령님이 우리를 그리스도의 형상으로 다시 빚으시도록 문을 여는 것'이다. 왜 성령님이 우리를 빚으시게 해야 할까? 우리는 자주 마귀의 견고한 진을 깨뜨리는 하나님의 능력을 구하는 기도를 드린다. 그리고 하나님께서 마귀를 대적하는 영적인 도구를 주시기를 소원하며 찾는다. 그러나 실상 우리가 마귀를 이기는 가장 강력한 무기는 성령을 통하여 그리스도의 형상으로 빚어진 자기 자신이다.[29] 그래서 우리는 성령님이 나를 빚으시도록 지속적으로 기도해야 한다. 이것이 온전한 제자훈련의 목표이다.

중요한 것은 우리를 그리스도의 성품으로 빚으시는 것이 적당한 고난, 적당한 훈련으로 되는 것이 아니라 실상은 고도의 정밀함이 요구되는 초자연적인 과정임을 인식하는 것이다. "하나님이 우리 안에 계속해서 그리스도의 성품의 면면을 빚으시는 작업은 초자연적이다."[30] 이것을 제대로 깨달으면 풀무불 속에서 성령님이 나를 빚으시는 것을 정말 새로운 관점, 감사와 기대의 관점으로 바라보고 순종할 수 있다. 대리석에서 '피에타' 같은 걸작이 나오는 과정은 대리석의 깨어짐도 있지만, 대리석을 조금의 오차도 없이 다듬으며 세심하게 쪼아내는 조각가의 헌신이 있기에 가능하다.

5) 모든 차이를 철폐하시고 각각의 인격대로 사용하시는 성령님

성경 독자들에게 특별한 진리를 제대로 전달하고자 할 때, 하나의 사건을 성경 기자가 재진술하기도 한다. 대표적으로는 창세기 1장과 2장의 '인간 창조'에 관한 내용이 있고, 신약에서는 사도행전 10장과 11장의 '고넬료 가정의 성령 강림'이 있다. 베드로가 고넬료의 집에 가서 설교를 하는 중에 성령이 모든 이방인에게 부어졌다. 예루살렘 오순절 성령 강림의 때와 같은 일이 일어난 것이다(행

11:15). 마가의 다락방에 모인 모든 사람에게 임한 성령이 고넬료의 가정에 모인 모든 이방인에게 임했다는 사실은, 모든 차이를 폐하시고 임하시는 성령을 상징적으로 보여준다.

온전한 제자훈련을 받은 가장 중요한 증거 중의 하나는 성도 간의 모든 차이가 극복된다는 것이다. 비슷한 계층, 비슷한 경제적 수준, 비슷한 삶의 방식을 가진 사람들끼리 모이는 것은 세상에서 말하는 유유상종의 모습이다. 이것은 온전한 제자도의 모습이 아니다. "···바나바와 니게르라 하는 시므온과 구레네 사람 루기오와 분봉 왕 헤롯의 젖동생 마나엔과 및 사울이라"(행 13:1). 안디옥 교회가 바울과 바나바를 파송하는 모습을 다룬 사도행전 13장 1절의 말씀에 나타난 이름들이다. 이들 다섯은 삶의 방식이나 배경, 지성의 유무, 사회적 지위 등 모든 것이 달랐다. 니게르라는 시므온은 아프리카 출신 흑인을 말한다. 마나엔은 왕족 출신의 귀족이었다. 바울은 정통파 유대인으로 최고의 지성인이었다. 서로 스타일도 다르고 출신 지역이나 사회적 배경도 달랐다. 그럼에도 성령님이 함께하시니 모든 다름이 극복되는 것이다. 역사적으로도 성령이 강수처럼 부어질 때 모든 차별과 차이가 허물어지는 것을 볼 수 있다.[31]

이러한 차이의 철폐는 그 근원을 살펴보면 율법주의 폐지에 있다. 사도 바울은 골로새서 2장 20-23절에서 철저하게 율법주의의 철폐를 선언하고 있다. 성령님은 인종 간, 성별 간, 사회적 계급 간의 차이 등 하나님이 만들지 않고 세우지 않은 모든 차이는 철폐되어야 함을 말씀하고 있다(엡 4장).

우리가 율법주의에서 비롯된 차이와 차별을 깨뜨려야 하는 이유는 무엇인가? 이러한 차이와 차별이 우리를 하나님 앞에 서지 못하게 하기 때문이다. 그래서 사도 바울은 율법주의를 조각조각 찢어 자기 손으로 직접 불태웠다. 오늘날에도 교회 안팎에서 차이와 차별이 있는 것은 율법주의의 잔재이다.[32] 온전한 제자훈련은 우리 속에 여전히 잔재로 남아 있는 율법주의를 성령의 하나 되게 하심으로 제거하는 것이요, 신앙의 전진을 막는 '차이와 차별'의 벽들이 더 이상 쌓이지 못하도록 부수는 거룩한 망치가 되는 것이다. 이런 면에서 제자훈련 과정을 마친 후에도 여전히 배타적이고 세상적인 수준의 유유상종으로 뭉쳐 있다면 온전한 제자도의 길을 가고 있는 것이 아니다.

6) 순종과 의존의 관계를 통해 역사하시는 성령님

기독교의 참된 복은 순종과 의존의 관계를 통해서 주어진다. 우리는 이러한 복의 궁극을 예수님에게서 찾을 수 있다. 예수님께서 우리에게 주신 큰 복인 구원의 복, 영생의 복, 하나님의 자녀가 되는 복, 이 땅을 떠난 후에 영원히 하나님과 누리는 천국의 복 등이 모든 복은 철저하게 순종과 의존의 관계에서 주어진 것이다.

만일 예수님이 겟세마네에서 하나님께 완벽하게 순종하지 않으셨다면, 십자가 상에서 완벽하게 성부 하나님께 의존하지 않으셨다면, 우리는 예수님의 십자가를 통해서 하늘로부터 내려온 그 크고 황홀한 복을 누릴 수 없었을 것이다. 그런데 이러한 관계는 우리 힘으로는 할 수가 없다.

우리의 온전한 순종은 성령의 도우심으로 주어지는 것이지만, 동시에 우리가 순종할 때 하나님께서 성령을 주신다(행 5:32). 또한 우리가 하나님의 자녀로서 그분의 사명을 이루기 위해서는 성령께 전적으로 의존해야 한다. 사도 바울은 "오직 성령께서 가르치신 것으로"(고전 2:13) 했고, "다만 성령의 나타나심과 능력으로"(고전 2:4) 했다.

우리가 순종과 의존의 관계를 배울수록, 은혜의 준마를 타고 아무리 달려도 끝이 보이지 않는 하나님의 무한하신 자원에 참여할 수 있는 이유는 무엇인가? 우리의 뜻이 점점 더 하나님의 뜻에 일치되어 가기 때문이다. 이렇게 되면 "그리스도 안에서 하늘에 속한 모든 신령한 복"(엡 1:3)을 누릴 수 있는 것이다. 온전한 제자훈련은 어떤 상황이나 처지에서도 성령님을 통해 하나님께 순종과 의존의 관계를 확립하는 것이다.

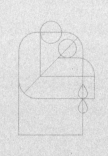

chapter 6

온전한 제자훈련을 위한 목회론:
온전함을 추구하는 목회자의 품성

온전한 제자훈련을 하는 목회자는 건강한 목회를 위한 질문의 삼각편대라고 할 수 있는 세 가지 질문을 늘 가슴에 담아야 한다. 첫째, 신학적으로 건강한가? 교회사적으로 검증된 것인지를 묻는 것이다. 둘째, 목회적으로 진정성이 있는가? 신학적으로 문제가 없다고 해도 목회 현장에서 목양을 위한 메마르지 않는 충만한 생명력을 가지고 있는지를 묻는 것이다. 신학적으로 건강해도 목회적인 현장이 죽어버리면 안 되기 때문이다. 셋째, 선교적으로 이 시대의 목회 현장에 적절한가? 사역자가 성도들을 잘 양육한다고 해도 교회 안에서만 머문다면 결국은 하나님 나라를 제대로 세우지 못하는, 미완의 목회가 될 수 밖에 없다.

신구약성경을 통틀어 사도 바울만큼 이상적인 목회자 상을 보여주는 인물은 없다. 그는 사도였고 선교사(전도자)였으며, 수많은 목회서신의 저자였고 무엇보다도 목회자였다. 그는 하나님의 선교로 세워진 교회를 하나님의 말씀으로 보호하고 돌보며 키우는 절박한 사명자, 곧 목회자의 중요성을 누구보다 잘 알고 있었다. 그가 쓴 많은 서신들 역시 책상 앞에 앉아서 순수 신학을 논하는 신학적 저술이라기보다는 각 교회가 당면한 현실적인 문제들에 대해 때로는 교정, 때로는 질책 그리고 때로는 격려를 보내는 성격이었기에, 일차적으로 '목양적'(pastoral)이었다. 바울이 위대한 목회자가 될 수 있었던 이유는 주님의 몸 된 교회 공동체에서 일어나는 일들에 대해 구체적이고 자세하게 알고 있었기 때문이다.[1]

바울은 제자 삼는 일이 단지 복음 전파만으로 가능하다고 말하지 않는다. 전파하고 이어서 "각 사람을 모든 지혜로 가르치"는 일 또한 제자 삼는 일에 포함시키고 있다(골 1:28-29). 좋은 목회자가 되기 위한 우선적인 조건은 잘 가르치는 것이다.[2]

잘 가르치기 위해서는 성령의 도우심이 우선이다(요 14:26). 내 속에서 능력으로 역사하시는 분은 성령이시다. 동시에 힘을 다해 수고하는 주체, 주신 재능과 은사를 극대화하는 주체는 나이다. 바울이 "그리스도 예수의 사도된 바울"이라고 자신을 소개한 것은 자신의 가르침이 위로부터 오는 것임을 말하기 위해서였다. 목회자의 가르침의 권세가 어디에서부터 오는지를 보여준다. 이처럼 목회자로서 바울을 살피는 이유는 목회자의 품성이 온전한 목회 사역을 좌우하는 요소임을 밝히기 위해서이다.

1.
온전한 목회자를 위한
품성

1) 본질을 묻는 목회로 사역의 눈을 뜨다

목회의 본질에 생명을 걸면 목회의 길이 열린다. 청년 시절에 한 친구가 신촌의 선교단체 성경공부에 한번 가보자고 제안을 했다. 가벼운 마음으로 성경공부 모임에 문을 두드렸다. 그곳에서 첫 시간에 받은 질문을 잊을 수가 없다. "정현 형제, 무엇이 가장 열매 맺는 삶입니까?" 그때 정말 많은 고민을 했다. 그리고는 '가장 많은 열매를 맺는 삶은 가장 가치 있는 삶이요, 가장 가치 있는 삶은 영원을 위해 투자하는 삶'이라는 것을 깨달았다. 그러면 영원한 것이 무엇인가? 영원한 것은 하나님, 하나님의 말씀 그리고 한 영혼, 이 세 가지다.

제자훈련 정신에서 볼 때 한 영혼의 인격적 가치는 영원하다. 신자의 영혼도 불신자의 영혼도 영원하다. 단지 영원히 거하는 장소가 다를 뿐이다. 나는 이때 한 영혼의 인격적 가치에 눈을 떴고, 바로 그 한 영혼 한 영혼을 주님과 세상 그리고 타인과 바르게 관계할 수 있는 사람으로 세우는 제자훈련의 소중함에 눈을 떴다. 옥한흠 목사님을 만난 것도 그 즈음이었다. 당시 신앙적 비전을 가진 젊은이들은 거의 다 선교단체로 들어갔다. 그러나 필자는 선교단체의 역동성을 기존 교회에 접목하는 사역, 소위 'Para-Church의 In-Church화(化)'에 헌신하기로 했다. 돌이켜보면 나의 목회인생을 결정지은 엄청난 사건이었다.

2) 영적 재생산을 사역의 뼈대로 삼기 시작하다

필자는 세 명의 형제와 두 가지 모토로 내수동교회 대학부를 시작했다. 첫째는 제자훈련 정신으로 영적 재생산에 참여하여 일꾼 삼는 것, 둘째는 "때를 얻든지 못 얻든지" 복음을 전하는 것(딤후 4:2)이다. "예수님의 '증인'[3]된 삶"이 모토였던 내수동교회 대학부는 당시 성인예배 출석자 수의 30퍼센트를 차지할 정도로 성장했다.

내수동교회 대학부를 7-8년 섬긴 후 미국 유학을 떠났다. 그리고 김동명 목사님, 안이숙 사모님[4]이 섬기고 계신 로스엔젤레스의 교회에서 대학부를 맡아 사역을 시작했다. 당시 대학생 30여 명의 제법 규모가 있는 대학부였다. 하지만 캠퍼스 사역, 양육 그리고 소그룹에 관한 개념이 부족했고 큐티도 약했다. 서둘러 대학생 몇 명을 모아 진액을 쏟는 제자훈련을 했다. 그들을 양육하고 훈련하면서 아직 훈련생인 그들을 바로 소그룹 리더로 파송했다. 주일 오후 1시부터 5시까지 대학부 부서 모임을 가졌다. 주변 대학들을 중심으로 캠퍼스 사역을 펼쳤다. 영적으로 성숙해지는 학생

멤버들을 캠퍼스 별로 매일 점검했다. 7월에 대학부 사역자로 부임했는데, 6개월 뒤 겨울수양회에는 120명의 학생들이 참석할 만큼 부흥했다.

그때 어떤 목사님께서 내게 이렇게 물으셨다. "나는 30분만 설교해도 그들이 견디지 못하고 억지로 참는 모습이 역력한데, 오전도사는 어떻게 이들을 토요일까지 붙잡고 있을 수 있느냐?" 그때 했던 대답은 지금도 내 사역의 중추가 되고 있다. "목사님께서는 아이들을 잘 가르치려고 하시지만, 저는 사람의 변화가 목표이고 영적 재생산이 목표입니다."

대학부의 부흥은 내게 무슨 인간적인 매력이 있었기 때문이 아니다. 돌이켜보니 당시 사용한 교재나 훈련 도구가 탁월한 것도 아니었다. 제자훈련, 그 자체의 역동성이 사람을 키우고 다시 그 사람이 다른 사람을 키우는 선순환이 일어난 것이다. 자연스럽게 영적 재생산이 일어났다. 이 정신과 믿음 하나로 나는 1987년 연말부터 준비해서 1988년에 본격적으로 남가주 사랑의교회를 제자훈련 정신으로 개척했다. 여러 가지 일도 많았고, 다양한 사역도 있었다. 예배, 봉사, 교육, 선교 그리고 다음세대 글로벌 인재 양성 등 고르게 사역했다.

그러나 이런 모든 사역에도 결론은 한 가지, 제자 삼는 본질에의 투신이었다. 제자훈련이라는 본질에 생명을 걸면 반드시 하나님께서 예비하신 길이 열리는 것을 목회 현장에서 몸으로 체득했다. 하나님, 하나님의 말씀 그리고 한 영혼의 영원한 것에 최상의 가치를 두는 것, 이것이 사람을 살게 하고 공동체를 살게 하는 영적 재생산 사역의 시작이다.

3) 경쟁구도를 섬김구도로, 섬김구도를 미션구도로 바꾸는 목회가 성도를 온전함으로 이끈다

자본주의 사회는 누군가를 밟고 올라서는 자에게 승자의 트로피를 주는 속성이 있다. 자본주의의 고삐를 쥐고 있는 자본, 즉 돈의 기세와 맹렬함은 이러한 속성을 더욱 가속화시킬 것이다. 경쟁구도의 폐해를 알면서도 이미 우리는 승자독식이라는 호랑이 등에 타고 있다. 등에서 떨어지는 순간 뒤처지고 패자로 팽개쳐지게 되는 것을 알기에 악착같이 붙잡고 질주하고 있다.

목회자의 세계, 신앙의 영역에서도 사역자나 성도가 얼마든지 경쟁구도에 포박될 수 있다. 사람이 사는 사회이고, 정해진 자리에 모두를 세울 수 없기에 생존을 위해 경쟁구도의 제물이 될 수 있다. 그러나 이미 성경은 경쟁구도의 결말을 선명하게 말씀하고 있다. "만일 서로 물고 먹으면 피차 멸망할까 조심하라"(갈 5:15). 어떻게 해야 이런 사슬을 끊고 모두가 사는 목양의 길을 갈 수 있을까?

경쟁을 사회 문화의 기초로 여기는 현실에서 섬김을 실천하는 것은 쉬운 일이 아니다. 예수 그리스도를 주님으로 믿는 것 때문에 바울처럼 스스로 종이 되는 삶을 살기(고전 9:19)는 몹시도 어려운 일이다. 그러나 이것이 제자의 길이다.

어떻게 하면 '상호 의심'을 '상호 섬김'으로, '경쟁'을 '협력'으로 대체할 수 있는가?[5] 사도 바울은 빌립보 교회에 보내는 편지에서 경쟁으로 파열음을 내는 이름들을 거론하면서까지 이 사실을 적시했다(빌 4:2). 오늘날 교회 내의 문제로 사회의 법정에 소송하는 일이 다반사가 되고, 교회 내부에서 서로 간의 경쟁을 넘어 비방으로 주님의 몸 된 교회가 크게 상처를 받는 것도 사회 문화에 뿌리 박힌 경쟁구도가 교회 내에까지 깊숙이 침투했기 때문이다. 이것은 지금 한국교회가 힘을 잃는 심대한 원인 중 하나이다.

어떻게 해야 경쟁구도를 섬김구도로 바꿀 수 있을까? 교회 내에서 경쟁이 아니라 섬김으로 가야 함을 모두가 알지만, 이것만으로는 결코 한 발짝도 나아갈 수 없다. 섬김과 봉사가 윤리적이거나, 신앙적 양심으로만 작동해서는 죄성을 가진 인간의 연약함 때문에 오래갈 수가 없다.

경쟁구도가 섬김구도로 가기 위해서는 반드시 사명 의식이 기초가 되는 미션구도로 가야 한다. 기독교의 선교가 무엇인가? 그 일에 목숨을 걸고 자신을 던진 사람만이 감당할 수 있는 사명이다. 무슨 사명인가? 제자훈련의 제1원리인 주님께서 부르신 소명을 가지고 세상으로 보냄 받은 자로서 감당해야 할 사명이다. 그러므로 결국 경쟁구도를 섬김구도로, 섬김구도를 미션구도로 바꾸는 것은 온전한 제자훈련이다.

사랑의교회는 2013년에 홍역을 치렀다. 혹자는 제자훈련하는 교회에서 왜 그런 분열과 내홍(內訌)이 있냐며 제자훈련에 대한 비판의 근거로 삼기도 했다. 그러나 그때나 지금이나 필자는 다시 되묻는다. 만일 사랑의교회가 제자훈련을 통해 미션구도가 뿌리 내리지 못했다면 지금 어떻게 되었을까?

온전한 목회, 온전한 제자훈련을 위해서는 미션구도에 눈을 떠야 한다. 교회 미션의 특징은 한계가 없다는 데 있다. 복음을 전하는 일에 한계가 있을 수 없고, 섬김을 다하는 데 한계가 있을 수 없다. 왜냐하면 복음전도의 영역, 섬김의 영역은 무한대의 미개척지이기 때문이다.

미션구도는 성도들의 용량을 키우는 최적의 길이다. 사실 온전한 제자훈련은 용량을 키우는 훈련이다. 목회의 용량, 사역의 용량, 믿음의 용량, 섬김의 용량을 키우는 것이 온전한 제자훈련의 진면목이다. 그리고 용량이 되는 사람이 그에 걸맞은 자리에 앉도록 돕는 것이 온전한 제자훈련을 하는 목회자의 책무이다. 사울 왕의 실패에 대해서 여러 가지 이유를 댈 수 있지만, 핵심은 용량의 부족이다. 미션구도를 통해 용량을 키운다는 것은 성도에게 "성육신적 선교 의식"[6], 섬김 의식을 함양하고 그것에 가슴이 뛰게 하는 것이다.

4) 온전한 제자를 길러내기 위해 요구되는 세 가지 용량

첫째는 지도자의 인격적 용량이다. 좋은 지도자가 되거나 좋은 지도자를 만나는 것이 인격 형성에 중요하다는 것은 상식이다. 그렇다면 누가 좋은 지도자인가? 누가 능력과 리더십을 겸비한 사람인가? 지도자의 인격적 용량은 복음에 대한 명확한 자기 이해에 비례한다. 복음의 정의와 목적에 눈을 뜨면 용량이 커진다. 복음을 가진 자는 마땅히 자라야 한다. 이것이 사도 바울이 에베소 교인들에게 "온전한 사람을 이루어 그리스도의 장성한 분량"에 이르기를 소원했던 의미이다(엡 4:13). 복음에 대한 정확한 자기 인식이 있으면 옳고 그름에 목매지 않고, 은혜와 은총의 원리에 눈과 마음이 가게 된다. 은혜의 원천인 목자의 심정에 눈이 열리면 지도자의 인격적 용량, 나아가 믿음의 그릇이 커지게 된다. 그릇이 되면 하나님은 그 크기에 걸맞게 채워주신다. 이것을 경험하는 것이 사역자의 큰 복이다.

둘째는 교회의 용량이다. 교회의 용량이란 교회 외형의 크기가 아니라 하나님의 사명을 담는 그릇의 크기를 말한다. 사역자가 복음에 대한 확실한 자기 이해를 통해 인격적 용량을 갖추었다고 해도, 교회 그릇의 용량이 준비되어 있지 않으면 성도들의 전인적 영성 형성을 제대로 이룰 수 없다. 교회 용량의 핵심은 먼저 '교회가 직분으로 움직이는가 사명으로 움직이는가?'이다. 달리 말하면 교회가 어떤 위치나 조직으로 움직이는가, 아니면 생명의 역사로, 사명으로 움직이는가이다. 또 하나, '직분이 아니라 사명으로 움직이는 사람의 수가 얼마나 되느냐?'이다. 이에 따라 교회의 용량이 결정된다. 장로나 권사 수가 얼마나 되느냐보다 목자의 심정을 지닌 준비된 사람들이 몇 명이나 마음을 온전히 합하여 하나가 되고 있는지가 중요하다.

지금 한국교회가 힘을 잃고 있는 이유 중 하나는 장로가 목사를 평가하고 목사가 당회를 평하는 데 있다. 행정도 중요하지만 더 중요한 것은 장로들은 사명자로 앞장서고, 목회자들은 장로들이 섬기는 사역을 더 잘 감당할 수 있도록 돕는 자가 되는 것이다. 장로와 목사가 사명 의식으로 손을 잡기보다 서로를 평가하는 일이 일상화되면, 교회는 분란이 생기고 하나님의 영광이 크게 가리워진다. 서로가 목자의 심정으로 목회자는 지도력(leadership)을 책임지고, 장로는 사역(ministry)을 책임져야 한다. 참으로 안타까운 것은 거꾸로 장로가 지도력을 갖고 목회자의 사역을 평가하는 것이다.

셋째는 새로운 사회 문화에 대한 인식의 용량이다. 교회가 어느 정도 자라면 반드시 현상 유지의 단계, 즉 정체기를 만나게 된다. 이것을 돌파하는 길은 새로운 문화에 대한 인식의 용량이 커지는 데 있다. 상황을 보는 눈에 패러다임의 변화가 일어나야 한다.

기독교의 절대가치, 핵심 진리 외에는 시대에 맞게 옷을 갈아 입을 줄 알아야 한다. 근본은 바뀔 수 없지만, 옷은 시대의 문화와 사조를 견인하는 옷으로 갈아 입어야 한다. 우리에게는 사회와 문화를 왕이신 그리스도의 통치 가운데로 인도해야 할 책임이 있기 때문이다. 이것이 중요한 이유는 복음으로 사회를 이해하는 통찰력을 가지면, 반기독교적인 사회 문화 현상에 대해 복음적인 전투력으로 맞설 수 있기 때문이다.

예수님은 그분의 사역에서 의도적으로 당시 사회의 의식을 뒤집는 패러다임 시프트(paradigm shift)를 일으켰다. 산상수훈을 통해서 복에 대한 개념을 바꾸었고, 마태복음 20장에서 큰 자에 대한 새로운 정의를 말씀하심으로써 권세에 대한 인식을 완전히 뒤집어 놓았다. 뿐만 아니라, 예수님은 제자들의 발을 직접 씻어주심으로써 섬김에 대하여 제자들의 영혼에 지진을 일으켰다. 결과적으로 제자들의 인식의 용량이 엄청나게 커졌다.

만일 제자들이 예수님이 의도하신 패러다임 시프트를 경험하지 않았다면, 그리하여 진정한 의식의 변화를 겪지 못하고 그들의 인식의 용량에 변화가 없었다면, 그 살벌한 초대교회 당시 사회 문화의 반기독교적 위협을 전투적으로 헤쳐나갈 수 없었을 것이다.

5) 충만한 영성이 성도를 온전함으로 이끈다

사역에 누수가 있으면 교회도 성도도 제대로 설 수 없다. 사역의 열심이 사역의 열매로 나타날 수 없다. 영적 누수가 무서운 것은, 오스왈드 챔버스(Oswald Chambers)의 말처럼 영적 누수로 인해 우리가 하나님의 비전을 상실하기 때문이다.[7] 목회자라면 누구나 이미 이런 사실을 알고 있을 것이다. 그럼에도 여전히 사역의 누수에 둔감하거나 습관적으로 누수를 일으키는 경우가 적지 않다.

필자에게는 사역의 방향타로 삼은 신앙의 좌우명이 있다. "내게 이미 결정된 것을 가지고 고민하지 말고 내가 더 잘할 수 있는 것에 목숨 걸자." 이것이 내 목회의 방향을 바꾸었다. 그런데 사역자들 중에는 이런 사실을 머리로는 인지하면서도 여전히 결정된 사실, 결정된 과거에서 벗어나지 못하고 심지어 집착하는 경우가 적지 않다. 이 문제에 대해서는 눈에 보이는 현실의 커튼을 열고 그 너머를 보는 구원사적 시각으로 접근할 필요가 있다. 왜 많은 사람이 사역의 누수를 일으키는 것을 알면서도 마치 강력 접착제를 붙인 것처럼 결정된 과거에 집착할까? 돌이킬 수 없는 과거에서 눈을 떼지 못하는 배경에는 사탄의 끌어당김이 있음을 알아야 한다. 복음의 능력은 과거에 매이지 않는다. "그리스도인은 이미 결정된 것을 가지고 인생을 낭비하지 말고, 더 잘할 수 있는 것에 목숨을 걸어야 한다."

이것이 왜 중요한가? 흔히 말하는 성공을 위한 적극적이고 긍정적 마인드의 효과 때문인가? 아니다. 우리가 결정된 것에 인생을 낭비하지 말고 더 잘할 수 있는 것에 목숨을 걸어야 하는 이유는 하나님의 주권적 섭리 의식이 깃들어 있기 때문이다. 과거는 이미 하나님의 주권적 섭리 속에서 다듬어져 현재와 미래를 위한 디딤돌로 조각되었다. 그러므로 사역자가 자꾸 과거에 집착하는 것은 하나님의 주권적 섭리에 대한 불신앙의 모습일 뿐이다.

목회자의 시선이 늘 과거를 향하고 있으면, 성도들도 과거의 문제로부터 앞으로 전진할 수 없다. 우리는 늘 '내가 더 잘할 수 있는 것이 무엇인가?'를 생각해야 한다. 그 누구라도 주님을 더 닮아갈 수 있고, 가족과 이웃을 위해 주님을 더 사랑할 수 있다. 주님을 더 사랑하면 마음이 간절해지고, 마음이 간절해지면 몸의 태도로 나타나 더 신선하고 창조적이며 더 혁신적으로 바뀔 수 있다. 그렇게 되면 목회자와 성도는 누수 없는 사역을 하며 누수 없는 인생이 될 수 있다. 이것이 온전한 목회, 온전한 제자훈련으로 가는 길이다.

(1) 누수 없는 목회를 위해 사역을 하나님의 시간으로 튜닝하라

목회를 누수 없이 하기 위해 중요한 것이 있다면, 사역의 시간을 하나님의 시간에 맞추는 것이다. 하나님의 시간표와 목회 사역의 시간표가 어긋나면 아무리 애를 써도 원하는 열매를 얻기 어렵다. 사역의 시간을 하나님의 시간과 튜닝하기 위해서 본능처럼 나를 일깨웠던 목회의 원칙이 있다. 모든 사역과 목회의 스케줄을 '주후'(主後)의 관점으로 보는 것이다. 작은 것 같아 보이지만 목회의 틀을 견고하게 하는 초석이 될 수 있다.

어릴 때부터 부친은 "현아, 너는 무슨 서명을 하거나 기록을 할 때, 그냥 '몇 년 몇 월 며칠' 이렇게 쓰지 말아라. 반드시 '주후' 몇 년 몇 월 며칠로 쓰도록 해라"라고 말씀하셨다. 그래서 지금까지도 연월일이 필요한 서명을 하거나 글을 쓸 때 '주후'라는 말을 쓰고 있다. 부친의 작은 가르침이지만 목회의 초석이 된 교훈이다.

그래서 사랑의교회에서 사용하는 모든 서류는 물론 임명장이나 패를 만들 때 그리고 교회 기안서까지 '주후'를 사용하고 있다. 우리의 연표는 '주후'다. '주후'라는 단어에는 하나님의 통치와 주권에 대한 우리의 고백이 담겨 있다.

우리는 모두 하나님의 연표 밑에 즉, 하나님의 주권적 통치 아래 있다. 세상의 연표(역사)는 이 세상을 얼마나 즐기는지에 초점을 맞추고 있다. 그러나 하나님의 연표는 이 땅에서 주어진 시간을 가장 값지고 의미 있게 살아가도록 하는 데 초점이 맞춰져 있다. 세상의 연표로 사는 사람은 죽음을 향해 달려가는 시간의 노예라는 처지에서 벗어날 길이 없지만, 하나님의 연표로 살아가는 사람은 하루하루 하나님을 향해 걸어가면서 하나님의 영원한 시간대 속에서 살아갈 수 있다. 이 땅에서의 하루가 그저 죽음으로 가는 과정이 아닌, 영광스러운 하나님을 향한 영원한 시간대 속의 하루라는 사실은 얼마나 큰 축복인가! 세상의 연표는 '우리는 죽기 위해서 태어났다'라고 말한다. 그러나 하나님의 연표는 '우리는 영원한 삶을 위해서 태어났다'라고 강조한다. 세상의 연표는 우리를 묘비에 적힌 두 줄 사이의 짧은 인생(몇 년도에 태어나서 몇 년도에 죽음)이라고 말하지만, 하나님의 연표는 우리를 하나님의 생명책에 기록되는 존재라고 말한다. 세상의 연표는 지나가는 시간을 붙잡고 즐기라고 말하지만, 하나님의 연표는 주어진 소명을 붙잡고 사명의 즐거움으로 살라고 말한다.

그러므로 목회자가 성도에게 하나님의 통치와 주권이 담긴 연표인 주후를 가르치는 것은 작고 사소한 일 같아 보이지만, 온전한 목회의 시작이다. 많은 훈련을 하지 않아도 주후라는 연표 아래에서의 삶을 살아간다면 수많은 제자훈련의 과정을 이수한 것보다 더 온전한 성도의 삶, 누수 없는 삶을 살게 될 것이다.

(2) 날마다 새로워지는 목회를 위한 사역의 '끝과 시작'

사역의 장(章)은 끝과 시작(finish and start)인가? 시작과 끝(start and finish)인가? 어떻게 하면 사역을 날마다 신선하게 할 수 있을까 하는 것은 모든 목회자의 주된 관심사이다. 대개의 사역은 시작과 끝의 패턴을 가진다.

필자는 항상 어떻게 하면 주일예배에 참석한 성도들을 그냥 돌려보내지 않고 거룩한 설렘을 가슴에 담아 가게 할까, 어떻게 하면 성도들을 살리는 역동적이고 신선한 사역을 할까 고민했다. 그렇게 목자의 심정으로 진통하면서 깨달은 것이 '피니시 앤 스타트'(Finish and Start)였다. 그 주기는 일주일이다. 하나님께서 기적 같은 기간을 주신 것이다. 10일도 안 되고, 5일도 안 되고, 3일도 안 된다. 일주일 단위로 '피니시 앤 스타트'이다. 이것은 목회 사역의 실제 현장에 있지 않은 신학자들은 체감하기 어려운 경험적인 진리이다.[8]

이것을 알고 난 후 이민교회에서 매주마다 다락방을 했다. 그 당시 가깝게 지낸 목사님 한 분이 질문했다. "이민교회 성도들이 한 주 동안 고생고생하는데, 매주마다 주중에 모이면 피곤해서 어떻게 하나?" 그래서 "목사님은 어떻게 하시나요?" 여쭈었다. 한 달에 한 번 소그룹으로 모인다고 하셨다. "목사님, 현상유지도 힘드시죠?"라고 했더니 힘들다고 하셨다.

사역은 한 주 단위로 하되, 가슴 뛰는 '끝'의 사역, 시작을 기다리는 '끝'의 사역으로 마무리하라. 이것은 정차되어 있지만 사실은 질주하기 직전의 엔진의 상태와 같다고 할 수 있다. 'Finish and Start!' 지난 40여 년 사역을 매주마다 새롭게 해왔던 목회의 비밀이다.

사역이 열매를 맺고 장수하려면 반드시 '희락성'을 가져야 한다. 사역이 일로 여겨지고 의무로 여겨지는 순간, 사역의 동력은 약화되기 마련이다. 그래서 사랑의교회의 모든 사역은 '피니시 앤 스타트'이다. 한 주를 사역의 주기로 삼고, 토요일 새벽의 토비새로 신선하고 신나게 마무리한다. 그러나 한 주의 사역의 '끝'으로서의 토비새는 사실 주일 아침의 기쁨의 사역을 시작하기 위한 가슴 뛰는 마무리라고 할 수 있다. 토비새에 참석한 사람들은 설렘을 안고 주일을 기다리는 것이다.

사역을 시작과 끝의 패턴에서 끝과 시작의 패턴으로 바꾸고, 잔치의 개념으로 승화시킨 결정적인 계기는 예수님의 사역 때문이다. 구약이 노동 이후의 안식으로 '피니시'에 강조점이 있었다면, 신약은 예수님의 부활로 안식 이후의 노동, 즉 일주일의 첫날, '스타트'를 강조하고 있다. 일반적으로 월요일을 한 주의 시작으로 보는 흐름이 여전하다. 이것은 세상적인 관점이다. 기독교는 예수님께서 부활하신 주일이 시작이다. 그러나 교회마저 주일을 개념적인 시작으로만 여길 뿐 성도의 삶에서 실제적인 시작이 되도록 하지 못했다. 성도의 삶에서 주일이 진정한 시작점이 될 수 있도록 교회의 사역이 변혁되어야 한다. 주일은 쉬는 날이 아니라, 새로운 한 주일을 신명나게 끌고 갈 수 있는 희락성으로 충만한 날이며, 교회의 모든 사역은 이를 위해 한 방향으로 정렬되는 것이 마땅하다. 이를 위해서 사역은 '피니시 앤 스타트'(finish and start)가 되어야 한다.

주일을 힘 있게, 기쁨으로 시작하고 싶다면 수요일이나 금요일이 아닌 토요일 아침에 사역을 기대감으로 마무리하라. 그러면 신선하고 기쁨과 설렘 가득한 주일 아침 사역을 시작할 수 있을 것이다. 이렇게 하면 매주일이 잔치요 희락이다. 이처럼 '피니시 앤 스타트의 사역'에는 거룩한 희락성이 담보되어 있다.

(3) 목회를 보호하는 충만한 사역

사역하다 보면 누구라도 막다른 골목을 마주할 때가 있다. 전후

좌우 어디에도 조금의 틈조차 보이지 않는 사면초가의 상황을 맞을 때, 왜 어떤 사역자는 주저앉고 어떤 사역자는 일어서는가?

부친은 어려울 때마다 내게 "여호와를 앙망하는 자는 새 힘을 얻으리니"라며 이사야 40장 27-31절의 말씀을 반복적으로, 지속적으로 주셨다. 그럴 때마다 나는 얼마든지 "아버님은 지금 제 상황을 몰라서 그렇게 말씀하십니다"라고 말할 수 있었다. 그런데 어려웠던 시기에 이 말씀이 내 삶을 일으키는 레마의 말씀으로 작동한 계기가 있었다. 28절의 "[하나님은] 명철이 한이 없으시며", 이 구절이 심중에 깊이 박혔다. 그리고 이것은 이후 내 사역의 중추가 된 "충만한 사역"의 뿌리가 되었다.

1981년 내수동교회 대학부 수양회에 옥한흠 목사님을 강사로 모셨다. 그때 목사님은 "오 형제, 우리 교회 대학부도 같이 하자"고 하셨다. 200명이 넘는 대학생들이 수양회에 참석했다. 당시 대학교의 학생 수를 생각하면 지금의 몇천 명에 비견될 정도의 큰 집회였다. 그런데 둘째 날 저녁, 목사님이 갑자기 "나 오늘 집회 인도 못 하겠다. 내 마음에 번민이 와서 설교 못 하겠어" 하셨다. 수양회를 책임졌던 나를 벼랑 끝에 서게 한 순간이었다.

'어떻게 해야 하나' 기도하는 가운데, 소그룹 리더 40명과 함께 목사님 숙소 앞에서 "목사님, 우리가 부족합니다"라고 울면서 강단에 서시기를 청했다. 한 시간 정도 무릎꿇고 기도했다. '명철이 한이 없으신' 하나님을 붙잡은 것이다. 목사님도 숙소에서 기도하고 나와 강단에 서셨다. 그날 밤 소위 세상이 뒤집어졌다. 참석한 사람들이 뒤집어졌고, 대학부의 역사를 바꾸는 집회가 되었다.

1982년 유학을 떠나 미국에 도착했을 때, 가진 것이 없었다. 아이들도 생겼다. 신학교를 다니면서 주말에는 사역을 했기 때문에 여러모로 힘겨웠다. 상황이 너무도 절망스럽고 죽을 것 같은 때에 하나님은 명철이 한이 없으시다는 말씀을 그대로 받고, 인생의 한쪽 문이 닫히면 새로운 길을 열어주시는 것을 경험했다.

충만한 사역은 어떤 경우에도 '명철이 한이 없으신' 하나님의 인도하심을 기대하고 하나님의 새 길을 꿈꾸며 하나님께 엎드리는 데서 시작된다. 어떤 처지에서도 하나님께서 열어주시는 새 길에 대한 기대감과 믿음으로 충만한 사역자는 상황을 부정적으로 보거나 상처로 주저앉을 수 없다. 서초동에 교회를 신축하면서 내게 큰 어려움이 닥쳤을 때, 많은 사람이 내가 다시 일어설 수 없을 것으로 생각했다. 그럼에도 오히려 목회의 새 지평을 여는 계기가 되었던 것은 오로지 '명철이 한이 없으신' 하나님에 대한 거룩한 기대감이 내 가슴에 불이 되었기 때문이다.

충만한 사역은 가슴에 박힌 말씀이 원천이 되고 물길이 되어, 사역자의 내면에서 터져 나오는 것에서 시작한다. 그래서 충만한 사역자는 사역의 후회나 후유증이 없고 남 탓이 없으며, 어떤 상황에서도 창조적 사역의 물꼬가 트인다.

또한 충만한 사역은 목회자를 영적인 희열로 인도한다. 충만한 사역은 스스로 뿜어내는 것이 아니라 가슴에 새겨진 말씀이 성령의 역사를 통해 터져 나오는 것이다. 충만한 사역을 하는 목회자의 고백이 있다. "얼마나 놀라운 축복인가! 나는 완전히 만족하고 아침부터 밤까지 맡겨진 충만한 사역으로 인해 더 없이 행복하다

네."[9] 충만한 사역자는 안팎의 고난이 있다고 해도 성령의 능력을 통해 뿜어져 나오는 영적인 희열을 숨길 수가 없다.

(4) 성도를 보호하는 선제공격 목회

성경에서 선제공격의 의미는 구약적으로는 이스라엘 백성들이 새로운 땅, 가나안을 점령하는 것을 통해 드러나고 신약적으로는 선교적 의미로 사용된다. 선교는 죄로 얼룩지고 사탄의 지배를 받는 어둠의 땅에 하나님 나라를 세우는 것이다. 선교는 사탄에게 사로잡힌 지역과 사람들에게 복음을 전하는 것이다. 성경은 이것을 마귀의 "견고한 진도 무너뜨리는 하나님의 능력"(고후 10:4)이라고 표현하고 있다.

선제공격은 성도를 보호하고 지키는 최고의 전술이다. 목회자의 최우선 관심은 마귀의 공격과 세상의 유혹에서 성도를 지키는 데 있다. 이를 위해 구약에서 양의 피를 '문설주와 인방'에 발라 이스라엘 백성을 보호했듯이 성도들이 예수님께서 흘리신 십자가의 피, 보혈의 경계선을 벗어나지 않도록 가르치고 인도해야 한다. 성도들의 인생의 문기둥을 보혈의 피로 바르는 것이다. 이것은 목회의 첫 단계인 예방목회이다.

그런데 보혈의 경계선을 벗어나지 않게 하는 보호목회를 수동적인 의미로 받아들이면 안 된다. 기독교 안에 '하나님은 지독하게 방어적인 분'이라는 소극적이고 위축된 생각을 갖는 흐름이 있다. 그러나 우리의 실존을 감싸고 있는 영적 전투에서 선제공격을 하시는 분은 언제나 하나님이시다.[10]

성경은 우리에게 교회 내의 지체는 물론 믿지 않는 사람들에 대해 관용, 화합, 공존을 강조한다. 그럼에도 불구하고 복음의 순전함과 신앙의 정절을 지키는 일을 위해서는 선제공격을 명하고 있다. 바울은 믿는 사람들이 할 수 있는 대로 모든 사람과 화목한 관계를 가질 것을 명했다. 그러한 바울이 갈라디아서 1장 6-10절에서 자신의 교훈을 뒤집는 것처럼 말한다. 이 구절은 신약을 통틀어 가장 신랄한 독설처럼 표현되고 있다. "이 본문은 바울 서신 전체에서 가장 논쟁적이며 특히 이 대목은 그의 선제공격이다."[11]

바울은 성도들을 보호하고 그들이 보혈의 경계선에서 벗어나지 않도록 하는 예방목회와 더불어, 복음의 순수성을 지키는 일을 위해서는 결사적으로 항전할 뿐 아니라 오히려 선제공격을 감행해야 함을 보여주고 있다.

목회자는 성도들에게 신앙을 지켜내는 수동적인 태도뿐만 아니라, 마귀에 사로잡힌 지역이나 영역에 침투하여 회복하는 영적 선제공격의 개념을 가르쳐야 한다. 그것이야말로 신앙인의 삶의 문설주와 인방에 보혈을 바르는 것이요, 이 험한 세상에서 자신을 지키는 것임을 심중에 새기도록 하는 것이다. 이 개념을 삶에 구체적으로 적용하면 하루를 시작할 때 침상에서 일어나 먼저 기도하는 것이 마귀에 대한 선제공격이며,[12] 나아가 인식론적으로는 하나님의 지혜를 통하여 우리의 신앙 일상에서 신선하고 새로운 창조의 문을 여는 것이 선제공격이라고 할 수 있다.[13]

마귀에 대한 선제공격이라는 개념은 신자의 삶에 거룩한 파문을 불러일으킨다. 복음의 진리는 변함이 없지만, 그 복음을 통하여 삶을 신선하고 새롭게 하는 것은 또 다른 영역이다. 목회자는 마귀에 대한 선제공격이 특정한 사람의 특별한 행위가 아니라 모든 신앙인에게 일상적인 신앙 개념이 되도록, 이를 통하여 성도들이 미지근한 신앙, 무기력한 신앙에서 벗어나 사기충천한 신앙의 길을 걸어가도록 무장시켜야 한다.

(5) 생명나무를 선택하는 사역

목자의 심정이 목회를 살게 하는 혈맥이라면, 생명나무를 선택하는 사역은 목회가 과연 목자의 심정으로 실천되고 있는지를 보이는 증거이다.

목자의 심정이 목회의 중추를 이루는 뼈대라면, 이것은 반드시 외적으로 나타나야 한다. 내게는 그것이 생명나무를 선택하는 사역이다. 1990년대 중반에 캘리포니아 사막에 있는 수양원에서 성경전체를 읽는 중에 내게 불처럼 떨어진 말씀이 있었다. "생명나무를 선택하라!" 나의 사역을 새로운 차원으로 올려놓았던 은혜의 각성이었다.

'복음은 생명이다', '예수님은 이 생명을 주시기 위해서 이 땅에 오셨다', '생명을 구하는 것이 교회의 사명이다.' 신앙의 연륜이 있는 사람은 구구단처럼 외우는 진리이다. 그런데 우리 속에 박혀 있는 이 놀라운 진리가 생명의 역사로 나타나지 못하는 이유는 무엇인가? 에덴동산에서 선악을 알게 하는 나무를 택했던 아담 이야기는 역사적으로는 명백한 과거사지만, 영적으로는 지금도 우리 가운데 진행 중이다. 우리는 여전히 아담처럼 생명나무와 선악을 알게 하는 나무 앞에 서 있다.

선악을 알게 하는 나무를 선택한다는 것은 율법조문을 선택한다는 것이다. 율법조문은 무엇이 옳고 그른지를 결정하는 규범이다. 율법은 초등교사로서 우리의 죄와 허물을 깨닫게 함으로 우리를 그리스도께로 인도한다(갈 3:24). 그런데 우리는 예수님을 믿은 후로는 몽학선생 아래에 있지 않다(갈 3:25). 율법은 복음에 봉사할 때만 생명의 역사에 동참할 수가 있다. 오늘날 교회의 당회에서, 성도 간에 그리고 개인의 삶에서 그토록 파열음이 나는 것은 율법조문과 같은 선악을 알게 하는 나무를 선택하고 있기 때문이다. 아무리 신앙의 연륜이 깊고, 성경 지식으로 박사 학위를 가졌다고 해도 여기에 눈이 열리지 못하면 결코 자랄 수 없다.

창세기 2장에서 시작된 생명나무는 에스겔 47장을 지나 성경의 마지막 장인 요한계시록 22장에서 완결된다. 아담의 타락으로 막힌 생명나무의 길이 예수님의 십자가 구속으로 다시 열린 것이다.

선악을 알게 하는 나무를 선택하는 것은 내가 중심이 되는 선택이다. 내게 옳으냐, 내 스타일이냐, 내게 유익하냐. 이것이 선악을 알게 하는 나무를 선택하는 것이다. 그러나 생명나무를 선택하는 것은 주님이 중심이 되는 선택이다. 생명나무를 선택하면 죽음이 생명으로 변하고 실패자가 다시 일어설 수 있으며, 자신의 약점에서 자유로워진다. 한마디로 생명나무를 선택하는 것은 은혜의 주류에 서는 삶이다.

온전한 제자훈련은 생명나무를 선택하게 하는 훈련이다. 이것은 반드시 경험되어야 한다. 부부간의 다툼에서, 교회 내 모임의 갈등에서, 인생의 기로에서 생명나무를 선택할 때 전후의 달라진 경험들이 삶에 쌓이도록 생각과 몸을 훈련하는 것이 온전한 제자 훈련이다.

6) 균형 잡힌 영성이 사역을 온전함으로 이끈다

목자의 심정이 온전한 제자도의 뼈대라면, 이 뼈대로 이루어지는 온전한 제자도는 반드시 균형 잡힌 영성으로 나타나기 마련이다. 오늘날 한국교회가 이단 문제에서 자유롭지 못한 이유는 왜곡된 영성, 과장된 영성을 방관하거나 심지어 영성을 사적인 전유물로 여기는 데서 기인한다. 무신론에 사로잡힌 세상이 찾는 영성은 하나님이 아니라 사람에게 신적인 요소를 부여하는 영성, 더 나아가 기계에 영성을 부여하려고 시도하는 잘못된 방향으로 흐르는 영성이다. 성경적 시각으로 보면 이런 시도들이야말로 참으로 불순한 영성이 아닐 수 없다.

이런 불순한 영성을 해독(解毒)하고 건강한 영성의 길을 여는 것은 목자의 심정을 가진 균형 잡힌 영성에 있다. 우리가 균형 잡힌 영성에 주목하는 이유는 이것이 성경적 교회론의 토대이며, 무엇보다도 목자의 심정에 기초한 선교적 삶으로 인도하기 때문이다.

(1) 건강한 영성은 영적인 것만으로 세워질 수 없다

목회자가 세속의 급류에 흔들리지 않고 시대를 돌파하는 튼실한 영성을 가지기 위해서는 지력의 뒷받침이 있어야 한다. 우리는 영성을 영적인 영역으로만 생각하는 경향이 있어서 기도나 명상을 중시하기도 한다. 그런데 건강한 영성은 소위 영적인 것만으로 세워질 수 없으며, 지력이 뒷받침 되어야 한다.[14] 지력이 없는 영성은 내실 있는 목회의 열매를 맺을 수가 없다. "사역자는 지력의 뒷받침 없이는 영성 유지가 안 된다. 성경 말씀을 깊이 연구할 때 영력이 유지되는 것을 지켜보라. 영력을 위해서 지력이 제 역할을 하도록 눈을 뜨라. 자신의 지력을 살피지 않는 사람은 영성을 유지할 수 없다." 사역자의 영성은 지력에 의해서 깊어지고 튼튼하게 세워질 수 있다는 옥한흠 목사님의 강력한 도전은 이후 필자의 사역적 균형을 이루는 데 지속적으로 영향을 끼쳤다.

한편으로 우리가 균형 잡힌 영성에 마음을 두어야 하는 이유는 영적인 불균형이 신앙의 침체를 가져오기 때문이다. "영적 침체의 공통된 원인 한 가지는 그리스도인의 삶이 이처럼 총체적이고 균형 잡힌 것임을 모르는 데 있다. 균형을 잃는 것이야말로 그리스도인의 삶에 혼란과 불일치와 불안을 가장 많이 일으키는 원인이다."[15]

(2) 사역적 영성과 인격적 영성 그리고 균형 잡힌 영성을 판별하는 다섯 가지 기준

목자의 심정에 기초한 균형 잡힌 영성의 두 축은 사역적 영성과 인격적 영성이다. 사역적 영성이 외적 영성이라면, 인격적 영성은 내적 영성이다. 이 두 영성이 균형을 이루지 않으면, 소위 묵상(meditation)은 되는데 운동(movement)은 되지 않거나, 그 반대가 되는 참사가 일어난다. 그렇다면 교회사에 나타난 불균형의 예를 살펴보자.

지난 이천 년 세계기독교사에 여덟 가지 영성의 흐름이 있었다.[16] 묵상을 강조하는 영성, 성결을 강조하는 영성, 성령을 강조하는 영성, 사회정의를 강조하는 영성, 말씀을 강조하는 영성, 성례를 강조하는 영성, 훈련을 강조하는 영성, 공동체적 삶을 강조하는 영성이 그것이다. 각각은 나름의 훌륭한 역사 신학적 그리고 목회적인 배경을 가지고 있지만, 자칫하면 특정 영성에 매몰되어 균형을 잃을 수 있다.

첫째, 묵상만 강조하면 현실 세계를 잊어버릴 수 있다. 수도원에서 묵상을 통해 하나님과 친밀함을 누릴 수 있지만, 자칫 현실 도피적인 신앙에 빠질 수 있다.

둘째, 성결만 강조하면 하나님의 은혜에 둔감할 수 있다. 죄에 예민하고 죄를 짓지 않기 위해 애쓰는 것은 좋은 일이나, 거룩의 옷은 입지만 은혜의 옷은 벗어버리는 잘못을 범할 수 있다.

셋째, 성령을 강조하고 성령의 은사를 강조하다 보면 은사를 주시는 분을 잊을 수 있다. 나중에는 마치 자신이 은사를 베푸는 것으로 착각하고, 어느 순간 성령이 자신을 주도하는 것이 아니라 자신이 성령을 움직이는 것처럼 주객전도(主客顚倒)가 일어나는 위험에 빠질 수 있다.

넷째, 사회정의를 강조하다 보면 복음의 능력이 약화될 수 있다. 자신의 것을 내어주고 약자의 편에서 어려운 사람들과 동행하는 훌륭한 사람들이 많다. 그런데 눈에 보이는 육신의 어려움을 헤아리느라 눈에 보이지 않는 영혼의 문제를 등한시하다가 복음의 생명력을 잃어버릴 수 있다.

다섯째, 말씀만 강조하다 보면 성령의 사역적 능력이 약해질 수 있다. 주로 말씀과 교제 그리고 신학을 강조하느라 성령님의 사역을 상대적으로 덜 강조하는 교회들은 수천 명씩 모이기 쉽지 않다. 그러나 예수님은 열두 제자를 말씀으로 양육하셨지만, 수천 명의 영혼의 허기를 채우셨던 것도 마음에 두어야 한다. 사람들은 영적으로 살고 싶은 본능이 있기 때문에 생명이 있는 곳에 모이게 되어 있다.

여섯째, 성례만 강조하다 보면 성례에 담긴 의미나 목적을 간과하고, 형식적이고 의례적인 의식으로 변질될 수 있다. 그 결과 성례에 참석하는 성도들이 본래의 의미를 잃어버리고 성례의 표피적 영성에 머물 수가 있다.

일곱째, 훈련을 강조하다 보면 주님이 주신 기쁨을 놓칠 수 있다. 자칫하면 훈련 자체가 목적이 되면서 주님과 동행하는 기쁨을 누리지 못하고, 나중에는 삶이 메마르고 비판적인 신앙인으로 전락할 수 있다.

여덟째, 공동체적 삶을 강조하다 보면 개인의 정체성을 잃어버릴 수 있다. 그러나 개인의 삶이 희미해지면 결국은 공동체성도 희미해지게 되어 있다. 지난 역사를 보면 개인의 삶이 없는 공동체가 활력 있게 생존한 경우를 찾을 수 없다. 그러나 오랜 역사를 갖고 있는 공동체를 보면 개인의 삶에서도 빛이 난다.

왜 우리는 균형 잡힌 영성을 가져야 하는가? 물론 위에서 언급된 영성 하나 하나가 다 성경적이고 신앙적이며, 목회적이고 목양적이다. 그럼에도 자신이 처한 상황이나 환경에 따라 하나를 강조하고 나머지 영성에 대해서 편견을 가지면 성령께서 주시는 풍성한 삶, 예수님이 이 땅에 오셔서 우리에게 전해주시려 했던 삶을 살아갈 수 없다.

그렇다면 자신이 균형 잡힌 영성을 가지고 있는지 어떻게 알 수 있을까? 혹은 다른 사람이 균형 잡힌 영성을 가지고 있는지 감지하는 길은 없는가? 오랜 기간 목회하면서 사역을 판단하는 기준은 '생명이 있느냐 없느냐'로 결정된다는 것을 알게 되었다. 그리고 생명은 반드시 목자의 심정을 가진 곳에서 결실하는 것을 보았다. 참 목자의 최고의 관심은 언제나 양의 생명에 있음을 성경이 말씀하고 있다.

생명에 방점을 두는 균형 잡힌 영성을 판별하는 나름의 다섯 가지 기준이 있다. 하나님을 사랑하는가? 성경을 사랑하는가? 교회를 사랑하는가? 복음을 사랑하는가? 그리고 영혼을 사랑하는가? 이 다섯 가지 질문에 분명하게 "예"라고 대답할 수 있다면, 그것은 균형 잡힌 영성일 것이다. 어떤 경우에도 하나님을 사랑하노라 하고 그 형제를 미워하면,[17] 하나님을 안다고 하면서 그의 계명을 지키지 아니하면,[18] 교회를 사랑한다고 하면서도 교회의 영광에 눈이 가려져 있다면, 복음을 사랑하노라 하면서 복음전도의 발걸음이 없다면, 영혼을 사랑한다고 하면서 공의나 공정의 이름으로 정죄의 완장을 찬다면 균형 잡힌 영성일 수 없다.

2.
온전한 목회를 위한
창조적 미래 전략

1) 온전한 훈련 목회자가 되고 싶다면, 목회의 스탠다드를 높여야 한다

온전한 제자훈련을 소원한다고 해서 모두가 이에 걸맞은 훈련자가 되는 것은 아니다. 온전한 제자훈련을 위한 목회자의 자질 중의 하나는 좁게 말하면 안목이요 넓게 말하면 전망이다. 멀리 보기 위해서는 높이 올라야 한다. 아무리 좋은 눈이라고 해도 산 아래에서는 산 정상에서의 광경을 볼 수가 없다. 이를 위해 필요한 것이 목회의 수준이다. 성도는 목사가 보는 안목 이상을 보기 어렵다. 이것이 목회의 스탠다드를 높여야 하는 이유이다.

목회자의 사역 현장이 특정 지역이더라도 사역의 눈은 글로벌 스탠다드를 향해야 한다. 그래야 성도들의 눈이 사탄이 원하는 세상이 아니라 하나님께서 꿈꾸시는 세계를 전망할 수 있다. 성도들이 예배당에 앉아 있을지라도 강단은 그들에게 산 정상의 시야로 세상을 바라보도록 해야 한다. 목회자는 책을 읽더라도 그저 세상의 트렌드가 아니라 시류를 움직이는 원천을 다룬 책을 읽어야 하고, 때때로 거장의 음악회와 전시회를 애써 찾아가야 한다. 그래야 목회자가 특정 이념이나 사상에 갇히거나 경도되지 않고, 글로벌 스탠다드의 시각으로 교회와 목회를 조망하며 성도들을 온전함의 도상에 올려놓을 수 있다.

- **무엇이 복음적 글로벌 스탠다드인가?**

복음적 글로벌 스탠다드는 얼핏 보면 추상적인 개념으로 오해할 수 있다. 시각을 키우고 보는 수준을 높이라는 말인가? 그렇지 않다. 기독교 신앙은 처음 믿을 때부터 예수님의 지상명령에 따라 모든 족속을 제자로 삼는 복음적 글로벌 스탠다드(Global Standard)에 기초한다.

복음적 글로벌 스탠다드는 성경적 시각을 특정한 시대와 지역에 제한하지 않고 세계를 향하는 기준이 되게 하여, 천하 만민을 구원하는 인생의 지렛대로 삼게 하는 것이다. 이를 위해서는 배타주의의 틀을 깨뜨려야 한다. 한 손으로는 절대 진리로 복음을 사수하되, 또 다른 한 손으로는 모든 열방을 품는 복음의 포용성을 붙드는 것이다.[19] 복음의 은혜는 모든 사람을 위한 것이며, 복음의 능력은 모든 사람에게 임해야 한다. 온전한 제자훈련을 추구하는 목회자는 교파와 지역에 갇히거나 겉보기에 안전할 것 같은 종교적 배타성에 안주할 수 없다.[20]

지금 우리 사회가 겪고 있는 갈등의 밑바닥에는 편협한 순혈주의, 아집의 유교주의, 맹신적 지역주의가 자리 잡고 있다. 이런 뒤

틀린 마음으로는 복음으로 세상을 섬길 수가 없다. 십자가의 복음으로 하나님 나라를 세우기 위해서는 원수라도 가슴에 품고 손잡아야 한다. 이것이 복음적 글로벌 스탠다드이다. "그날에 이스라엘이 애굽 및 앗수르와 더불어 셋이 세계 중에 복이 되리니 이는 만군의 여호와께서 복 주시며 이르시되 내 백성 애굽이여, 내 손으로 지은 앗수르여, 나의 기업 이스라엘이여, 복이 있을지어다 하실 것임이라"(사 19:24-25).

이스라엘 역사에서 애굽은 이스라엘 백성을 노예로 삼았고, 앗수르는 이스라엘을 멸절시킨 원수의 나라다. 그런데 하나님께서는 애굽과 앗수르가 이스라엘과 더불어 세계 중의 복이 될 것임을 말씀하신다. 어떻게 보면, 인간의 상식이나 성정으로는 이해할 수 없는 일이다. 이는 복음의 관점, 생명을 살리는 하나님의 관점, 전 지구적인 관점으로만 가슴에 담을 수 있는 말씀이다. 복음을 모든 지역과 사람에게 적용하여, 원수 같은 애굽이나 앗수르와도 함께 하나님 나라를 세우게 하는 것이 '복음의 글로벌 스탠다드'라고 할 수 있다.

2) 온전한 목회를 위해 고수해야 하는 신앙적, 생활적, 사회적, 민족적 원칙들

제자훈련은 교회의 지체들인 성도들을 대상으로 하는 훈련이다. 따라서 훈련을 이끄는 훈련자의 자기인식에 의해 훈련의 질과 방향이 크게 좌우되기에, 목회자로서 훈련자의 준비와 의식을 점검하지 않고서는 제자훈련을 논할 수 없다. 온전한 목회, 온전한 제자훈련을 위해 목회자가 신앙적, 생활적, 사회적, 민족적으로 붙들어야 할 네 가지 원칙이 있다.

첫째, 신앙은 보수적이어야 한다. 보수라는 말은 어떤 뜻인가? 2,000년 교회 역사의 정통 신학을 '보수'(保守)하는 것이다. 1세기의 기독론, 16세기 종교개혁의 구원론 그리고 지난 2,000여 년 동안 주님의 몸 된 교회의 바탕이 된 교회론의 핵심을 그대로 고수하는 것이다. 보수라는 말은 험한 세상에서 하나님의 진리를 지키고 어떤 환경에도 흔들림 없이 버텨내는 것이다. 신학과 신앙은 정통 보수여야 한다.

둘째, 생활은 진보적이어야 한다. 여기서 진보는 정치적 맥락에서 사용되는 좌파적 개념이 아니다. 삶의 현장에서 최선을 통한 진보를 의미한다. "조금 더 잘해볼 수 없을까?" "조금 더 주님을 위해서 깊이 생각할 수 없을까?" "조금 더 주님의 사랑을 실천할 수 없을까?" "더 최선의 수준으로 할 수 없을까?" "한 단계 더 올라갈 수 없을까?" 이런 의미에서의 진보다.

셋째, 사회는 개혁되어야 한다. 사회가 개혁된다는 것은 복음적 신앙을 바탕으로 사회가 거룩하게 변화되는 것을 의미한다. 사회의 개혁은 교회의 건강한 부흥과도 직결된다. 존 스토트는 복음전도자이자 부흥사였던 찰스 피니가 부흥을 이야기하면서 세상의 개혁을 언급한 것을 환영했다. "교회의 중대한 임무는 세상을 개혁하는 것이다. 기독교를 고백하는 것 자체가 세상의 전반적인 개혁을 위해 최선을 다하겠다는 고백이며 맹세다." 이런 점에서 찰

스 피니의 복음전도를 통해 회심한 사람들이 반노예제 투쟁에 앞장선 것은 당연한 일이 아닐 수 없다.[21]

넷째, 민족은 치유되어야 한다. 특히 동족상잔의 비극을 겪고, 지금도 이념적인 갈등에서 자유롭지 못한 우리 민족은 더더욱 그러하다. 기도의 눈물이 흐르는 방향대로 민족의 방향이 나아가고, 민족이 치유될 것이다. 민족의 치유를 위해 기도할 때 우리 민족을 가로막는 산 같은 장애물이 처리될 것이고, 개인의 문제도 치유될 것이다.

이 네 가지를 신앙의 원칙, 목회의 원칙으로 삼으면 우리의 신앙은 본질에 더 집중하는 영적인 쾌거를 경험할 것이다. 이것이 온전한 목회, 온전한 제자훈련 사역의 본질이다.

3) 시대의 도전에 비대칭전략으로 맞서라

우리는 세 가지 강력한 적에게 완전히 포위되어 있다. 포스트모더니즘이라는 당돌하기 그지없는 사조(思潮), 4차 산업혁명으로 인한 유례없는 과학기술 맹신 조짐 그리고 또 언제 등장할지 모르는 코로나 팬데믹 같은 뜻밖의 재난으로 야기될 수 있는 비대면의 일상의 협공이다. 3년이 넘는 장기간 동안 역사의 불청객 코로나 팬데믹은 이것들보다 더한 어려움을 한국교회에 가져왔다. 한국기독교사에서 비대면 예배는 상상치도 못한 사건이었다. 그럼에도 강제된 비대면 예배는 어느덧 신자들의 의식 구조를 뿌리째 바꾸어 놓았다. 지금 한국교회에서 주일예배 출석 교인 수가 코로나 전의 상황으로 회복된 경우는 찾기가 어려울 것이다. 사실 6개월 이상 교회에 나오지 않는 교인이라면, 다시 복음을 들어야 한다는 말이 있을 정도로 교인들의 신앙은 허약해졌다.

앞으로 코로나 팬데믹과 같은 일들이 없으리라고 누가 장담할 수 있을까? 제2, 제3의 코로나 사태와 같은 엄청난 상황을 만나 한 번도 가본 적 없는 낯선 길을 가야 할 때, 목회자와 교회는 어떻게 해야 하는가? 그리고 개인으로서 우리 성도들은 무엇을 해야 하는가?

• 창의력 있는 비대칭전략이 필요하다

선대의 옥한흠 목사님이 "오 목사, 우리 시대는 그래도 말씀 웬만큼 전하고 헌신하면 교회는 부흥했다. 그런데 오 목사 시대만 되어도 고생일 거야"라고 하셨다. 그리고 실제로 지금의 목회는 그때보다 더 어려워졌다. 내가 젊은 시절에는 디지털 세상의 인터넷, SNS도 없었다. 그런데 지금은 남녀노소가 몇 시간씩, 아니 눈을 떠서 일하는 시간을 제외한 절대시간을 여기에 몰두하고 있다. 이처럼 "먹음직도 하고 보암직도 하고 탐스럽기도 한" 세상의 과실들을 무슨 힘으로 막고 절제하게 할 수 있을까? 이러한 흐름을 반전시키고 뒤집기 위해서는 사역자가 쏟아야 할 헌신의 깊이와 능력이 이전 세대보다 훨씬 강해야 한다.

기독교에 적대적인 조류는 시간이 흐를수록 그 세력을 더하고 있다. 그 오만함과 기세등등함이 골리앗과 같다. 지금 한국교회에 필요한 것은 세상의 칼과 창이 아니라 전쟁의 일반 법칙을 뛰어넘는 다윗의 물맷돌 비대칭전략이다. 비대칭전략은 압도적으로 우세한 적에 맞서 약한 편이 승리를 얻기 위한 전략이다.

성경은 곳곳에서 창의력 있는 비대칭전략을 보여준다. 특별히 기드온의 300용사 이야기는 대표적인 사례다. 사사기 7장에 나오는 미디안 연합군은 135,000명의 대군이었고, 이스라엘에는 기드온의 300명 용사뿐이었다. 중과부적(衆寡不敵)이요, 싸움 자체가 되지 않는 수준이었다. 그러나 이것은 전쟁을 칼과 창의 우열로 보는 세상적 관점일 뿐이다. 하나님께서는 횃불과 나팔이라는 독특한 비대칭전략으로 그들과 싸우셨다. 또한 유대 민족이 사악한 하만의 전략으로 벼랑 끝에 섰을 때, 에스더는 금식하며 "죽으면 죽으리이다"(에 4:16)라는 각오로 나아갔다. 이것이 유대 민족을 다시 살린 강력한 비대칭전략이 되었다.

역사적으로도 비대칭전략으로 세계사의 지도를 바꾼 사건들이 있다. 그중에 하나가 열두 척의 배로 싸웠던 이순신 장군의 명량해전이다. 배와 군사가 얼마나 많은가로 싸움의 승패를 생각했던 시대에, 지형과 조류를 이용해서 전쟁에 임한 것은 완전한 비대칭전략이었다. 미국의 경우를 보자. 남북전쟁 초기, 급조된 링컨의 북군은 지략과 압도적인 전투 장비로 무장한 남군의 리(Robert Lee) 장군에게 연전연패했다. 그런데 어느 날 링컨은 치열한 전쟁 중에 노예 해방 선언을 했다. 연방제에 대한 견해 차이로 시작된 남북전쟁의 전쟁 구도가 한순간에 정의와 불의의 대립구도로 변했다. 6.25전쟁 때의 인천상륙작전도 마찬가지다.

중요한 것은 하나님을 대적하는 세상을 힘의 방식이 아니라 복음의 창의력 있는 비대칭전략으로 싸워야 이길 수 있다는 사실이다. 지금 한국교회에 필요한 것은 링컨의 노예 해방 선언처럼 상황을 일순간에 반전시키는 영적인 비대칭전략이다. 이것은 결코 쉽지 않다. 우리는 굳어진 관성, 습관적인 사고의 틀, 현실에 붙잡힌 눈으로 경직되어 있기 때문이다. 현실에 안주하거나 좌절하지 않는 필사적인 전략, 영혼을 품는 유연성이 필요하다.

사실 비대칭전략은 사탄의 독점적인 전략이다. 사탄은 세상의 끝이 가까워지고, 심판의 날이 임박할수록 하나님을 이길 수 없다는 것을 잘 알고 있다. 사탄은 자신에게 주어진 시간이 얼마 남지 않았다는 것을 알기에, 우는 사자처럼 발악하며 어떻게 하든지 전세를 역전시키기 위해 몸부림칠 것이다. 신앙의 약한 고리를 더욱 집요하게 공격할 것이고, 게릴라처럼 예상하지 못한 때에 예기치 않은 장소에서 급습을 준비할 것이다.[22]

이러한 사탄의 공격에 우리는 더 큰 창의력이 있는 무장된 비대칭전략으로 대적해야 할 것이다. 우리는 더 큰 믿음으로 무장된 비대칭전략의 꿈을 꾸어야 한다. 우리가 제자훈련을 하는 궁극적인 목표도 세상적 위세를 떨치기 위함이 아니라, 하나님께 전적으로 의지하여 복음이라는 비대칭전략으로 세상을 전복시키기 위해서가 아닌가? 인생을 하나님 나라를 위해 더 큰 꿈을 꾸지 못한 것을 후회하며 끝내지는 말아야 한다.

4) 훈련 목회자는 새로운 미래를 준비하는 강고한 토대를 구축하기 위해서 네 가지를 붙들어야 한다

첫째, 신앙의 기본 내용(basic beliefs)을 강화해야 한다. 4차 산업혁명 시대와 맞물려 첨단 과학 기술을 떠받드는 바벨론의 '황금 신상'이 곳곳에 세워질 것이다(단 3:1). 사회 변혁을 앞세워 성경 기준과 전혀 다른 사상을 강요할 것이다. 동의하지 않으면 '여론'과 '국가의 통일성과 안정성'이라는 명분으로 교회와 성도를 억압할 것이다. 교묘한 유혹, 위장된 우상숭배, 화합이라는 정치적 덕목으로 배교를 종용할 것이다. 종교 다원주의가 기승을 부려 예수님의 유일성을 공격하며, 세상과 타협하라고 쉴 새 없이 도전할 것이다. 이때 한국교회가 최소한 성경의 일곱 가지 절대가치를 수호하며 뭉쳐야 한다.[23]

둘째, 사명을 귀히 여겨야 한다. 사명이 목숨보다 귀하다. 나는 사랑의교회에 부임한 이후로 사명으로 삼았던 목회 철학이 있다. 예를 들면 "피 흘림 없는 복음적 평화통일", "어른 세대와 젊은 세대의 다리가 되는 사역", "한국교회의 글로벌화", "동아시아 선교의 완성", "유럽교회 재부흥을 위한 복음의 서진" 등이다.

서구 교회에 지난 100년 동안 진 빚을 앞으로 100년 동안 갚는 것도 우리의 사명이다. 우리는 6.25동란의 잿더미 속에서도 한강의 기적을 이루었다. 제2차 세계대전 이후 독립한 신생국 중에 '수혜국에서 원조국으로' 바뀐 유일한 나라이기도 하다. 이것은 영적인 면에서도 그대로 적용될 수 있다. 우리나라는 러시아보다

땅도 작고, 중국보다 인구도 적고, 일본보다 경제력이 약하지만, 우리가 이들을 이끌 수 있는 것은 한국교회가 이들 나라보다 영적으로 강하기 때문이다. 한국교회가 사명을 목숨보다 귀하게 여기고 사명으로 호흡하며 이 민족을 위해 전력질주할 때, 복음의 허브로서 세계의 영적 지형도를 바꾸는 새로운 사명의 길이 열릴 것이다.[24]

셋째, 다음세대를 시대 정신에 맞설 수 있게 키워야 한다. 한국교회의 모든 부모는 피 묻은 복음을 자녀에게 가르치는 것을 특권으로 삼아야 한다. 구체적으로는 선교 의식으로 자녀를 대하고 가르치고 키워야 한다. 그래야 자녀 양육에 후유증이 없다. 세상적으로 자녀를 잘 키웠다고 말하지만 가정의 커튼을 열면 자녀 양육에 후회하는 부모가 적지 않다. 자녀가 선교적 삶에 눈을 뜨도록 가르친다는 것은 자녀의 가슴에 '나는 하나님의 자녀'라는 정체성의 경보(警報)를 다는 것이다. 이것은 죄의 유혹과 세상의 중력이 자녀를 건드릴 때마다 '나는 하나님의 자녀'라는 경고음이 울리도록 하는 것이다.

넷째, 다음세대가 종말 의식을 가지고 주님의 재림을 바라보게 해야 한다. 지금 보이는 세상은 하루가 다르게 쏟아지는 시각적 즐거움으로 숨돌릴 틈도 주지 않고 있다. 오 년 후, 십 년 후, 혹은 몇십 년 후의 삶을 생각조차 못 하도록 현실에서 눈을 떼지 못하게 하고 있다. 이로 인해 젊은이들에게 천국과 재림이라는 단어 자체를 낯설고 어색하게 여기도록 만드는 마귀의 지독하고 치밀한 모략이 있다. 선교적 삶이란 눈에 보이는 현실에서 눈을 들어 천국과 재림을 바라보도록 종말 의식을 갖는 것이다. 만일 종말 이후의 삶이 없다면, 이 세상의 삶 뿐이라면 그리스도인은 모든 사람 가운데 가장 불쌍한 자일 뿐이다(고전 15:19).

5) 다시 사역의 미래를 꿈꾸기 원한다면 새 마음, 새 영, 새 몸을 구하라

부친은 부산의 산동네에 교회를 개척해서 목회하셨다. 교회가 정말 어려웠다. 내가 중학교 다닐 때까지도 교회에 비가 샜다. 당시에 부산에는 큰 교회들이 여럿 있었는데 그곳에 가면 마음이 힘들었다. 교회를 지으려고 계획했지만, 20년이 지나서야 작은 건물의 교회를 지을 정도로 척박한 형편이었다.

사역은 보람과 의미로 감당해야지, 눈에 보이는 현상만 집중하면 지속할 수 없는 여정이다. "나 혼자서 이 길을 가네. 나 혼자서 가야 하네. 누가 대신 가줄 수 없네. 나 혼자서 이 길을 가네." 이런 심정으로 걸어야 할 길이다.

문제는 감당할 만한 정신이 있는가이다. 미주 사역을 마치고 2003년에 서울 사랑의교회 2대 목사로 부임하는데, 사역은 겁나지 않았다. 이상하게도 하나님이 사역에 관한 한 큰 용기와 은혜를 많이 주셨다. 사역의 열매도 많이 허락하셨다. 문제는 내 마음이었다. 남가주사랑의교회를 개척한 후로 16년 동안 일주일에 서너 번씩 섬긴 제자훈련 소그룹, 말 그대로 함께 울고 웃으면서 훈련 과정을 거친 영적 동지들이 그곳에 있었다. 모든 에너지, 사랑,

섬김, 비전, 소명 그리고 땀, 눈물, 피를 다 쏟은 곳이었다.

그런데 서울 사랑의교회에 와서 이 사역(제자훈련 목회)을 다시 해야 한다고 생각하니 덜컥 겁이 났다. 주님 앞에 엎드려 기도했다. '하나님, 다시 시작할 수 있도록 증거를 주십시오.' 그때 에스겔서 36장을 읽다가, 새 마음과 새 영과 새 몸을 주신다는 말씀에 크게 은혜를 받았다. 그러고는 새롭게 부임한 서울 사랑의교회에서 이틀간 평신도 지도자들과 수양회를 했는데 큰 은혜를 주셔서 47일간의 특새로 이어졌다. 하나님께서 필자에게 보여주신 "새 마음과 새 영과 새 몸"이 공동체를 더욱 새롭게 하는 큰 증거로 응답된 것이다.

3.
훈련 목회자는
마음 지킴의 가치를 붙든다

제자훈련이 무엇인가? 한마디로 마음 훈련이다.[25] 어떤 마음의 훈련인가? 그리스도의 종의 마음 훈련이다. 이 마음은 하나님의 뜻을 행하는 마음이고(엡 6:6), 오직 주를 두려워하는 마음이다(골 3:22). 그렇다면 그리스도의 종으로서 하나님의 뜻을 행하고 주를 두려워하는 종 된 마음의 훈련을 하는 이유는 무엇인가? 더 많은 사람을 얻고자 함이다(고전 9:19). 세상은 자신의 인격을 고양하고 성숙한 사람이 되기 위해서 마음을 훈련하지만, 제자훈련은 전적으로 그리스도의 종으로서 그리스도의 뜻을 행하고 주를 경외하기 위해서 그리고 이를 통해 다른 사람의 영혼을 얻기 위해서 마음을 훈련한다. 이러한 마음 훈련은 구약에서도 생생하게 나타난다. 모세는 하나님께서 허락하신 마음 훈련을 통해서 지상에서 가장 온유한 자가 되었다(민 12:3). 그의 온유함의 뿌리는 아비의 마음이었고 (민 11:12), 이 마음이 결국 이스라엘 백성을 살렸다(출 32:32).

마음에는 우리가 배우지 않아도 열망하고 갈구하고 환호하는 그 무엇이 있다. 제자훈련은 우리도 모르게 돈, 힘, 쾌락을 삶의 중심으로 붙잡은 마음을 살아 계시고 참되신 하나님께로 돌려놓는 훈련이다. 우리 마음이 시켜서 "여기가 좋사오니"라고 하는 영적 성숙이 멈춘 정체된 자리에서 일어나, 마음의 변혁을 통해 그리스도를 푯대로 삼아 전진하게 하는 훈련이다.

마음 지킴의 이상과 현실은 천지 차이라고 할 수 있다. 10여 년 전 목회적으로 혹독한 골짜기를 지나게 되었을 때, 마음을 지킨다는 것은 목회는 물론 개인의 삶을 결정하는 열쇠임을 절감했다. 마음을 지킨다는 것은 예수님께도 절체절명의 일이었다. "내 마음이 심히 고민하여 죽게 되었으니"(막 14:34). 이것은 세상의 죄 짐을 지고 십자가 처형을 앞둔 인간 예수님의 깊은 토로이다. 그렇다면 많은 영혼을 인도하는 책임을 진 목회자 또한 때로는 죽을 만큼 마음의 고민을 하는 것은 당연하다 할 것이다.

한편으로 목회자가 요동하는 마음을 붙잡아 지키는 것도 중요하지만, 제멋대로 움직이는 마음으로부터 자신을 지키는 것은 더 중요할 수 있다. 잠언 4장 23절에서 "더욱 네 마음을 지키라"라는 말씀은 마음이 하나님으로부터 떠나지 않도록 마음문의 빗장을 견고하게 지키는 것은 물론, 제멋대로의 마음에 부화뇌동하지 않도록 자신을 지키는 것도 포함한다. 그럴 때 마음 지킴은 의무를 넘어 삶의 즐거움이 될 수 있다.[26]

그렇다면 어떻게 마음을 지킬 것인가? 마음은 중립적이지 않다. 그래서 항상 무엇인가로 채워지게 마련이다. 자연이 진공을 싫어하듯이 마음도 그렇기에, 우리의 마음은 하나님의 진리로 채우지 않으면 사탄의 거짓말로 채울 수밖에 없다.[27] 성도들의 마음이 하나님의 진리로 채워지지 않으면 마귀의 거짓말로 채워지기에, 목회자는 어떻게든 성도들에게 한 구절의 말씀이라도 더 들려주고자 사역적으로 몸부림치는 것이다. 이 마음 때문에 바울은 골로새 교인들의 심령이 "모든 신령한 지혜와 총명에 하나님의 뜻을 아는 것으로" 채우기를 원했다(골 1:9). 이것이 목자의 심정이다.

1) 내 마음에 드는 사람

사도 바울은 비시디아 안디옥이란 곳에 가서 메시지를 전했다. 바울은 복음 메시지를 논증하기 위해 다윗에 대해 이렇게 말했다.

"…내가 이새의 아들 다윗을 만나니 내 마음에 맞는 사람이라 내 뜻을 다 이루리라 하시더니"(행 13:22).

이 구절은 목회의 연륜이 깊어지고 목양의 경험이 쌓일수록, 더욱 살아 있는 말씀이 되고 있다. "하나님의 마음에 맞는 사람"은 목회자는 물론이고 성도의 삶을 결정하는 신앙의 기준선이라고 할 수 있다. 제자훈련은 죄로 인해 본질상 하나님과 맞지 않는 사람을 예수님의 피의 공로에 의지하여 하나님의 마음에 맞도록 체질을 변화시키는 훈련이다.

아마도 신구약을 통틀어 다윗만큼 마음 지킴이라는 주제로 하나님과 치열하게 씨름한 인물도 없을 것이다. 다윗은 치열한 삶을 살았다. 또한 문무에 출중한 왕이었다. 전쟁에 능했고 탁월한 시인이었으며, 예술혼이 뛰어났다. 그리고 타고난 리더십의 소유자였다. 그를 통해 수많은 시편이 나왔고, 하나님의 계시 역사에 큰 진전이 있었다. 반면 그도 나약한 인간이었기에, 어떤 때는 어리석은 선택을 하고 음모에 빠지기도 하며, 인간적인 비극도 얼마나 많이 경험했는지 모른다. 그런 다윗의 마지막을 역대상 29장 28절은 이렇게 평가한다. "그가 나이 많아 늙도록 부하고 존귀를 누리다가 죽으매." 잘 먹고 잘 살았다는 말이 아니다. '끝이 아름다웠다'(finishing well)는 뜻이다. 다윗이 점점 더 온전하게 되었다는 뜻으로 해석할 수 있다. '다윗이 마지막에 부하고 존귀하게 되었다'는 것은 다윗이 샬롬의 경지에 이르렀음을 보여준다.

모세의 일생은 기적으로 점철되었다. 홍해를 마른 땅으로 걷기도 하고, 하나님이 구름기둥과 불기둥으로 친히 인도하시는 기적을 보았다. 여호수아는 "태양아 너는 기브온 위에 머무르라"(수 10:12)라고 기도할 때 그대로 되는 기적을 보았다. 엘리야의 기도는 지독한 가뭄을 해갈하는 비를 내리게 했다.

그러나 성경에서 제일 많은 지면을 할애하여 그 생애를 보도하는 인물은 다윗이다. 사무엘상하를 비롯하여 성경 60여 장에 걸쳐 다윗의 생애가 기록되었다. 다윗이 쓴 시편도 73편이나 된다.[28] 그런데 다윗의 생애를 보면 기적이라고 할 만한 게 없다. 물맷돌로 골리앗을 쓰러뜨린 것이 기적이라면 기적이기도 하지만, 연습을 많이 하면 기적이 일어나지 않아도 맞출 수는 있다. 이러한 다윗의 삶에서 일어난 가장 큰 기적은 마음을 지킨 것이다.

다윗이 언제 어디서 어떻게 마음을 지켰는가? 그는 형들에 비해 아주 고독하고 외로운 가운데 마음을 지켰다. 밤새도록 양을 치면서 고독을 견뎌야만 했다. 이처럼 온전한 목회자가 되기 위해서는 마음을 지켜야 한다. 자신의 마음을 지키는 것은 중립적인 태도나 방관적인 태도로는 불가능하다.

우리가 마음을 지켜야 하는 이유는 "그곳이 하나님과 사람들이 만나는 장소"[29]이기 때문이다. 이 사실을 가장 잘 아는 마귀는 세상의 위협이나 유혹을 통해 어떻게 해서든 성도의 마음을 점령하려고 온갖 모략을 다하는 것이다. 마음을 지키는 것은 불타는 집에서 영혼을 건져내는 것과 같다. 잠언 4장 23절의 네 마음을 지키라는 말씀은 "생명의 원천을 둘러싸는 거룩한 울타리를 세우라는 권면"이다.[30] 그래서 로마서 7장에 나오는 바울의 절규는 마음을 지키기 위한 거룩한 울부짖음일 것이다. 그리고 오늘날 마음을 지키려는 모든 사역자의 신음이다.

2) 확고한 사명 의식이 마음 지킴의 수문장이다

다윗이 수많은 고난과 성공, 영광과 수치, 욕됨과 은혜, 이 모든 과정 가운데서 끝까지 마음을 지킬 수 있었던 것은 그의 심중에 뿌리내린 사명 의식 때문이었다. 다윗은 기름부음을 받고 난 후 30세가 되어서야 유다 지파의 왕이 되었다(삼하 5:4). 그리고 7년을 더 기다려 37세가 되었을 때 비로소 이스라엘 열두 지파 전체의 왕이 되었다(삼하 5:5). 처음 기름부음을 받은 후 거의 20년쯤 지난 후에야 그 기름부음이 이뤄졌다. 이미 사명을 받았지만, 거의 20년 이상 현실이 되지 않았다. 20년 동안 마음을 지키는 것이 쉽지 않았을 터이다. 지난 세월 다윗은 배신도 당했고, 어떤 때는 미친 체하고 침을 흘리며 광인 행세를 했다. 사람들의 면전에서 대성통곡을 할 만한 엄청난 사건들도 많았다. 이 모든 과정 가운데서 다윗이 마음을 지킬 수 있었던 힘은 '나는 사명 받은 사람이야' 하는 정체성이었다.

사명 의식을 가진 자의 특징이 있다. 두 마음을 품지 않는 것이다. 사명의 불꽃을 가진 자는 태양 빛이 돋보기에 박힌 것처럼 한마음으로 집중한다.

적지 않은 목회자들이 사탄의 유혹과 위협 앞에서 자신을 지킬 수 있을지 불안을 겪는다. 그러나 이런 두려움에 앞서 살펴야 하는 것은, 과연 나는 목숨보다 소중한 사명 의식이 있는가를 자문자답하는 것이다. 사명 의식을 가지고 자신을 지키는 사역자로서 목회자의 모범이 되는 조나단 에드워즈를 생각해보자. 그는 목회자로서 자신을 지키기 위해서 70개에 이르는 결심문을 쓰고 일주일에 한 번씩 읽었다.[31]

사명 의식이 있으면 우리도 모르게 믿음의 용량이 커진다. 40년도 넘는 오래 전, 당시 맨손에 맨몸이었던 대학생 한 무리가 모여서 리더 서임식이라는 것을 했다. "나 자신을 위해서 살지 않고 말씀으로 다른 영혼을 섬기는 자가 되리라. 목사, 선교사가 아니더라도 일터에서 말씀을 가지고 다른 영혼을 섬기는 자가 되리라." 이런 남다른 각오로 선서했다. "우리는 땅끝까지 이 세상 끝날까지 예수님의 제자들이다. 오직 한 번뿐인 인생 속히 지나가리라. 오직 그리스도를 위한 일만이 영원하리라." 그때 고백하듯 외쳤던 사명선언이 질풍노도의 청년 시절을 지켰고, 지금의 우리를 있게 한 힘이다.

3) 일평생 목회자의 마음을 지켜주었던 사역의 비밀

바울은 골로새서에서 "이 비밀은 너희 안에 계신 그리스도시니 곧 영광의 소망이니라"(골 1:27b)라고 썼다. 이 비밀은 만세와 만대로부터 감춰졌던 것인데, 이제는 그의 성도들에게 나타났다. 40여 년 전에 내 실존이 이 말씀과 부딪쳤다. 당시는 필자를 둘러싼 모든 환경이 참 어려웠다. 사회적, 정치적으로 뒤숭숭하고 혼란스러웠다. 필자는 당시 대학부를 인도하고 있었다. 나보다 더 똑똑한 누님들, 형님들을 섬기느라 너무 피곤하고 어려워서 그냥 다 내려놓고 싶었다. 그때 이 말씀이 하늘의 확성기처럼 크게 들렸다. 그러고 깨달은 것이 내가 갖춘 자격, 내가 얼마나 똑똑한가, 내 컨디션의 좋고 나쁨 등이 아니라 오로지 내 안에 계신 예수 그리스도가 신앙과 사역의 비밀이라는 사실이었다. 이 말씀이 내게 부딪히는 순간 가슴이 요동치고 터질 것 같았다. 복음성가 가사처럼 '사랑하며 섬기겠어요 생명 주신 예수님'이라는 고백이 폐부를 뚫고 나옴을 느꼈다.

(1) 이 비밀이 지닌 세 가지 차원
이 말씀을 붙드는 순간 영적인 광맥을 발견한 기쁨이 있었다.

우리는 이 말씀에서 세 가지 비밀을 봐야 한다. 첫째, 예수 그리스도가 내 안에 살아 계신다(갈 2:20). 둘째, 내 안에 살아 계신 예수 그리스도가 세상이 알 수도 없고 세상이 함부로 이해할 수도 없는 비밀이시다(골 1:27). 셋째, 그리스도가 비밀 되심이 인생에 가장 큰 영광의 소망이다(골 1:27).

이 말씀을 붙들고 묵상하니 이런 것들이 깨달아졌다. 하나님의 모든 것이 예수님 안에 있고, 예수님 안에 있는 모든 것이 내 안에 있게 되었다. 그래서 내 안에 살아 계신 예수 그리스도가 나의 남은 생애에 영광의 소망이 되신다. 이 비밀을 깨닫게 되면서 사역의 피곤과 역경이 극복되기 시작했다. 이 즈음에 내 목회의 좌우명처럼 사역을 견인해 온 구호가 터져 나왔다. "은혜는 육체의 한계를 뛰어넘어야 받는다."

하나님의 모든 것이 예수님 안에 있고 예수님의 모든 것이 내 안에 있음을 알 때, 자아가 깨어지고 위로부터 기름 부으심과 능력이 임하게 되었다. 영이 열리고 내 안에 있던 경직되고 산만하던 것들, 적잖이 오염된 것들이 빠져나가기 시작했다. 그리고 내 속에 계신 예수님이 일하기 시작하셨다. 이때부터 사역이 폭발적으로 일어났다. 어떤 때는 '한계가 없는 사역이 이런 것이구나' 하고 감탄할 정도로 은혜를 베풀어 주셨다.

(2) 예수 그리스도가 사역의 비밀이 되면 예배를 사모하고 교회를 사랑하게 된다

예수 그리스도가 사역의 비밀로 역사하면 2,000년 교회 역사에 공통된 현상이 일어난다.

첫째, 하나님을 예배하고 사모한다. 그냥 예배가 아니다. 골로새서 1장 18절에 보면 예수님을 가리켜 "그는 몸인 교회의 머리시라"라고 친히 만물의 으뜸이 되셨음을 밝힌다. 창조주 하나님을 바로 보는 눈이 열려서, 그리스도의 순결한 신부로서 하나님을 참되게 예배한다. 내가 사회적으로 어떤 존재이더라도 이런 배경들은 다 뒤로 물러가고 영적인 존재, 하나님의 형상으로서의 '나'가 확립되면서 삶의 우선순위가 예배로 매겨진다. 주일예배, 공적 예배만이 아니라 생활 예배, 일상 예배가 가장 중요한 순위로 떠오르는 것이다.

둘째, 주님의 몸 된 교회를 사랑하게 된다. "나는 이제 너희를 위하여 받는 괴로움을 기뻐하고 그리스도의 남은 고난을 그의 몸 된 교회를 위하여 내 육체에 채우노라"(골 1:24). 내 속의 예수 그리스도가 비밀이 되면 그의 몸 된 교회를 위하여 그리스도의 남은 고난을 내 남은 생애 동안 감당하고자 하는 의지가 생긴다. 예수님이 이 땅에 살아 계시며 하신 일들을, 이제는 교회 된 우리가 감당한다는 것이 '주님의 남은 고난'을 채우는 것이다. 온전한 제자 훈련은 성도에게 예수 그리스도를 삶의 비밀로 삼도록 하는 것이며, 이를 통해 예배를 사모하고 교회를 사랑하게 하는 것이다. 제자훈련의 과정을 마치고, 심지어 순장의 자리에 있으면서도 예배를 사모하는 마음이 없고 교회를 사랑하는 마음이 없다면 제자훈련은 완장에 지나지 않을 것이다.

교회를 정말 사랑하기 위해서는 예수님처럼 교회를 위해 목숨을 내어놓아야 하기에(엡 5:25) "교회를 사랑한다는 것은 불가능에 가까운 일인 것처럼 보인다." 얼마든지 교회를 사랑하는 척할 수는 있지만, 자신을 내어놓는 교회 사랑은 때로 자신의 살점을 떼어 놓을 만큼 "눈물의 계곡"을 지나는 과정이 필요하다.[32]

(3) 교회가 문제가 아니라 교회 사랑의 부재가 문제이다[33]

고린도 교회는 문제가 많았다. 성적으로 문란하고 예배가 혼란스러우며, 성도 상호 간에 분쟁과 분열을 노골화했다. 오늘날 우리도 때로 이처럼 심히 마음을 무겁게 하는 상황에 직면하게 된다. "교회를 사랑하지만, 교회가 편협하고 옹졸하고 비열하고 경쟁을 벌이고 얄팍하며, 이것은 고통스러운 현실"이다.[34] 그래도 주님은 이 고린도 '문제' 교회를 사랑하셔서, 고린도전서 13장에서 '사랑'을, 고린도전서 15장에서 '부활'의 정수를 계시해 주셨다. 교회 사랑은 성도의 본능이 되어야 한다. 중세의 청교도 신학자인 존 오웬은 "누가 자신의 부모에게 가해지는 비난을 가만히 듣고만 있겠는가"라고 표현함으로써 교회에 대한 비판에 관해서 성도가 교회를 지키고 옹호해야 하는 것이 거룩한 본능이 되어야 함을 지적했다.[35]

오늘날 교회 내에서 교회를 비판하는 사람들 중에 정말 교회를 사랑하는 사람은 찾기가 어려울 지경이다. 교회를 사랑한다면 증거가 있어야 한다. '나'를 통해서 얼마나 많은 사람이 복음을 듣고 교회로 인도되었는지 증거를 보여야 한다. 왜냐하면 "교회를 위한 진정한 사랑 없이는 사람들을 교회에 불러올 수 없기" 때문이다.[36]

진정한 교회 사랑은 눈물의 계곡을 지나는 자에게서 발현되는 것이다. 이런 면에서 교회를 비판하려는 신자는 먼저 교회를 위해 자신의 살점을 떼어놓는 교회 사랑의 증거를 보여야 마땅하다.

예수님에 대한 사랑 없이는 교회를 사랑할 수 없다. 역으로, 주님의 몸 된 교회 사랑이 없이는 예수님을 사랑할 수 없다. 예수님을 사랑하지 않고서는 내 속에 계시는 예수님이 비밀인 것을 깨닫지 못한다. 이 어둡고 소망 없는 상황 가운데 교회가 없다면, 누가 영원한 생명의 씨앗을 뿌리겠는가? 교회가 없다면 누가 복음의 방주 역할을 하겠는가? 교회가 아니면 누가 차별이 난무하는 사회에 차별 없는 복음을 전하겠는가? 교회가 아니면 누가 절망으로 고통하는 이 사회에 부활의 복음을 전하겠는가? 교회가 아니면 누가 다원주의 사회 속에서 절대 진리를 선포하겠는가? 이 세상에 교회가 없다면 수많은 청소년이 길거리를 떠돌 것이다. 교회가 없다면 기독교 병원과 요양원이 어떻게 되겠는가? 한국 사회 전체 구호 봉사의 60퍼센트를 감당하는 한국교회[37]가 없다면 이 나라를 어거하는 복지의 안전망은 불안정하게 될 것이다. 지금도 세상이 악한데 교회가 없다면 상상도 못할 정도로 악해질 것이다. 사역자는 성도들에게 주님의 몸 된 교회를 사랑하는 것이 예수님을 사랑하는 것임을 일깨우고, 교회의 문제보다 교회 사랑의 부재가 더 큰 문제임을 가르쳐야 한다. 온전한 제자훈련은 교회 사랑을 몸에 새기는 훈련이다.

4.
하나님의 영광이
온전한 제자, 온전한 제자훈련의 깃발이다

1) 온전한 제자도의 끝에서 다시 삶을 바라보다

온전한 제자의 삶이란 무엇인가? 어떤 인생을 살아야 온전한 제자의 삶을 살았다고 말할 수 있을까? 반면교사처럼 이를 생생하게 보여주는 인물이 있다. 이사야 6장 1절은 "웃시야 왕이 죽던 해"라는 어구로 시작한다. 웃시야는 16세에 아마샤의 뒤를 이어 52년간 통치했다. 예루살렘을 견고히 했고, 여호와 앞에서 정직하게 행한 왕으로 기록된다. 농경을 발전시키고 군사력을 강화하여 진정 그의 이름의 뜻처럼 "여호와의 능력"으로 이스라엘을 강성대국으로 만들었다. 웃시야는 성경이 그를 하나님의 기이한 도우심을 받은 왕이라 표현할 정도로 성공한 왕이었다(대하 26:15).

그러나 웃시야는 나라가 강성해지자 교만해져 악을 행하고 하나님께 범죄함으로 하나님의 징벌을 받았고, 말년을 쓸쓸하게 보내다가 세상을 떠났다. 이사야는 이 사건이 마음에 얼마나 심각하게 각인되었던지 "웃시야가 죽던 해"라고 명기한다.

웃시야의 삶은 온전한 제자, 온전한 성도, 온전한 목회자의 삶이 어떠해야 하는지를 가르치고 있다. '피니싱 웰'(Finishing Well)은 온전한 제자의 삶의 증거이다. 어떤 상황에서도 끝까지 하나님께 부복하고 하나님을 삶의 주인으로 모심으로 끝이 좋은, 인생의 마무리가 샬롬인 삶이 온전한 제자의 삶의 진짜 모습이다.

이런 점에서 '온전한 제자는 더 온전하게 되어가는 것이며, 정적(靜的)인 것이 아니라 성장하고 발전하는 삶의 방식'이라고 말할 수 있다.[38] 사도 바울은 이런 삶의 태도를 "뒤에 있는 것을 잊어버리고 앞에 있는 것을 잡으려고 푯대를 향하여…달려가노라"(빌 3:13-14)라고 표현했다. 매일 영적으로 진일보하는 삶, 사명의 푯대를 향하여 전진하는 삶이 온전한 제자의 모습이다. 온전한 제자도, 온전한 제자훈련은 다른 것이 아니다. 어떤 상황에서도 세월이 깊어질수록 하나님을 향하는 각도가 높아지고, 하나님을 붙잡는 삶을 체질화하는 삶이다. 온전론은 바로 이를 위한 것이다.

그렇다면 한때 하나님 편에 있었던 웃시야의 말로는 왜 비참하게 끝났을까? 왜 많은 성도가 오랫동안 신앙생활을 하면서도 때로는 끝이 좋지 않은 모습을 보일까? 이사야 1장 12절의 말씀처럼 "마당만 밟을 뿐"이기 때문이다. 성전의 지성소에서 하나님의 임재를 누리지 못하고 성전의 뜰만 밟는 것은 예배가 형식적으로 드려지고 있다는 것이다. 처음에는 예배를 신령과 진정의 단정함으로 드리지만, 시간이 지날수록 하나님 중심의 예배가 아닌 사람 중심의 예배, 사람 편의에 맞춰진 예배가 마당만 밟는 예배이다. 코로나 팬데믹 이후로 온라인 예배가 일상화되면서 마당만 밟는 예배의 위험성은 더욱 커졌다. 여기저기서 마당만 밟는 예배의 경고음들이 터져나왔다. 어쩔 수 없이 온라인 예배를 드리는 경우에도 설교가 끝나기 무섭게 인터넷 접속자 수가 떨어진다는 것은, 예배를 드리는 것이 아니라 예배를 시청한 것임을 보여준다. 비대면 예배는 코로나가 만들어 낸 사탄의 위험한 수류탄일 수 있다. 목회자는 교인들의 발 앞에서 수류탄이 터지지 않도록 경계하고 가르치고 훈련해야 한다. 성도들이 교회의 마당만 밟지 않도록 그들을 온전한 예배자로 기르는 것에 목회자가 사명의 목숨을 걸어야 하는 이유는, 이것이 성도의 삶을 '피니싱 웰'하게 하는 핵심 요소이기 때문이다.

2) 온전한 제자의 망막에 맺혀야 하는 진상(眞像)

이사야 6장의 서두는 온전한 제자의 눈은 무엇을 보아야 하는지를 말씀한다. 이사야와 스랍들은 성전에 하나님의 영광이 빽빽한 구름처럼 가득한 것을 보았다. 오늘날 교회의 비극, 목회자의 비극, 성도의 비극은 삶에서 하나님의 영광을 보지 못하는 데서 비롯된다.

하나님의 영광을 보는 것이 온전함의 시원인 이유는, 그럴 때에야 비로소 우리가 처음 창조될 때의 영광스러운 모습을 회복할 수 있기 때문이다. 하나님의 영광을 기대하고 바라보는 것은 이 땅에서 성도가 온전한 삶을 살게 하는 거룩한 설렘이자 소망이며, 동력이다.[39]

"내가 하나님의 영광을 보았다"라는 고백은 성도가 온전함의 근원에 닿을 때 터져 나오는 고백이다. 도덕적으로 노력하면 남보다 조금 나아질 수 있지만, 진짜 온전함은 오직 '하나님의 영광'과 관계되어 있다. 온전함은 피상적이고 경박한 행위 교정론이 아니라 하나님의 압도하는 영광을 본 자의 운명, 성품, 기질이 안팎으로 근원적 변화를 겪는 것이다. 이것이 성경적인 온전함이다. 하나님의 영광 앞에서 우리의 윤리나 도덕성을 자랑하는 것은 태양 앞에서 작은 촛불을 들고 '밝다'며 경망을 떠는 것과 비슷하다.

이런 면에서 우리가 추구하는 온전함에는 종말론적인 요소가 있다. 주님이 다시 오실 때 구원 사역의 최종 목적이 이루어질 것이며, 우리의 온전함도 그리스도의 완전한 것으로 인해 새로운 차원의 완벽한 온전함으로 거듭날 것이다. 왜냐하면 태양이 떠오르면 세상의 모든 조명은 끄게 되기 때문이다.[40]

3) 하나님의 영광을 보았는지를 드러내는 시금석

그렇다면 내가 온전한 제자로서 하나님의 영광을 보았는지 무엇으로 알 수 있는가? 하나님의 영광을 참으로 본 자는 예외 없이 자신의 모습에 절망하며 엎드린다. 이것이 이사야가 "화로다 나여 망하게 되었도다"(사 6:5)라고 고백한 이유이다. 하나님의 영광을 보는 자는 하나님의 영광의 광채와 거룩하심에 압도되어 엎드리게 되어 있다. 이사야가 그랬고, 에스겔(겔 1:28)과 요한(계 1:17)도 그랬다. 욥 역시 자신의 입술로 하나님의 위엄과 영광 앞에 비추어진 인간의 모습이 얼마나 초라하고 비천한지를 직접 고백한다. "보소서 나는 비천하오니 무엇이라 주께 대답하리이까 손으로 내 입을 가릴 뿐이로소이다"(욥 40:4). 오늘날 교회 내의 갈등과 분열 그리고 파열음은 하나님의 영광을 보지 못해 하나님께 엎드리지 못하기 때문에 일어나는 일들이다. 이것은 훈련 목회자에게 온전한 제자훈련의 모습이 어떠해야 하는지를 알려준다.

4) 고통 속에서도 하나님의 영광을 느끼는 삶의 무게가 온전함의 무게이다

세상 사람들은 삶에서 당하는 고통이나 어려움이 삶을 온전하게 한다는 것을 전혀 이해하지 못한다. 오히려 고통이나 난관을 삶의 불완전함으로 여기며, 기껏해야 삶을 담금질하는 역할 정도로 생각한다. 그러나 그리스도인에게는 고통이나 어려움도 삶을 온전하게 하는 도구가 된다. 이 교훈을 극명하게 보여주는 말씀이 있다. "우리가 잠시 받는 환난의 경한 것이 지극히 크고 영원한 영광의 중한 것을 우리에게 이루게 함이니"(고후 4:17). 예수님의 가시 면류관은 예수님께 영광과 존귀의 관이 되었다(히 2:7).

'영광의 중한 것'이 우리 속에 이루어지는 일이 중요한 이유가 있다. 이것으로 신자와 불신자가 나뉘기 때문이다. '참 그리스도인'과 '명목상 그리스도인'을 판별하는 결정적인 시금석이요 척도다. 이것은 성도에게 고난에 대한 시각을 완전히 바꿔준다. 교회 내의 적지 않은 신자들, 심지어 목회자들조차도 "고난 당한 것이 내게 유익이라"(시 119:71)라는 고백을 영혼 없는 고백으로 보거나 고난의 경험이 삶을 더 깊이 있게 하기 때문에 유익하다는 정도로 생각한다.

그러나 온전한 제자의 길을 가는 자에게 고난은 하나님의 영광을 이루는 실체이다. 우리에게 고난이 유익인 이유는 내 속에서 하나님의 영광을 이루는 길이기 때문이다. 그러기에 고난을 당한 성도를 강단에서 말로 위로하는 것으로 그친다면, 고난 속에서 하나님의 영광을 가르치고 보여주지 못한다면, 어찌 하나님의 꿈을 가진 사명자라 하겠는가? 강단에서 고난이 하나님의 영광을 이루는 첩경임을 가르치는 것은 목회자의 숙제이다. 고난 속에서 하나님의 영광을 자각하고 만지고 살도록 하는 것, 어떤 상황에서도 하나님의 영광의 빛이 삶 속에서 빛나도록 하는 것이 온전한 제자 훈련의 절정이다.

이사야처럼 하나님의 음성에 귀를 열고 온전함의 고봉에 오르는 사람들의 가슴에는 언제나 두 가지 인생 질문이 메아리친다. "어떻게 하면 주님을 기쁘시게 할까?" "어떻게 하면 주님 주신 사명을 온전히 감당할까?" 하나님의 영광은 성도가 이 세상을 사는 비밀이다. "인생에 태풍이 연이어 몰아닥친다고 해도 하나님의 영광을 보는 자는 그 무엇으로도 낙심하거나 놀라거나 실망하지 않게 된다. 우리가 받는 환난의 무게가 가벼운 것이 아니다. 그러나 지극히 크고 영원한 영광의 중한 것을 다른 쪽 접시에 올려놓는다면, 다른 쪽에 놓여있는 삶의 환난이나 고통의 무게는 가벼울 뿐이다. 10킬로그램의 무게는 무겁지만, 1톤에 비하면 가벼운 것이고, 1톤이라는 무게조차도 '지극히 크고 영원한 영광의 중한 것'에 비하면 아무것도 아닌 것이 되고 만다."[41] 성도의 온전함의 진짜 알맹이는 우리가 하나님의 지극히 크고 영원한 영광을 보고 영광의 무게를 경험하며 사는 것이다.

5) 온전함의 정상에 나부끼는 깃발

"우리는 보는 대로 된다. 우리는 봄으로써 변화된다. … 우리는 주의 영광을 보므로 영광에서 영광으로 변한다."[42] 우리는 자주 "하나님, 저를 변화시켜주세요"라고 기도한다. 귀한 기도이지만, 정말 자신이 변화되기를 원한다면, 하나님의 영광을 바라보는 일에 전심전력해야 한다. 우리가 올라야 할 온전함의 정상에서 우리를 반기는 깃발에는 무엇이라 쓰여 있을까? '영광의 하나님을 바라보라!'가 아닐까!

제자훈련이 무엇인가라는 질문에 각자의 신학과 신앙의 궤적에 따라 수많은 대답이 나올 것이다. 그러나 온전한 제자훈련은 무엇인가, 온전한 제자훈련의 목표는 무엇인가라는 질문에는 한 가지 대답만 있을 뿐이다. 성도의 삶에서 하나님의 영광을 보게 하는 것, 성도의 인생길에서 경험된 하나님의 영광의 보석들이 점점이 박혀 있는 것, 고난 속에서도 성도의 가슴은 하나님의 영광의 빛으로 충천하게 하는 것 그리고 스데반처럼 삶의 기로에서, 순교의 현장에서조차 "하나님의 영광과 예수께서 하나님의 우편에 서신 것을 목도"하게 하는 것이다. 하나님의 영광이 온전한 제자훈련의 꿈이요 목표요 절정이다. 그리고 이것을 성도의 몸과 마음에 새기고 언제라도 하나님의 영광을 삶의 최우선에 두며, 그 영광을 위해 영적인 본능처럼 반응하게 하는 것이 온전한 목회자의 사명이다.

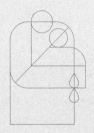

"만물을 통치하시는 그리스도께서

인류가 존재하는 모든 삶의 영역들 중

'이것은 내것이다' 라고 말씀하시지 않는 영역은 단 한 치도 없다."[***]

- 아브라함 카이퍼(Abraham Kuyper)

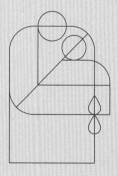

–
Part
III

온전론의 열매:
온전론의 실제적 적용

chapter 7

온전함의 다섯 가지
인격적 영역

"같은 방향을 향해 일생을 순종해야 하는 제자도는 현대 생활의 결을 거스르는 참으로 어려운 일이다. 그럼에도 불구하고 발전된 현대 세계에서 제자도는 우리 시대의 피할 수 없는 중요한 최우선 순위이다."[1] 어떤 경우에도 제자도를 삶의 우선순위에서 제일 앞 자리에 두어야 하는 이유는 무엇인가? 하나님께서 원하시는 사람으로 그리고 하나님께 드려질 수 있는 사람으로 변화되기 위해서이다.

예수님을 믿는 순간부터 '주님의 형상으로 변화되어 가는' 성화의 목표는 하나님의 영광에 이르는 것이다(고후 3:18). 성화를 온전론의 관점에서 말하자면, 성도의 온전한 변화는 목자의 심정에 눈을 뜨고 십자가를 지는 자기부인의 과정을 거쳐 선교적 삶을 사는 변화의 여정이며, 성도의 변화의 목표 혹은 절정은 하나님의 영광에 이르는 것이다.

온전한 제자훈련은 거룩한 습관과 거룩한 요소들이 계속 우리 속에 머물도록 하는 훈련이다. 죄악을 버리고 하나님을 향해 살도록 변화하는 과정이 '복음적 성화'이다.[2] 이러한 변화의 동력은 은혜이다.[3] 은혜를 통해 우리의 본성이 변화되지만, 동시적으로 지성과 의지와 감정과 같은 우리의 본성을 복음적 성화로 변화시켜야 하는 이유는 그곳에 은혜가 머물게 하기 위해서이다.[4] 은혜를 통하여 우리의 본성이 변화되고, 변화된 본성에 은혜가 거함으로 우리의 본성이 더욱 하나님을 갈망하는 거룩한 선순환을 일으키는 것이 온전한 제자훈련이다.

어떻게 이런 은혜를 받을 수 있을까? 하나님께서는 예수 그리스도 안에서(in), 예수 그리스도에 의해(by), 예수 그리스도를 통해 (through) 은혜를 주신다.[5]

은혜의 복음은 우리의 전인격을 하나님의 형상으로 변화시킨다. "하나님은 사람에게 지성과 마음과 의지를 주셨다. 복음의 가장 위대한 영광 중 하나는 이것이다. 그것은 다름 아니라 복음이 전인(全人)을 사로잡았다는 것이다."[6]

우리의 전인격이 주님을 닮는다는 의미

자기를 부인하고 회개와 믿음의 길을 따라 걷다 보면 우리의 전인격이 예수님을 닮는다는 말은 진리다. 그렇다면 우리가 예수님을 닮는다고 할 때 우리의 무엇이 그리고 우리 안의 어떤 부분이 예수님을 닮는다는 것인가?

첫째는 생각의 영역이다. 생각은 내버려두면 악한 쪽으로 기울게 되어 있다(마 15:19). 그래서 우리의 생각을 사로잡아 그리스도에게 복종시켜야만 하는 것이다(고후 10:5).

둘째는 감정의 영역이다. 아담의 불순종으로 인해 에덴동산에서 생명나무를 먹을 때의 기쁨과 즐거움은 사라지고, 땅이 내는 가시덤불과 엉겅퀴(창 3:18) 같은 쓴 감정들이 사람을 움켜쥐게 되었다. 이것이 죄의 본능으로 굳어져 버렸다. 얼음처럼 차갑고 돌처럼 딱딱한 감정을 해독하는 길은 없는가? 우리의 상한 감정이 치유됨을 보이는 가장 큰 증거는 기쁨이다. 기쁨이 시작되면 슬픔과 탄식은 달아날 것이다(사 51:11). 이 기쁨은 제자들처럼 예수님을 직접 뵈올 때 주어지는 것이다.

셋째는 의지의 영역이다. 본래 아담은 하나님을 따르는 의지를 가지고 있었다. 그러나 이 의지가 죄로 깨어지면서 하나님을 반역하는 의지로 전락했다. 타락한 의지(意志)는 하나님을 의지(依支)함으로만 치유할 수 있다.

넷째는 관계의 영역이다. 아담의 죄로 인해 하나님과의 관계에 단절이 일어났다. 하나님과의 관계가 깨어짐은 사람과의 관계도 깨어지게 했다. 신앙 인격의 변화를 보여주는 가장 분명한 증거는 창조주이신 하나님과의 관계 회복이다. 우주의 창조주이신 하나님과의 올바른 관계 속에 있으면 삶의 심히 미약한 것들조차 의미를 가지기 때문이다.[7]

다섯째는 행실의 영역이다. 성도의 행실은 자신이 하나님의 자녀 됨을 드러내는 증거이자, 불신자가 하나님을 보는 거울이기도 하다(마 5:16). 그러나 이미 우리 속에는 아담의 범죄로 인하여 죄악

온전한 제자의 오른손

된 행위가 본능처럼 꿈틀대고 있다. 어떻게든 죄의 틈새를 비집고 들어오는 악한 행실을 죽이기 위해서는 공세적인 혈투가 요구된다. 하나님께서는 사탄을 대적하고 공격하도록 우리에게 성령의 검, 곧 하나님의 말씀(엡 6:17)을 주셨다. 온전한 제자훈련은 성령의 검을 거룩한 행실의 필살기(必殺技)로 익히는 훈련이다.[8]

예수님은 십자가에서 우리의 죄를 다 짊어지시고 우리의 전인격을 새롭게 빚으셨다. 따라서 우리가 그분의 십자가 복음에 반응하면 우리의 성품은 자연스럽게 예수 그리스도를 닮아간다(고전 11:1). 복음의 본질, 복음의 실체가 예수님이기 때문이다(막 1:1). 십자가를 지향하는 변혁, 즉 회개와 믿음을 통해 좀 더 그리스도를 닮은 모습으로 변화하는 삶은 무엇보다도 우리 인격의 중심에서 일어나서 전인격과 전존재에 울림과 영향을 준다.

1.
생각의
온전함

우리 내면에서 생각의 영역이 가장 격렬한 격전지이다.[9] 이미 우리는 그리스도의 피로 영적 전쟁에서 승리하였지만, 우리에게 남아 있는 옛 자아의 속성은 우리의 생각 속에 불의한 진지를 구축하여, 틈만 나면 우리를 출애굽 이전의 상태로 되돌리려고 안간힘을 쓰고 있기 때문이다. "오호라 나는 곤고한 사람이로다 이 사망의 몸에서 누가 나를 건져내랴"(롬 7:24). 문학적으로 수천수만의 저술이 있지만, 내면의 치열한 전투를 이처럼 짧은 문장으로 이렇게 생생하게 담고 있는 글은 없을 것이다. 사탄은 틈만 나면 우리 속에 들어오려고 호시탐탐 기회를 엿보며 문 앞에 엎드려 있다(창 4:7). 어떻게 하면 우리 생각의 문고리를 사탄의 손에서 건져낼 수 있을까?

1) 생각이 전쟁터이다

세상은 인간의 생각을 해방시키라고 말하지만, 성경은 그리스도께 복종시키라고 말씀한다. 우리의 생각에서 벌어지는 이 싸움은 너무 잔인하고 가차없다. "인류를 향한 하나님의 계획을 무너뜨리려는 사탄은 주로 관념과 이미지를 이용한다. 그러기에 그 둘은 영성 형성의 주요 전쟁터가 된다."[10] 사탄은 음흉하고 사악하다. 온갖 거짓의 아비다(요 8:44). 우리의 생각을 반(反)하나님적으로 오염시킨다. 문제는 주님 만나는 그날까지, 최종 성화가 되는 그날까지, 육신의 몸을 입고 살면서 부딪치는 유혹과 시험들이다(요일 2:16). 불신자들에게는 이런 격렬함이 없거나 우리보다 약하다. 아니, 불신자들의 생각에는 '양심의 갈등'이 있을 수 있으나 '내적 전쟁'은 없다. '전쟁'은 아군과 적군이 싸우는 것인데, 불신자들의 내면에는 옳고 그름에 대한 '절대 진리'가 존재하지 않기에 성경적 진리를 위한 전쟁은 있을 수 없다. 그러나 우리는 예수님을 믿고 살기 때문에, 믿지 않을 때보다 성화의 추진력과 옛 육신의 본성이 어떤 면에서 더 격렬하게 충돌한다. 우리의 생각이 전장(戰場)이 된다. 주님을 제대로 닮아가지 못하도록, 주님의 온전함에 집중하지 못하도록 우리의 마음에 온갖 갈등이 일어난다.

신앙의 연륜이 깊어도 안심할 수 없다. "주는 그리스도시요 살아 계신 하나님의 아들"(마 16:16)이라고 고백함으로 칭찬받았던 베드로는 얼마 후에 십자가를 지시는 예수님을 만류하다가 "사탄아 내 뒤로 물러 가라 너는 나를 넘어지게 하는 자로다"(마 16:23)라는 심한 책망을 받았다. 베드로의 생각이 어느 순간 사탄에게 크게 휘둘렸음을 보여준다. 진정으로 생각은 영적 전쟁터인 것이다.

2) 생각의 온전함의 길

(1) 자기성찰이 아닌 자기부인

조금만 한눈을 팔면 하나님의 일이 아니라 사람의 일을 생각하고 곧장 내 마음이 폭격 맞은 폐허처럼 되는 것이 우리의 현실이다. 그렇다면 "우리의 생각을 어떻게 성령의 지배 아래 두어 온전하게 할 수 있는가?"

생각의 온전함을 이루기 위해 반드시 짚고 넘어가야 할 점이 있다. 지나친 '자기성찰'은 자아를 생각의 왕좌에 앉혀, 정작 내면에 예수님이 계실 공간을 빼앗아 버린다. "내가 쓸모있는 사람인가를 끝없이 확인해야 하는 병적인 자아성찰을 버릴 준비가 되어 있는가? 이러한 상태에서는 하나님께 전혀 쓰임받을 수 없다."[11]

세상 사람들은 '온전한 생각', '온전한 마음'을 위해서 끊임없이 '자기성찰'을 해야 한다고 주장한다. 그러나 성경은 오히려 자기성찰이 자신을 영적으로 병들게 하는 잘못된 결과를 가져올 뿐이라고 말한다. 왜 그럴까? '인간의 자아'가 주체가 되는 자기성찰은 '자아 중독증'을 가져올 수 있기 때문이다. 자아에 대한 중독은 죄의 본질이며, 자아중독이야말로 하나님이 우리 안에 그리고 우리를 통하여 하시려는 일을 가장 크게 방해한다.[12] 지나친 자기성찰은 자아를 "우상화된 나"로 만들어 생각의 왕좌에 앉히는 역설을 만든다. 이런 내면에 예수님이 계실 공간은 없을 것이다. 예수 그리스도의 제자들은 중독적인 '자기성찰'이 아니라 성경적인 '자기부인'을 통해 생각의 전쟁에서 승리할 수 있다.

(2) 긍정적 사고가 아닌 성경적 사고

"생각을 심으면 행동을 얻고, 행동을 심으면 습관을 얻고 습관을 심으면 성품을 얻고 성품을 심으면 운명을 얻는다."[13] 생각이 우리의 운명을 결정한다는 뜻이다. 그런데 신앙인이 생각을 훈련하고 늘 살펴야 하는 이유는 긍정적인 생각의 효과 때문이 아니다.

로마서 8장 6절은 우리가 생각을 철저하게 살피고 다루어야 하는 이유를 이렇게 말씀한다. "육신의 생각은 사망이요 영의 생각은 생명과 평안이니라." 죄성을 가진 인간의 생각은 그냥 내버려 두면 하나님을 대적하는 쪽으로 기울어지게 되어 있다. 그냥 두면 인간의 생각은 하나님을 대적하는 무신론적 사고로 흐르고 불의하고 교만한 생각이 똬리를 틀며, 허망하고 허무한 것으로 끌리게 되어 있다. 이런 면에서 목회자의 강단은 성도의 생각을 소위 적극적인 사고, 긍정적인 사고를 넘어 하나님의 편에 서도록 훈련하는 거룩한 현장이 되어야 한다.

온전한 제자훈련에서 가르치는 '생각'은 '긍정적인 사고'(positive thinking)가 아닌 하나님 편에 서는 '성경적 사고'(biblical thinking)이다. 민수기 13-14장의 열두 정탐꾼 이야기는, 신앙인의 운명을 결정하는 것은 긍정적인 생각이 아니라 하나님 편에 서는 생각임을 가르치고 있다.

하나님의 모습은 희미해진 채 긍정적인 사고를 강조하다 보면, 개인이나 가정 혹은 사업이 잘되는 것을 강조하기 마련이다. 그러다 보면 어느덧 교회 강단은 성공적인 처세술이나 태도를 가르치는 세상의 강좌와 다를 바가 없게 되고, 그 결과 교회와 세상의 경계가 허물어지는 상태로 전락하게 된다.

(3) 사실보고가 아닌 믿음보고

언젠가부터 교회와 성도들이 신앙의 냉소주의에 젖어 들고 있다. "기도해도 안 되더라. 예배를 드려도 달라지는 것이 없더라." 이런 말들이 공동체 속으로 퍼져가면서, 냉소주의는 무서운 패배주의로 번져서 교회의 뿌리까지 침투하고 있다. 인본주의가 교회 안까지 침투하고 있는 것이다. 사람에 대한 하나님의 생각보다 하나님에 대한 사람의 생각이 더 중시되는 것이다. 이런 세속적 정신의 특징은 영원한 권위, 절대적 권위를 거부한다. 이런 생각에 잠식된 공동체가 어떻게 믿음의 진전을 이룰 수 있을까? 이런 교회일수록 사실보고가 만연하고 믿음보고는 찾아보기 어렵다. 왜 이것이 문제가 될까? 존 오웬의 말처럼, 불신앙이 지배하는 곳에는 인간의 생각이 하나님의 영광을 전혀 의식할 수 없기 때문이다.[14]

소위 교회 전문가를 자처하는 어떤 이들은 시간이 갈수록 교회의 활력이 떨어지고 교회의 미래가 어두울 것이라는 통계를 내민다. 심지어 서구교회의 쇠퇴를 보여주는 역사적인 증거까지 함께 내밀면서 그럴듯한 주장을 한다. 이로 인해 신앙의 냉기가 강단에도, 성도들의 삶에도 스며들고 있다. 에덴동산에서 아담과 하와의 삶을 허물었던 냉소주의가 교회는 물론 성도의 삶도 허물고 있다. 교회 내의 냉소주의가 목회자와 성도의 심장을 갉아먹고 있는 것이다.[15]

지난 사역을 돌아보면, 냉소주의는 하나님의 일의 진전에 큰 장애물이었다. 왜 목회자나 제자훈련 인도자는 냉소주의를 크게 경계해야 하는가?[16] 하나님의 위대한 창조 역사를 보라. 그 장엄한 창조의 역사에서 가장 많이 등장하는 말은 "보시기에 좋았더라"이다. 여기에는 한 점의 냉기도 깃들어 있지 않다. 하나님의 역사와 냉소주의는 하늘과 땅의 거리만큼 차이가 있다.

어떻게 하면 교회가 냉소주의를 떨치고 하나님의 편에 설 수 있을까? 사역자는 사실보고(fact report)를 넘어 믿음보고(faith report)의 목회를 해야 한다. 오늘날 교회를 약화시키는 큰 요인 중 하나가 사실보고이다. 사실보고는 보고하는 사실이 문제가 아니라 사실만 보는 게 문제다. 신앙인에게는 사실이 전부가 아니다. 더 중요한 것은 사실의 주권자이신 하나님이다. 민수기 13장에서 열 명의 정탐꾼은 사실보고를 했다. "거기서 네피림 후손인 아낙 자손의 거인들을 보았나니 우리는 스스로 보기에도 메뚜기 같으니 그들이 보기에도 그와 같았을 것이니라"(민 13:33). 사실이 문제인가? 아니다. 보는 것이 문제였다. 보는 것은 생각과 긴밀하게 연결되어 있다. 사람은 보고 싶은 것만 보는 편향성을 가지고 있다. "각기 자기의 소견에 옳은 대로"(삿 21:25)는 죄성을 가진 인간의 내면을 그대로 드러내고 있다. 인간의 생각은 내버려 두면 하나님의 시각이 아니라 자기 소견대로 흘러가게 되어 있다. 그러나 생각의 훈련을 받기 전에는 "각기 소견대로" 했을지라도, 생각의 훈련을 받은 사람은 하나님의 임재가 있는 '거기에서는 그렇게 하지 말아야 하는 것이다'(신 12:8).[17]

보는 것은 생각하는 것에 지배를 받는다. 평소에 생각하는 것이

눈으로 보일 뿐이다. 문제는 인간의 생각의 편향성은 죄의 편향성에 그대로 지배를 받는다는 사실이다. 마귀가 틀어쥐고 있는 무신론적 문화, 반기독교 정서, 물신의 고삐에 매여있는 세속주의, 이 땅의 삶이 전부라고 속삭이는 쾌락주의는 사람의 생각이 죄의 편향성에 사로잡힌 증거들이다.

신앙인의 생각 훈련은 냉소주의와 죄의 편향성을 거부하는 훈련이요, 육신의 눈이 아니라 하나님께서 보시는 것을 보는 훈련이다.[18] 이처럼 하나님께서 보시는 것을 보는 생각 훈련은 성도를 사실보고가 아닌 믿음보고의 차원으로 끌어올린다. 목회를 진정 성공하고 싶은가? 성도들이 세상 속에서 정말 구별되게 살도록 하고 싶은가? 성도의 생각이 '사실보고가 아닌 믿음보고로' 체화되도록 훈련하라! 이것이 온전한 제자훈련의 강령이다.

2.
감정(感情)의
온전함

지금 우리 사회는 '분노의 일상화'라는 말이 어색하지 않을 정도
로 격렬한 감정의 용광로 속에 있다. 이것은 우리뿐 아니라 전 세
계적인 현상이다. 이념이나 진영논리에 사로잡혀, 문제의 빗장이
열리는 순간 즉각적으로 분노를 쏟아내려고 벼르고 있는 듯하다.
이러한 사회의 터질 듯한 분노의 감정들이 교인들의 찢겨진 감정
의 틈사이를 비집고 교회로 들어오고 있다. 작은 일, 비본질적인
일에 감정이 터지고 상처에 농(膿)이 생기며, 분노의 감정이 고착
화된 채 교인 간에 서로 얼굴을 붉히는 일들이 적지 않게 생겨나
고 있다. 신앙은 좋은 듯 보이지만 영성지수와 감정지수가 일치하
지 않고 정서적으로 균형을 잡지 못하여, 결국은 신앙의 균형마저
잃어버리고 있다.

　이것이 신앙인에게 문제가 되는 이유가 있다. 믿지 않는 사람에
게는 죄로 인해 깨어진 감정과 지식과 삶의 불균형은 당연할 수
있지만, 복음을 받아들인 신자에게는 기본적으로 변화된 감정으
로 인하여 신앙과 삶이 일치되는 것이 마땅하다. 요한 칼빈은 "복

음을 받아들인다면 이것은 사람의 마음속 가장 깊은 감정에까지 침투해서 영혼 안에 자리를 잡아 그 사람 전체를 바꾸는 영향으로 나타나야 한다"라고 말했다.[19] 그러므로 예수님을 믿는다고 하면서도 삶의 변화가 없고 여전히 정서적으로 불안하다면, 복음이 그 사람의 깊은 감정에까지 침투하지 못했다고 생각할 수 있다. 참된 복음과 건강한 감정은 동전의 양면처럼 같이 가는 것이다.

그동안 제자훈련 과정에서 감정을 제대로 다루지 못한 아쉬움이 있다. 영성은 강조하지만 개인의 주관적인 감정은 저평가하고 불신하는 시각 때문이었다. 그 결과 감성지수와 영적지수가 일치하지 않는 현상이 종종 벌어지곤 했다. 감정의 문제가 치유되지 않으면 말씀은 겉돌게 되고 선택적 사랑, 선택적 용서라는 세상 사람의 모습과 조금도 다를 바가 없는 변질된 신앙으로 전락하기 마련이다.

지난 40여 년의 목회를 돌아보면, 치유되지 않은 쓴 뿌리는 사람을 넘어뜨리는 사탄의 도구가 됨을 보았다. 성경은 쓴 뿌리가 사람을 괴롭게 하고 많은 사람을 더럽게 한다고 말씀한다(히 12:15). 상처가 치유되지 않고 곪은 곳은 언젠가 전혀 예상하지 못한 곳에서 터져 나왔다. 결과적으로 치유되지 않은 감정의 방치는 개인의 삶은 물론이요 목회적으로도 큰 누수를 가져오기 마련이다.

사탄은 어떡하든지 우리 속에 죄책감과 두려움, 분노와 걱정 그리고 실망과 슬픔의 관(管)을 깔고 이런 상처난 감정들이 쉼 없이 흐르도록 감정의 꼭지를 틀고 있다. 오늘날 교회의 커튼을 열면 치유되지 않은 감정의 신음소리가 가득하다. 이처럼 감정이 치유되지 않은 채 예수님의 제자의 길을 갈 수는 없는 일이다. 어떻게 감정을 치유할 것인가?

1) 신앙에서 감정의 위치와 중요성

감정은 예수님에게도 중요한 영역이었다. 예수님이 공생애 기간 동안 말씀하신 "하라", "하지 말라"는 명령 가운데 많은 부분이 감정에 관한 것이었다. "두려워말라", "안심하라", "용서하라", "사랑하라", "기뻐하라", "즐거워하라." 예수님은 감정의 문제를 제대로 다루는 것이 제자의 길에서 심히 중요함을 아셨다. 이것은 목회자 역시 성도들의 감정을 깊이 주목하고 살피지 않고서는 공동체의 건강과 개인의 신앙적 성장을 보장할 수 없음을 의미한다.

지금까지 제자훈련은 속사람의 변화와 성장을 위해 '바른 지식'이 필수라고 보았다. 틀리지 않다. 그러나 인간 내면과 정서를 들여다보는 여러 학문이 발달하면서, 지식보다 더 깊은 차원에서 사람을 움직이게 하는 어떤 요소가 있음에 눈뜨기 시작했다. 그것이 바로 감정이다.

이 사실을 아시는 예수님께서는 제자들에게 "너희는 무엇을 알고 있느냐?" 심지어 "너희는 무엇을 믿고 있느냐?"라고 묻지 않으시고 "너희는 내가 무엇을 해주길 원하느냐?", "나를 따르겠느냐?" 그리고 "나를 사랑하느냐?"라고 물으셨는데, 사실 이 세 질문은 전부 같은 차원의 질문으로, 지식과 행동보다 더 깊은 것, 곧 우리의 정념, 애호, 욕구(감정)를 건드리는 것이다.

제자훈련에서 바로 이 감정의 영역을 다루지 못하면 인간에게 서 가장 중요한 한 영역을 지나친 채 성경 지식만 주입하는 결과 를 빚을 수도 있다.

2) 감정도 하나님 형상의 일부

감정은 제자훈련에서 반드시 깊이 들여다보아야 하는 인간 심성 의 영역이다. 기쁨, 감사, 소망, 화평, 긍휼 등은 모두 감정인데, 이 것들은 회심한 뒤 변혁되고 있는 각 성도가 드러내는 감정이다. "성도가 어떤 특정한 순간에 감정을 느끼고, 드러낸다는 것 자체 가 성품적인 측면과 연결된 영적 상태를 보여주는 것이다."[20] 한 편, 감정이 제자훈련의 영역이 아니라면 바울이 감사하라(살전 5:18), 기뻐하라(빌 4:4) 등 감정의 형성, 절제, 사용에 대해 언급하지 않았 을 것이다. 따라서 우리는 이렇게 결론 내릴 수 있다. "감정은 조 성할 수 있다. 내적 본질상 결정할 수도 있다. 물론 은혜라는 개념 을 통해야만 한다. 성도의 영성을 좌지우지할 수 있는 감정은 신 학적인 문제이고 가르침이 필요한 영역이다."[21]

성경의 가르침을 잘 내면화하려면 감정이라는 통로를 반드시 통(通)해야 한다. 사복음서는 예수님을 감성이 풍부한 분으로 묘사 한다. 마태는 긍휼히 여기는 왕, 마가는 슬퍼하는 인자, 누가는 동 정하는 하나님의 아들 그리고 요한은 사랑하는 주님으로 묘사하 고 있다. 복음서 자체가 예수님을 온전하고 다양한 감정을 지닌 분으로 보여준다. 따라서 예수님을 따르는 제자들도 건강하고 다양한 감정을 지니고, 적절히 표현하는 방법을 배우고 훈련해야 함은 당연지사이다.

그렇다면 우리는 애초부터 어떤 존재이기에 감정을 제자훈련의 한 영역으로 보아야 하는가? 창조 기사에 등장하는 "보시기에 좋았더라"(1:4, 10, 12, 18, 21, 25, 31)를 묵상해보라. "검토해보니 옳았더라"라고 하지 않는다. 보시기에 좋았다! 에덴동산은 온전한 감정이 존재한 정원이었다. 온전한 조화, 온전한 아름다움, 온전한 질서가 인간의 감성을 가득 채웠다. 따라서 하나님의 형상으로 지어진 우리는 하나님의 이 터져 나오는 감정을 형상의 일부로 간직하고 있다. 창세기 2장에서는 "사람이 혼자 사는 것이 좋지 아니하니"(창 2:18)라고 하셨는데, 여기서도 감정의 노출을 확인할 수 있다. 감정도 하나님의 형상의 일부라는 말은 신자가 감정을 훈련해야 하는 이유를 선명하게 보여준다. 세상에서는 감정을 절제하고 수련하는 것이 자아의 고상한 인격을 위해서라면, 우리가 감정을 훈련하는 것은 내 속에서 "보시기에 좋은" 하나님의 아름다운 성품을 빚어내기 위해서이다. 감정이 담긴 말 한마디, 행동 하나에서 하나님의 형상이 드러난다는 사실을 제대로 가르칠 수 있다면, 지금 교회 공동체나 가정이 겪는 많은 문제가 사라질 것이다.

3) 한국 목회자들이 성도들의 감정 훈련에 더욱 마음을 쏟아야 하는 이유

온전한 감정이 사탄의 공격으로 산산조각이 났다. 한마디로 사탄

은 '온전한 감정'의 파괴자이다. C. S. 루이스는 《스크루테이프의 편지》에서 마귀가 신자의 감정을 어떻게 여기고 있는지 흥미롭게 진술하고 있다. 스크루테이프는 조카 웜우드에게 "네가 저지른 실수들을 볼 때, 이건 네 능력을 넘어서는 일이야. 하지만 감정을 공격하는 일 정도는 시도해볼 만하지"라고 조언한다.[22] 마귀의 입장에서 보면, 아무리 신앙이 깊은 사람이라도 감정을 건드리면 충분히 승산이 있다는 의미이다. 타락 이후에 인간의 감정 영역이 걷잡을 수 없이 영적 전쟁터가 되었던 것도, 그만큼 인간의 감정이 부서지기 쉬운 신앙의 약한 고리이기 때문이다.

감정은 특히 한국인에게 정서의 보고(寶庫)이자 동시에 상처의 근원이다. 한국인이 갖는 고유한 단어로, 영국의 옥스퍼드 사전에도 등재가 된 화병(火病)이 있다. 억울한 마음을 삭이지 못해 답답한 가슴으로 밤잠을 이루지 못하는 병이다. 또한 자신의 감정을 제어하지 못하고 갑자기 '욱!' 하는 성미도 있다. 1920년대에 조선일보나 동아일보 사회면을 보면 높은 빈도로 발생하는 범죄 중하나가 자가방화(自家放火)였다. "이 세상에 화가 난다고 저희 식구가 살고 있는 자기 집에 불을 지르는 욱하는 감정을 가진 민족은 어쩌면 우리 한국 사람 밖에 없을 것이다. 바로 이 같은 울화의 자학 처리도 한국인에게 별나게 강한 감정 가운데 하나이다."[23] 한편으로 한국인에게는 흥(興)이 있다. 신바람과도 통하는 흥이 일어나면 논리적으로는 설명할 수 없는 불가능한 일들도 척척 해치우는 불가사의한 감정이다.[24]

그러기에 한국인을 대상으로 하는 목회의 성패는 민족의 정서가 되어버린 '울화'를 복음으로 치유하고, '흥'을 사명 의식으로 승화시켜 거룩한 춤을 추게 하는 데 달려 있다고 해도 과언이 아닐 것이다. 한편 목회자가 성도의 감정을 읽어내는 것은 노력의 영역이 아니라 목자의 심정에 기초한 목회 본질의 영역이기도 하다. 왜냐하면 우리의 목자되시는 예수님께서 양을 대할 때 그렇게 하셨기 때문이다. 무리를 보고 불쌍히 여기심은 예수님의 한결같은 마음이었다.

4) 전적위탁과 감정의 온전함

목회자가 성도들의 감정을 훈련하는 것보다 더 중요한 것은 목회자 자신의 감정을 훈련하는 것이다. 한 생애를 칭찬받을 정도로 신앙적 모범을 보였던 목회자들이 한순간에 스캔들로 넘어지고 다시 일어서지 못하는 사례들이 적지 않다. 목회자가 넘어지면 교인들의 감정에는 쓰나미 같은 엄청난 파장이 일어난다. 이런 면에서 목회자의 자기 관리, 특히 본능에 뿌리내린 감정 처리는 참으로 중요하다. 내게는 좌우명 같은 것이 있다. "이성은 본능을 이기지 못한다." 아무리 학식이 많고 세상적으로 점잖은 사람이며 평생을 자기 절제로 살아온 사람이라고 해도, 한 번 본능이 발동하면 어떤 이성적인 쇠사슬로도 본능의 고삐를 쥘 수 없다.

감정에서 본능의 문제를 끄집어내는 이유는 감정이 깨어질수록, 약화될수록, 상처를 입거나 피폐해질수록 본능의 힘이 커지기 때문이다. 그래서 목회자에게 건강한 감정은 목회의 어떤 영역보다 중요하다. 목회자의 깨어진 감정은 강단에서 고스란히 성도들에게 전이가 되고, 전이된 감정은 성도들의 삶에서 문제를 일으키기 마련이다.

어떻게 하면 목회자가 건강한 감정을 가질 수 있을까? 무엇보다도 본능이 작동하는 환경이나 자리를 피하는 것이 중요하다. 사실 이것보다 더 중요한 것은 감정의 회복을 가져오는 자리나 환경을 만드는 것이다. 예를 들어 필자는 감정적으로 탈진되는 것을 느낄 때, 목회적 신선도를 유지하는 몇 가지 방식이 있다. 첫째는 독서다. 책을 읽으면서 책 속의 인물과 대화하는 가운데 감정이 회복되는 것을 느낀다. 둘째는 예술이다. 필자는 음악회나 전시회를 통해서 감정의 치유와 통찰력을 얻는다. 셋째는 자연이다. 인생은 정원에서 돌이 자라는 소리를 들을 수 있어야 한다. 몸이 피곤할수록 집 뒤에 있는 우면산을 오르면 감정이 반전되는 것을 느낀다.

중요한 것은 목회자의 건강한 감정은 자신은 물론 성도들에게도 엄청난 자산이자 목회의 자양분임을 자각하고, 목회자들이 자기만의 회복의 루틴을 가지는 것이다. 목회자가 건강한 감정 훈련이 되면 성도들의 건강한 감정 훈련의 절반은 이루어진 것이다.

5) 성도의 감정의 온전함은 설교자의 강단이 기쁨으로 충만할 때 주어진다

세상은 감정의 치유를 심리적, 임상적으로 문제를 찾고 해결하는 형식으로 행하지만, 성경은 감정의 치유를 상처로 구멍 난 곳에 기쁨을 채움으로 해결한다.

깨어진 세상이 회복되는 과정을 보라. 구약의 마지막 말씀이 선포되고 예수님이 오시기까지 400여 년은, 계시가 중단되면서 영성은 메마르고 신앙적 정서는 고갈되고 상처난 시기였다. 하나님의 치유 방식에 주목하면 회색빛으로 가득한 채 생기를 잃어버리고 신음하는 세상이 정서적으로 회복되는 길이 보인다.

예수님이 이 땅에 오시는 복음의 시대가 시작되면서 기쁨이 봇물처럼 터져 나왔다(요 15:11). 예수님의 오심을 알리는 천사들의 메시지는 기쁨의 나팔 소리였다. 누가복음 1장에서 시작한 기쁨은 누가복음의 마지막 장인 24장 52절의 기쁨으로 이어진다. 기쁨이 깨어진 감정, 고통스러워하는 감정을 치료하시는 하나님의 방식임을 보여주고 있다.

성도의 기쁨은 누가복음 15장 32절의 말씀처럼 '죽었다가 살아났으며 잃었다가 얻은 것', 즉 복음의 정신과 맥을 같이한다. 복음은 우리가 죄로 죽었다가 십자가로 살아났으며, 죄로 생명을 잃었다가 얻은 것이다. 이것이 기쁨의 근원이기에 생명의 말씀으로(골 3:16) 충만한 강단은 성도의 감정을 가장 온전히 치료하는 진원지이다. 이런 점에서 성도들에게 감정적인 문제가 크게 드러나고 이로 인해 성도 간에 문제가 일어나는 일이 잦아진다면, 문제를 다른 곳에서 찾지 말고 강단에서 기쁨의 복음을 전하는 것이 부족하지는 않은지 돌아보아야 할 것이다.

"우리 주님은 우리를 위해 의를 값 주고 사셨을 뿐만 아니라, 기쁨까지도 값 주고 사셨다."[25] 성도의 기쁨은 우리 스스로가 상황에 따라서 기쁨을 선택하는 자가발전적인 기쁨이 아니라, 주님께서 십자가를 지실 때 그의 양들이 이 험한 세상에서 풍성한 삶을 살도록 기쁨까지 값주고 사셨다는 사실을 새길 필요가 있다. 그러므로 '아, 내가 누려야 할 기쁨은 그저 조건이나 상황에 따른 나의 감정적인 반응이 아니라 예수님께서 값 주고 사신, 세상이 도무지 줄 수 없는 귀한 것이구나'라고 하는 신앙적 고백이 늘 가슴에서 차올라야 할 것이다.

사도 바울의 사역의 핵심 키워드 중 하나는 "주 안에서 기뻐하는 것"이다. 바울의 서신서 곳곳에 기쁨이 보석처럼 빛나고 있다. '주 안에서의 기쁨'은 예수님의 제자로서의 바울이 온갖 굴곡진 삶 가운데서도 마음을 붙들 수 있게 한 거룩한 감정이다. 사도로서 그의 삶은 고통과 고난과 수치와 중상(中傷)의 연속이었다. 그럼에도 그의 상하고 찢긴 마음이 치유되고 건강한 감정을 유지할 수 있었던 것은 주 안에서의 기쁨이라는 감정 외에는 해석할 길이 없다. 주 안에서 기뻐한다는 것은 내가 주님의 사랑받는 존재라서 기뻐하고, 내가 기쁨의 원천이신 예수님을 품었기 때문에 기뻐하고, 내가 처한 환경이 어떠하든지 그것이 하나님께서 허락하신 환경이기에 기뻐하고, 가장 소중한 예수님을 다른 사람에게 나눌 수 있어서 기뻐하는 것이다. 이것이 바울이 기뻐한 이유이다. 목회자의 강단이 기쁨으로 충만할 때 성도들이 온전한 제자로서 찢긴 감정이 아니라 치유된 감정, 건강한 감정으로 살 수 있을 것이다.

3.
의지(意志)의
온전함

세상은 흔히 더 큰 결심을 하고 더 큰 맹세를 하고 더 큰 실천을 할 때 의지가 온전해진다고 생각한다. 그러나 성경은 이미 우리의 자유의지가 아담의 불순종으로 타락했고, 이 부패한 자유의지를 가지고는 아무리 갈고 닦아도 의지의 온전함을 이룰 수 없다고 말씀한다. "우리에게는 자유롭게 하나님을 영화롭게 하고 섬길 수 있는 선물이 주어졌었다. 그러나 인간은 그 자유를 잘못 사용함으로써 하나님께서 의도하신 온전함을 무산시켰다."[26]

그렇다면 어떻게 해야 하나? 감사하게도 아담의 불순종으로 막혀 버린 의지의 온전함을 회복할 길이 예수님의 절대 순종을 통해 다시 열렸다.

1) 하나님의 고귀한 선물, 의지

우리는 영적 존재로서 하나님의 형상을 닮은 영혼(soul)을 가지고 있다. 영혼 안에 마음(지성, 생각), 감정 그리고 의지가 포함되어 있다. 마음을 다한다는 것은 감정, 뜻을 다한다는 것은 지성 그리고 "힘을 다한다는 것"은 의지와 연결된다. 하나님께서 우리를 의지적 존재로 만드셨기 때문에 우리의 영혼은 애초부터 의지적이다.[27] 마음이 엔진이라면 의지는 조향장치(핸들과 바퀴)라고 할 수 있다. 의지는 성품이 아니다. 그러나 성품은 의지에 의해서 표현된다. 한마디로 의지는 인간의 실행 중심이라고 할 수 있다. 인간됨에서 의지는 중심적인 위치를 차지한다. "신앙의 본질은 의지이며, 의의 본질도 의지이다. 하나님이 인정하시는 유일한 선은 의지에서 나온 선이며, 의지에서 나온 거룩함만이 진정한 거룩함이다. … 의지는 영혼이 항로에서 이탈하지 않도록 지켜주는 자동조정장치와 같다."[28]

의지는 우리 내면에서 생각 또는 감정이 하지 못하는 독특한 역할을 한다. 의지적으로 무엇인가를 생각하도록 '허용하기' 때문에 생각할 수 있는 것이고, 의지가 무엇인가를 느끼도록 '허용하기' 때문에 느끼는 것이다. 아무리 몽상이라 할지라도 생각이 혼자 떠돌아다닌다거나, 아무리 원초적인 감정이라 할지라도 의지의 통제 없이 저절로 일어나고 잦아들지 않는다. "어떤 생각(지성)을 하느냐는 의지가 잡아준 방향, 바로 그 방향을 따라 흐르게 돼 있다."[29]

의지는 인간에게 고귀함을 부여한다. "의지는 명백하고, 본래적이며 모든 것을 능가하는 가치를 가지고 있다."[30] 의지는 또한 창조성의 원천이기도 하다. 의지 없는 인간 존엄이란 있을 수 없다. 인간에게 어떤 존엄함도 찾을 수 없다면 굳이 예수님이 죽으실 이유도, 죽음으로 인해 만들어진 결과에 만족감을 표할 이유도 없다.

2) 의지에 무슨 일이 생긴 것일까?

사람들은 의지를 탓한다. 자녀가 게임에 빠져 공부를 안 해도, 가족이 술과 담배를 못 끊어도, 지인이 체중감량을 못 해도 다 "의지가 약해서"라며 의지를 탓한다. 정말 의지가 약해서일까? 의지는 마치 2인용 자전거와 같아서 의지 혼자서는 무엇을 할 수 없다. 의지(意志)는 언제나 사고(思考) 그리고 감정(感情)과 함께한다.

타락한 인간의 의지는 하나님을 반역하는 죄의 중력에 사로잡혀 있다. 창조 때의 인간은 죄를 지을 수 있는 능력과 죄를 짓지 않을 수 있는 능력을 둘 다 가지고 있었으나, 타락 후의 인간은 죄를 지을 수 있는 능력은 있으나 죄를 짓지 않을 능력은 잃어버리게 되었다. 성 어거스틴은 이것을 "내 힘으로는 도저히 빠져나올 수 없는 마귀의 사슬에 묶인 도착된 의지"라고 표현했다.[31]

타락한 인간은 참된 선을 행하고자 하는 모든 의지력을 완전히 잃어버렸다. 의지가 있다면 오직 죄를 지을 의지만 가지고 있다. 타락한 자유의지로는 하나님을 찾고 하나님이 기뻐하시는 뜻과 일을 행할 능력이 없다. 이 사실을 바울은 "너희가 본래 죄의 종"이라고 표현했다(롬 6:17). 우리가 자유하려고 하나님을 떠났는데, 오히려 더 죄의 종이 된 것이다.

타락한 의지는 오히려 하나님을 반역하는 일에 쓰이는 무시무시한 흉기다. 누가복음 15장에 나오는 탕자를 보라. 그는 자신의 의지대로 방탕에 빠진다. 의지에는 경계선이 있다. 이 경계선을 넘어가면 의지의 역기능이 생긴다. 여기서 간과하기 쉬운 사실이 하나 있는데, 바로 첫째 아들 역시 의지의 역기능을 보여준다는 점이다. "그가 노하여 들어가고자 하지 아니하거늘 아버지가 나와서 권한대"(눅 15:28). 그는 동생을 위해 베푼 축하 잔치에 들어가지 않기로 하는 의지적인 결정을 했다. 두 아들 모두 강한 의지의 소유자였지만, 죄의 고집에 매인 의지였다.

한마디로 인간은 온전한 의지를 상실하고 뒤틀린 의지에 사로잡혀 완고한 사람이 되었다. 세상에서는 고집 센 사람을 '의지가 강하다'고 평가할지 모르나, 성경은 역기능 의지의 소유자, 즉 완고한 죄인이라고 표현한다. 인간의 힘으로는 결코 의지가 온전해질 수 없다. 주님의 은혜로 새로운 마음을 소유할 때, 우리의 의지는 제대로 작동하기 시작한다.

3) 의지(依支)로 의지(意志)를 고친다

성경은 의지가 회복되고 온전케 되는 길을 정확하게 안내한다. 하나님께 의존하고 의뢰할 때 가능하다고 한다. 이런 면에서 성경은 의지(意志)가 아니라 의지(依支)를 강조한다. 다시 말하자면 의지(意志)의 온전함은 하나님을 전적으로 의지(依支)할 때만 이뤄진다.

감사하게도, 불순종을 통해서 들어온 타락한 자유의지가 예수 그리스도의 절대 의지(依支), 절대 순종의 모범을 통하여 다시 온전한 의지로 회복되는 길이 열렸다. 지상 최고의 의지는 자기비움과 자기비하로 십자가를 지신 예수님의 의지이다(빌 2:6-11). 이것이 복음의 중요한 핵심이다. 예수님은 철저한 순종으로 십자가를 통해 소임을 다 감당하신 후에도 오직 아버지께 자신을 맡기셨다. 예수님은 이러한 절대 순종, 전적 위탁의 모범을 보여주심으로 우리가 예수님을 따르도록 도우신다. 예수님을 따라 하나님께 우리 자신을 완전히 의탁할 때, 타락하고 오염된 의지가 온전하게 된다.

'전적 위탁'(Total Commitment)은 사회에서는 잘 쓰지 않는 용어이다. 그러나 예수님의 제자인 우리에게는 생사가 걸린 말이다. 예수님이 십자가를 아버지 하나님의 뜻으로 지시고 극한의 자기부인을 통해 세계 구원을 이루신 후에도 자기 영혼을 오로지 하나님께 맡기셨다면, 제자로서 예수님의 온전함을 사모하고 붙잡고(골 2:6-7) 나아가야 하는 우리는 "네 길을 여호와께 맡기라"(시 37:5)는 말씀을 마땅히 좇아야 한다.

4) 우선순위 선정과 의지의 온전함

전적 위탁을 통해 의지의 온전함에 이르려면 반드시 '우선순위'라는 전투적 과정을 거쳐야 한다. "아버지나 어머니를 나보다 더 사랑하는 자는 내게 합당하지 아니하고 아들이나 딸을 나보다 더 사랑하는 자도 내게 합당하지 아니하며 또 자기 십자가를 지고 나를 따르지 않는 자도 내게 합당하지 아니하니라"(마 10:37-38). 주님이 여기서 말씀하신 핵심은 '정말 네 의지가 온전해지기를 원하는가? 순종하려는 의지를 갖기 원하는가? 전적 위탁을 원하는가? 그러려면 네 삶의 우선순위를 확정하라'는 것이다(롬 14:7-8).

우리가 하나님이 원하시는 우선순위를 갖기 위해서는 때로 인간 본성의 한계를 돌파해야 하는 의지가 필요하다. 우리의 의지가 온전하게 되기 위해서는 부모와 자녀보다 주님과 전적 위탁의 관계를 정립하는 것이 시급하다. "무릇 내게 오는 자가 자기 부모와 처자와 형제와 자매와 더욱이 자기 목숨까지 미워하지 아니하면 능히 내 제자가 되지 못하고"(눅 14:26). 이 구절에서 '미워한다'는 말은 진짜 밉다는 뜻이 아니라 우선순위의 관계에 있어서 부모나 자식보다도 전적 위탁이 더 우선이라는 뜻이다. 부모와 처자와 형제와 자매를 살리는 최고의 길은 주님께 의지적으로 위탁하는 것이라는 사실을 역설적으로 강조하신 것이다.

우리를 사랑하시는 주님이 왜 전적 위탁을 통해 우선순위를 설정하고, 우선순위의 전투적 과정을 거쳐 의지를 온전하게 하라고 하셨을까? 주님을 향한 사랑과 전적 위탁, 순종을 통한 생명의 길이 없으면 우리가 하는 사랑, 신뢰, 교제는 다 제한되고 오래 가지 못한다. 세상은 자기 결정권을 강화하라고 하지만, 우리는 전적 순종과 전적 위탁을 강화하는 훈련을 해야 한다. 그래야 우리의 사랑과 신뢰가 진짜가 될 수 있다.

하나님을 먼저 사랑할 줄 알아야 부모, 자식, 배우자를 진짜 사랑하게 된다. 전적 위탁에 기초하는 의지의 훈련은 진짜처럼 위장하고 있는 삶의 진위(眞僞)를 가차없이 드러내고 교정한다. 하나님께 의지(依支)하는 온전한 의지의 조향(操向)으로, 흔들리는 가정이 안전해지고 깨어진 관계가 회복되며 무력한 신앙생활이 살아나는 것이다.

의지의 온전함을 훈련할 때 조심해야 할 점이 있다. 자칫 율법주의, 바리새적인 자기 의에 빠지지 않도록 주의하는 것이다(마 23:23). 바리새인들은 세칙들과 시행령들을 만들어 철저하게 율법을 준수했다. 그러나 결국 하나님의 의가 아니라 자기 의를 이루고 말았다. 율법을 지켰노라 하는 그 강인한 의지의 자랑으로, 하나님의 생명을 막고 훼방하는 참담한 결과를 초래했다. 작은 율법은 지켰지만 율법의 근간이 되는 정의, 긍휼 그리고 믿음을 버리고 말았다.

4.
관계의
온전함

우리는 예수님을 구주로 믿음으로 십자가를 통해 하나님과의 강력한 수직적 관계뿐만 아니라 성도 상호간의 강력한 수평관계로 묶여 있다. 이것은 "기이하고도 새로운 족보" 관계이다.[32] 이런 면에서 성도의 관계, 혹은 성도가 맺는 관계의 온전함은 세상에서 유명한 인간관계 서적이나 심리적 처방으로는 접근할 수 없는 독특함을 가지고 있다.

"신앙은 하나님을 신뢰하는 일에 관한 것으로서 근본적으로 관계적이다."[33] 제자훈련도 이론이기에 앞서 인격적인 만남이고 나눔이며 관계다. 이런 면에서 옥한흠 목사님과의 만남 이후로 계속된 관계를 다시 생각해 본다. 목사님이 미국 유학을 마치고 귀국하신 후 공식적으로 인도한 첫 번째 집회가 내가 대학부 간사로 섬기던 내수동교회 대학부 수련회였다. 그해 수련회 주제가 '네가 나를 사랑하느냐'였다. 이후 9월에 전도집회인 '생명, 교제, 기쁨'을 열었는데, 이 집회에도 목사님이 강사로 오셨다. 이때 맺은 관계는 평생 지속되었고, 목회 사역의 멘토와 동역자로 이어졌다. 목사님과의 관계는 전통적인 장로교의 형식주의와 예식중심주의에서 벗어나는 동인(動因)이 되었고, 미래지향적 목회의 토대가 되었다. 관계가 한 사람의 목회 향방을 결정한 경험적 증거이다.

사람은 관계다. 이것은 인간이 창조되었을 때부터 시작된 숙명이다. 동서고금은 실상 모든 사람을 행복으로 이끄는 완벽한 관계를 찾는 시행착오의 역사라고 할 수 있다. 그러나 죄로 깨어진 관계이기에 죄를 해결할 수 없는 세상은 그 해답을 찾을 수가 없다.

'당신은 관계의 온전함의 길 위에 있는가?' '당신은 예수님 때문에 사랑하기 힘든 사람을 사랑하고 있는가?'(마 5:43-47). 성경은 하나님께 예물을 드리다가 형제에게 원망들을 만한 일이 생각나거든 먼저 형제와 화목하고 예물을 드리라고 말씀한다(마 5:23-24). 죄성을 가진 인간의 본성으로는 불가능한 말씀이 아닐 수 없다. 그럼에도 원수를 사랑하라는 명령을 하실(마 5:44) 만큼 하나님께서 관계를 중시하신 이유는 무엇인가? 하나님께는 우리와의 관계가 전부이기 때문이다. 하나님은 피조물과의 관계를 위하여 자신의 외아들을 세상에 보내시고, 십자가에서 죽게 하셨다(요 3:16; 요일 2:2). 한마디로 하나님은 바른 관계를 맺는 일에 올인(all-in)하신 것이다.

성경이 복음을 통한 관계의 변화를 말하면서 가족 언어(familia language)를 빈번하게 사용하는 이유가 바로 여기에 있다. 죄인이 하나님의 자녀가 되고, 피조물이 창조주 하나님을 아바 아버지로 부르게 되었다. 신약에 나오는 화해 언어 또한 관계적이다(고후 5:16-21). "복음을 받은 후 사람들은 화해의 전망에 관해 많은 것을 배워야 한다. 우리는 하나님이 얼마나 많은 것들을 준비하셨는지 잘 깨닫지 못한다. 하나님과 화해함은 타인과 화해하고, 섭리의 질서에 순응하며, 영적 세계의 불변 법칙에 순응할 때까지는 완성된 게 아니다."[34]

1) 관계를 갈망하는 인간

한국은 조선시대 때 500년 이상 유교 철학에 영향을 받아 다섯 가지 관계를 중시하도록 배웠다. 부모 관계, 왕과 신하의 관계, 선후배 관계, 부부의 관계, 친구 관계가 그것이다.[35]

성경 역시 관계를 매우 중요하게 본다. 아니, 어떤 면에서 성경이 소개하는 신앙은 철두철미하게 '관계적'(Relational)이다. 창세기의 창조 역사에서 모든 피조세계가 하나님 보시기에 좋았지만, 이 와중에 "좋지 아니하니"라는 어구는 마치 창조의 흐름을 끊는 듯한 뜻밖의 말씀처럼 보인다. 그만큼 깊은 의미를 담고 있다는 뜻이다. 하나님은 아담이 홀로 있는 것을 보시고는 처음으로 좋지 아니하다는 말씀을 하셨다(창 2:18). "좋지 아니한" 것은 아담이 홀로 있는 모습이었다. 이 말씀은 인간이 처음부터 사회적 존재로 지음 받았고 다른 사람들과 관계를 맺으며 살도록 정해졌음을 선명하고 강렬하게 보여주고 있다.

그리스도의 제자는 세속적이고 처세적인 이유 때문이 아니라 훨씬 더 근본적인 이유에서 관계에 대해 생각해야 한다.

첫째는 삼위일체 하나님이 사회적이고 공동체적이시다(마 3:16-17). 관계지수(RI: Relational Intelligence)의 최고 모델이 성삼위 하나님의 관계이다. 삼위 하나님이 이루신 관계는 영원한 사랑, 진리 그리고 공의로운 사회이다. 바로 이 삼위일체 하나님 자신으로부터 영원한 구원의 은혜가 흘러나온다. 성자 하나님이 성부 하나님과 동등하시지만(Equality) 예수님은 자신의 정체(Identity)를 "아버지와 아들" 관계로 설명하셨다.[36] 겟세마네 동산에서 기도하실 때 "내 아버지여"라고 예수님과 아버지의 깊은 관계를 드러내셨다. 삼위 하나님이 인격적이며 공동체적인 일체의 관계로 계시므로, 그분의 형상을 따라 지어진 인간 역시 관계적이다.

둘째는 인간 창조의 원리가 관계적이다. 창조된 남자와 여자는 존재의 가치(Value)와 인격(Dignity)의 측면에서 동등한 관계이다. 특히 남녀는 결혼을 통해 한몸이 됨으로써, 마치 삼위일체 하나님께서 완벽한 의존과 신뢰의 공동체를 이루시듯이 인간 역시 죽음으로 갈라지지 않는 한 사회를 이룬다. 이렇듯 인간은 애초에 지어질 때부터 관계를 지향하게 되어있다.

셋째는 예수님이 베푸시는 구원이 관계적이다. 한 부자 관리가 예수님께 나와 묻는다. "선한 선생님이여 내가 무엇을 하여야 영생을 얻으리이까"(눅 18:18). 예수님은 어릴 때부터 율법의 모든 것을 행한, 외적으로 무엇 하나 부족하지 않았던 '의로운' 그에게 "나를 따르라"고 말씀하셨다(눅 18:22). 그 관리가 애타게 찾고 있던 영생이 율법의 행함이 아니라 '예수님과의 관계'에서 얻어지는 것임을 드러내며 초대하신 것이다.

예수님은 관계의 최고 전문가이시다. 니고데모 같은 유대인 상위층 남자들과의 관계 소통에 불편함이 없었고(요 3장) 우물가의 여인처럼 소외된 하위층과도 관계 소통에도 막힘이 없으셨다(요 4장). 예수님은 사람들과 관계를 맺을 때 인종, 성별, 사회 위치에 차별 없이 그 상대의 눈높이에 적당한 맞춤형으로 대해 주셨다. 예수님은 '끼리끼리' 구별하는 관계는 거부하시고 어떤 형태의 사람들과도 다 어울릴 줄 아셨다.

넷째는 교회가 관계적이다. 바울은 그리스도와 교회의 관계를 설명할 때, '머리와 몸' 그리고 '남편과 아내'의 관계로 말한다. 그 관계는 하나 됨(unity)에 기초한다. 법적 혹은 행정적 하나 됨보다 내적, 영적 관계의 하나 됨을 의미한다.[37] 몸은 유기적이다. 교회가 몸과 부부 관계로 비유되는 유기적 공동체라면 교회에 속한 성도들의 삶, 고백, 존재 또한 유기적 관계에서 파악되어야 한다. 성도들은 영가족으로 주님 안에서 가족 된 형제 자매들이다. 또한 예수님은 제자들을 "친구"라 부르셨다(요 15:14). 교회는 온전한 친구를 만나는 곳이다.

다섯째는 인간 현실이 관계적이다. 아리스토텔레스는 "…고립되어 자급자족하지 못하면 개인은 전체에 대해 다른 경우, 부분이 전체에 대해 갖는 관계를 맺을 것이기 때문이다. 공동체 안에서 살 수 없거나 자급자족하여 그럴 필요를 느끼지 못하는 자는 국가의 부분이 아니며, 들짐승이거나 신일 것이다"라고 말했다.[38] 인간은 사회를 떠나서는 살 수 없는 존재임을 말한 것이다. 그러나 사도 바울은 이보다 훨씬 더 나아간다. 그는 인간이 관계 속에서 공동체적일 뿐 아니라 어떤 관계의 공동체를 이뤄야 하는지 알았다. "우리 중에 누구든지 자기를 위하여 사는 자가 없고 자기를 위하여 죽는 자도 없도다 우리가 살아도 주를 위하여 살고 죽어도 주를 위하여 죽나니 그러므로 사나 죽으나 우리가 주의 것이로다"(롬 14:7-8). 온전한 인간관계의 궁극은 생사를 구주 예수 그리스도의 주권에 의탁한 관계임을 보여주고 있다.

세상 역시 관계가 진심으로 중요하다고 말한다. 그래서 관계에 관한 수천 수만의 책들이 출간되었고 앞으로도 관계를 다루는, 관계의 해법이라고 주장하는 수많은 책이 출간될 것이다. 이러한 현상은 마치 소금물을 마시면 더욱 목이 타듯이, 이 시대에 관계의 목마름이 더욱 심해지고 있음을 방증한다. 그러나 예수님의 말씀처럼 "주님을 따르는" 온전한 관계의 길, 즉 십자가의 길을 지나지 않고서는 관계의 해갈(解渴)은 맛볼 수 없다.[39]

2) 관계의 유일한 해결책인 이웃 사랑은 과연 가능한가?

"네 이웃을 네 자신 같이 사랑하라"(마 22:39)라는 예수님의 대계명은 모든 인간관계를 해결하는 절대 진리이지만, 타락한 인간 본성으로서는 결코 도달할 수 없는 불가능한 수준의 요구처럼 보인다. 이웃을 나 자신처럼 사랑하고, 내게 손해를 끼치고 심지어 내 목숨까지 앗아가려는 원수를 용서의 수준을 넘어 사랑하고 축복하라는 명령은[40] 애초부터 죄성을 가진 인간에게 실천 불가능한 이상(理想)에 불과한 것이 아닌가?

"네 이웃을 네 자신 같이 사랑하라"는 말씀은 당시나 지금이나 자신의 행복을 먼저 생각하는 인간의 심중에 벼락같은 충격을 준다. 이웃을 자기 자신 같이 사랑하라는 말씀이 파격적인 이유는, 범죄한 이후 '죄에 오염된 자기 사랑'에 사로잡혀 있는 인간으로서 '이웃을 네 자신처럼 사랑하는 것'은 죄의 뿌리를 잘라내지 않고서는 불가능한 일이기 때문이다.

초대교회가 폭발적으로 성장할 수 있었던 비결은 대접(hospitality)이다(마 7:12). 대접이라는 뜻의 헬라어(φιλοξενία)는 '낯선 이를 사랑한다'라는 '필로스'(φίλος)와 '제노스'(ξένος)의 복합어이다. '필로스'는 '친구'이며, '제노스'는 '이방인'을 의미한다. 대접은 성령의 은사이면서 동시에 모든 온전한 제자들이 추구하고 계발해야 할 관계의 훈련이다(롬 12:13; 히 13:2). 집을 이방인들에게 연다는 것은 선교의 시작이다.

이웃 사랑에 관해 말할 때마다 우리의 가슴을 뛰게 하는 구절이 있다. "유대인들에게 사십에서 하나 감한 매를 다섯 번 맞았으며"(고후 11:24)라고 말하는 사도 바울의 고백이다. 이렇게 모진 고문을 당하고도 바울은 다음과 같이 말한다. "나의 형제 곧 골육의 친척을 위하여 내 자신이 저주를 받아 그리스도에게서 끊어질지라도 원하는 바로라"(롬 9:3).

죽기 직전까지 채찍질을 당한 바울의 등은 차마 눈 뜨고 볼 수 없었을 것이다. 난도질을 당한 듯한 끔찍한 자국들이 남았을 것이고, 피부 조직은 움직일 때마다 몸서리쳐질 정도로 아팠을 것이다. 조금 나으면 또 다시 맞는 과정을 5번이나 거치는 동안 그의 등 전체는 마치 3도 화상을 입은 것처럼 신경 조직이 손상되어서 움직일 때마다 고통이 밀려왔을 것이다. 그때마다 자신을 때린 유대인들을 생각하면 아마 인간적으로는 몸서리치며 치가 떨렸을 것이다.

그러나 바울은 채찍질로 자신의 몸을 걸레 조각처럼 만들어 놓은 유대인들을 '골육의 친척'이라고 한다. 심지어 그들을 위해서라면 하나님의 사랑에서 끊어져도 좋다고 말할 정도로 이웃 사랑, 형제 사랑을 한순간도 포기하지 않았다. 바울이 불가능해 보이는 이웃 사랑을 실천할 수 있었던 이유는, 죄인 중의 괴수인 자신을 온전히 은혜로 부르시고 구속하신 십자가의 사랑에 감읍했기 때문이다. 이것이 바로 원수 같은 이웃을 사랑하게 했던 온전한 관계의 비밀이다. 이처럼 예수님이 흘리신 구속의 피의 은혜에 진정으로 눈물짓는 그리스도인만이 원수 같은 사람조차 사랑하는 관계의 온전함을 추구하며 누릴 수 있다.

3) 사랑하기 힘든 사람을 어떻게 사랑할 수 있나?

예수님께서는 우리에게 원수를 사랑하라고 명령하시며 아가페 사랑을 요구하신다. 아가페 사랑은 하나님의 사랑을 경험한 자만이 할 수 있는 사랑이다(요일 3:16). 예수님의 사랑은 목회적이며 선교적이다. 하지만 하나님의 무한한 사랑을 경험했다 해도 자신에게 온갖 상처를 준 사람, 심지어 자신의 인생을 망쳐 놓은 사람을 사랑하는 것은 쉽지 않다. 어떻게 하면 사랑하기 힘든 사람을 사랑할 수 있을까?

바로 사랑의 '전진'을 해야 한다. 뒤를 돌아보는 사랑으로는 미운 사람, 자신에게 상처를 준 사람을 사랑할 수 없다. 문제는 우리에게 전진할 수 있는 강력한 사랑이 있는가이다. 멘토 같은 분으로부터 들은지 수십 년이 지났지만 여전히 가슴에 메아리처럼 들려오는 말이 있다. "내가 사랑을 받아 봤어야 사랑을 하지." 사랑은 사랑을 받은 사람이 제대로 할 수 있음을 보여준다.

이런 점에서 그리스도인은 원수조차 사랑할 수 있는 유일한 사람일 것이다. 왜냐하면 그리스도인은 마치 이 우주에서 나만을 사랑하시는 것 같은 하나님의 사랑, 십자가의 사랑을 경험하기 때문이다. 예수님의 십자가의 다함 없는 사랑을 받아본 사람만이 원수같은 사람을 사랑할 수 있는 힘을 누릴 수 있다.

뒤를 향하지 않고 앞으로 전진하는 사랑은 십자가의 사랑이다. 예수님은 자신을 못박은 자를 위해 하나님께 용서를 구하셨다(눅 23:34). 이것이 미움의 선(線)을 넘어 전진하는 사랑이다.

앞으로 나아가는 것이 아가페 사랑의 시작이다. 앞으로 나아갈 때 과거에 묻혀 있는 미움의 지뢰를 밟지 않을 수 있다. 과거에 발목 잡혀 전진하지 못하면 땅속에 묻힌 과거라는 지뢰를 밟고 폭발할지도 모른다. 베드로와 가룟 유다의 삶이 이것을 생생하게 보여준다. 가룟 유다는 과거의 지뢰를 밟고 폭발한 사람이다. 반면, 베드로는 사랑의 전진을 선택함으로 남은 일생을 하나님께 쓰임 받으며 살았다.

우리가 전진하는 사랑을 하기 위해 인간의 욕망에 기초한 사랑이 아닌 아가페적 사랑에 몰두해야 하는 이유가 있다. 어거스틴의 말처럼, 욕망은 사람을 늙게 하나 진정한 사랑은 사람을 새롭게 하고 우리를 젊게 만들기 때문이다.[41] 이것이 하나님의 사랑을 품고 그 사랑을 실천하면 나이가 들어 비록 겉사람은 낡아질지라도 우리의 속사람은 날로 새로워지는 비결이요, 큰 산 같은 수많은 장애물을 넘어 원수조차 품는 사랑의 전진을 할 수 있는 힘이다.

4) 관계의 온전함은 모든 피조세계로 확장되어야 한다

성도가 하나님을 사랑하고 이웃을 사랑하라는 명령에 순종할 때, 우리가 도달하는 관계의 온전함은 하나님이 창조하신 모든 피조세계와의 관계 회복으로 확장된다. 성경은 땅이 가시덤불와 엉겅퀴를 내는 이유가 죄악에서 비롯되었다고 말씀한다. 예레미야 12장 4절은 땅이 슬퍼하고 온 지방의 채소가 마르고 짐승과 새들이 멸절하게 되는 것이 사람의 악함에서 비롯되었다고 말씀했다. 죄로 파괴된 피조세계는 강도 만난 사람처럼 그리스도인들이 보호하고 지켜야 할 이웃이다. 기독교 정신이 들어간 나라일수록 대체로 자연보호가 잘 되어 있는 이유는 죄의 문제를 해결하는 복음이 사회 문화의 저변에 흐르고 있기 때문이다.

하나님 사랑이 없는 이웃 사랑은 윤리와 규범으로 끝나고, 하나님 사랑이 없는 자연 사랑은 범신론(汎神論, pantheism)으로 끝난다. 그러나 우리가 추구하는 관계의 온전함은 목숨 다해 하나님을 사랑함으로 이웃을 더욱 사랑하고, 이로 인해 자연과의 관계도 회복되는 것이다.

이미 우리는 십자가의 보혈로 이웃을 나 자신처럼 사랑할 수 있는 온전한 관계의 능력을 받았다. 우리는 하나님께서 아브라함에게 약속하신 "너는 복이 될지라"(창 12:2)는 말씀을 다시 상기해야 한다. 성도는 이웃을 복되게 하는 사명을 가지고 태어났다. 이 놀라운 축복은 온전한 관계의 절정인 이웃 사랑의 빗장을 여는 열쇠이다. 여기에 대한 성경적인 본보기가 룻이다. 변덕스럽고 암흑 같은 사사 시대에 룻은 온전한 관계를 통하여 자신도 살고 시어머니도 살리며, 이스라엘 민족을 살리는 역할을 감당했다. 룻은 축복의 통로가 되는 삶을 관계를 통하여 이루었다.

5.
행실의
온전함

가끔 주위에 "저는 구원받은 것만으로도 만족합니다"라고 이야기하는 분들이 있다. 언뜻 들으면 굉장히 믿음이 좋아 보이지만, 그것은 사실 우리에게 상 주기를 원하시는 '하나님의 심정'을 깨닫지 못하기 때문에 하는 말이다. 루터의 이신칭의는 복음의 본질, 구원의 핵심이다. 그런데 종교개혁 이후로 프로테스탄트는 구원론 관점에서 믿음을 강조한 나머지, 행실의 기쁨을 간과한 면이 없지 않다. 그러나 행함과 믿음은 같이 가는 것이다(약 2:22).

우리가 행실의 온전함을 추구하는 이유는 무엇인가? 사도 바울의 고백처럼 "주를 기쁘시게 하는 자"(고후 5:9)가 되는 것, 즉 주님의 기쁨이 그리스도인의 행실의 유일한 동기요 목적이다.[42]

행실을 강조하면 반드시 돌려받는 질문이 있다. 사랑의 하나님이 어떻게 인간의 행실을 벌하실 수 있는가? 그러나 이들은 하나님의 사랑이라는 동전의 뒷면에 하나님의 거룩하심이 있다는 사실을 보지 못하고 잘못된 생각을 하는 것이다. 거룩하신 하나님은 의로우신 분이기에 반드시 죄에 대해 심판하신다(고후 5:10).

1) 성도도 심판 받는가?

구원받은 성도에게도 심판이 있는가? 행실의 온전함이 필요한 이유는, 행실이 최후의 심판 때 성도의 믿음과 삶의 충실함을 드러내는 매우 중요한 증표가 되기 때문이다. 그리스도인에게는 두 가지 심판이 있다. 하나는 백보좌 심판(The Great White Throne Judgment)이다(계 20:11-15).[43] 이 심판은 그야말로 영원한 불못에 들어가느냐 안 들어가느냐, 즉 영원한 형벌을 받느냐 받지 않느냐를 가름하는 심판이다. 이 심판은 우리의 행위 때문에 받고 안 받고 하는 것이 아니다. 우리가 이 심판을 어떻게 피하는가? 그리스도인은 오로지 그리스도의 피와 그분의 의로 인해 백보좌 심판에서 형벌을 이미 면했다(롬 8:1). 그러나 우리에게는 우리 삶을 평가하는 심판이 남아 있다. 이것은 우리의 몸으로 행한 것을 따라 각각 받는 상급 심판이다.[44]

한국교회의 신앙 행태에 많은 문제가 생긴 이유 중 하나는 백보좌 심판과 행위 심판에 관한 혼동에서 찾을 수 있을 것이다. 오로지 예수 그리스도의 의와 공로에 힘입어 면해야 할 백보좌 심판은 자기 의와 도덕성으로 면하려고 하고, 오히려 선한 분발과 분투가 필요한 상급 심판에 관해서는 '상 받으려고 예수님 믿는가? 천국에 상급이 있으면 천국에도 차별이 있다는 뜻인데 그런 천국이 온전한 것인가?'라는 식으로 폄하한다. 자칭 기독교 지성이라 할 수 있는 사람들이 상급 심판을 경박한 내세관으로 축소하고 조롱했다. 그 결과 지금 한국교회 강단에서 상급 심판을 다루는 설교가 사라져 버렸다. 상급 심판을 인과응보, 세속의 공적 윤리 또는 권선징악으로 치부해서는 절대 안 된다. 상급 심판에는 깊은 복음이 들어 있다.

행위 심판의 본질과 중요성에 관해서는 므나 비유가 잘 설명하고 있다(눅 19:11-27). 므나 비유에서는 한 므나를 받아 각각 열 므나, 다섯 므나를 남긴 종에게 주인이 열 고을 그리고 다섯 고을을 하사한다. 분명히 달란트 비유와는 다르게 열 또는 다섯 고을이라는 상급이 주어진다. 성경은 너무도 분명하게 '자기 행위를 따라 기록된 대로' 심판 받게 하는 책이 있음을 말씀하고 있다(계 20:12).

2) 성도에게 행실의 온전함이 필요한 이유

왜 예수님을 따르는 제자들의 행실이 온전해야 하는가? 성도에게 행실의 온전함이 요구되는 두 가지 신학적 핵심이 있다.

첫째는 창조의 원리이다. 사도 바울이 은혜로 구원받은 성도들이 꼭 알아야 할 것으로 강조한 사항이 있다. 성도는 행실의 온전함을 위해서 창조되었다는 것이다(빌 2:13-14). 바울은 행실이 온전해지는 것을 구원과 연결하여 설명했다(엡 2:8-10). 온전한 제자는 행위에 의해서(by) 구원을 받은 것은 아니지만 행위를 위해서(for) 구원받았다.[45] 우리가 온전한 행실을 위해 노력하는 이유는 그리스도께서 우리를 위하여 행하신 십자가의 온전한 구원 때문에 감사하는 마음이 우러나서이다.[46] "우리는 그가 만드신 바라 그리스도 예수 안에서 선한 일을 위하여 지으심을 받은 자니 이 일은 하나님이 전에 예비하사 우리로 그 가운데서 행하게 하려 하심이니라"(엡 2:10).

둘째는 영광의 원리이다. 우리의 선한 행실은 하나님께 영광을 돌린다(마 5:16). 신약의 저자들은 믿는 자들에게 행동을 통하여 주님을 기쁘시게 하라고 가르치고 격려한다. 우리의 선한 행실의 첫 번째 대상은 하나님이시다. 주위 사람들에게 인정을 받기 위해서나 보상받기 위해서, 또는 선한 행실은 그 자체로 선하니까 하는 것이 아니다. 물론 이런 공리주의적인 동기나 목적론적인 이유에서 선을 행하는 것이 일반적인 기준에서 나쁜 것은 아니다. 하지만 우리의 선행 동기는 그것을 훨씬 뛰어넘는다. 모든 선의 근원이시고 선 그 자체이신 하나님께 영광을 돌리기 위해서 선을 행하는 것이다.

주님은 우리의 온전한 행실에 면류관으로 상을 주신다. 크게 다섯 가지 면류관 상급이 있다. 첫째, 신앙의 경주자에게 주시는 썩지 않을 승리의 면류관(고전 9:24-27)이다. 둘째, 순교자에게 주시는 생명의 면류관(계 2:10)이다.[47] 셋째, 목자에게 주시는 영광의 면류관(벧전 5:2-4)이다. 넷째, 예수님의 재림을 사모하는 자에게 주시는 의의 면류관(딤후 4:6-8)이다. 다섯째, 복음 전도자에게 주시는 자랑의 면류관(살전 2:19-20)이다. 면류관은 온전한 행실에 따라오는 상급이다.

성경에서 이처럼 우리의 행실에 따른 여러 가지 면류관을 자세하게 기록한 이유는 명백하다. 세상에는 종말이 있다는 사실을 분명히 알려주고, 주님의 나라를 세우는 데 드려지는 우리의 헌신이 조금도 낭비되지 않고 생명책에 기록될 수 있게 하며, 또한 그에 합당한 상급을 받을 수 있도록 거룩한 동기를 주시기 위함이다.

오늘날 한국교회 성도들의 얼굴에는 무거운 그림자가 있다. 오랜 신앙연륜을 가진 사람일수록 이런 모습을 찾는 것이 어렵지 않다. 주된 이유는 신앙의 행위를 의무나 벌을 면하기 위한 수단으로 보기 때문이다. 성도에게 행실은 의무가 아니라 기쁨이다. 기쁨은 자신이 행실의 온전함의 궤도를 제대로 달리고 있는가를 점검하는 리트머스 시험지이기도 하다. 교회 내의 적지 않은 사람들이 구원받은 확실한 증거를 갖기 원한다. 주님을 기쁘시게 하려는 마음이 가장 확실한 구원받은 증거라고 할 수 있다.[48]

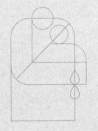

chapter 8

영역주권의 관점에서 보는
온전한 제자훈련

근세 개혁주의 신학과 실천에 큰 영향을 끼친 인물을 꼽으라면 서슴없이 네덜란드의 신학자 아브라함 카이퍼를 꼽을 수 있다. 그가 우리에게 끼친 가장 인상 깊고 유익한 영향은 '영역주권'(sphere sovereignty, soevereiniteit in eigen kring) 사상이다.[1] 영역주권이란, 하나님은 교회뿐만 아니라 사회, 국가, 과학과 예술 등 모든 영역에서 주인되시며 만물의 창조주로서 주권적인 통치를 행사하신다는 사상이다. 이 사상은 제자의 길을 걷는 우리에게 두 가지 결정적인 의미를 부여한다.

첫째, 이 세상에는 단 한 치도 예수 그리스도의 왕적 통치에서 벗어나 있는 영역이 없다. 둘째, 하나님께서 각 영역을 다스리실 때 그 영역에 맞는 고유한 통치 방법들을 쓰신다. 하나님은 교회와 국가, 또는 국가와 가정을 각각 다스리시나 교회, 국가, 가정이라는 영역의 고유함을 아시고 그것에 맞게 다스리신다. 영역주권 사상은 교회가 하나님 주권을 대리, 대행하여 사회, 국가, 과학, 학문 등등 전 영역에 발언권을 갖는다는 편협적 혹은 잘못된 영역종속(sphere-subsidiarity) 사상에 비해 훨씬 더 성경적일 뿐 아니라 일반은총과 특별은총의 균형을 잘 잡고 있다.

영역주권을 다룸에 있어 영역주권을 주창한 아브라함 카이퍼의 의도와는 달리, 이것을 오해하고 오도함으로 교회의 약화를 초래할 수도 있다는 사실을 인지해야 한다. 영역에 대한 하나님의 주권을 마치 영역 자체가 '주권'을 가진 것처럼 오해하는 주객전도의 우를 범하는 것을 경계해야 한다. 누군가가 자신이 원하는 영역에서 하나님의 영역주권의 옷을 입고 자기 의를 주장할 수도 있다. 예를 들면 정치의 영역에서 자기 방식의 공의와 정의를 부르짖으며 하나님의 영역주권을 말한다면, 결국은 하나님으로부터 강처럼 흐르는 공의가 아닌 인간이 주장하는 자기 의가 흘러넘쳐 오히려 세상은 진정한 공의의 기근을 겪게 될 수도 있다.

칭의론에만 초점을 맞추면, 제자도가 얼마나 포괄적으로 인간과 다양한 삶의 영역에서 복음의 원리를 구체화하는 능력이 되는지를 놓칠 수 있다. 예를 들어 예배, 가정, 일터, 선교, 문화 영역들은 제자도의 정신으로 살아내야 할 중요한 영역들이다. 그러나 이러한 영역들은 기존의 제자훈련에서 깊이 다루지 못했고, 훈련의 영역으로도 생각하지 않았다.

제자훈련에서 예배의 영역뿐 아니라 가정, 일터, 선교 그리고 문화 영역에 대한 논의가 미흡했다. 예를 들면, 제자훈련을 받았지만 여전히 가정은 제자훈련의 현장이 되지 못했다. 일터에서 그리

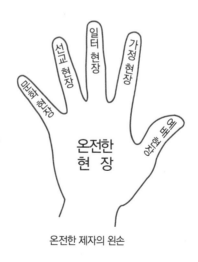

온전한 제자의 왼손

스도의 증인으로 사는 것도 중요하지만, 예수님의 제자로서 일(노동) 그 자체를 바라보는 관점이 빈약했다. 선교의 영역에서는 자칫 '가든지 보내든지'의 패러다임에 빠져서 대위임령에서 가장 중요한 요소인 '제자삼기'를 놓친 게 사실이다. 문화 영역으로 눈을 돌리면 어떤 문화적 행동과 실천이 제자의 온전함에 부합하는 것인지 정리가 부족했다. 이제라도 예배, 가정, 일터, 선교 그리고 문화의 영역에서 그리스도의 제자로서 훈련받는다는 뜻이 무엇인지를 명확하게 규정해야 할 것이다. 영혼만이 아니라 삶 전체, 교회에서만이 아니라 생활 전반에서 그리스도의 제자로 살고 일하며 복음의 증인으로 서야 한다.

1.
예배 제자훈련
(Worship Discipleship)

1) 예배를 살려주옵소서!

오래전 남가주사랑의교회를 개척한 이후로 서울 사랑의교회에 이르기까지 매주 토비새의 강단에서 주일예배자들과 함께 부르짖고 합심하여 통성으로 기도한 구호가 있다. "주여, 내일 예배를 살려주옵소서!"이다. 토비새를 마무리하기 전 새벽기도회에 나온 모든 성도와 합심해서 기도하고, 각 부 예배의 대표 기도자, 찬양대 지휘자, 예배 현장 디렉터와 교육, 안내, 주차, 봉사, 예배 사역 교역자들이 강단 바닥 위에 무릎 꿇고 "주여, 내일 예배를 살려주옵소서!" 하고 합심하여 구호를 외친 후 뜨겁게 기도한다. 조금의 과장도 없이, 이 구호로 시작되는 기도를 지난 35년 넘게 매주 토요일 새벽 강단에서 드리고 있다.

필자는 예배자다. 예배자이며 동시에 예배 인도자다. 내 신앙과 사역의 DNA는 예배다. 가깝게는 부친, 조금 더 멀리는 조부로부터 예배를 배웠다. 초등학생 시절 부친의 서재에서 책들을 읽다가 십자가의 은혜를 깨닫고 며칠을 운 적이 있는데, 그 이후로 내 생활은 예배로 점철되었다 해도 과언이 아니다. 부침과 굴곡은 있었으나 예배자, 예배 인도자로서 나는 큰 변침(變針) 없이 예배를 현장 목회의 최우선순위로 여겼다.

가진 것이나 이룬 것도 없고 장차 어떤 길로 어떻게 나아가야 할지 정해진 바도 없던 대학생 시절에도, 주일이면 어김없이 새벽 3시에 일어나 4시면 서울 용산 철도병원으로 향했다. 차가운 새벽 공기를 가르며 모인 멤버들과 함께 기도하고 각 층을 돌며 찬송을 불렀다. 철도병원은 주로 철도 사고 등으로 심각한 외상을 입은 환자들이 입원하는 국가 병원이어서, 사지 절단 환자 등 목불인견(目不忍見)의 참상을 입은 환자들이 주를 이루고 있었다. 환자들과 함께 예배를 드리면서 신비한 신적 임재 의식, 복음의 역설을 느낄 때가 많았다. 8년여간 철도병원을 찾아 새벽에 예배하면서 확신하게 된 것이 있다. 삶의 형편과 처지가 어떠하든지, 세상과 세인의 평가가 어떠하든지 인생의 질(質)은 예배할 수 있는 사람인가 예배를 거부하는 사람인가에 달려 있다는 것이다.

40여 년간 제자훈련 목회 여정을 걸어오면서 깨달은 것이 있다. 예배가 살아 있으면 제자훈련이 밋밋하거나 형식적일 수 없다. 또 역으로 제자훈련에 역동성과 변혁하는 힘이 있으면 결단코 예배가 타성에 젖거나 죽은 전례주의(典禮主義)로 미끄러질 수 없다. 예배의 영적 건전성 상승은 곧장 제자훈련의 강한 추진력으로 작용하고, 제자훈련이 실천적일수록 예배에 은혜가 많아진다. 예배의 순서와 내용은 어쩌면 단순하다. 이런 요소들이 매주 달라진다고 해서 사람들이 예배에서 은혜를 받는 것은 아니다. 예배는 깊이 있는, 진실한 하나님의 임재와 구원의 실체를 성도들과 연결시켜 주어야 한다. 그 깊이 때문에 사람들이 예배를 드리러 온다.

미국에서 개척 후 성도 수가 2천여 명이 될 때까지만 해도 누가 어느 자리에 앉아서 예배를 드리는지 기억했다. 토요일에 주일예배를 준비하면서 의자 하나하나를 붙들고 기도했다. '주님, 이 자리는 ○○○ 집사님이 늘 앉아 예배 드리는 좌석입니다. 내일 예배를 통해 살아계신 하나님이 베푸시는 산 도움을 얻게 하옵소서', '주님, 지난 주일에 이 자리에 앉아 예배하던 ○○○가 결석했습니다. 이번 주일에는 꼭 함께 예배하며, 이 세상을 너끈히 이길 하늘의 영광과 소망을 얻게 하옵소서', '주님, 이 자리에 새가족이 앉아 예배 드리다가 살아계신 하나님의 광휘(光輝)에 눈을 뜨게 하옵소서.' 태국에서 선교사로 오래 헌신한 1.5세 제자가 선교 현지에서 이 기도를 그대로 따라 했다는 말을 듣고 가슴이 따뜻해졌다. 제자훈련은 예배를 강화한다. 예배는 제자훈련에 영적 깊이를 더해준다.

2) 예배에 관한 아주 그럴듯한 오해들

예배와 관련해서 회자되는 말이 있다. "하나님과의 관계만 옳으면 예배는 혼자 드려도 된다." 이런 말에는 세심하게 성찰하지 않으면 놓칠 수 있는 신앙적인 구멍이 있다.[2] 먼저 하나님과 나의 관계만 옳으면 공적 예배, 공동체 예배는 드리지 않아도 괜찮다는 식의 사고방식에 관해 생각해보자. 성경에서 말하는 '하나님 앞에서의 단독자'는 '나'가 가장 중요하다거나 '나'가 확립되어야 나머지도 있다는 식의 실존주의 철학 신조와는 거리가 멀다. 오히려 하나님이 찾으시는 사람, 하나님이 구원하시려는 사람의 가치가 그의 '영혼성'에 있음을 역설하는 말씀이다. 예배는 결코 적진에 홀로 남겨진 특공대원을 길러내지 않는다. 예배의 사람 다윗을 보라. 아주 특별한 몇몇 경우를 제외하고 그는 항상 자기를 따르는 사람들, 백성들과 함께 예배했다.

입례송부터 찬양대의 폐회송까지 순서 하나 하나가 소중하고 예배의 중요한 요소들이다. 그런데 언제부터인지 모르지만 적지 않은 성도들이 설교를 예배의 전부인 것처럼 여기는 것 같다. 마음을 다해 찬양을 드리고도 대표기도를 할 때 '예배를 시작하겠다'라고 한다.

필자는 정시에 예배를 시작한 기억이 없다. 영광스러운 예배에 대한 벅찬 기대감으로 항상 정시보다 1-2분 일찍 예배를 시작했다. 대표기도의 경우 준비된 기도를 드린다. 하나님께 드리는 기도를 어떻게 써서 읽느냐고 목청을 높이는 사람들이 있다. 공적 예배, 공동체 예배에서의 기도는 회중을 대표해서 드리는 기도다. 따라서 중언부언해서는 안 된다.

준비된 예배가 성도를 자라게 한다. 그런데 준비된 예배도 중요하지만, 준비된 '예배자'가 더 중요하다. 하나님이 받으시는 예배, 삶의 변혁을 가져오는 예배, 역사의 흐름을 바꾸는 중요한 예배는 준비된 예배자가 드리는 예배다. 예수님이 사마리아 여인과 나누신 대화의 끝은 '예배자의 준비'에 맞춰져 있다.

주일에 모든 성도가 교회로 모여 하나님께 드리는 예배는 마치 호수에 떨어진 돌멩이가 일으킨 첫 동심원(同心圓)과 같다. 잔잔한 호수에 돌멩이 하나만 떨어져도 에너지의 전파, 즉 파문이 인다. 인간 심성에 예배라는 천국의 운석(隕石)이 떨어지면 어떤 역사가 일어나는가? 주일예배라는 중심으로부터 동심원들이 밀리고 밀려, 결국 호수면 전체가 일렁이고 파문이 일어난다. 주일예배가 영과 진리로 살아나면 생활예배, 일상예배, 일터예배, 가정예배, 소그룹과 중그룹으로 드리는 모든 예배가 살아난다. 주일만이 아니라 모든 날이 성수(聖守)해야 할 거룩한 날들이 된다. 예배당만이 아니라 삶의 모든 영역과 부문이 성소화(聖所化) 된다.

예배를 드렸으면 삶으로, 사역으로 파송 받으라는 말도 반만 맞다. 실은 예배가 사역이다. 예배가 봉사, 전도 그리고 선교다. 사랑의교회는 언어의 예배만 아니라 행위의 예배도 중시한다. 최소 일년에 네 번은 주일 공예배에서 성만찬을 시행하고, 두 차례 정도 이상 학습 · 세례 · 입교식을 거행한다. 이때 세례식에 이어 예배 중 세례자들의 간증을 듣는 순서가 있다. 하나님이 오늘날 예배를 통해 사람들을 어떻게 부르고 만지며 고치시는지를 알고 싶다면 사랑의교회 세례식에서 행해진 간증들을 들어보라. 예배에 따라 나왔다가 '내 얘길 하는 것 같아서', '찬송을 듣는데 나도 모르게 눈물이 나와서', '예배하는 사람들의 용모에 비친 평온함과 온화함에 끌려서', '어떤 예식과 의식에서도 느낄 수 없는 엄숙함에 압도돼서' 교회에 나오게 되었다는 사람들의 간증을 들을 수 있다. 예배만 잘 드리면 봉사, 전도 그리고 선교가 필요없다는 뜻이 아니다. 예배만큼 봉사, 전도 그리고 선교의 살아있는 현장이 없다는 것이다.

3) 예배에 대한 온전한 이해

제자훈련은 당연지사로 여겼던 예배를 성경적으로 깊이 있게 성찰하고 경험하게 함으로써 예배, 예배자, 예배의 결과를 완전히 새롭게 규정하게 한다. 예배는 하나님을 영화롭게 하기 위해 우리의 모든 생각을 드릴 수 있어야 한다. "예배는…우리의 사랑과 갈망을 길러내는 상상력 저장고다."[3] 우리가 드리는 예배가 어떤 예배이며, 또 어떻게 드려지는 예배인지를 모든 상상력을 동원하여 살필 때, 우리는 설렘과 흥분으로 예배를 기대하고 기다릴 수 있다. 제자훈련은 죄로 오염된 우리의 생각을 성령으로 씻어내고 새롭게 함으로, 거룩한 상상력을 가지고 예배의 자리로 다가앉도록 하는 훈련이다. 이것이 온전한 제자훈련의 모습이다. 우리는 제자훈련을 통해 예배를 새롭게 배우고 드림으로써 그리스도의 제자로서 더 견고하고 성숙해질 수 있다. 이렇게 될 때 바른 예배자로 세워져, 공예배와 생활예배 두 영역 모두에서 충만하고 풍성한 실천을 하는 제자가 된다. 그렇다면 우리는 온전한 제자훈련을 통해 어떤 예배상(像)을 그려야 할까?

온전한 예배는 무엇보다 최고와 최선을 드리는 예배여야 한다. 하나님께서 유월절의 희생제물로 흠 없는 일 년 된 어린 숫양을 드리라고 하신 것은 최상의 헌신을 의미한다. 그것을 드린다고 하나님께 더 특별할 이유가 무엇이겠는가? 우리의 예배의 자세를 말한 것이다. 예배의 성공은 이미 드리기 전에 거룩한 기대감으로 결정된다.

(1) 종교의식의 반복이 아니라 매주 작은 부활절이 되는 주일예배

예배는 한마디로 죄와 죽음을 섬멸하신 예수 그리스도의 생명에 동참하는 것이다. 부활의 현장에 가 있는 것이다. 예수님의 빈 무덤, 수의가 단정히 개어져 있는 모습을 보고 경탄하는 것이다. 죄의 삯으로 멸망 당해야 할 인간이 생명이신 예수님을 예배함으로 참된 생명의 역사에 참여한다는 사실에 펄쩍 뛰며 기뻐하는 것이 예배다. 그러므로 매주 우리가 드리는 예배는 천국을 경험하는 작은 부활절이다. 알리스터 맥그래스는 참된 예배를 드릴 때 천국과 땅 사이의 경계가 허물어지는 순간을 경험하며, 참된 예배자는 천국의 문지방을 밟는 신비로움을 경험하게 됨을 통찰했다.[4] 그의 영감 어린 깨우침은 왜 매 주일예배가 작은 부활절이 되어야 하고, 또 그렇게 예배드려야 하는지를 보여준다.

오늘날 예배가 종교의식으로 전락하는 경우가 적지 않다. 예배를 드렸다고 하지만, 실상은 부활하신 예수님을 만나지 못한 채 설교와 찬송 등의 순서에 참여했을 뿐이다. 나의 예배가 작은 부활절인지 아닌지를 어떻게 알 수 있을까? 성경은 부활하신 예수님을 만날 때 반드시 드러나는 증거를 말씀하고 있다. 첫째는 말씀을 들을 때 가슴이 뜨거워지는 것이다(눅 24:32). 둘째는 기쁨이 넘치는 것이다. 성경은 제자들이 부활하신 예수님을 만났을 때 너무

기뻤다고 기록하고 있다(눅 24:41).

(2) 세속의 때가 벗겨지고 초월의 대관식이 벌어지는 예배

세속의 홍진(紅塵)을 뒤집어 쓰고, 잘못 살아온 과거에 대한 부끄러움에 몸을 떠는 게 인간이다. 하나님의 형상이란 말은 하나님의 소유인(印)이 찍힌 존재라는 뜻인데, 그 소유인이 너무 희미해졌다. 그렇다면 회복의 길은 없는가? 다시 한번 창조주 하나님의 자녀로서 영혼의 영광을 회복하는 길은 없는가? 있다. 예배가 바로 그 길을 안내한다.

예수님은 수가 성 우물가의 사마리아 여인을 통해 예배자는 어떤 사람이어야 하는지를 가르쳐 주셨다(요 4:9-38). 사마리아 여인이 자신의 죄에 눈을 뜨자 가장 먼저 무엇에 관심을 가졌는가? 예배이다. 진짜 은혜 받고 바르게 깨어지면, 먼저 하나님께 자신을 온전히 내어드리는 예배자가 된다. 예배는 내 존재 밖의 인격적 절대자를 향해야 한다. 이런 의미에서 이 여인이 예수님을 부르는 호칭에 상당한 변화가 나타난다는 것은 의미심장하다. 9절에서는 예수님을 "유대인"이라고 하다가 11절에는 "주여"라고 하고, 19절에서는 "선지자", 마지막으로 29절에서는 "그리스도"라고 부른다. 예배의 대상을 찾아가는 사마리아 여인의 내적 여정은 그녀가 세속의 때를 벗고 예배가 갖는 영광과 임재의 초월적인 왕의 대관식에 참여하는 모습을 보여준다. 이것은 세상에서 아무리 초라한 사람이라도 왕의 위엄과 영광을 드러내는 예배 속으로 들어가면 하나님의 자녀로서 빛나는 예복을 입는 거룩한 환골탈태(換骨奪胎)

가 일어남을 예증하고 있다.

(3) 어린 양 혼인잔치의 거룩한 흥겨움이 가득한 예배

역사가 종결되고 새 하늘과 새 땅이 열릴 때 드리는 예배를 보라. 만국의 왕들이 그들의 영광을 만왕의 왕 예수 그리스도 앞에 내려놓는 장면으로부터 예배가 시작된다(계 19, 21장). 그리스도의 왕권에 맞서는 더 이상의 저항과 주저함은 없다. 세상의 모든 권력이 예수님의 우주적 왕권 앞에 투항함으로써 예배가 절정으로 치닫는다. 예배는 예수 그리스도를 하나님이 세우신 어린 양으로 인정하는 사람들만이 누리는 연회, 어린 양의 혼인잔치다. 이 일을 성령님 안에서 그림자 수준으로 맛보는 것이 지금 우리가 드리는 예배이다. 제자훈련은 바로 이런 예배를 지향한다. 예배는 신랑되시는 예수님을 맞이하는 신부의 설렘이 폭발하는 현장이어야 한다. 예배는 주님의 잔치이다.[5] 우리는 "약속된 천국의 혼인잔치에서 이루어질 마지막 성취를 고대하며"[6] 예배에 참석한다. 예배의 형식이 어떠하든, 그것이 전통적인 예배이든 열린예배이든, 예배는 천하 모든 사람이 참여하는 하나님 나라의 잔치이며(눅 13:29), 시온의 딸들이 노래하고 기뻐하며 즐거워하는 곳이다(습 3:14). 그러므로 예배에 참석하는 성도는 예배의 잔치성을 누림이 마땅하다. 한 주 동안 세상에서 짓눌렸던 성도의 가슴은 하늘 기쁨의 거룩한 흥겨움으로 넘실거려야 한다. 예배 후 문을 나서는 성도는 신랑을 맞는 신부처럼 설렘이 가득한 걸음으로 세상을 향해 힘 있게 걸어나가야 한다.

예배의 잔치성은 목회자로서 교회를 개척한 이후에 늘 마음에 품었던 목회 신념이자 예배 정신이었다. 어떻게 하든지 교회에 오는 성도들을 그냥 돌려보내지 않고 단 한 가지라도 예배의 희락을 가지고 돌아가게 하려고 애를 썼다. 이것이 예수님이 무리를 불쌍히 여기시고 굶겨 보내지 못하시는 목자의 심정이다(마 15:32).

4) 예배는 자아의 휘장을 찢는 성령 충만의 현장이다

스데반은 예배자의 본이다. 그는 예수님처럼 세상으로부터 거절 당한 사람이었다. 적대자들은 스데반을 죽이려고 시도하다가 감당이 안 되니 공회 앞에 끌고 갔다. 스데반이 끌려간 공회는 예수님께서 재판받으셨던 바로 그 공회이다. 스데반도 예수님처럼 똑같이 배척당하고 거절당했다. 그러나 그는 세상이 거절한 그곳에서 "성령 충만하여…하나님의 영광과 예수께서 하나님의 우편에 서신 것을 보[았다]"(행 7:55). 우리가 드리는 예배는 세상이 거절하는 그곳에서도 성령으로 충만하고, 하나님의 영광을 보고, 예수님을 목도하는 것이다. 우리가 추구하는 예배가 만들어내는 궁극적인 모습은 다른 게 아니다. 그것은 예수님 충만이요, 예수님을 재현하는 것이다.

온전한 예배의 가장 큰 특징인 성령 충만은 내가 받고 싶은 능력을 받아 내 마음대로 휘두르는 그런 것이 아니다. 성령 충만은 한마디로, 자아가 철저하게 부서지는 것이다. "주님이 성소의 휘장을 위에서 아래로 찢으셨듯이 우리 자아의 휘장을 위에서 아래로 찢으소서."[7] 그러면 성령 충만을 위해 자아의 휘장을 찢는다는 것은 어떤 뜻인가? "성령으로 충만하려면 우리는 수 세기 동안 쌓인 아담의 쓰레기를 마음 밖으로 몰아내고, 천상의 손님을 맞을 마음의 모든 방을 비워 놓아야 한다."[8]

이것이 위로부터 임하는 성령 충만의 능력이다. 휘장을 위에서 부터 아래로 찢어 주시듯, 우리 자아에 파열이 생겨야 한다. 이기적인 자아, 교만한 자아가 깨어지지 않으면 성령 충만한 예배의 자리로 들어갈 수 없다. 자아가 깨어지지 않는 사람은 성령께서 임하실 때 자기 삶의 문을 닫고 있는 것과 똑같다. 반면에 자아가 깨어진 사람은 성령님께 문을 여는 사람이다. 자아가 깨어지지 않는 사람은 마치 그릇을 엎어 놓은 사람과 똑같다. 비가 아무리 폭포수처럼 쏟아져도 엎어 놓은 그릇에는 물 한 방울도 담기지 않는다. 하지만 그릇을 바르게 돌려 놓을 때, 성령께서 물 붓듯 부으시는 충만한 은혜를 받을 수 있다. 예배는 권능을 재충전하는 시간이다. 마른 수건 짜듯 내 한계에 갇혀서 허덕거리며 살아가는 인생이 아니라, 깨어진 자아 사이로 하늘의 은혜가 폭포수처럼 쏟아지는 은혜를 예배 중에 받을 때 인생에 성숙과 보람이 깃든다. 이것이 온전한 제자훈련이 추구하는 성령 충만한 예배이다.

5) 가인으로 살다가 주일에만 아벨인 척

성경은 예배를 처음부터 끝까지 공동체적인 일로 본다. 아주 특수하고 한시적인 경우가 아니면 이스라엘 백성은 홀로 예배하지 않았다. 고독한 예배는 우리가 만들어 낸 것이다. 나 홀로 말씀을 먹는다, 나 홀로 말씀을 깨달을 수 있다고 하면서 고립된 신앙생활을 지속하면 반드시 뭔가가 어긋나게 되어 있다. 평생 예배할 수 있는 환경에서 떨어지지 않아야 한다. 평생 영광스러운 공동체에서 함께 예배드릴 수 있는 축복을 누려야 한다. 이것이 예배를 통한 제자훈련이다. 우리가 삼위일체 하나님의 교제와 선교(파송)에 참여하는 계기는 "개인의 도덕적 완성이나 하나님 체험(영적 체험)이 아니라 공동체적 예배"이다.[9]

성경에서 "두세 사람이 내 이름으로 모인 곳"(마 18:20)이라 할 때도 그 두세 사람을 그냥 소수라고만 봐서는 안 된다. 두세 증인이 있으면 이스라엘의 재판에서는 사형 언도도 가능했다. 두세 사람의 증언은 엄청난 사법권, 율법이행권을 가지고 있었다. 두세 사람이 드리는 예배는 그 공적 성격을 드러내는 것이다. 예배는 이렇듯 처음부터 끝까지 공적 행위다. 공동체 예배를 개인예배, 생활예배에 앞세우라.

하지만 명심할 게 있다. 일주일 내내 가인 같은 삶을 살다가 주일예배에 나와서 아벨인 척할 수는 없다. 뒤집어서, 일주일을 삶의 현장에서 아벨로 산 의인이 주일의 공동체 예배를 고독한 종교 행위로 치부할 리가 없다. 바른 예배와 온전한 신앙생활은 정확히 일치한다. 제자훈련은 종교 지식이나 종교 감정을 고양하는 프로그램이 아니라 하나님 앞에서 코람데오(Coram Deo)의 삶, 예수님을 배우며 뒤따르는 삶을 살게 하는 훈련이다. 제자훈련이 예배와 유리될 수 없는 이유가 여기 있다.

2.
가정 제자훈련
(Family Discipleship)

가정 제자훈련은 성도들에게 익숙한 개념이 아니다. 제자훈련은 교회에서 훈련 사역자와 동료 훈련생들과 함께 받는 것이라는 생각이 일반적이다. 현실도 다르지 않다. 그러나 가정 제자훈련이라는 말에는 가정은 물론 교회의 미래까지 좌지우지하는 엄청난 무게가 실려 있다. 무엇이 교회의 미래를 결정하는가? 여기에 대해서는 이미 기독교가 국교가 되다시피 했던 오늘날 유럽교회의 상황이 말해주고 있다. 유럽교회의 황폐화는 믿음의 세대계승의 실패에 기인한다. 이것은 비극적인 악순환을 자아내고 있다. 믿음의 세대계승이 안 되니 가정이 문을 닫고, 가정이 문을 닫으니 주일학교가 문을 닫고, 결국은 교회가 문을 닫는 지경에 이른 것이다.

온전한 제자훈련은 부모의 신앙을 자녀에게 그리고 손자, 손녀 세대에게 계승하는 일에 진심인 훈련이다. 온전한 제자훈련은 부모의 다리와 자녀의 다리를 묶는 영적인 이인삼각의 훈련이요, 믿음의 신앙 계승을 인생의 성공과 실패의 시금석으로 여기게 하는 훈련이다. 예수님은 "사람이 만일 온 천하를 얻고도 제 목숨을 잃으면 무엇이 유익하리요"(마 16:26)라고 말씀하셨다. 이것은 '천하를 얻고도 자녀에게 믿음을 계승하지 못하면 무슨 소용이 있겠는가?'라는 의미와도 통한다. 당신의 재물, 명예, 권력, 모든 소유물이 신앙의 세대계승을 이루지 못하면 미몽이요 먼지일 뿐임을 경고하는 것이 가정 제자훈련이다.

"우리는 더 긴 사슬의 연결고리들일뿐더러 더 위대한 멜로디의 악보이자 더 큰 이야기의 장면일 뿐이다. 하지만 하나님을 뿌리로 하는 긴 믿음의 세대들 중 지금 이 세대보다 다음 세대에 더 중요한 연결고리는 없다. … 언제나처럼 우리의 가장 중요한 우선순위는 우리 주님에 대한 온전한 충실함을 지키는 방향으로 전수할 가치가 있는 것을 다음 세대에 전하는 것이다."[10] 믿음의 세대계승이 없다면 누가 하나님께서 작곡하신 우주의 멜로디를 연주하고 누가 하나님께서 들려주시는 우주적 이야기를 들려주며, 누가 오고 오는 사람들을 하나님의 손에 붙잡히게 하는 거룩한 연결고리의 사명을 감당할 수 있겠는가!

성경 속에는 믿음의 세대계승이 온전하게 이어지지 못한 비극적인 예가 있다. 위대한 영적 지도자 모세의 후손이었지만, 우상숭배자들의 제사장이 된 요나단(삿 18:30)은 이스라엘의 한 지파가 통째로 사라지게 하는 원인이 됐다. 이후 단 지파는 이스라엘 역사에서 역할을 하지 못했고, 선택받은 자들을 계수하는 요한계시록 7장에서도 그 지파의 이름을 찾아볼 수 없다. 믿음의 세대계승에 실패하여 성경에서 사라진 단 지파의 비극은 오늘날 한국교회와 믿음의 가정에 주는 비상한 경고이다.

필자는 미국에서 유학하는 동안 아들 둘을 얻었다. 미국에서 태어난 아이들이 한국교회가 가진 기도의 영성으로 기도하는 것 그리고 한국어를 잊지 않는 것은 내 교육 방침의 중요한 덕목들이었다. 남가주사랑의교회 개척 초기부터 미국의 복음주의 신학과 한국적 영성을 접목하는 의미에서 특새를 실시했는데, 두 아들은 목회자 자녀로서가 아니라 교회의 성도로서 당연히 특새에 참석했다. 어느 해인가, 한창 새벽잠 많은 사춘기를 지나는 큰아들에게 측은지심으로 이렇게 물었다. "기원아(Joseph), 힘드냐? 특새 안 갔으면 좋겠어?" 그때 돌아온 아들의 대답이 아직도 귓전에 쟁쟁하다. "아뇨, 이게 제 운명인 걸요." 특새에서 울부짖으며 기도하고 온몸이 흠씬 젖도록 땀 흘리며 찬양하는 법을 자기 '운명'으로 알고 배운 큰아이는 어느새 목사가 되었다. 할아버지, 아버지에 이어 아들까지 삼대가 목사이고, 감사하게도 삼대가 모두 교회를 개척했다. 지난 40여 년의 목회를 돌아보면, 어릴 때부터 신앙을 자신의 거룩한 운명으로 삼게 하는 것이 가정 제자훈련의 심원(心源)에 놓인 동기이자 과녁이 아닌가 생각한다.

1) 제자훈련: 가정에서? 아니면 가정을?

가정 제자훈련이라고 하면 무슨 생각이 떠오르는가? 제자훈련을 받는 훈련생이 가정에서도 잘해야 한다는 뜻인가? 가정 제자훈련은 제자훈련을 받았으면 이제 가정에서도 잘해야 한다는 정도의 의미가 아니다. 가정 그 자체를 훈련의 중요한 영역으로 보고 가정을 훈련시켜가는 것이다. 가정에서 예수님의 제자로 살기, 가정생활 전반을 제자의 가치관으로 평가하고 개혁하기, 가족 구성원들에게 말과 행동으로 복음을 증거하기, 무엇보다 가정을 생활예배, 일상예배의 센터로 만들기 그리고 가정을 전도의 허브로 만들어 이웃 가정들에게 복음 실어 나르기 등이 가정 제자훈련에 포함된다.

가정을 제자훈련 한다는 말이 아직도 낯선 데는 이유가 있다. 첫째, 신앙 또는 신앙생활을 공적 영역에만 국한시키는 경향 때문이다. 신앙생활은 교회라는 공적 영역 그리고 몇 가지 교리와 특정한 사안에 한정되는 문제라고 보았기 때문에 가정과 같은 사적영역을 제자화해야 한다는 의식이 희박했다. 우리가 주일에 표현하는 신앙과 주중의 삶 사이에 있는 간격을 이상하게 여기면서도, 왜 이런 간격이 생기는 것이며 어떻게 해소해야 하는지 깊이 있게 다루지 않고 지내왔다.

둘째, 잘못된 선공후사(先公後私) 같은 유교적 관념이 남아 있기 때문이다. 설령 가정에 문제가 있다 하더라도 먼저 교회 '일들'을 잘 돌보는 것을 우선으로 여겼다. 그래서 교회에서는 가정 이야기를 꺼내지 않고, 꺼내더라도 그 우선순위와 중요도가 많이 밀린다. 자연스럽게 사적인 문제는 감추고 교회 일, 봉사를 먼저 잘하는 것이 좋은 신앙이라고 생각한다.

1세대 제자훈련은 훈련을 '교회의 핵심 일꾼이 되기 위해서 훈련을 받는다, 제자훈련을 받지 않으면 중직자가 될 수 없다'는 식의 직분론 중심으로 이해한 경향이 없지 않다. 이런 상황에서 제자훈련과 가정은 점점 거리가 멀어질 수밖에 없다.

(1) 가정 제자훈련은 죄성으로 돌출된 어그러진 가족 간의 관계를 회복하고 선대의 은혜를 기억하며 후대에 전하는 것이다

가정은 제자훈련의 중요한 장일 뿐 아니라, 제자훈련의 성패를 가르는 시금석이다. 가정을 제자훈련해야 하는 이유는 믿음의 조상 아브라함에서부터 확실하게 찾을 수 있다. 창세기 1장에서 11장까지 드러난 지독한 죄의 문제에 대한 하나님의 길고 성실한 해답이 창세기 12장에서 시작하여 요한계시록 22장 사이에 장대하게 펼쳐지는데, 하나님께서 꺼내신 최초의 죄 극복 방안이 하나님을 믿고 그분의 뜻을 따르는 경건한 가정이었다고 말한다.[11] 창세기 12장에서 처음 부르실 때는 아브라함 한 사람(개인)이 뽑히는 것 같지만, 이어 15, 17, 22장으로 가면 갈수록 언약으로 훈련된 '가정'을 하나님께서 사용하시는 모습을 볼 수 있다. 이것은 "내가 그로 그 자식과 권속에게 명하여 여호와의 도를 지켜 의와 공도를 행하게 하려고 그를 택하였나니"(창 18:19a)에서 명확하게 드러난다. 하나님께서 아브라함에게 주시는 복, 땅, 창대해지는 이름의 목적은 "여호와의 도를 지켜 의와 공도를 행하[는]" 가정을 세우는 데 있다.

요셉은 증조부 아브라함이나 조부 이삭, 아버지 야곱과는 달리 하나님의 약속의 말씀을 직접 받은 적이 없다. 하나님께서 꿈으로 그에게 하실 일을 보이셨지만, 그의 조상들에게 하신 것처럼 직접 나타나셔서 언약의 약속을 주신 적이 없었다. 그러나 요셉은 자신이 하나님의 약속을 직접 받은 것처럼 하나님께서 선대들에게 하신 약속을 일평생 자신의 것으로 가슴에 품고 살았다(창 50:24). 가정 제자훈련은 선대에 주신 하나님의 약속을 가슴에 품고, 하나님께서 이루신 역사(役事)를 다음세대에 전하는 훈련이다.

(2) 가정 제자훈련은 더 이상 미룰 수 없는 제자의 절박한 책무이다

이스라엘 백성에게는 "이스라엘아 들으라"로 시작하는 쉐마의 말씀이 있다(신 6:4-9). 유대인들은 지금도 매일 아침저녁으로 드리는 예배에서 이 말씀을 기도로 드린다. 이스라엘은 더 넓고 비옥한 땅을 차지하거나, 더 강력한 군대를 보유하거나, 국고를 더 늘리는 데 목적이 있는 나라가 아니었다. 가정을 통해 하나님께 헌신된 경건한 자손들을 길러내는 것, 전 존재(마음, 뜻, 힘)뿐 아니라 모든 개인적이고 사회적인 행위(앉았을 때, 길을 갈 때, 누워 있을 때, 일어날 때)가 철저하게 하나님을 반영하는 경건한 자들을 일으키는 데 존재 이유가 있었다. 이것이야말로 절대 양보할 수 없는 이스라엘의 존재 이유였다.

쉐마의 말씀은 부인할 수 없이 확실하고 선명하게 가정 제자훈련을 말한다. 먼저 부모 세대가 "마음에 새기는" 제자훈련을 해야 한다. 이후에 "네 자녀에게 부지런히 가르쳐야" 한다. 다른 집의 자녀들이 아니다. 내가 내 자녀들에게 하나님을 가르쳐야 한다. 그냥 듬성듬성 가르치면 안 된다. 부지런히 가르쳐야 한다. '부지런히'는 열심을 내는 정도가 아니다. 이렇게 가르치는 일이 중차대한 사명이 되게 하라는 뜻이다. 시험 삼아, 한번 시도해보는 정도가 아닌 것이다. 이것 외에 가정이 존재해야 할 이유가 없는 듯 전심전력해서 자녀들을 훈련시키라고 한다. 그뿐 아니라 지금 당장 해야 한다. 특히나 자라나는 자녀들은 부모가 자기들을 제자훈련 할 수 있을 때까지 기다려주지 않기 때문이다.

2) 예수님과 사도들이 보인 가정 제자훈련의 모범

예수님이 가족과 가정을 경시하고 무조건 신앙을 앞세우셨다고 생각하는 사람들이 있다. "무릇 내게 오는 자가 자기 부모와 처자와 형제와 자매와 더욱이 자기 목숨까지 미워하지 아니하면 능히 내 제자가 되지 못하고"(눅 14:26) 또는 "누가 내 어머니이며 내 동생들이냐"(마 12:48) 등의 말씀을 오해한 탓이다. 그러나 예수님은 무엇보다도 육신의 양친, 요셉과 마리아에게 순종하며 그들의 양육에 따르셨고, 장남으로서 가정적인 의무를 충실히 행하셨다.

누가복음 2장은 예수님의 소년 시절에 일어난 사건 하나를 기록하고 있다. 열두 살 때 성인식을 치르기 위해 예루살렘에 올라가셨을 때 벌어진 일이다. 이 사건은 이런 말씀으로 마무리된다. "예수께서 함께 내려가사 나사렛에 이르러 순종하여 받드시더라"(눅 2:51). "어찌하여 나를 찾으셨나이까 내가 내 아버지 집에 있어야 될 줄을 알지 못하셨나이까"(눅 2:49)만 보고 51절을 그냥 넘어가면 안 된다. 예수님은 제자인 우리에게 어떻게 행해야 할 것을 친히 몸으로 보여주셨다.

예수님이 가정을 중시하고 믿음이 가정 안에서 어떻게 드러나야 할지 몸소 가르쳐 주시는 장면이 또 있다. "예수께서 자기의 어머니와 사랑하시는 제자가 곁에 서 있는 것을 보시고 자기 어머니께 말씀하시되 여자여 보소서 아들이니이다 하시고 또 그 제자에게 이르시되 보라 네 어머니라 하신대 그때부터 그 제자가 자기 집에 모시니라"(요 19:26-27). 예수님은 십자가에 달려 돌아가시는 그 고통스러운 순간에도 남겨질 어머니 마리아의 봉양을 마음에 두셨다. "아들이니이다"는 "어머니, 제가 없어도 저의 제자 요한이 어머니를 모실 아들입니다"라고 말씀하신 것이나 다름없다. 예수 그리스도의 제자 됨은 가정에서 입증되고 가정을 제자화함으로써 완성된다.

사도들은 예수님이 보이신 모범을 고스란히 이어받았다. 사도들의 서신서는 무엇보다 먼저 성도가 가정에서 어떠해야 할지를 알려준 후에 여러 인간관계, 즉 부부, 부모-자식, 상전-종의 관계로 확장시킨다(엡 5-6장). 로마서, 에베소서, 골로새서, 베드로전후서 등에서 이러한 구조를 어렵지 않게 발견한다. 사도들도 제자 됨의 출발점이 가정임을 정확히 보았다.

3) 가정 제자훈련에 성공하려면

가정 전체를 제자화하고 가정에서부터 제자로 사는 일이 가정 제자훈련이다. 이런 노력을 의식적으로 한 방향에 맞춰 정렬하여, 집중적으로 일관성 있게 밀고 나아가는 것이 가정 제자훈련이다. 그래서 가정 제자훈련에는 몇 가지 세워야 할 뼈대가 있다. 가정 제자훈련은 그렇게 낭만적이고 수월한 과정이 아니다. 잘못 시작하면 어설프게 싸늘한 결과를 낸다. 가정 제자훈련을 시작하기 전에 단단히 짚고 넘어가야 할 사항들을 살펴보자.

첫째, 형식은 자연스럽고 자유스러울 수 있지만 그 내용에는 반드시 들어가야 할 필수 요소가 있다. 가정 제자훈련에는 반드시 '말씀의 핵심'을 전수하는 알맹이가 있어야 한다. 자녀들, 가족들에게 성경이 말씀하는 기본 진리, 기초적인 세계관 그리고 가치관을 확실하게 '주입'(input)하는 것이다.[12] 물론 요즘 주입이라는 말이 얼마나 인기 없는지 잘 알고 있다. 그러나 아무리 세상에서 인기가 없어도 하나님의 말씀과 기본 진리만은 양보없이 가르쳐야 한다. 뼈와 살이 되고, 혈관에 흐르는 혈액처럼 되도록 만들어야 한다.

둘째, 단단한 각오를 다져야 한다. 제자훈련은 성인이 받든 청소년이 받든 사회의 주류문화에 대해 항거하는 성격(counter-cultural)을 갖는다. 이것이 존 스토트가 이야기하는 급진적인 제자의 모습이다.[13] 가정 제자훈련을 하면, 자녀들이 철저하게 반신(反神)적인 이 문화 가운데서 고고한 외톨이, 거룩한 왕따가 될 수 있음을 각오해야 한다. 다니엘처럼 거룩한 외톨이와 왕따가 될 것을 각오해야 한다.

한편으로 가정 제자훈련은 자녀를 사람들 앞에 당당하게 세우는 거룩한 순기능을 가지기도 한다. 가정에서 부모와 함께 하는 제자훈련을 통하여, 학교와 직장에서도 탁월하고 사교성 있는 리더십을 발휘하는 능력을 체질화할 수 있다(잠 22:29).

셋째, 결과보다 과정을 중시하는 자세를 견지해야 한다. 하나님의 영광을 위해서 가정 제자훈련을 한다. 우리의 모습이 아니라 예수 그리스도의 형상이 자녀들에게 제대로 새겨지게 해야 한다. 따라서 제자훈련의 결과보다 과정 자체를 감사하는 마음으로 소중히 여겨야 한다. 자녀들은 가정 제자훈련을 통해서 권위, 훈련 그리고 규율 같은 것에 반감을 표시할 수 있다. 하지만 말씀이 주는 약속과 위안을 굳게 잡고 가정 제자훈련에 임해야 한다.

가정 제자훈련의 주체는 교회, 학교, 목회자가 아니다. 부모와 조부모이다. 부모와 조부모가 한 팀이 되어서 다음세대를 제자로 세워야 한다. 양보하거나 위임할 수 있는 사명이 아니다. 다른 미션을 수행하고 나서 남은 힘으로 감당할 사명이 아니다. 가정 제자훈련은 그야말로 최우선 순위의 사명, 가정사의 최중심이 되어야 한다. '힘들지만 한번 해보자' 정도의 인식으로 감당할 일이 아니다. 최우선의 사명이고 시급하게 수행해야 할 미션이다. 매우 중요하고 엄중한 책임이 뒤따른다. 그러나 한 가지 분명한 것이 있다. 몇 년 차 부모이든 상관없이 오늘부터라도 가정 제자훈련을 시작하겠다고 결심하면 주님께서 힘, 지혜, 기회, 돕는 손길, 무엇보다 마음 깊은 곳에서부터 솟아나는 기쁨을 허락하실 것이다. 힘들지만 보상이 주어지고, 포기하고 싶지만 끝내 성취와 보람을 느끼게 된다. 부담스럽지만 찬란한 이 사명을 피하지 말라.

4) 가정 제자훈련을 위한 구체적인 방안

중고등부에 다니며 교회에 출석하던 신자의 50퍼센트가 대학에 들어가고 나면 신앙을 버린다는 통계가 있다.[14] 전화 조사에서 이만 명 이상이 '청소년 시절 매주 교회에 출석했지만, 이제는 거의 출석하지 않거나 전혀 출석하지 않는다'라고 응답했다는 충격적인 결과도 있다. 더 이상 성경이 진리가 아니라고 생각한다는 사람 가운데 40퍼센트는 중학생 시절, 44퍼센트는 고등학교에 다니면서 그리고 11퍼센트는 대학에 가서 의심이 들었다고 응답했다.[15] 우리가 생각하는 것보다 훨씬 더 일찍 영적 전쟁에서 자녀들을 빼앗기고 있다. 확실히 사탄은 우는 사자처럼 삼킬 자들을 찾아 포효하며 배회하고 있다(벧전 5:8).

신앙을 버리고 교회를 떠나는 자녀들을 어떻게 할 것인가? 무엇으로 이들을 신앙 안에 머물게 할 것인가? 불 가운데서 구원받은 것 같은 초라한 모습으로 간신히 신앙의 줄 끄트머리에 붙어 있는 자들이 된다 해도 괜찮은가? 인생은 결코 무엇이 되고 무엇을 얻기 위한 투쟁의 과정이 아니라, 이 땅에 나를 보내신 하나님의 목적을 성취하는 데 있음을 잘 설득해야 한다. 청소년기는 친구들에 의해 좌우된다. 무엇보다 또래집단의 불신앙적인 영향과 압력에 맞서도록, 좀 더 적극적으로는 좋은 친구들을 사귈 수 있도록 격려해줘야 한다. 그러기 위해서 사랑의교회가 조부모-부모-자녀-손주 이렇게 4대를 염두에 두고 실시하고 있는 아주 강력한 가정 제자훈련의 도구들을 소개한다.

(1) 가정예배

사람들은 종종 나에게 '어떻게 부모로부터 자녀에 이르기까지 모두가 교회를 개척하는 집안이 되었는지, 믿음의 신수성가(神手成家)를 이루었는지' 묻곤 한다. 나는 선대로부터 가정예배의 수혜를 받았다고 대답한다. 어린 시절부터 공예배와 가정예배가 몸에 배어있었다. 내 신앙의 기본 골격과 제자훈련 철학의 뿌리는 어린 시절부터 드린 가정예배에 있다고 분명히 말할 수 있다.

가정예배를 드리며, 자녀들을 "흠이 없고 순전하여 어그러지고 거스르는 세대 가운데서 하나님의 흠 없는 자녀로 세상에서 그들 가운데 빛들로"(빌 2:15) 키우는 일은 사람의 힘으로 되지 않음을 깨닫는다. 가정예배는 오늘날 인기 없고 딱딱하고 지루할 수 있다. 가정예배는 자녀들에게 세상의 급류를 '거꾸로 헤엄쳐 오르는 법'을 가르치는 모험일 수 있다. 그래서 오로지 하나님의 감동, 지혜 그리고 권능을 의지하게 된다. 하나님의 주권을 인정하는 신자라면 가정 제자훈련의 가장 중요한 출발점으로서 가정예배를 시작하지 않을 수 없다.

한편 가정예배는 하나님의 더 큰 가정, 즉 교회를 활력 있게 만들고 나아가 사회 전체에 변혁을 가져온다. 요한 칼빈은 가정에서 부모가 자녀를 가르치는 일은 절대적 의무라 했고(자녀의 신앙교육을 소홀히 하는 태만을 치리의 대상이라고 볼 정도였다), 루터는 부모를 가정에 세우신 '목자'라고 했다.[16] 종교개혁자들의 후예를 자처하는 개혁교회 교인들은 가정예배를 교회와 나라를 갱신하는 단초로 보았다. 청교도들은 식사 전에, 네덜란드 개혁교회 교인들은 식사 후에 간단히 기도, 성경낭독, 신앙적인 질문과 응답 그리고 찬송과 가정 기도로 가정예배를 드렸다.

가정예배는 어떤 공식적인 순서, 지켜내야 할 의무 사항이기에 앞서, 가정의 일상 속에 자연스럽게 자리 잡는 거룩한 루틴(routine)이 되어야 한다. 때로는 온 가족이 한 침대에서 편안한 자세로 찬송, 기도, 성경암송 등을 통해 얼마든지 훌륭한 가정예배를 드릴 수 있다. 이러한 가정예배가 자녀들에게는 오히려 더 오랫동안 기억에 남을 수 있다. 가정생활의 모든 순간을 가정예배의 기회로 삼을 수 있다.

(2) 4대(四代)가 함께 하는 토비새

4대가 함께 하는 토비새는 가정 제자훈련의 토대이다. 그렇다면 왜 4대인가? 4대는 인간 수명과 사회 구조로 볼 때, 현실적으로 한 가계가 함께 예배할 수 있는 가장 현실적인 단위다. 조부모-부모-자녀-손주 이렇게 4대가 굳이 한 집에 살지 않더라도 토요 휴무제가 보편화되었으므로 마음만 있으면 얼마든지 함께 예배 드릴 수 있다. 토요일 새벽에 4대가 함께 모여 예배한 후 아침을 함께 하고 안부를 나누며 담소하는 풍경을 가끔 볼 수 있다. 무엇과도 비할 수 없이 아름다운 모습이다.

성경에서도 4대는 흘러야 신앙이 한 가정에 제대로 뿌리내리는 모습을 보여준다(창 12-50장). 믿음으로 하나님의 언약을 굳게 잡고 전진한 개척자 아브라함, 온유하고 겸손한 순종으로 언약을 공고화한 이삭, 언약의 지경(地鏡)을 대대적으로 넓어지게 한 야곱 그리고 언약의 성취를 국제적인 무대로 올려놓음으로써 아브라함에게 주신대로 만민이 하나님의 복에 들어오도록 그 초석을 놓은 요셉을 보라. 4대는 지나야 한 가정이 하나님 나라의 백성으로서 그 나라의 복(blessing)을 주변에 충실히 전달할 수 있다. 이래서 믿음의 4대가 함께 드리는 예배는 아주 중요하다.

요점은 '누대(累代)의 예배'다. 십계명에서 우상숭배와 우상 제작을 금하시는 계명(1, 2계명)을 주시면서, "나 네 하나님 여호와는 질투하는 하나님인즉 나를 미워하는 자의 죄를 갚되 아버지로부터 아들에게로 삼사 대까지 이르게 하거니와"(출 20:5b)라고 말씀하셨다. 이때 "삼사 대"는 확대 가정을 이루고 살았던 이스라엘의 한 집안이다. 한 집안의 예배, 즉 가정예배가 잘못되면 그 가정의 가족 누구도 온전한 삶을 살아갈 수 없고, 이런 가정들이 모여 이룬 나라인 이스라엘 역시 온전히 설 수 없을 것이다.

교회를 개척한 후에 토비새를 일관되게 강조했다. 심지어 근래에는 기도의 지팡이에 번호를 각인하여 나눠주면서까지 참여를 독려했다. 토비새에 성도들이 참여하게 하는 이유는 무엇인가? 성도들을 참으로 영적으로 성장시키겠다는 목자의 애끓는 심정 때문이요, 믿음의 4대가 함께 토비새에 나오면 받는 은혜가 너무도 크기 때문이다.

나는 지난 40여 년의 목회 동안 토비새에 참석한 부모의 간절한 기도를 통해 자녀의 신앙이 영적으로 계승되는 것을 목도하고 경험했다. 그리고 이것은 성경적인 진리이기도 하다. 사무엘상 7장에는 미스바에서 그 유명한 에벤에셀의 역사가 임한다. 10절에서 사무엘이 번제를 드릴 때 블레셋 사람이 이스라엘과 싸우려고 나왔다. "그날에 여호와께서 블레셋 사람에게 큰 우레를 발하여."

블레셋을 치는 장면이 나온다. 그런데 이것이 사무엘상 2장 10절의 한나의 기도에서부터 연결되고 있음을 생각해야 한다. "여호와를 대적하는 자는 산산이 깨어질 것이라 하늘에서 우레로 그들을 치시리로다."

과거에 드린 어머니 한나의 기도와 찬양이, 현재 드리는 아들 사무엘의 기도로 이어져 에벤에셀의 현장이 된 것이다. 에벤에셀의 커튼을 열면 어머니의 기도가 아들의 기도로 응답되는 하나님의 살아있는 역사(歷史)이자, 하나님의 능력이 임하는 역사(役事)가 되고 있음을 볼 수 있다. 이것이 4대가 함께하는 토비새에 성도들이 참여하도록 애타게 독려하는 이유이다.

토비새에 나오면 어떤 일이 일어나는가? 토비새에 나오면 믿음의 세대계승이 이루어지고 평범한 인생이 신적 개입을 통해 비범한 인생이 되며, 버린 돌 인생이 모퉁잇돌 인생이 되고 은혜 의식과 올바른 역사 의식으로 무장된다. 토비새에 나오면 부모와 자녀, 심지어 조부모와 손자들 간에도 세대 차가 없어지고 은총의 표징을 경험하며, 얼굴이 달라지고 거룩한 습관과 환경이 조성되며, 영적인 균형감각을 갖춰 시대적 영향력이 생긴다. 모든 것이 내가 경험한 목회적인 사실이요 성도들이 누리고 있는 축복이다.

(3) 세대차이를 없애는 거룩한 불꽃이 되는 성경암송

바울은 루스드라를 여행하다가 특별한 가정을 만났다. 바로 디모데의 가정이었다. 디모데는 (아마도) 헬라인 아버지와 유대인 어머니인 유니게 사이에서 태어났다. 외조모 로이스는 디모데가 아주 어릴 때부터 그에게 하나님의 말씀을 가르쳤다. "또 어려서부터 성경을 알았나니"(딤후 3:15a). 이 점을 높게 산 바울은 디모데에게 루스드라와 이고니온 지역의 교회를 맡겼다. 바울의 믿음의 아들, 충직한 제자이자 신령한 복음 일꾼인 디모데는 이렇게 어려서부터 성경을 아는 사람으로 양육됐다.

자녀의 신앙교육에서 성경암송이 참으로 중요하지만 더욱 중요한 것은 암송된 말씀의 실천이다. "성경을 암기하여 혀 끝에 달고 다니면서도 그 말씀에 순종하지 않는 사람은 다른 사람의 소를 세는 목동과 다를 바 없다는 것이다. 다른 이들의 소에는 엄청 관심을 쏟지만 정작 자기는 어린 암소 한 마리도 가지지 못한 목동 말이다!"[17] 그러므로 성경암송과 순종은 성도를 온전함으로 세우는 절대적인 두 개의 바퀴라고 할 수 있다.

성경암송은 최고의 비대칭전략이다

성경암송은 구시대적 성경 교육 방식같으나 사실은 신앙인이 이 시대의 무신론적 파고를 넘어서는 최고의 비대칭전략이다.

변명의 여지와 핑곗거리를 남기지 않고 단언하여 명령하시는 하나님의 말씀을 따라, 자녀들에게 하나님이 누구시고 어떤 일들을 하시는지 알려줘야 한다. 그러면 자녀들이 성경을 통해서 예수 그리스도가 누구신지 정확히 알게 된다. 그리스도를 아는 지식은 단순한 인지(認知) 정보가 아니다. 자녀들의 마음에 들어가서 불꽃을 일으킨다. 이 불이 자녀들 마음에 한번 제대로 붙으면, 평생 성경을 아는 사람으로 살아간다. 성경을 통해서 하나님의 말씀을 듣고 마땅히 행할 바를 배우면 시편 1편이 말하는 바로 그 복 있는 자가 된다.

그 가운데서도 신명기 6장 6절 말씀을 생각해보자. 하나님의 말씀을 마음에 새긴다는 뜻은 무엇일까? 어렵지 않게 짐작할 수 있다. 암송하는 것이다. 누가 암송하는가? 부모가 한다. 왜 부모가 말씀을 암송하는가? 자녀에게 말씀을 가르치고 그 말씀을 함께하기 위해서다. 사랑의교회는 토비새에서 4대가 함께 일어서서 성경 핵심 72구절을 암송하고 있다. 조부모부터 시작해서 유년부 아동에 이르기까지 전 교인이 일어나서 암송한다.[18]

지금도 정통 유대인 가정에는 할아버지와 손자 간에 세대차이가 존재하지 않는다고 한다. 그들은 신본주의 사상, 생활방식과 언어, 음식과 절기에서 세대차이가 없다. 나이가 많든 적든 간에 동일한 신앙과 사상을 지니고 있기 때문이다. 부모가 자녀와 함께 성경을 암송하고 성경구절로 머리와 가슴을 채울 수 있다면, 그 가정은 세대차이가 없을 뿐 아니라 믿음의 세대계승을 보장할 수 있을 것이다.

유대인은 13세에 성인식을 한다. 유대인들이 13세에 성인식을 하는 이유는 육체적으로 성숙해서가 아니다. 유대인들은 자녀가 태어나면 12세가 될 때까지 토라를 가르치고 암송하게 한다. 토라를 몸에 완전히 체화시키는 것이다. 그들은 13세라는 어린 나이에도 불구하고 토라가 몸에 새겨져 있기에, 그것이 자녀들의 삶을 붙잡아줄 수 있다고 생각한다.

사랑의교회는 13세가 되면 영적 성인식을 하고, 18세가 되면 다음세대 선교사 파송식을 한다. 13세가 되는 자녀들이 하나님을 인격적으로 대면하도록 독려하고, 신앙에 책임지는 존재로 설 수 있도록 축복하는 자리이다. 또 다음세대 선교사 파송식은 18세가 되는 자녀에게 이제부터 보냄받은 공동체(학교와 사회)에서 사명자의 역할을 감당하도록 격려하는 축제의 시간이다.

우리 사회는 무신론적 정글이다. 만일 아프리카의 정글 지역에 자녀들을 아무 준비도 없이 풀어놓는다고 하면 정신 나간 부모라고 손가락질 받을 것이다. 그런데 기독교 가정에서 이런 일을 자행하고 있다면 어떻게 생각하는가? 아이들을 영적으로 아무런 준비 없이 무장해제한 채로 반기독교적인 정글 속으로 내보내고 있다. 자녀들이 스스로 믿음을 지킬 수 있도록 아이들을 무장해서 보내야 한다. 그래야 가정이 살고 교회가 사는 것이다.

5) 신앙 계승의 마지막 퍼즐 조각

당신이 자녀에게 가장 물려주고 싶은 것은 무엇인가? 모든 부모가 일생을 두고 풀어야 하는 인생 질문이다. 아마도 성숙한 성도라면 답은 정해져 있을 것이다. '나는 신앙을 물려줄 것이다.'

이를 실천하는 방법은 대개 가정예배를 제대로 드리고 성경을 읽고 기도하는 모습을 보이며, 주일을 바르게 지키고 헌금 생활의 본을 행하는 것으로 이해한다. 그러나 한 번 더 질문을 해보자. 이렇게만 하면 모든 것이 자연스럽게 순풍에 돛을 단 듯이 자녀에게 신앙이 잘 이어지는가?

신앙적으로 훌륭한 부모 밑에서 자란 자녀가 좋은 신앙을 물려받는 것이 일반적이나, 때로는 안타깝게도 부모의 신앙이 자녀에게 이어지지 않는 경우도 많다. 부모가 좋은 신앙의 모습을 보이는 것만으로는 충분하지 않다. 자녀에게 좋은 신앙을 물려주려 할 때 가장 중요한 퍼즐 조각은 무엇일까? 자녀가 부모로부터 보고 경험해야 하는 것은 신앙의 좋은 모습뿐만 아니라, 부모의 삶 속에 담겨 있는 은혜다. 부모는 자녀에게 신앙의 모습을 넘어 은혜를 전달해야 한다. 이것이 부모의 신앙을 자녀에게로 잇는 마지막 퍼즐 조각이다. 자녀에게 좋은 신앙의 모습을 보이는 것과 은혜를 남기는 것은 얼핏 똑같아 보이지만 실상 그렇지 않다.

믿음의 세대계승은 무엇보다 부모가 은혜의 모습을 보이는 데 있다. 아마도 자녀가 자라는 동안 부모의 삶에서 은혜의 자취를 본다면 무엇과도 비교할 수 없는 믿음의 동기가 될 것이다. 지금도 선연히 기억하는 것이 있다. 교회를 개척하고 어려운 상황 속에서 부모님 두 분이 함께 창가에서 "내 주를 가까이 하게 함은" 찬송을 부르시는 것을 보았다. 이것은 후에 질풍노도와 같은 나의 청소년 시기에 신앙을 지키는 보이지 않는 힘이 되었다.

자녀와 함께 주일예배를 드리는 것과 예배 속에서 하나님의 은혜에 사로잡히는 경험은 다르다. 십일조를 구별해서 드리는 것과 그 속에 하나님의 은혜를 담아 드리는 것, 가정예배에서 말씀을 읽고 기도를 하는 것과 그 속에서 하나님의 은혜를 나누는 것 또한 각각 다르다. 자녀에게 보여줘야 하는 것은 부모가 하나님의 은혜를 사모하며, 그 은혜를 진정으로 누리기 위해 몸부림치는 모습이다. 모든 신앙의 부모가 그토록 바라는 믿음의 세대계승을 위해 은혜는 부모에서 자녀에게로 흘러야 한다. 고인 은혜는 더 이상 생명을 살리는 은혜가 될 수 없다. 믿음으로 구원 받는 은혜는 유효기간이 없지만, 구원받은 이후 삶의 여정에서 누리는 은혜에는 유효기간이 있다. 온전한 제자훈련은 신앙의 본을 보이는 훈련을 넘어 하나님의 은혜가 자녀에게 흐르도록 가르치고 각인시키는 훈련이다.

6) 무의식에까지 뿌리내리는 제자훈련을 위하여

가정에서 자녀들에게 제자훈련을 하는 이유는 무의식에까지 뿌리를 내리기 위해서이다. 우리 사회는 비기독교적인 흐름을 넘어 점점 더 반기독교적인 문화의 급류를 타고 있다. 세속적이고 이념적으로 경도된 대중매체, 무신론적인 학교 교육, 말초적인 인터넷 세상은 신앙적인 정체성이 확립되기도 전에 거대한 삼각파도처럼 주일학교 청소년들의 삶을 위협하고 유혹하면서 신앙을 근원적으로 뒤흔든다.

우리는 21세기를 시작하면서 주일학교의 출석률이 인구감소율보다도 훨씬 더 급락하는 현상을 목도하고 있다. 그러나 이보다 더욱 안타까운 것은 세상의 반기독교적인 거대한 흐름을 어쩔 수 없는 시대적 현상으로 체념하며 받아들이는 교회의 무기력한 모습이다. 이에 대한 대책으로 기독교의 인재 양성을 이야기한다. 맞는 말이다. 그러나 어떻게 키울 것인지에 대해서는 자신 있게 말하지 못한다.

무의식에까지 말씀이 뿌리내리는 신앙 훈련이 아니면 어려운 일이다. 세상의 거친 파고를 능히 뛰어넘을 수 있는 담대함은 확고한 신앙의 정체성을 가질 때에만 가능한 일이다. 어릴 때부터 무의식의 세계에까지 말씀이 뿌리내리도록 하는 것이 가정 제자 훈련이 가야 하는 길이다.

(1) 말보다 실천보다 거룩한 의식화(意識化)가 먼저이다

흔히 말보다 실천이 중요하다는 말을 한다. 맞는 말이다. 그런데 실천보다 중요한 것은 의식(意識)이다. 세상을 바꾸는 모든 혁명이나 실천은 반드시 의식에서 시작됐다.

교회학교 교육이 참으로 중요한 것은 이 때문이다. 복음의 의식화 교육은 이 시기에 시작돼야 깊이 뿌리내릴 수 있다. 예수 믿는 집안의 초등학교 아이들이 유대인 아이들이나 심지어 무슬림 아이들과 종교적으로 맞붙어 보면 과연 신앙적으로 이길 수 있는 아이가 몇이나 될까 싶다. 이유는 말하지 않아도 분명하다.

우리는 제자훈련을 할 때 사람의 지성이나 감성을 지나치게 대접하는 면이 있다. 이렇게 하면 강제적이지 않을까? 저렇게 하면 세뇌하는 것은 아닐까? 과도하게 우려하고 조심하는 것이 결과적으로 제자훈련의 의식화를 막는 원인일 수도 있다.

복음의 의식화를 성경적으로 표현하면 이사야 6장 13절의 '거룩한 그루터기'라고 말할 수 있다. 세속의 칼날이 춤을 추고, 이로 인해 때로 가지들이 베임을 당하는 경우가 있을 수 있다. 그러나 내면 깊이 복음이 의식화된 사람은 그 속에 복음의 거룩한 그루터기가 있기 때문에 어떤 일이 있어도 흔들리거나 꿈쩍하지 않는다.

복음의 증인을 길러내기 위해서는 훈련 방식도 중요하고 실천도 중요하지만, 가장 중요한 것은 생각 속에 복음을 의식화시키고, 가슴 뜨거운 거룩한 혁명가로 만드는 것이다. 이것이 한국교회가 민족 복음화라는 새로운 미래를 위해 붙잡아야 할 토대이다. 세상 역사에서도 의식화된 서너 사람으로 인해 국가와 민족의 운명이 바뀌었다면, 말씀으로 거듭난 거룩한 혁명가들이 세상을 바꾸는 것이야말로 하나님 나라의 산 역사라고 할 수 있다. 제자훈련은 거룩한 의식 혁명이다. 그리고 이것은 할 수만 있으면 어릴 때부터 시작해야 하고, 스물이 넘기 전에 그들의 영혼 깊숙이 지축이 흔들려도 결코 흔들리지 않는 복음의 거룩한 그루터기가 자리 잡아야 한다.

(2) 재미만을 앞세우는 세대에게 어떻게 복음을 전할까?

흔히 MZ세대로 불리는 이들이 사용하는 언어와 사고방식은 기존 세대들과는 크게 다르다. 이들은 스마트폰을 몸의 일부처럼 사용하는 포노 사피엔스(phono sapiens)요 부모 세대는 해독조차 어려운 디지털 언어를 사용하고, 개인적이면서도 현실적이며, 깊은 관계보다는 가벼운 취향 위주의 관계를 맺고, 자신의 의견을 당당하게 표출하되 계정이나 장소에 따라서 여러 개의 얼굴을 가지고 있다. 한국의 X세대와 Y세대가 서구에 비해 다소 늦게 등장했던 것에 비해 MZ세대는 전 세계에 동시다발적으로 등장한 최초의 시차 없는 세대로 불린다.

세대 간의 격차를 넘어 언어도 다르고 생각도 다르며, 소통의 방식도 다른 이들에게 기성세대의 언어와 사고로는 접근 자체가 어렵다. 이들에게 중요한 것은 첫째도, 둘째도, 셋째도 '재미'다. '무민'이라는 말이 있다. 무(無)와 민(mean), 즉 의미가 없어도 좋다. 이들은 재미만 있으면 의미의 유무는 상관하지 않는다.

그렇다면 어떻게 해야 재미를 최우선시하는 이들의 가슴에 복음의 깊은 의미를 새기며, 어떤 재미보다도 더 강력하게 그들의 감정과 영혼을 흔들어 놓을 수 있을까? 급변하는 세상에서 이런 고민 없이 복음을 전하는 것은 마치 주소가 오래전에 바뀌었지만 여전히 옛날 주소로 러브 레터를 보내는 것과 같다. 아무리 뜨거운 사랑의 연애편지라도 연인에게 전해지지 않는다면 무슨 소용이 있을까!

사역자는 MZ세대와 알파(@)세대[19]의 심장에 청진기를 대고 그들의 호흡과 고동치는 맥박 소리를 들어야 한다. 이것은 나이가 들수록 지난 수십 년의 목회 사역을 합친 것 이상으로 내게 깊은 고민과 숙제를 던지고 있다. 고민에 고민을 거듭할수록 해답은 분명하다. 성령의 기름부음이 있는 능력의 복음만이 이들의 영혼을 둘러싼 재미의 강고한 껍질을 벼락처럼 깨뜨릴 수 있을 것이다.

3.
일터 제자훈련
(Workplace Discipleship)

1) 도대체 왜 일하는가?

우리는 일을 '타락'의 결과와 직결시키기 좋아한다. 마치 첫 인류
가 에덴동산에서 유유자적하다가 하필이면 선악과를 따먹었다는
듯이 생각한다. 그렇지 않다. "생육하고 번성하여 땅에 충만하라,
땅을 정복하라, 바다의 물고기와 하늘의 새와 땅에 움직이는 모든
생물을 다스리라"(창 1:28). 우주의 창조주 주권자께서 명령하셨을
때 타락 전의 아담과 하와는 그 즉시 온 마음과 힘 그리고 뜻을 다
해 하나님의 명령을 준행했을 것이다. 타락 전 아담과 하와가 에
덴동산에서 그저 유희(遊戲)하며 지냈다고 보는 것은 창세기 1, 2
장에 묘사된 '일하시는 하나님'과 그분의 '오늘 해야 할 일들'(to-do-
list)을 무시하는 처사다. 하나님은 성경의 첫 장에서부터 '일하시는
분'으로 소개되고, 그분의 형상인 우리는 그 본성을 가지고 있다.
분명 타락으로 말미암아 일의 환경에 대격변이 일어난 것은 사실
(창 3:17-18)이지만, 우리는 여전히 일하시는 하나님의 형상이다. 일

을 타락의 결과로만 치부했기 때문에, 영적인 것은 신령하고 세상과 물질은 그렇지 못하다는 그릇된 이원론의 영향이 한국교회 주변을 아직도 배회하고 있다.

2) 일을 통해 사명을 이루면, 일은 참 사람을 만든다

위의 질문 '도대체 왜 일하는가?'에 어떤 답을 내놓아야 할 것인가? 존 스토트는 우리가 일하는 이유를 세 가지로 설명한다.[20]

첫째, 우리의 성취를 위해서 일한다. 하나님의 형상으로서 하나님을 대신하여 통치하는 존재인 인간에게 일은 필수불가결한 자기 표현의 통로다. 둘째, 공동체의 유익을 위해 일한다. 셋째, 우리는 하나님의 영광을 위해서 일한다. 하나님은 우리를 불러 그분이 하시는 일들을 맡기심으로써 우리가 그분께 영광 돌리기 원하신다. 인간은 창조 세계를 돌보는 정원사다.

일은 우리를 참 사람으로 만든다. 일할 때, 일함으로써, 일을 통해서 하나님이 참으로 선한 창조주이심을 드러내는 것이야말로 그분에게 최고의 영광을 돌리는 것이다. 심고 물을 주어도 자라나게 하시는 분은 오로지 하나님뿐이시다. 루터가 이 진리를 "하나님은 당신을 통하여 소의 젖을 짜기까지 하신다"라고 표현했다.[21] 이처럼 우리가 일하지 않으면 하나님의 선하심과 영광은 드러나지 않는다. 일에 대해서 새겨야 할 문구가 있다. "얼마나 많은 일을 했느냐는 중요하지 않다. 진정 중요한 것은 하나님이 요구하시는 일을 얼마나 많이 했느냐 하는 것이다."[22] 이것은 성도에게 일의 우선권이 어디에 있어야 하는지를 말해준다. 신앙인의 미래의 이력서를 결정하는 것은 세상의 관심사가 아니라 하나님의 관심사를 얼마나, 어떻게 실행하느냐에 있다.

3) 예수님의 일 철학

예수님은 최소한 20년 이상 '목수'로 일하신 것으로 보인다(마 13:55; 막 6:3). 예수님은 목수 일을 어떻게 하셨을까? 요한복음 5장 17절에는 아주 의미심장한 실마리 하나가 나온다. "예수께서 그들에게 이르시되 내 아버지께서 이제까지 일하시니 나도 일한다 하시매." 예수님께는 내가 하는 일이 하나님의 일이라는 확신이 있었다. 여기서 그치지 않고 하나님과 함께 일하셨다. 즉 혼자가 아니라 아버지 하나님과 함께 일하신다는 임재의 확신 속에서 일하셨다. 또한 예수님이 하신 목수의 일은 사람을 위하고 삶의 터전을 세우는 일이었다. 사람에게 상처 주고 찢어놓고 궤멸시키는 마귀의 일과 대조해보라. 주님은 자신이 하시는 일을 통하여 하나님의 창조 사역에 동참하고 창조의 일들이 완성되도록 하신다는 의식 속에서 사셨다. 예수님의 제자인 우리도 이런 의식을 가지고 일에 임해야 마땅하다. "그리스도인의 노동은 거룩한 하나님의 창조 사역의 현장이다."[23]

예수님을 믿고 구원받아 하나님의 자녀가 되는 그 순간, 우리가 하는 일도 거듭났다. 창세기 3장에서 아담이 범죄하자 그 결과 죽음이 왔고 땅은 인간으로 인해 저주를 받아 가시덤불과 엉겅퀴를 내며, 인간은 간난신고의 노동을 해야만 했다. 그리스 철학자들은 일을 저주받은 것으로 생각할 정도로 일을 경시했다. 그런데 예수님을 믿고 하나님의 백성이 되는 그 순간에 우리가 하는 일들도 거듭난다. 따라서 우리의 일이 더 이상 저주의 고역이 아니라 하나님의 창조 사역에 동참하는 것으로 승화된다. 마치 '죽음'이 예수님을 믿고 구원받은 하나님의 백성, 예수님의 피 값으로 구원받고 영원한 생명을 누리는 백성에게는 저주가 아니라, 이 땅에서 육신의 장막을 벗어나 하나님이 예비하신 영원한 집으로 들어가는(고후 5:1) 영광으로 거듭나는 것과 비슷하다.

4) 일의 세계에 임하는 샬롬

일 자체가 악한 구석이 조금도 없음에도 인간의 타락 때문에 일의 세계에 엄청난 균열이 일어났다. 그래서 신앙이 없는 사람들도 갈등의 양상으로 나타나는 일의 일탈을 의식하고 고쳐보기 위해 애쓴다. 그들이 자주 사용하는 방법은 혁명이다. 그러나 우리는 이런 방법으로는 일의 소외를 극복할 수 없다고 분명히 선언한다. 골로새서 3장 22-23절은 이렇게 말씀한다. "종들아 모든 일에 육신의 상전들에게 순종하되 사람을 기쁘게 하는 자와 같이 눈가림만 하지 말고 오직 주를 두려워하여 성실한 마음으로 하라 무슨 일을 하든지 마음을 다하여 주께 하듯 하고…." 일의 세계에 아무리 심한 왜곡과 모순이 발견되더라도 일 자체를 부정하거나 껍데기 체제만을 바꾸려고 하지 말라는 뜻이 담겨 있다.

인용 성경구절은 마치 기독교가 노예제도를 승인하는 것처럼 들린다. 일방적으로 주인들의 입장에 서서 종들에게만 의무를 부과하는 듯이 들린다. 그러나 이 구절은 기독교가 노예제도를 승인하는 것이 아니라 기독교가 지닌 생명의 복음으로 당시의 세상적 원리와는 전혀 다르게 노예제도를 극복하는 것을 목표로 삼고 있다. 세계 역사를 보라. 노예제도뿐만 아니라 사회적인 약자, 장애인들, 여성들, 노인들, 또 고통당하는 사람들을 경쟁의 정글에 버려두지 않고 사회 전체가 나서서 보호하고 지키는 일이 어떻게 일어났는가? 빈자(貧者)를 위한 복지와 기본권, 인권 등이 무엇으로부터 영향을 받아 정착할 수 있었는가? 기독교가 가지고 있는 생명의 복음이 한 사회에 들어갔을 때 자연스럽게 이런 일이 일어난 것이다.

당시 노예는 일꾼 정도도 아니었다. 주인에게 예속된, 그저 말하는 짐승에 불과했다. 더 이상 인간으로서 내려갈 수 없는 처참한 자리에서 사는 사람들이었다. 그런 노예들을 향해서 열심히 일하라고 했다. 만약 일이 상전만을 잘 섬기는 것으로 끝난다면 억울하고 힘들겠지만, 진정한 상전은 하늘의 하나님 아버지이시기 때문에 그분에게 충성하는 일로 고스란히 남는다. 그러니 자신이 맡은 일에 충성하고 충직하고 충실하라고 권면할 수 있었다. 이 권면은 다른 어떤 혁명보다 노예들의 마음을 치유하는 메시지였다. 24절은 한 걸음 더 나아가서, 마음의 위안만이 아니라 하나님이 상 주실 것임을 밝힌다. 주인이 칭찬하겠지만 하나님이 보상하신다. 왜냐하면 그들은 더 이상 비참한 노예가 아니라 '주 예수 그리스도를 섬기는 일꾼'들이기 때문이다. 그러므로 노예로서 일하지만 실상은 주님을 섬기는 일이 되는 것이다.

주님은 로마의 식민주의와 잔혹한 독재, 비인간적인 노예제도를 옳게 인정하셨기 때문에 직접 언급하지 않으신 것이 아니다. 다만 진정한 역사의 변화, 일과 일하는 사람의 고양(高揚)은 영혼이 치유되는 데에서 시작됨을 아셨기에, 제자들을 통해 선한 영향을 끼칠 수 있을 때까지 기다리게 하셨다. 훗날 노예제도는 링컨 같은 구원 받은 하나님의 백성, 윌리엄 윌버포스 같은 하나님의 신실한 종들을 통해서 사회적으로 극복되었다. 윌버포스가 노예 해방을 부르짖을 당시, 영국은 국가 수입의 많은 부분을 노예무역을 통하여 얻었다. 난공불락의 강고한 진지 같았으나 주님 앞에 기도하면서 같은 마음을 가진 사람들과 함께 영향력을 끼치고 제도를 개혁함으로 끝내 노예제도를 폐지했다.[24]

일할 수 있는 권리, 노동권은 세상을 창조하신 하나님의 메시지이다. 노동권은 일하시는 하나님의 형상을 닮은 인간의 기본 인권이다. "세상만사를 돌보시는 하나님은 인간을 당신의 형상대로 빚고 동역자로 삼으셔서 인간이 물질세계에 거룩하게 심긴 복잡한 설계를 식별하고 지식을 활용하여 새롭고 놀라운 것들을 창조하게 하셨다. 하나님은 우리가 노동을 통해 인간으로서의 고유한 정체성을 표현하고 삶의 필요를 채우면서 이웃에게 이바지하도록 빚으셨다. … 인간에게 노동권은 기본 인권이다."[25] 그러나 일할 권리가 죄의 탐욕으로 인해 주객이 전도되는 일이 일어났다. 마귀는 중립적 가치의 돈을 하나님보다 더 사랑하게 함으로 맘몬주의에 이르게 하고 일만 악의 뿌리로 만들듯이(딤전 6:10), 인권인 노동권조차 탐욕의 도구로 전락시킴으로 오히려 일을 통해 인권을 파괴하는 비극을 가져왔다. 영국의 산업혁명 이후로 일이 인권을 파괴하는 가혹한 수단으로 전락하였고, 인권인 노동이 오히려 인권을 파괴하는 비극적 현실은 마르크스가 자본론을 쓰는 동인(動因)이 되었다. 이로 인해 무신론적인 마르크스주의가 시작되었다는 사실은 역사적 안타까움이 아닐 수 없다. 그러나 동시에 반면교사로서 기독교인들에게 "도대체 왜 일하는가?"에 대한 성경적 인식이 얼마나 중요한지를 각인시키며, 온전한 제자로서 왜 일터 제자훈련을 해야 하는지를 깨우치는 역설적 동력이 되고 있다.

5) 예배로서의 일을 체질화하는 일터 제자훈련

일터 제자훈련은 일자리 찾아주기 운동이 아니다. 직업에 관한 멘토-멘티를 연결하는 작업도 아니다. 일터 제자훈련은 한마디로 신앙으로써 의식을 전환하는 의식 변화를 위한 훈련이다. 일터 제자훈련에 임하는 제자들에게 어떤 의식을 갖도록 해야 할까?

첫째, 제사장(priesthood) 의식이다(벧전 2:9). 하나님의 백성 이스라엘은 그들의 존재와 삶을 통해 약자(주린 자, 괴로워하는 자)와 연대함으로써 사명의 길을 열어가는 존재다(사 58:10-12). 그럴 때 빛이 약속되고 하나님의 정밀한 인도가 주어지며, 바른 전통을 이어가는 계승자가 된다. 나도 어려운데 무슨 약자를 돕느냐고 하는 것이 인지상정일 터이나, 하나님의 백성은 주변이 어려울수록 주린 자와 괴로워하는 자를 돌아보는 데에서 주님이 주신 사명의 성취감을 누릴 수 있는 것이다.

둘째, 대리인(proxy) 의식이다. 예수님께서 하신 "내 아버지께서 이제까지 일하시니 나도 일한다"라는 말씀(요 5:17)에는 예수님이 하시는 일이 하나님의 일이라는 뜻이 포함되어 있다. 예수님은 하나님과의 관계에서 철저하게 자신을 하나님 아버지의 아들, 그분의 대리인으로 자처하셨다. 여기에는 내가 하는 일이 하나님의 일이므로 나 혼자서 일하지 않고 하나님이 함께 일하신다는 뜻이 담겨있다. 나아가 주님이 하시는 모든 일의 목표는 세움과 보냄이다. 우리가 일하는 목표는 주님처럼 남을 세우고, 사랑하고, 치유하기 위함이다. 집단적인 증오, 편가름, 파괴적인 경쟁의식, 승자독식의 독기가 있는 한국 사회의 일터 문화를 변혁하는 복음의 대리인으로서 성경적인 일터 신학을 가지고 직장으로 파송되어야 한다.

셋째, 상호성(mutuality) 의식이다. "종들아 모든 일에 육신의 상전들에게 순종하[라]"(골 3:22)라는 사도의 권면은 종에게만 일방적으로 주어지지 않는다. 성경은 "상전들아 의와 공평을 종들에게 베풀지니"(골 4:1)라고 말씀한다. 상전이 종에게 의와 공평을 베푸는 것은 쉬운 일이 아니다. 그러나 이 명령에 순종할 수 있는 힘의 원천이 있다. "너희에게도 하늘에 상전이 계심을 알지어다"(골 4:1b). 당시 종들은 아무렇게나 대우해도 되는 존재였다. 그들에게 의와 공평을 베풀 필요도 이유도 없었다. 그럼에도 주인들이 그렇게 할 수 있는 이유는 그들에게도 하늘에 있는 상전, 주님이 계시기 때문이다. 그들도 새로운 주인을 모시게 되었다. 한마디로 예수 그리스도로 옷 입은 사람들만이 할 수 있는 새로운 노사(勞使) 관계가 형성된 것이다. 고용주도 고용인도 따라야 할 최종적인 권위이신 예수 그리스도를 의식할 때, 시대의 큰 문제 중 하나인 노사 문제가 새롭게 해결될 지평이 열릴 것이다.

넷째, 실천(practice) 의식이다(마 28:19). 일터 제자훈련은 일터에서 예수님을 닮고 예수님의 방법을 좇아, 예수님이 세상을 향해 하신 일들을 행할 줄 아는 제자를 키우는 데 그 목적이 있다. 따라서 몇 가지 면에서 세상과는 다른 실천의 사람들을 키워내야 한다. 그러기 위해 무엇보다 하나님의 전(殿)인 우리 자신을 더럽게 하는 모든 것에 대해서 단호한 태도를 취하도록 훈련시켜야 한다. 또한 함께 일하는 일터의 사람들이 우리의 영적 투명성, 겸손함 그러나 단호함을 볼 때 전도가 된다. 나아가 무엇보다 일을 삶의 현장에서 드려지는 예배로 인정하고 일로서의 예배, 예배로서의 일을 실행하도록 체질화해야 한다. 일이 하나님을 영화롭게 하는 예배가 될 때 아담의 범죄로 타락하고 왜곡되었던 일이 비로소 일하시는 하나님과 함께하는 일, 하나님께서 기뻐하시는 일로 구속(救贖)되는 것이다.

4.
선교 제자훈련
(Mission Discipleship)

1) 지구본 안고 울던 젊은 시절의 푸르디푸른 꿈

거의 반세기 전인 1970년대 중반 청운의 뜻을 품고 서울로 올라
가는 길에 부친께서 봉투 하나를 건네주셨다. 나는 당연히 그 안
에 학원비, 생활비가 다만 얼마라도 들어있을 줄로 알고 기대감으
로 기차에 올랐다. 몇 달 치 생활비는 들어있을 줄 알았다. 그러나
봉투 속에는 고린도전서 6장 19-20절, "너희는 너희 자신 것이
아니라…그런즉 너희 몸으로 하나님께 영광을 돌리라"라는 성경
구절이 쓰여 있었다.

그렇게 시작한 서울 생활은 녹록지 않았다. 라면 하나도 마음
놓고 먹을 수 없는 가난한 고학생이었다. 그러나 주일만 되면 가
슴을 펴고 예배하고 형제자매들과 모여 교제할 수 있는 교회가 있
었다. 내 인생과 사역의 일대 전회(轉回)라고 말할 수 있는 내수동
교회를 만난 것이다. 용산의 한 서민 아파트에 세를 얻게 되었다.
7층으로 된 시멘트 슬래브 건물이었는데, 엘리베이터도 없이 연탄

보일러로 난방을 하며 단전 단수가 심심찮게 일어나던 진짜 허름한 공동주택이었다. 그곳을 '라브리'(L'Abri, 프랑스어로 '피난처')라 이름 짓고 지방 출신의 형제들과 공동생활을 했다. 프란시스 쉐퍼가 스위스에서 시작한 작은 공동체 '라브리'를 본딴 것이다. 여기서 대여섯 명의 형제들이 신앙 공동체 생활을 시작했다.[26]

겨울이면 등짐으로 연탄을 나르고 여름이면 고물 선풍기 한 대 앞에서 더위를 식혀야 하는 열악한 환경이었지만, 기상과 규율은 높고 청정했다. 큐티가 알려지기 전이었지만 우리는 평일 몇 장, 주일 몇 장, 이렇게 계획을 세워 성경을 읽고 함께 예배를 드렸다. 예배에는 특별한 순서가 하나 있었다. 지구본을 가운데 놓고 지구본 위에 손을 얹은 후 열방과 민족을 위해서 기도하는 것이다. 먹을 게 없었고 갈 길이 막막했으며, 안정되게 정해진 것이라곤 하나도 없었다. 자기계발을 하고 젖 먹던 힘까지 내서 개인적인 양명(揚名)의 길을 닦아도 시원치 않은 마당에 세계선교를 위한 기도라니! 그런데 이상하게도 세계선교를 위해서 기도하기만 하면 그렇게 눈물이 났다. 나만 그런가 했더니 동생들도 마찬가지였다. 시커먼 남자 대여섯이 지구본에 손을 얹고 기도하며 눈물 콧물 흘리는 모습은 지금 돌이켜 생각해도 참 진풍경이다.

2) 그 청년이 에딘버러에서 외친 메시지

1910년 6월, 전 세계 선교 지도자 1,215명이 스코트랜드 에딘버러에 모여서 선교 컨퍼런스를 했다. 물론 컨퍼런스를 주도했던 분들은 서구 기독교 지도자들이었다. 비서구 출신 참석자는 단 18명으로, 전체 참석자의 1.5퍼센트였다. 그리고 100주년 행사가 2010년 4월 에딘버러 대학교에서 열렸다. 이 대회는 지난 100년 동안 기독교의 중심이 서구권에서 비서구권으로 옮겨갔음을 보여주는 의미있는 현장이었다.

하나님은 위대한 일을 하신다. 위대한 일을 참 위트 있게 하신다. 연탄 때던 서민 아파트에서 지구본에 손을 얹고 기도하던 가난하고 대책 없는 청년이 2010년 에딘버러 선교대회에서 첫날 저녁에 말씀을 전하게 하신 것이다. 100주년을 기념하는 세계개혁주의협의회(World Reformed Fellowship) 3차 총회에서 "21세기 교회를 위한 성경적 산 소망"이라는 제목으로 말씀을 전했다. 그때 나는 100년 전 한국을 찾아와 헌신했던 선교사들의 이름을 일일이 부르며 용산 라브리에서 지구본에 손을 얹고 기도할 때마다 울던 그 심정으로 겸허히 감사를 전했다. 그때 전한 말씀의 일부이다.

"100년 전 에딘버러에 모였던 신앙의 선배들처럼 우리도 같은 마음으로 이 자리에 모였습니다. 우리가 받은 사명은 100년 전과 다름없습니다. (중략) 세상은 혼란스럽지만 구원얻은 백성들은 이 세상의 것이 아닌 하늘의 소망을 품습니다. 절망 속에서 선포하는 '산 소망'이 바로 기독교입니다. 소망이 없던 한 나라가 선교사들의 고귀한 희생을 바탕으로 전 세계에 2만 2천 명의 선교사를 파송하는 국가가 되었습니다 …."

1910년은 한국이 일본의 식민지로 있었던 시대다. 기독교인의 수가 인구의 1-2퍼센트도 되지 않았다. 복음의 황무지와 같았다. 그런데 100년이 지난 2010년, 하나님은 나 같은 평범한 한국 목회자에게 세계교회 지도자들이 모인 에딘버러에서 선교에 대한 말씀을 나누게 하셨다. 이것은 인간의 역사를 선교로 이끄시는 하나님의 시선을 깨닫게 하는 사건이었다.

3) 선교하는 교회를 넘어 선교적 존재가 되는 교회

"교회가 먼저인가? 선교가 먼저인가?" 많은 사람이 이 질문 앞에서 고개를 갸우뚱할 것이다. 너무 뻔한 질문이고 정답을 알고 있다고 확신하기 때문이다. '교회가 있으니까 선교가 있는 것 아닌가?' 하지만 엄밀히 말하면 그렇지 않다. 교회는 선교의 결과로 이 땅에 태어났다. 물론 교회가 선교사를 보내니까 교회가 먼저라고 할 수 있지만, 더 근원으로 거슬러 올라가면 '선교하시는 하나님'이 계시고 그 하나님이 선교하심으로 교회가 탄생한 것이다.[27]

하나님이 선교를 하시다니, 잘못된 말 아닌가? 선교는 사람이 하는 것 아닌가? 그렇지 않다. 선교는 창조주이신 하나님이 구원자요 심판자로서 지상의 모든 사람으로부터 경배 받으시는 것을 목표로 한다. "나는 여호와이니 이는 내 이름이라 나는 내 영광을 다른 자에게, 내 찬송을 우상에게 주지 아니하리라"(사 42:8). 쉽게 말해서, 이 땅의 모든 인간이 하나님을 주라고 고백하면서 예배하도록 초대하는 것이 선교다. 그런데 성경을 보면 그 누구보다도 하나님 자신이 예배를 받으시는 일에 지대한 관심을 가지고 계신다.

온 우주 만물을 지으신 하나님이 한 종(또는 한 백성)을 세워, 자기를 떠난 인간을 억압의 사슬과 노예의 족쇄를 끊고 자기에게로 다시 오게 하시는 일이 선교다. 이 일에 세우신 예수 그리스도도 이 관점에서 보면 선교사이시다. 예수 그리스도가 자신의 성품과 사역을 통해 만드신 백성 이스라엘 역시 선교사이다. 하나님의 백성 이스라엘의 완성인 교회는 여호와의 종의 사역의 결과로 이 땅에 태어났다. 교회는 태생부터, 처음부터 선교적인 존재다(요 20:21). 교회가 선교 사역을 하는 것이 아니라, 온 세상이 돌아와 자기를 경배하도록 선교하시는 하나님이 선교하시기에 교회가 만들어진 것이다. '하나님은 스스로 영광 받으시는 일에 지대한 관심을 가지고 계시고, 이 일을 자신의 영으로 충만한 종을 세워 행하시되, 그 종이 해방시켜 모은 백성들 또한 지속적으로 이 일을 선포하며 나아가길 원하신다.'

하나님의 교회는 예수님의 피 값으로 세워졌고(고전 6:20), 예수님은 십자가로 인간과 세계를 향한 하나님의 소원을 다 이루셨다. 이제 하나님의 보좌 우편에 앉으신 우주적 왕 예수 그리스도를 대리하여 교회에 임하신 성령님에 의해 이끌리는 교회라면, 선교를 하는 것(doing)이 아니라 선교적 존재가 되는 것(becoming)이 가장 정상적인 교회의 모습임을 안다.

4) 다시 살펴보는 대위임령과 선교 제자훈련

마태복음 28장 19-20절이 교회의 선교적 존재와 사명을 밝히는 핵심 구절이라는 것에는 이견의 여지가 없다. 그런데 한글 성경이 원문이 지니고 있는 선교-제자훈련의 관계 역동성과 의미를 충분히 살리지 못했다. 먼저 한글 성경이 지닌 번역상의 맹점을 살펴보자.

"그러므로 너희는 가서 모든 민족을 제자로 삼아 아버지와 아들과 성령의 이름으로 세례를 베풀고 내가 너희에게 분부한 모든 것을 가르쳐 지키게 하라 볼지어다 내가 세상 끝날까지 너희와 항상 함께 있으리라 하시니라"(마 28:19-20).

두 구절에서 다섯 개의 중요한 동사군이 나온다. '가다, 삼다, 주다, 가르치다, 지키게 하다'이다. 우리는 여기에서 본능적으로 '가다'(가라)에 눈길을 준다. 왜냐하면 그동안 '선교=가는 행위'라고 배웠기 때문이다. 그래서 '가든지 보내든지'라는 선교적인 구호도 탄생했다. 그런데 한 가지 놀라운 사실이 있다. 우리는 '가야지' 비로소 선교가 성립한다고 생각하는데, 실은 이 말씀에서 주동사는 '제자로 삼으라' 하나이고 나머지는 분사로 되어 있다. 한글 성경에는 '가라, 베풀라, 가르쳐 지키게 하라'가 '제자로 삼으라'와 똑같이 주동사처럼 번역되어 있으나 원문에는 그렇지 않다. 따라서 이 구절들은 문맥상 아래와 같이 번역할 수 있다.

그러므로 너희는 모든 민족에게로 가면서

(그 민족을) 아버지와 아들과 성령의 이름 안으로 세례를 주면서

내가 너희에게 분부한 모든 것을 지키게 하기 위해 가르치면서

제자로 삼으라.

주동사와 분사들, 부정사의 관계를 정확히 했을 뿐인데 대위임령의 의미가 완전히 달라진다. '제자로 삼으라'를 주동사로 보지 않을 때는 '가는' 행위가 가장 우선이고, 제자 삼는 것은 가는 행위 후의 할 일로 보인다. 그러나 '제자로 삼으라'를 주동사로 보고 나머지를 분사와 부정사로 보면 엄청난 변화가 생긴다.

첫째, 선교가 무엇인가의 정의가 완전히 달라진다. 학교와 병원을 세우고, 교회를 짓고 현지인들에게 리더십 교육을 시키는 일 등은 다 필요하고 그 나름의 소중한 가치가 있다. 그러나 그것만이 선교의 본질은 아니다. 가는 행위 뒤에서 보내며 후원하고 돌보는 행위도 선교에서 가장 중요한 핵심이 아니다. 기독교 선교의 핵심은 '제자화'이다. 이것이 빠지면 다른 어떤 찬란하고 놀라운 행위와 업적도 무용지물이다. 대위임령을 바르게 해석하면 선교 의식에 혁명적인 변화가 생긴다.

둘째, '제자로 삼으라'를 주동사로, 나머지를 분사로 보면 제자 삼는 목적을 위해 가는 일, 세례를 베푸는 일 그리고 가르치는 일이 선교의 방법이자 효과적인 도구로 자리매김하는 것을 보게 된다. 즉 제자 삼는 본무(本務)가 제대로 달성되기 위해서 필요하다면 더 갈 수도, 더 세례를 베풀 수도, 더 가르침에 집중할 수도 있다.

또는 그 반대로 할 수도 있다. 가는 일보다 기다리는 일이 필요하면 기다리고, 세례 주는 일이 선교 상황에 적합치 않으면 신중하게 때를 분별할 수도 있고, 가르치는 일을 잠시 줄이고 다른 현장 사역에 집중하는 등 사역적인 자유를 얻을 수 있다.

셋째, 대위임령을 새롭게 번역할 때 선교의 영역, 선교의 내용 그리고 선교의 결과가 새롭게 부각된다. 가라고 하셨는데 누구에게로 가는가? '모든 민족'에게 감으로써 선교의 대상이 막연하게 나라가 아니라 세밀하게 분류되는 종족 집단임을 알게 된다.[28]

마지막으로, 예수님의 명령을 가르쳐 지키게 함은 선교의 결과로 만들어져야 하는 새로운 공동체가 어떤 모습이어야 하는지를 보여준다. 선교의 결과로 만들어진 새로운 공동체는 예수님의 말씀, 특별히 새 계명으로 요약되는 사랑의 이중 계명을 준행함으로 마음, 뜻, 목숨을 다해 하나님을 사랑하고 이웃을 지극히 존중하며 돌보는 일을 삶의 모든 순간과 현장에서 추구하는 공동체다.

제자가 되어 제자다운 삶을 실천함으로써 끊임없이 이 새로운 공동체 안으로 사람들이 들어오도록 초대하는 삶, 곧 제자도를 실천하는 삶이 바로 선교 제자훈련의 요체다.

(1) 분리 불가의 두 기둥: 제자도와 선교 명령

제자훈련과 선교는 분리될 수 없다(마 28:19; 요 20:21). 예수님은 제자들의 훈련이 완성됐기 때문에 제자들에게 가라고 하지 않으셨다. 가라는 명령을 받고 간 제자들은 그 후로 많이 넘어지기도 하고 실수도 한다. 하지만 제자도와 선교 명령이 취소되거나 효력

정지 되지 않았다. 제자도의 완성과 선교 명령의 완수는 우리의 주관적인 자기 평가가 아니라 궁극적으로 예수 그리스도의 주권에 있다. '제자훈련을 받고 난 다음에, 성숙해진 다음에, 더 배워서 선교 명령을 준행하겠다'라는 생각을 버려야 한다.

또한 위의 선교 명령들을 잘 묵상하면 예수님이 가라고 하신 곳이 타문화권이 아니라 오히려 자기 문화, 생활권, 잘게 나뉜 공동체들과 지역사회임을 알 수 있다. 정말 제자훈련을 통해 다져진 인격과 품성이 아니고는 '선교'를 감당할 수 없는 곳이 생활 주변이다. 이 점에서도 예수님이 명하시는 제자도와 선교 명령은 분리되지 않는다.

사복음서의 선교 명령들을 유심히 살펴보면 선교의 일반적 개념인 가는 자와 보내는 자, 아무것도 하지 않고 불순종하고 있는 자로 나뉘지 않았음을 알 수 있다. 예수님의 눈에는 제자 전원이 파송받은 선교사였다(눅 9:2, 10:1). 가든지 보내든지, 아니면 그저 앉아 있든지 등의 구분을 감히 할 수 없다. 그런데 '어디로 가야 하는가?' 이것이 문제다. 예수님은 창조 세계 전체로 가라고 하셨다. 여기서 아브라함 카이퍼가 말한 영역주권을 말하지 않을 수 없다. 타 문화권으로 가는 것만이 선교가 아니라, 그리스도가 왕으로서 통치하지 않으시는 곳(물론 원리적으로는 이런 곳이 존재할 수 없으나 실효적으로 아직 그리스도의 왕권이 확립되지 않은 영역 또는 사회)에서 그리스도가 왕이 되시게 하는 일(Let Christ Be King!)은 이미 훌륭한 선교이며, 제자훈련의 목적과도 정확하게 일치한다. 예수님의 제자가 되어 생활의 전 영역에서 예수님을 닮는 모습으로 살아가는 제자도

나, 삶의 모든 영역에서 그리스도를 왕이 되게 하는 선교는 그 목적이 완전히 같다.

제자훈련과 선교는 내용물과 그릇의 차이일 뿐, 본질적으로 분리되지 않는다. 오히려 제자훈련의 내용이 선교적이어야 하고 그럴 때 제자도 자체도 더 강화될 수 있다는 깨달음을 얻은 후 제자훈련 커리큘럼에 변화가 있었다. 모든 제자반·사역반에서 '하나님의 선교'와 '이방의 빛으로 부름받은 영적 이스라엘, 교회'에 관해 큰 윤곽을 잡도록 했고, 선교의 성경신학적인 기초에서 그치지 않고 여름방학을 이용해서 전 세계의 선교지들과 국내의 전도 요충지들을 단기선교 형식을 빌려 방문하도록 파송했다. 그 효과는 여러 가지 면에서 크게 나타났다. 선교사들을 도와주고 전도하려고 갔는데 오히려 큰 은혜를 받고 돌아온다. 하나님이 언제나 사람보다 먼저 가셔서 영혼을 돌보고 섬기심을 알고 놀란다.

(2) 왜 복음은 밖으로 나가야 하나?[29]

선교사, 즉 보냄을 받은 자들이라는 의식 없이 제자를 생각할 수 없다. 예수님은 아버지 하나님으로부터 보냄을 받아 우리에게 오신 분이고(요 1:14) 우리에게 성령을 보내시며, 또한 우리를 세상으로 보내시는 분이기 때문이다(요 20:21). 따라서 제자훈련과 선교는 서로 간에 굳게 결속되어 있는 동체(同體)라고 할 수 있다. "너무나 오랫동안 제자도를 우리의 개인적 도덕성의 문제로만 제한하고 교회 안에서만 다뤄야 할 신앙문제로 치부해왔다. 이렇게 함으로써 가서 제자 삼으라는 위임령은 심각하게 무시당했다."[30]

선교는 우리가 고안한 활동이 아니다. 선교는 하나님의 마음으로부터 나온다. 하나님은 선교사 하나님이시다. "인간과 세계를 구속하기 위해 예수 그리스도를 보내셨다. 아버지에게서 오신 예수님은 우리에게 힘을 주시고 우리를 인도하시기 위해 성령님을 보내셨다. 그리고 이제 삼위일체 하나님은 새로운 창조에 참여하도록 교회를 세상으로 보내신다."[31] 선교지향적 제자훈련은 우리의 열심이 아니라 "성도들이 이 세상에서 회복하고 구속하시는 하나님의 선교에 동참할 수 있도록 복음을 살아내는 구비된 회중이 되게 하시는 삼위일체 하나님의 선교적인 본성"[32]에 애초부터 담겨 있던 것이다.

　인종, 사고, 관습, 남녀, 이데올로기, 국가의 경계를 넘어보지 못한 사람은 타인의 다름을 이해할 수 없다. 선교는 단지 외국으로 가는(going abroad) 문제가 아니라 문화를 넘어가는 것이다. 문화를 넘어가 본 사람만이 경계(barriers)를 넘어가 볼 수 있고, 경계를 넘어가 본 사람만이 배제와 포용이라는 삶과 신앙의 역학(dynamics)을 이해할 수 있다.

　에볼라 바이러스의 확산으로 전 세계가 두려움에 떨고 있을 때였다. 33세의 의사 켄트 브랜틀리가 해외 선교기관인 '사마리아인의 지갑'(Samaritan's Purse) 소속으로 의료선교를 위해 아프리카의 라이베리아로 가게 됐다. 당시 라이베리아는 치사율이 90퍼센트에 이르는 에볼라 바이러스가 확산 일로에 있었다. 그는 에볼라 바이러스에 감염된 사람들을 치료했는데, 그 와중에 자신도 에볼라 바이러스에 감염됐다. 또한, 미국 선교단체 SIM에 소속된 낸시 라이트볼 간호사도 환자들을 돌보다가 에볼라 바이러스에 감염됐다. 이후 두 선교사는 치료를 받기 위해서 미국으로 귀국했다.

이들이 돌아오자 "왜 그렇게 위험한 곳에 선교를 가서 나라를 어려움에 빠뜨렸느냐?"라는 비판의 목소리가 제기됐다. 나는 이 질문에 주목했다. 이 물음의 바닥에는 선교에 대한 본질적 태도가 깔려 있기 때문이다. 국내에도 할 일이 많고 전도 대상자가 많은 데, 왜 엄청난 비용을 쓰면서까지 해외로 나가야 하느냐는 의구심이 들어 있다. 이는 복음의 외향성에 대한 몰이해에서 기인한다.

그들의 선교 방식에 불만을 품은 미국 보수계의 한 논객은 "자아도취와 소명 영웅주의에 빠진 얼간이"라고 비난하면서 "대체 왜 아프리카에 간 것인가? 치사율 90퍼센트의 에볼라의 위험을 무릅쓰고 굳이 아프리카로 간 이유가 무엇인가? 미국에서는 매년 1만 5천 명이 살해되고, 3만 8천 명이 약물 과다로 죽는다. 그럼에도 그가 아프리카에 간 것은 더는 미국에서 그리스도를 섬길 수 없었기 때문인가?"라고 비판했다. 남침례교 신학교 총장인 앨버트 몰러는 이러한 비판에 대해서 "그들은 그리스도의 명령에 순종해서 간 것"이라고 말했다. 이것이 선교의 본질이다.[33]

선교 전략의 측면에서는 다른 여러 가지 해법이 있을지 모르나, 본질적으로 선교는 생명의 위험을 무릅쓰는 것이다. 이것이 지금까지 교회가 걸어왔던 방식이고, 그리스도인이 그리스도인답게 사는 방식이다. 그렇지 않으면 기독교 역사의 터닝 포인트마다 순교의 피로 물들어진 것을 어떻게 이해할 수 있을까?

5) 피 흘림 없는 복음적 평화통일: 이 민족의 선교를 이루는 새 길

하나님의 선교는 우주적이지만, 그분의 백성의 선교는 지역적이다. 기독교의 선교가 지역, 계층, 인종, 성별 등 모든 장벽을 넘어서고 시공을 초월하는 개념이라는 점에서는 우주적이다. 그러나 그 선교가 반드시 우리의 손과 발에 의해서만 이루어진다는 점에서는 지역적이다. 우리는 우주적 선교의 마음을 품고 내가 서 있는 곳에서 손과 발을 통해 선교를 이루어야 한다.

이 민족이 지금 서 있는 곳에서 최고의 선교를 하는 길이 있다면, 그것은 '피 흘림 없는 복음적 평화통일'일 것이다. 나는 우리 민족이 당면한 최고의 선교는 남북의 통일이라 믿고 있다. 남북이 통일되면 북한 지하교회의 순교의 영성이 남한의 성도를 각성시킬 것이다. 남북한의 교회가 하나가 되어 이루는 선교의 추진력은 이전과는 차원이 다를 것이다.

어릴 때부터 조부의 무릎에서 들으며 뼛속까지 새겨진 기도가 있다. "휴전선 155마일을 지켜주시고, 850마일 해안선을 지켜주옵소서." 선조들의 이러한 기도가 대한민국이 전쟁의 잿더미에서 지금처럼 경제 성장을 이루고, 제2차 세계대전 이후 세계 처음으로 원조 수혜국에서 원조 시혜국의 나라가 되는 뒷받침이 되었다고 믿는다.

특별히 뼛속에 새겨진 나라 사랑이 개인을 넘어 이 민족을 향한 선교의 차원으로 거듭나는 계기가 있었다. 2015년 3월 독일 기민당 대표인 폴커 카우더(Volker Kauder)를 비롯한 동독 출신 의원들과 만나는 자리에서 통일에 대해 대화를 나누는 가운데 '피 흘림 없는'이라는 말이 섬광처럼 떠올라 가슴에 깊이 박혔다.

'피 흘림 없는 복음적 평화통일'은 무엇보다 민족을 품에 끌어안으시는 목자의 심정에 기초하고 있다. 이 길은 북한의 박해 받는 동포를 구하고, 맘몬에 시달리는 남한을 일깨워 이 민족을 명실상부한 제사장적 책임을 다하는 나라가 되게 하는 선교의 길이다.

통일을 위한 기도의 밀알이 되기 위해 2004년 사랑의교회 대학부와 부흥한국의 연합기도로 시작된 '쥬빌리 통일구국기도회'가 1,000회를 목전에 두고 있다. 물은 섭씨 100도가 되면 끓는다. 사역에도 폭발하는 임계점이 있다. 통일을 위한 한국교회 기도의 몸부림이 임계점까지 얼마 남지 않았다. 피 흘림 없는 복음적 평화통일은 이 시대를 향한 제사장적 책임을 회복하는 길이요 이 민족에게 새로운 차원의 선교의 문을 열 것이다.

통일은 하나님이 주시는 선물이 되어야 후유증이 없는 은혜가 될 수 있다. 피 흘림 없는 복음적 평화통일은 성도의 나라 사랑의 기도에 응답하시며 이 민족의 선교에 새 길을 주시는 하나님의 선물이다.

5.
문화 제자훈련
(Culture Discipleship)

1) 교회에 있던 문화 선도 DNA

가끔 어린 시절 이야기를 할 때가 있다. 비가 오면 천장에서 빗물이 뚝뚝 떨어지던 달동네 개척교회, 엄하기가 추상 같았던 부친의 초지일관 매서운 훈육, 교복 살 돈이 없어 부친이 물려준 교복을 입고 중학교 입학식에 가야 했던 지독한 가난. 하지만 그저 춥고 배고프고 열등감으로만 점철된 시간이기만 했다면, 아무리 고진감래의 교훈이 있더라도 그때를 떠올리기조차 싫을 것이다. 그러나 나는 그 시절을 그냥 아련한 추억이 아니라, 내 신앙과 사역 감각 그리고 문화 감수성의 배태기(胚胎期)로 여긴다. 이것은 다 교회 덕분이다.

1960, 1970년대만 해도 교회는 한국 사회에서 여러 가지 면에서 최첨단이었다. 비록 천장은 비가 샐지라도, 교회에는 세상 어디에도 없던 첨단 문화 도구들이 즐비했다. 괘도(掛圖)라고 해서, 도화지 전지(全紙)에 찬송가, 설교 대지 등을 적어 예배 참석자들이

보게 했다. 이것은 학교, 관공서 그리고 군부대나 가야 볼 수 있었던 첨단 공보(公報) 도구였다. 나중에는 환등기, 융판 등의 교구로 발전했다.

작은 교회에는 풍금이, 큰 교회에는 피아노가 있었다. 아마 동네에 한 대나 있을까 말까 한 피아노, 풍금이 교회에 있었고 그 풍금에 맞춰 음계를 정확히 짚어가며 찬송을 불렀다. 기독교 교리는 몰라도 교회에서 부르는 노래를 '찬송가'라고 한다는 것은 온 동네 사람이 알 만큼 교회의 노래 찬송가는 그때까지의 어떤 곡조, 가락과도 달랐다. 대다수의 한국인이 화성(和聲)과 화음(和音)을 처음 접한 것은 바로 교회 찬송가를 통해서일 것이다. 아무리 작은 교회도 성가대가 조직되고, 찬양에 소질 있던 친구들은 중창단을 만들어 찬양 문화를 선도했다. 후에 일반에 대중화된 문학의 밤도 교회에서 먼저 시작되었다.

도시의 큰 학교에서도 일 년에 몇 차례 등사기로 인쇄한 시험지를 받아들 때 외엔 접할 수 없었는데, 교회에서는 매 주일 등사기로 인쇄한 주보를 발행하고 있었다.

지금 생각하면 매 주일의 기도, 설교, 광고 등에 나온 모든 예배 용어가 가장 표준적이고 고급스러운 어휘, 문장이었다. 교회에 다니면 자연스럽게 이런 언어 문화에 젖었다. 게다가 각 연령별로 주일학교, 학생회, 면려회 등이 조직되어 있어서 자연스럽게 회의 문화, 토론 문화에 익숙할 수밖에 없는 환경이 만들어졌다. 이러한 문화가 한국 사회 전체를 지식사회로 진입하게 하는 밑거름이 되었음을 부인할 수 없을 것이다.

2) 주도권을 왜 빼앗겼을까?

기독교 선교 초기는 말할 것도 없고 1970년대까지도 한국 사회에서 고급문화, 대중문화를 가릴 것 없이 문화 선도적이던 한국교회는 왜 1990년대 중반을 지나면서 사회 전체에 대한 문화 장악력을 잃고 변두리로 밀려나게 되었을까? 1990년대에도 한국교회는 사회 전반의 문화에 대해 주도적이었다. 발 빠르게 초기 미디어 문화를 받아들였고 대중문화의 파고 앞에서도 나름 CCM과 열린예배, 구도자예배 등으로 대응하는 모습을 보였다. 당시 한국교회만큼 소그룹 정착이 잘 된 집단은 찾아보기 어려웠다. 교회마다 새가족실을 만들고 젊은이들을 위한 전용 공간, 주일학교의 학습 공간과 기자재들을 앞다투어 구입한 것을 기억한다. 교회에 신디사이저, 드럼 그리고 키보드 등의 비전통악기들이 대거 등장한 것도 이즈음이다. 단순 PPT 형태의 미디어들이 소개되던 시기에 이를 가장 선도적으로 사역에 도입한 곳도 교회였다. 교회는 언제나 문화 수용적이었고 문화 활용이라는 면에서 따라올 기관이나 조직이 없었다.

그러한 1960, 1970년대에 비해 교회가 놓친 한 가지 중요한 요소가 있다. 그것은 영혼을 구원하는 복음의 역사를 문화의 영역까지 확장하지 못한 것이라고 말할 수 있다. 선교 초기는 말할 것도 없고 1970년대까지도 한국 사회에서 문화 선도적이던 한국교회가 1990년대 중반을 지나오면서부터 문화 장악력을 잃어갔다. 1970년대까지는 '문화'라는 마차를 '복음'이라는 말 앞에 두지 않았으나, 1990년대 중반을 지나며 문화 수용을 강조하다가 교회 본연의 영적 목적이 본래의 자리를 빼앗긴 것이다. 문화가 단지 복음 전도와 선교의 수단은 아니지만, 복음의 지도와 감독 아래서 변혁되고 자리매김해야 하는데 문화와 연결되어 있어야 할 복음 이라는 고리가 부러진 것이다.

이 불균형이 1990년대 중반을 지나 2000년대로 들어오면서 문화 그 자체에 주눅드는 비극적 결과를 가져온 듯하다. 문화와 문화적인 양식들에 주목해야 하는 이유와 그 결과가 어떠해야 하는지에 관해서, 순간 초점을 놓치고 기우뚱하는 사이에 발목을 접질렀다. 문화의 변혁과 문화적 형식을 이용해서 하나님의 선교를 추동해 나아가야 하는 가장 중요한 핵심에서 벗어나 버린 것이다.

3) 문화 제자훈련의 필요성

살인적인 스트레스, 양보를 모르는 선입견, 다같이 죽자는 식의 극단적인 투쟁 문화, 이런 한국 사회 문화의 기저질환을 어떻게 치유할 것인가? 지금의 세속주의 세계관은 개인주의, 소비주의, 민족주의, 도덕적 상대주의, 과학적 자연주의, 포스트모던적 종족주의가 합쳐서 만든 여러 얼굴을 지닌 괴물이다. 나는 이것이 단지기질 변화, 대화 문화 확립 등으로 해결될 문제가 아니라고 본다. 이 문제의 뿌리는 가치관, 세계관이고 따라서 영적인 차원의 문제들이다. 그래서 문화 제자훈련이 절실하게 필요하다.

문화는 역사와 지역 그리고 민족에 따라 다양하다. 북미의 문화는 동아시아의 문화와 같지 않다. 문화에는 절대적인 가치가 존재하지 않고 오로지 상대적인 감상(鑑賞)만 존재한다는, 이른바 문화상대주의(cultural relativism)를 말하고자 하는 것은 아니다. 그러나 아시아의 문화를 잣대로 유럽 문화 전반을 평가할 수는 없다. 유럽과 아프리카의 문화도 다르다. 따라서 문화 변혁을 논할 때는 해당 역사, 지역 그리고 민족과 사회의 특수성을 충분히 고려해야 한다. 이 문화에서 옳은 것이 저 문화의 모든 면에서 옳고 적합한 것은 아니다. 자문화 우월주의에 빠져서 타문화에 함부로 판단과 비난을 날리는 것은 '문화제국주의'(cultural imperialism)의 징후다.

문화는 공기와 같다. 미세먼지와 자외선 경보가 울리기 전에는 대기오염의 심각성을 잘 모른다. 지난 한 세대동안 제자훈련을 하면서 개인의 죄 용서, 성품의 변혁과 계발에는 목청을 높였지만 정작 대기의 질, 즉 문화와 그 주변 영역에 관해서는 눈길을 주지 못했다. 예수님이 요구하신 제자도는 개인의 영혼이라는 사적 영역을 넘어 정사와 권세 그리고 이 세상의 주관자들에게까지 미치는데(엡 6:12), 왜 우리는 제자훈련이 오로지 개인 영혼과 인격에만 관련된 것이라고 여겼을까?

4) 문화명령과 대위임령은 대척이 아니라 같은 방향을 향하고 있다

보수적인 신앙을 지닌 신자일수록 창세기의 문화명령(창 1:28)보다 마태복음의 대위임령(마 28:19-20)이 훨씬 더 중요하다고 생각한다. 이것은 성경 전체를 통시적(通時的)으로 바르게 본 시각이 아니다.

창세기 12장에서 하나님께서 아브라함을 부르실 때 죄 용서, 영혼 구원의 약속이 아니라 큰 민족, 복, 땅을 약속하셨다. 이것은 창세기 1-11장에서 인간의 타락으로 인해 망쳐진 영역들인데, 바로 이 영역들을 회복해내겠다고 약속하셨다. 하나님께서는 영혼 구원과 문화 회복이 따로 떨어져 있지 않다.

이 두 명령은 서로 다른 방향을 바라보고 있지 않다. 한 명령은 문화창달만을, 다른 한 명령은 제자화만을 말하는 게 아니다. 이 둘은 창조하신 세계를 복 주시고 보존하시되, 세우신 구주 예수 그리스도 안에서 이루신 구원과 구속의 일들을 바탕으로 하시려는 하나님의 심정에서 똑같이 나온 것이다. 한마디로 대위임령은 문화명령을 완수하고, 문화명령은 대위임령을 통해서 이뤄진다. 문화명령이 없다면 대위임령은 빈약한 포교 명령밖에 되지 않을 것이고, 대위임령이 없다면 문화명령은 문명 내적인 개선 운동 정도에 그치게 될 것이다. 둘은 동전의 양면, 기관차와 객차 같은 관계에 있다. 우리가 대위임령을 충실히 따라 예수님의 제자들을 양산하는 것은 문화명령을 차원 높게 수행할 수 있는 하나님의 회복된 형상들을 이 땅에 내놓는 것이다.

그간 한국교회는 문화명령과 대위임령이 마치 서로를 대척하기라도 하는 양 서로 밀어내는 자리에 놓음으로써 많은 손실을 보았다. 소위 영혼 구원은 제법 이뤘는데, 삶의 많은 영역에서 기독교적으로 생각하고 살아간다는 것이 무엇인지 그 실질을 보여주는 일에 빈약했다. 그래서 정치, 경제, 교육 등 공적 영역에서부터 예술, 대중문화, 여가와 스포츠 등 사적인 영역에 이르기까지, 시장에서부터 사회에 이르기까지, 국가 권력에서 개인 취향에 이르기까지 서서히 초기 기독교 선교의 선한 영향력의 흔적들이 희미해지고 있다. 사회가 세속화한 탓도 있지만 우리가 문화명령과 대위임령을 잘 이해하지 못하고 우왕좌왕하는 사이에 이런 참상이 벌어진 것이다. 많은 우려의 소리들이 나왔고 지금도 전세를 뒤집기 위해 숱한 노력을 기울이고 있으나 승전의 소식은 쉽게 들려오지 않을 듯하다. 그러면 이제 우리는 어떻게 해야 하는가?

5) 문화를 보는 렌즈를 점검하라

우리는 문화의 영역에서도 예수님을 닮고 따라야 한다. 이것이 제자훈련의 또다른 한 축이다. 죄가 단지 인간 심성만 강타한 것이 아니라 땅에 저주를 가져왔고, 바벨탑 사건에서 보듯 민족들(사람들)을 철저하게 분열시키고 혼란에 빠지게 하여 서로를 적대시하게 했으므로, 제자훈련은 사회, 정치, 경제, 교육 등 문명과 문화 전체에서 그리스도의 제자로서 회복되는 과제를 비중 있게 다뤄야 한다.

교회가 주변 문화를 어떻게 바라보고 교회의 본질 또는 본연의 사명에 비추어 어떤 관계를 맺으며 대응해야 하는가는 비단 어제 오늘의 문제가 아니다. 어떻게 하면 세상에 있으면서 세상을 따라가지 않을 수 있을까? 이것은 예수님께서 세상 문화에 대해 어떤 태도를 보이셨는지를 아는 것이 문제 해결의 첫단추가 될 것이다.

예수님은 세상 문화에 대해 어떤 태도를 보이셨는가? 리처드 니버는 《그리스도와 문화》라는 책에서 교회가 문화에 대해서 취할 수 있는 다섯 가지 태도를 통찰했다.[34]

여기에서 온전한 제자로서 문화 제자훈련을 위해 취해야 하는 것은 문화의 변혁자로서의 그리스도이다.

문화의 변혁자 그리스도는 제자도를 명령하신 예수님이시다. 우리는 문화 전체를 변혁할 책임을 지고 있다. 물론 문화의 일면을 거부하고 다른 일면을 수용하는 태도가 필요하긴 하나, 무엇보다 우리는 "여자가 가루 서 말 속에 갖다 넣어 전부 부풀게 한 누룩"(마 13:33)이 되어야 한다. '어떤' 문화가 아니라 문화 '전체'가 변혁의 대상이다.

아브라함 카이퍼는 그리스도의 구속 사역이 마치 청소 작업과 비슷하다고 했다. 세계 질서를 덮고 있는 인간의 죄된 제약들이라는 먼지를 그리스도께서 싹 거두어 내시고, 원래의 빛나는 모습대로 다시 반짝이도록 해놓으셨다는 것이 아브라함 카이퍼가 생각한 그리스도의 구속 사역이다. 제자훈련은 '교회 생활 잘하자', '교회의 일꾼 되자'라는 교인 관리용 프로그램이 아니다. 우리가 '세상'이라고 말하는 모든 영역과 부문에서도 그리스도를 왕으로 따르는 것, 주로 높임 받으시게 하는 것이 제자훈련의 골자다.

문화 제자훈련은 예수 그리스도가 성경에서 문화 변혁자로 어떻게 소개되고 있는지 훈련생들에게 확고하게 심어줘야 한다. 물론 성경은 어떤 정치체제가 최종적으로 하나님 나라에 맞는지 구체적으로 답을 주지는 않는다. 입시제도, 노사관계, 외교국방, 특히 남북관계 등에 관하여 현실적으로 당장 쓸 수 있는 정책을 성경에서 직접적으로 추출하기는 불가능하다. 그러나 그리스도를 머리로 성경의 메시지를 계시 의존적으로 사색하는 과정을 통해, 문화 전반에 걸쳐 그 토대에 반드시 있어야 할 신학적이고 철학적인 큰 주춧돌을 놓을 수 있다. 하나님께서 아들의 복음을 통해서 세상을 향해 어떤 목적과 계획을 가지고 계시며, 교회를 통해 이를 어떻게 펼쳐나가고 계신지 가장 근본적인 이유를 제공하는 것이다.

아무리 정치, 경제, 사회, 문화가 발전하고 번영하더라도 교회가 문화 속에서 역사의 의미, 공동체적 삶의 목적 그리고 미래의 소망에 관해 근원적인 답을 내놓지 못하면 그 사회는 언제든 병들게 됨을 역사를 통해 숱하게 보아왔다. 따라서 문화 제자훈련은 어떤 토대 위에 인간의 문화 전반이 놓여야 하는지 그 영적, 도덕적 의미와 목적, 이유를 제시해야 한다.

6) 문화 제자훈련을 위한 창조적 분리와 전투적 비폭력

문화 제자훈련의 방법 역시 상당히 중요하다. 성경적으로 봤을 때 명백하게 악한 문화가 큰 세력으로 우리 앞에 있을 때, 예수 그리스도의 제자들은 어떻게 해야 하는가? 물론 성경적인 방법으로 악한 문화를 제거, 붕괴할 수 있으면 당장 그렇게 해야 한다. 하지만 그렇게 할 수 없는 상황이라면 어떻게 해야 하는가?

첫째는 그리스도인으로서 세상 문화에 대한 창조적 분리이다.

이것은 세상에 살되 세상에 물들지 않고, 세상에서 도피하지 않으면서도 그리스도의 정체성을 지키는 것이다(요 17:14-16). 성경적인 예가 열왕기상 18장에 나오는 오바댜이다. 그는 이스라엘 역사상 가장 사악한 왕이었던 아합의 궁궐에 있으면서도 하나님을 믿는 자로서의 정체성을 지켰다. 오염된 정치 문화 속에서도 거룩한 창조적 분리를 함으로써 세상에 동화되지 않고 오히려 선한 영향력을 끼쳤다. 그리스도인들이 세상에 살면서 세상에 동화되지 않고 자신을 지키는 것은 참으로 어려운 일이다. 그 이유는 "세상은 그 어느 때보다도 더욱 침투력과 파괴력 그리고 강제성을 더하고 있기 때문"이다.[35] 세상은 세속적인 즐거움과 말초신경을 자극하는 쾌락으로 사람들의 마음을 비집고 들어와서 심신을 사로잡아 기어코 멸망의 길로 끌고 간다. 이처럼 파괴적인 세속의 중력에서 벗어나기란 참으로 어려운 일이다.

둘째는 전투적 비폭력이다. 세상 문화가 기독교 신앙에 도전할 때, 전투력을 가지고 대응해야 한다. 대신 난폭한 저항주의가 아니라 비폭력으로 행해야 한다. 다니엘은 당시 하나님을 대적했던 바벨론 문화의 중심에서 전투적 비폭력 자세를 견지했다. 기독교 가치와 세상적 가치가 충돌할 때, 이런저런 이유로 사회가 기독교의 배타성을 공격하고 세상의 가치를 배격하는 불관용을 공격할 때, 그리스도인은 어떤 태도를 취해야 하는가? 하루가 다르게 세속화의 길을 가고 있는 세상에서 그리고 이러한 세속화의 기준을 옳은 것으로 강요당하는 현실에서 우리는 어떻게 해야 할까? 예수님은 가이사의 것은 가이사에게 하나님의 것은 하나님께 드려야 한다고 말씀하셨다. 우리는 어떤 상황에서도 하나님의 것을 가이사에게 바치는 일을 해서는 안 되는 것이다. 이것이 세상의 가치에 맞서 어떤 경우에도 우리가 취해야 할 태도라고 할 수 있다. 예수님은 하나님의 자녀가 불신자들에게 미움을 받을 것이나 끝까지 견디기를 원하셨다. 우리의 전투적 비폭력 자세는 그들과 맞서되 견디는 것이다. 예수님은 견디는 자에게 영광스러운 구원을 약속하셨다(마 10:16-22).

7) 세속화를 어떻게 이겨나갈 수 있나?

"기독교 교회는 끝났으며, 기독교 신앙은 위대한 역사박물관으로 가고 있는가?"[36] 당신은 이 질문에 대해 무엇이라고 대답하겠는가?

이 질문은 유럽 교회의 비참한 몰락을 연상시키며 한국교회의 미래에 대해 무서운 경종을 울린다. 스치는 곳마다 신앙적 폐허의 상흔을 남기는 세속화의 광풍을 막을 수 없다는 무력감이 기독교계에 깔려 있다. 그 결과 교회는 자신만의 성을 쌓고, 교인들은 이 땅에서 그저 안전하게 살다가 천국에 갈 것이라는 잘못된 믿음을 갖고 있는 듯하다.

일제 강점기를 비롯해 한국 전쟁 이후 극심한 가난으로 생존 자체가 어려웠던 시절, 천국의 소망은 성도들이 살아갈 수 있는 귀중한 자양분이 됐고, 삶의 고달픔 속에서도 심령의 평안함 가운데 잠자리에 들게 했다. 예수님의 재림을 기대하며 인생의 모든 눈물을 그치게 하는 하늘나라를 꿈꾸는 것은 기독교의 중추적 뼈대요, 이 땅에서 기독교인만이 누리는 삶의 희열이다. 그러므로 이것은 예수 그리스도를 구주로 고백하는 모든 신앙인에게 더욱 고취돼야 하고 강화돼야 함이 마땅하다.

그러나 천국 소망이 세속화라는 참혹한 현실을 피하는 뒷문이 되어서는 안 된다. 천국 소망은 치명적인 세속화를 피하는 출구가 아니라, 순교적 영성으로 세속화를 강력하게 대적하는 전투적 신앙과 전투적 교회의 토대가 돼야 한다.

시간과 공간의 축이 이전과는 완전히 달라졌다. 전통적인 선형적 시간은 사라지고, 미래의 결과를 예측해 바꾸고 조작하는 비선형적 시간대의 사회로 본격적인 진입을 한 것이다. 아이가 태어나기도 전에 아이의 질병 유전자를 제거해 아이의 미래를 결정하는 시대가 됐다. 인간이 초인공지능을 통해 미래를 예측하고 바꿀 수 있으며, 생명을 조작하는 초권력을 가지게 될수록 무신론적 세속화는 더욱 심화될 것이다. 이런 시대에 교회는 어떻게 세속화의 고삐를 틀어쥘 것인가?

세속화 문제의 해결은 현시대에 대한 정확하고 정밀한 이해와 깊이 연결되어 있다. "세속화는 점점 많은 사람들이 종교를 버리는 과정이며, 동시에 사회와 생활에서 종교적 가치와 종교적 이념 없이 운영되는 부문이 늘어나는 과정"이다.[37] 성경은 신앙을 떠난 세속화에 대해서 "내일 죽을 터이니 먹고 마시자"(고전 15:32), "향락을 좋아하는 자"(딤전 5:6), "헛된 것을 더하게 하는 많은 일들"(전 6:11)이라고 표현했다. 그렇다면 세속화 극복의 첩경이자 유일한 길은 기독교 복음이 사람들에게 내일 죽는 인생이 아닌 영원한 삶, 세상의 향락보다 더 크고 놀라운 참된 기쁨, 헛된 삶이 아닌 의미 있는 삶을 확실하게 증거하는 것이다. 이런 이유로 목회자가 강단에서 매주 생명과 기쁨과 영원의 복음을 전하는 것이야말로 성도를 살게 할 뿐 아니라, 세속화로 달려가는 세상의 문화를 전복하는 문화 제자훈련의 가장 중요한 토대라고 할 수 있다.

에필로그

사랑의교회에 부임하면서부터 한국교회를 향한 한결같은 목회의 꿈과 비전이 있었다. 그것은 한국교회와 성도들과 함께 글로벌 스탠다드의 지평에 서는 것이다. 이것이 한국교회가 사는 길이요 세계교회의 숨통을 틔우는 일임을 확신한다.

한국교회는 끊임없는 내부적 분열로 고통당하고, 이로 인한 치명적인 누수가 만성화되면서 복음전도의 에너지가 고갈되고 세계선교의 진일보(進一步)에 기여하는 부분이 크게 약화되었다. 밖으로 나가야 할 힘이 안으로 뒤틀리게 쌓이면서 서로의 힘을 소진시키기 때문이다. 이미 교회 내의 많은 사람이 이를 인지하고 또한 염려하고 있지만, 문제 해결의 시각이 내부를 향하는 한 백약이 무효일 것이다.

에베레스트를 오르는 산악인(山岳人)은 북한산이나 설악산의 등정을 자랑하지 않는다. 태평양을 횡단하는 항해가(航海家)는 강이나 호수에서 배를 타는 것에 안주하지 않으며, 남극을 원정하는 탐험가(探險家)는 결코 시골 오지(娛地)를 목표로 삼지 않을 것이다.

복음은 지역에 갇히는 순간, 그 힘을 잃어버리는 속성을 가지고 있다. 복음의 터 위에 있는 교회 역시 지연이나 혈연, 사상에 갇히면 생명의 공동체로서 힘을 발휘할 수가 없다. 그 이유는 브레넌 매닝이 말한 것처럼 소위 정통성이라는 자신들만의 관 속에 갇혀 있는 교회들은 그리스도의 몸에 불일치와 분열을 가져오기 때문이다.[1] 이런 사실을 지각하면서도 틀을 깨지 못하는 것은 복음의 글로벌 스탠다드를 경험하지 못했기 때문이다. 교단이나 교파가 복음의 전진을 막는 한계나 장애물이 되어서는 모든 족속으로 제자를 삼는 선교적 사명을 감당할 수가 없다.

한국교회와 성도들과 함께 글로벌 스탠다드의 지평에 서는 것이 내게 절체절명의 사명으로 체화된 것은 나의 지난 사역 여정들의 세렌디피티(serendipity)로 생각한다. 어릴 때는 장로교 신조를 생명으로 여기는 교회에서 자랐고, 복음적으로 보수적인 총신과 교단에서 자양분을 얻었다. 그리고 미국의 독립교단인 탈봇신학대학원에서 공부했고, 칼빈신학교와 포체프스트롬신학교를 졸업했다. 그리고 하버드대학교에서 펠로우를 하면서 진보의 보더라인을 경험했다.

코스타 국제총무로 15년을 섬기면서 다양한 영역에서의 복음의 역동성을 목도하였고, 복음의 서진을 통하여 유럽에 1,000개 교회 개척의 씨를 뿌리면서 복음에 내재된 원대한 꿈을 다시 확인했다. 중국의 20개 성(省)을 여행하며 만난 신앙의 동지들을 통하여 사역의 임계점을 깰 수 있었고, 동시에 한국과 대척점에 있는 브라질 장로교단과 함께 15년 동안 남미 제자훈련 사역을 하며 복음의 한계 없는 세계성을 절감했다. 또한 말씀을 전하기 위해 오대양 육대주를 넘나들면서 지역과 문화 속에 뿌리내린 복음의 현장성을 경험했다.

한편으로 목회의 부흥만이 아니라 개인적으로 형언하기 어려운 상황 속에서 하나님께 엎드려 생명의 취함도 구하는 지난(至難)함도 겪었다.

지금까지 필자가 경험한 신학적, 사역적, 문화적 그리고 목회적 여정을 드러낸 것은 다만 한 가지 이유와 목적 때문이다. 사역의 큰 그림을 보고, 비본질적인 것에 에너지를 누수하지 않기 위함이다. 이를 위해서는 겁쟁이 기드온을 "큰 용사"라고 부르셨던 하나님의 애끓는 마음을 읽어야 한다. 그래야 지금 안팎의 위협으로 위축된 한국교회를 향한 "너는 큰 사명자"라는 하나님의 큰 호명에 장부처럼 응답할 수 있을 것이다.

영광과 고난의 길인 목회의 길은 십자가의 길이다. 십자가의 길은 한 영혼도 멸망하지 않기를 소원하시는 예수님의 마음을 가지지 않으면 갈 수가 없다. 양들을 위하여 목숨을 버리시는 십자가 상의 예수님의 마음이 목자의 심정이다. 21세기에 요구되는 목자의 심정은 고난 속에서도 믿음의 모험에 대한 꿈을 놓치지 않는 것이요 큰 광풍 속에서도 도리어 영적 기백과 담력으로 믿음의 걸음을 내딛는 것이며, 한 영혼도 소외되지 않도록 하는 스플랑크니조마이의 온기로 가득한 마음가짐이다.

이 목자의 심정이 한 치 앞도 분간하기 어려운 사역의 안개 속에서도 목회자를 하나님의 뜻에 정렬하게 하고, 어떤 상황에서도 주의 종들을 다시 일어서게 하는 사명의 원천이다.

코로나의 험한 강을 지나면서 이제는 한국교회가 회복을 넘어 부흥으로 가는 것은 어렵다는 생각이 사실처럼 확산되었다. 그러나 필자는 〈9.26 한국교회 섬김의 날〉에 우면산 꼭대기에 올라가서 무릎꿇고 기도하는 가운데 불처럼 받은 것이 있다. 사역자가 평생 깨어 있으려면 고난의 길과 믿음의 모험이 같이 가야 하며, 또 누군가는 그 길을 앞서가야 한다는 것이다. 이것이 목자의 심정을 통해 깨달은 21세기적 각성이다. 목회의 심장을 뛰게 하고, 주의 몸 된 교회를 맥박치게 하는 '목자의 심정'을 사랑하는 동역자들과 나누는 것이, 시대와 교회를 섬기기 위해 필자가 일평생 가야 할 사역의 방향이라 생각한다.

다양한 목회 현장에서 수많은 사역의 부흥과 쇠퇴를 보며 가슴에 결정체로 남은 것은 이것이다. 주님을 위한 일만이 영원한 것이다. 이것은 성경적 진리를 넘어 사역 현장에서 치열하게 마귀와 전투적으로 싸우는 목회자의 외침이다. 목회를 경험하지 못하는 신학자는 바울 사도가 말하는 "마귀의 올무", "마귀의 간계"라는 영적 전투의 피비린내 나는 상황을 가슴으로 이해하지 못할지 모른다. 주님의 몸 된 교회가 살고 목회자와 성도가 작금의 반기독교적인 무신론적 공격을 격파하기 위해, 이제는 교리와 교파와 교단으로 감겨 있는 탯줄을 끊어내고 복음의 글로벌 스탠다드의 지평, 크리스천 샬롬 팍스 코리아나[2]로 진입해야 한다.

이 책을 쓴 것도 이를 위함이다. 우리의 몸과 시선이 더 이상 산 아래를 향하지 않고 산 정상에서 세상을 향해 열려 있는 제자훈련, 목자의 심정으로 나를 통해 이웃을 살리는 제자훈련, 경쟁과 자기 의에 몰두하는 조화(造花)로서의 제자훈련이 아니라 오로지 예수님의 생명으로 개화되고 열매를 맺는 생화(生花)로서의 제자훈련, '사람에게는 진심으로, 하나님께는 전심'을 드리는 제자훈련, 선교적 삶을 통해 오직 하나님의 영광에 초점을 맞춘 제자훈련이 이 책의 목적이다.

–
미주
주제 찾아보기
인물 찾아보기
성경구절 찾아보기

머리말

1. 이것은 나의 경험에서 나온 것이다. 예를 들면, 부친은 내가 어렸을 때 때로 내게 새벽 종을 치게 하셨다. 이를 통해 나는 교회에 대한 신학적, 성경적 지식 이전에, 교회 사랑이 무엇인지 몸으로 배웠다.

2. 사탄은 성도들을 향해 끊임없이 의심, 좌절, 불신, 죽음의 냉기를 뿜어낸다. 이것이 무서운 이유는 찰스 스펄전의 말처럼 "의심의 냉기는 모든 것을 얼어붙게" 하기 때문이다. 찰스 스펄전,《찰스 해돈 스펄전의 기도 메시지》(CLC, 2018), p. 355. 이것은 마치 C. S. 루이스가《사자와 마녀와 옷장》에서 그리는 혹독한 냉기가 감도는 겨울 땅 한가운데 마녀의 성이 우뚝 솟아 있고, 그 안에 나니아 백성들이 석상의 모습으로 갇혀 있는 장면을 연상시킨다. 그러나 아슬란이 나니아로 다가오자 사방의 얼어붙은 것들이 녹고 석상의 백성들은 자유함을 얻는다. 아마도 루이스는 이 에피소드를 구상할 때, 엠마오로 가는 제자들의 의심과 실망으로 인한 차가운 마음을 그들과 동행하시면서 말씀으로 뜨겁게 하셨던 예수님(눅 24:32)을 연상했을지 모른다.

3. 세속의 강력한 중력은 우리를 육신의 정욕과 안목의 정욕과 이생의 자랑에서 벗어나지 못하게 하는 세상의 힘이다. A. W. 토저는 이것을 "영적 자살을 향해 가는 우리의 병적 충동"으로 표현하고 있다. A. W. 토저,《들을 귀 있는 자는 들으라》(규장, 2017), p. 61. 적당히 믿는 신앙으로는 세속의 중력에 사로잡혀 영적 자살을 향해가는 병적 충동에서 우리를 끌어내지 못한다.

4. C. S. 루이스는 성도의 온전함이 하나님의 최종 목적지임을 통찰했다. "여러분을 인도하기 시작하신 하나님의 최종 목적지는 절대적인 온전함이라는 것을 처음부터 분명하게 알아야 합니다.…온전해지는 것이야말로 여러분이 존재하는 목적입니다." C. S. 루이스,《순전한 기독교》(홍성사, 2021), p. 308. 이 온전함을 향한 추구가 험한 세상에서도 예수님의 제자로 살아가는 목표가 될 때, 어떤 상황에서도 좌고우면 없이 성도가 묵묵히 제자의 길을 걷게 하는 힘으로 작동할 것이다.

5. 영가족은 '영적 가족'을 비롯한 여러가지 입체적인 의미를 가지고 있다. 여기에 대해서는 본서 4장 '온전한 제자훈련을 위한 교회론: 온전한 제자의 성장과 교회 공동체' (p. 180)에서 자세히 설명하고 있다.

제자훈련의 온전함을 위한 프롤로그

1. 롬 12:1-2; 벧전 1:15.

2. 요 8:31-32; 20:21; 엡 4:13, 16.

3. "초대 기독교인들이 보여준 하나님을 향한 경건과 그들의 정의, 의로움, 타인들을 향한 사랑에 대해서는 여러 초대교회 문헌들이 예시해주고 있다. 미누키우스 펠릭스는 대화록 88면에서 '우리 기독교인들은 위대한 것들을 칭송하기보다 그것들을 삶으로 실천하려 한다'고 기록했다. 저스틴 마터 역시 로마 황제에게 보낸 제 2변증서에서 이렇게 증언했다. '우리 그리스도인들은…우리의 원수들을 위해 그리고 우리를 부당하게 미워하는 자들의 회심을 위해 기도할 뿐 아니라, 그들이 그리스도의 탁월한 교훈에 따라 살도록 그들을 힘써 설득합니다.'" 박용규,《세계부흥운동사》(한국기독교사연구소, 2022), p. 103.

4. 이 주제와 관련해서는 다음의 책을 참고하라. 저자들은 다양한 분야에서 전 세대 제자

훈련에 관한 비판적인 분석을 다루고 있다. 정재영 외 공저,《한국 교회 제자훈련 미래 전망 보고서: 무엇을 위한 누구의 제자인가》(IVP, 2016).

5. 신앙이 분절화되고 형식화되는 이유는, 내용은 잃어버린 채 외형만을 따르는 데서 비롯된 것이다. 한스 큉은 이것의 예로 율법에 정통한 제사장과 레위인이 강도 만난 자를 지나가 버리는 것(참고. 눅 10:31-32)도 율법의 본질은 잊은 채 형식에 집중하기 때문이고, 무엇이 중요하고 중요하지 않는지가 구별되지 않는 것에서 비롯되는 것이라고 말하고 있다. 한스 큉,《왜 그리스도인인가》(분도출판사, 2017), p. 159.

6. 찰스 스펄전,《목회자들을 위하여》(생명의말씀사, 2000), p. 393.

7. 기독교 관점에서 '온전함'(Wholeness)과 '완전함'(perfection)의 차이를 염두에 두는 것은 온전론에 기초한 이 책을 이해하는 데 중요하다. 온전함은 죄로 깨어지고 상처난 존재가 하나님께서 의도하신 본래의 상태로 도달하는 것을 말한다. 반면에 완전함은 처음부터 전적으로 하나님의 속성이라고 할 수 있다. 이 책에서 온전함은 하나님에 대해서는 완전함을 의미하고, 성도에 대해서는 온전함의 과정으로 쓰고 있다. 하나님께서 성도에게 주신 구원은 완전하지만, 성도는 이 땅에서 성화의 과정 속에서 구원을 이루어 가는 것이다. 이것이 빌 2:12의 "너희 구원을 이루라"는 의미이다. 이런 점에서 하나님은 우리에게 완전함을 요구하시지 않으며, 온전함을 바라실 뿐이다. 예를 들면 하나님은 그의 자녀에게 하나님을 향한 '마음의 온전함'을 요구하시지만, '마음의 완전함'을 요구하시지는 않는다. '완전함'이 사람에게 속하지 않는다는 사실은 노아를 통해서 볼 수 있다. 성경은 노아를 당대의 완전한 자로 말했지만, 홍수 이후에 포도주로 인해 실수한 것은 그의 완전함이 절대적인 완전함이 아니라 상대적이며, 그 역시 온전함의 도상에 있는 자임을 보여준다. 이 책의 온전함에는 하나님께서 그의 자녀에게 원하시는 지속적인 영적 성장과 점진적인 성화의 개념이 놓여있다. 중요한 것은 하나님은 그의 자녀에게 "온전하라"는 명령으로만 그치지 않으시고 자녀를 온전함의 길로 인도하시며, 동시에 온전함의 길을 갈 수 있는 능력을 주신다는 사실이다. 이런 점에서 성도의 온전한 삶은 절대적으로 하나님과의 관계에 달려 있다.

8. 디트리히 본회퍼는 인간의 온전함에 대한 본능적 갈망의 실마리를 인간의 수치와 은폐에서 찾았다. "(나뭇잎으로 몸을 가리는 것은) 자신이 벌거벗었고 삶의 온전함을 잃어버렸다는 것을 떠올리며 느끼는 수치의 표시다"(창 3:7). 디트리히 본회퍼,《윤리학》(복있는사람, 2022), pp. 51-52. 자신의 온전하지 못한 상태에 대한 수치와 자신의 부족함을 가리는 은폐 속에는 온전함에 대한 근원적인 갈망이 녹아있다고 여겼다.

9. 존 스토트는 새가 가지고 있는 강한 귀소본능을 다루며 성도의 영적 귀소본능을 갈망했다. 그는 하나님이야말로 인간의 영이 쉴 수 있는 진정한 집이며, 그분 없이는 우리가 부랑자요 미아이며, 하나님과 떨어져 있는 것이 고통이 되어야 한다고 말하며, "우리 인간도 영적으로 강한 귀소본능을 가지고 있다면 얼마나 좋겠는가?"라고 안타까워 했다. 존 스토트,《새, 우리들의 선생님》(IVP, 2001), p. 21.

10. Saint Augustine, *The Confessions of St. Augustine*, translated by J. G. Pilkington, The Heritage Press, 1963, p. 26.

11. 앤드류 머레이,《퍼펙션》(하나님의 사람들, 2022), p. 95.

12. 위의 책, p. 132.

13. 챗GPT는 필자가 이 책을 마무리할 때쯤 사회를 근본적으로 변화시킬 인공지능의 실

체로서 사회 전면에 등장했다. 그동안에도 인공지능의 미래 변혁과 파급력을 충분히 짐작했지만, 사회구성원들이 이를 삶의 현장에서 실제적으로 체감하게 된 것은 챗 GPT가 거의 처음이라고 할 수 있다. 현재와 미래를 결정하는 인공지능 시대를 교회와 성도가 어떻게 살아낼 것인지는 목회자의 무거운 과업이요, 이것을 목자의 심정의 관점에서 다루는 것은 마땅한 바일 것이다.

14. 특이점이란, 인공지능이 비약적으로 발전하여 인간의 지능을 뛰어넘는 기점을 말한다. 여기에 관련되는 인공지능 시대의 제자훈련에 대해서는 본서 1장 '왜 온전론 제자훈련인가?'(p. 53)에서 구체적으로 다루고 있다.

15. 성령님은 종말을 사는 모든 그리스도인의 주재이시요, 종말의 삶을 그리스도인답게 살게 하는 주체(主體)이시다. 시간이 지날수록 시공의 한계에 갇힌 인간은 물리적인 영역에서 인공지능을 다스리는 것이 요원해질 것이다. 그럴수록 오직 성령님만을 의지함으로 영적인 새 길이 열릴 것이며, 세상을 움직이는 인공지능 시대를 능히 돌파하며 살아갈 수 있을 것이다. 이것을 고든 D. 피가 잘 표현했다. "그(바울)는 성령을 종말의 실재이자 시대의 전환점을 이루는 분수령으로 본다." 고든 D. 피, 《성령: 하나님의 능력 주시는 임재 (상)》(새물결플러스, 2019), p. 203. 한편 게할더스 보스는 기독교인들이 성령과 종말 사이에 얼마나 긴밀한 관계가 존재하는지를 깨달아야 하며, 성령이 현세에 행하시는 일에 대해 지나치게 집중함으로 오히려 우리의 시각이 지나치게 축소되어 성령께서 종말론의 영역에서 행하시는 사역을 보지 못하는 결과를 낳고 있다고 말한다. 게할더스 보스, 《바울의 종말론》(좋은씨앗, 2022), p. 247.

16. 디트리히 본회퍼는 기독교인의 영성 형성의 본질을 직시했다. "우리는 그리스도의 형상을 완전한 모습, 곧 성육신 그리스도, 십자가에 달리시고 영광 받으신 모습 그대로 모방해야 한다.…형성(formation)이란…먼저 예수님의 교회에서 그분의 형상이 나타나는 것이다." 그러므로 성도의 영성 형성은 삶의 현장에서 예수님의 모습이 드러나는 것을 말한다. 예수님처럼 되고 예수님처럼 사는 것이 영성 형성의 본질이다. 리처드 포스터, 《생수의 강》(두란노, 2002), p. 119에서 재인용. 그리고 이러한 영적 형성의 주체는 성령이시며, 그리스도의 부활 생명을 우리 안에 형성하는 일이다. "영적 형성은 성령께서 하시는 일이고 그리스도의 부활 생명을 우리 안에서 형성하는 일입니다." 유진 피터슨, 《물총새에 불이 붙듯》(복있는사람, 2018), p. 594.

17. 참고. 고전 11:1; 벧전 2:5.

18. "성경 전체 그리고 특별히 지혜문학은 인간을 두 가지 절대적인 범주로 나눈다. 세 번째 부류는 없다." 존 스토트, 《내가 사랑한 시편》(포이에마, 2012), p. 13. 이 땅에서 의인의 길과 악인의 길 사이에 공존하는 제3의 길은 없다는 의미이다. 한편으로 존 웨슬리는 회색지대에 있는 신자들의 특징으로 온전함을 향해 성장하려고 하지 않는다고 말했다. 존 웨슬리, 《시대를 바꾼 존 웨슬리의 기도》(NCD, 2010), p. 63.

19. 참고. 눅 18:21-22.

Part I 온전론의 뿌리: 온전론의 성경적 및 신학적 기원

* 찰스 스펄전, 《목회자들을 위하여》(생명의말씀사, 2000), p. 393.

1. 옥한흠 목사가 제자훈련론을 전개할 때 기본 철학으로 소개한 이론이다. 제자훈련은 무엇보다도 먼저 한 영혼의 소중성에 미쳐야 가능하다는 뜻이다. 미쳐야(狂) 미칠 수(及) 있다는 옥한흠 목사의 단단한 제자훈련 각오를 엿보게 하는 대표적인 키워드이다.

2. 삶으로 실천되는 제자훈련의 중요성에 대해서 로버트 슬로컴이 잘 지적했다. 그는 《평신도 목회의 극대화》라는 책에서 실천 없이 사변으로만 흐르는 신학의 종말을 이렇게 표현하고 있다. "나는 미래의 교회사학자들이 20세기 교회가 영향력을 상실한 이유를, 교회의 방향을 잡는 성직자나 신학자들이 평신도를 학구적인 이론으로만 끌어들이고, 매일의 삶 속에서 유용한 신학과 실천적인 영성으로부터 멀어지게 한 탓으로 결론지으리라 생각한다." 로버트 슬로컴,《평신도 목회의 극대화》(한국LPM연구소, 2003), p. 18. 우리가 제자훈련을 논의할 때도 이러한 함정에 빠지지 않도록 경계해야 할 것이다. 제자훈련이 말씀의 실천이라는 거룩한 지향합일의 제 궤도로 들어서려면 올바른 방향과 전략이 필요하다. 비행기는 하늘을 나는 것만이 능사가 아니다. 바른 방향과 목적지를 향해 비행해야 한다. 또한 제대로 방향을 잡고 날고 있다고 해도 제대로 된 전략이 없으면 목적지에 도달하기도 전에 연료 고갈로 추락할 수 있는 것이다. 이것은 제자훈련이 제 궤도에 들어서기 위해 반드시 극복되어야 하는 전제조건이다.

3. '예수님의 온전한 제자'라고 하면 먼 훗날의 상태, 그것도 특별히 헌신된 성도들이 도달하는 희소한 경지라고 생각하지만, 그렇지 않다. 1세기에 '예수님의 제자'는 특별한 사람이 아니었다. 예수님을 믿는 순간 누구나 제자가 되었다. 단지 복음서에서 '제자'란 말이 서신서에서는 '온전한 자'로 전용(轉用)된 것뿐이다. 제자가 유대인들에게 익숙한 말이라면, '온전한 자'는 그레코로만(Greco-Roman) 세계에서 제자를 일컫는 말이었다. 마이클 윌킨스,《제자도 신학》(국제제자훈련원, 2015), pp. 54-58. 그러므로 예수님을 처음 믿을 때부터 '온전한 자', '그리스도의 장성한 분량'이라는 이름을 추구하고 강조함이 마땅하다.

4. A. W. 토저,《하나님을 향한 열정》(규장, 2016), p. 32.

5. 존 오웬,《개혁주의 성령론》(여수룬, 2017), p. 427.

6. 하나님의 온전함을 이해할 때, 개인보다는 공동체의 관점에서 바라보는 것이 중요하다. 이러한 온전함의 공동체성에 대한 찰스 스펄전의 관점은 주목할 만하다. 찰스 스펄전은 하나님의 뜻이 담긴 온전함을 추구하는 것을, 타락으로 환골된 뼈를 다시 원위치로 회복시키는 것으로 이해했다. '타락은 우리의 모든 뼈들이 탈골되어 하나님의 뜻을 행할 수 없게 된 것이고, 온전함은 환골된 뼈들이 다시 회복되어 하나님의 뜻을 행하기에 온전하게 되는 것을 말한다.' "모든 뼈와 관절들이 본래의 자리에 놓아져야 합니다. 그리하여 전체 교회가 힘줄로 서로 긴밀하게 연결됨으로써 주의 뜻을 행하기에 온전하게 되어야 합니다." 찰스 스펄전,《스펄전 설교전집: 히브리서》(CH북스, 2012), p. 898.

7. 분명한 것은 기독교인의 모든 삶이 제자훈련이라는 사실이다. 예수님의 제자학교는 이 땅에서의 입학식은 있는데 졸업식은 없다. 여기에 대해서는 다음 의견을 참고하라. "보다 양호한 제자 삼는 교회들 마저도 너무나도 조급히 끝을 맺는다. 그들은 '나를 따르라'는 제자훈련 과정을 마쳤다 해서 그것을 도착점으로 생각한다." 빌 헐,《목회자가 제자 삼아야 교회가 산다》(요단출판사, 1994), p. 301. "사람들은 제자훈련을 졸

업하는 것이 아니라 더 깊은 제자훈련을 받도록 위임받아 파송된다. 사람들이 훈련 프로그램 또는 전문가 과정을 마치면 그들은 졸업하지 않고 위임받는다. 교인들이 제자훈련 과정에 참여할 때, 그들은 훈련을 수료로 마치는 것이 아니라 교회로 돌아가 섬기도록 위임받는 것임을 깨닫는 것이 중요하다." J. T. 잉글리시,《제자들로 채우는 교회》(생명의말씀사, 2023), p. 189.

8. '그리스도인의 온전함'에 관해 죄성을 가진 인간에게 온전함이라는 개념은 적절하지 않다고 생각하는 것은 예나 지금이나 일반적 현상일 수 있다. 그리스도인의 온전함이라는 말에 불편함을 느낀 한 여성이 그 고민을 웨슬리에게 편지로 썼다. 웨슬리는 온전함은 그리스도인이 마땅히 추구해야 할 것이라고 대답했다. "내가 말하는 온전함이란 첫째, 우리 마음을 다하여 하나님을 사랑한다는 뜻입니다. 여기에 반대하십니까? 둘째, 마음과 삶을 하나님께 헌신한다는 뜻입니다. 당신이 바라는 바는 그 이하입니까? 셋째, 하나님의 온전한 형상을 되찾는다는 뜻입니다. 여기에 무슨 반론이 있습니까? 넷째, 그리스도의 모든 생각을 품는다는 뜻입니다. 그게 너무 지나칩니까? 다섯째, 그리스도께서 행하신 대로 똑같이 행한다는 뜻입니다. 여기에 반대할 그리스도인은 분명히 없을 것입니다." 게리 토마스,《거룩의 영성》(CUP, 2021), pp. 322-323에서 재인용.

9. Craig Etheredge, *Invest in a Few: Giving Your Life to What Matters Most*, Discipleship. org, 2017, pp. 11-12.

10. 마이클 윌킨스(2015), 앞의 책, pp. 54-58.

11. "언어는 존재의 집"이라는 문구는 "존재에 대한 질문"에 대한 실존적이고 현상학적 탐구로 유명한 독일 철학자인 마르틴 하이데거에 기인한다. 그는 인간이 언어 세계에 살고 있으며 개념을 형성하고 이해하는 능력은 근본적으로 언어 관행에 의해 형성된다고 주장했다. 그는 1951년 8월 Darmstädter Gespräch에서 열린 "Building Dwelling Thinking" 강의에서 이 표현을 사용했다.

12. 성경적 영성 형성은 어떻게 이루어지는가? 여기에 대해서 달라스 윌라드가 잘 표현하였다. "영성 형성의 과정은 우리의 파괴적인 이미지들과 관념들을 점차 예수님의 마음을 채웠던 이미지들과 관념들로 대체하는 과정이다. 그렇게 함으로써 우리는 갈수록 하나님의 형상인 그리스도의 영광의 복음의 광채(고후 4:4)를 더 뚜렷이 보게 된다." 달라스 윌라드 외 공저,《제자도와 영성 형성》(국제제자훈련원, 2012), p. 57.

13. 세상은 어떻게 온전함을 추구하는가? 마이클 호튼은 프로테우스적 자아를 소환함으로써 설명하고 있다. 그리스 신화에 나오는 프로테우스는 자신의 모습을 마음대로 바꿀 수 있는 능력을 가지고 끊임없이 변화함으로 자신의 존재를 드러내고 있다. 호튼은 "프로테우스적 자아는 부단한 자기 변화를 열망하면서도 온전함과 회복이 존재하는 어떤 가공의 과거에 도달하기를 열망한다"고 설명했다. 마이클 호튼,《개혁주의 예배론》(부흥과개혁사, 2014), p. 72. 프로테우스적 자아는 오늘날 화장으로, 운동으로, 성형으로 혹은 약물의 힘으로 자신을 끊임없이 변신함으로 온전함을 추구하는 세상의 얼굴을 정확하게 보여주고 있다.

14. 알리스터 맥그래스,《알리스터 맥그래스의 기독교 변증》(국제제자훈련원, 2014), p. 210.

15. 2022년 국내 종교인 비율 추이: 국내 종교인 36.6%, 무종교인 63.4%, 개신교 15%, 불교 16.3%, 가톨릭 5.1%. 목회데이터연구소, "한국인의 종교 현황과 인식", 2023. 09. 05, *https://url.kr/s9m6p2*.

16. "글로벌 스탠다드"에 대해서는 본서 6장의 '무엇이 복음적 글로벌 스탠다드인가?' (p. 335)를 참고하라.

17. 제임스 패커, 《성령을 아는 지식》 (홍성사, 2002), p. 327.

18. 위의 책, p. 328.

19. 곁불을 쬐느라 진짜 불을 경험하지 못하는 신자들에 대해서 A. W. 토저는 이렇게 통찰했다. "그들은 성령님의 불이 아닌 다른 불 옆에 서서 불을 쬐며 따뜻하게 기운을 북돋우는 방법을 배운 사람들이다." A. W. 토저, 《예배인가, 쇼인가》 (규장, 2016), p. 138.

20. 존 스토트는 본질과 비본질에 대해서 17세기 루퍼투스 멜데니우스의 말을 인용하여 통찰하고 있다. "'필수적인 것에는 일치를, 필수적이 아닌 것에는 자유를, 모든 것에 사랑을'(Sit in necessariis unitas, In non necessariis libertas, In omnibus caritas). 우리는 본질적인 것에는 일치를, 비본질적인 것에는 자유를 그리고 모든 것에 사랑을 보존하는 법을 배워야 한다." 존 스토트, 《그리스도가 보는 교회》 (생명의말씀사, 1999), p. 89.

21. IDC의 Worldwide Global Datasphere Forecast, 2021–2025에 따르면 향후 3년 동안 생성되는 데이터의 양이 지난 30년 동안 생성된 데이터보다 많을 것이다.

22. 특히 인공지능의 급속한 발전에 대해 구글의 전 CEO 에릭 슈미트는 인공지능이 사람을 실제로 위협하게 될 것이라고 경고했다.

23. Datareportal의 Digital 2021 보고서에 따르면, 전 세계적으로 약 44억 8천만 명의 활성 소셜 미디어 사용자가 있다.

24. American Journal of Health Promotion(2017)에 발표된 연구에 따르면, 소셜 미디어를 하루 2시간 이상 사용하는 사람들은 소셜 미디어를 30분 미만으로 사용하는 사람들보다 사회적 고립감을 느낄 확률이 2배 더 높았다.

25. 스티브 레이비, 로이스 모디 레이비, 《21세기 제자도 사역핸드북》 (복있는사람, 2003), p. 371.

26. 레너드 스윗, 《미래교회 성공 키워드 A TO Z》 (땅에쓰신글씨, 2007), p. 21.

27. 칼 트루먼은 최근 그의 책에서 현대인의 자아에 관하여 학문적으로 자세히 설명했다. 그의 책을 참조하라. Carl R. Trueman, The Rise and Triumph of The Modern Self, Crossway, 2020.

28. 레이 커즈와일, 《기술이 인간을 초월하는 순간 특이점이 온다》 (김영사, 2007).

29. 하나님이 주신 사명의 심장이 뛰는 사람은 어떤 상황에서도 끝까지 포기하지 않고 주저하지 않는다. 영국에서 노예제 폐지를 이루어 낸 윌리엄 윌버포스는 1787년 10월 28일 자 일기에서 이렇게 말했다. "전능하신 하나님이 내게 두 가지 사명을 주셨다. 노예무역 철폐와 악습 개혁." 그의 나이 스물여덟이었다. 그는 매번 실패했지만 끝까지 포기하지 않았고, 주저하지 않았다. 그는 아드레날린이 아니라 심장 같은 사람이었다. 존 파이퍼, 《질문, 생각, 묵상, 하나님》 (좋은씨앗, 2018), pp. 72-73에서 재인용.

30. Saint Augustine(1963), 앞의 책, p. 213.

31. Timothy S. Lane, Paul David Tripp, How People Change (New Growth Press, 2008), p. 24.

32. John Piper, Desiring God, Revised Edition, Multnomah Books, 2011, 참조.

33. 사랑의교회는 코로나 팬데믹 이후 침체된 한국교회의 재부흥을 위해, 2022년 9월 26

일부터 27일까지 〈9.26 한국교회 섬김의 날〉로 교단과 교파를 초월하여 지역교회 사역자들을 초청했다. 모든 지역교회 목회자들과 뜨거운 형제애를 나누고 위로하며, 복음의 능력으로 충천하여 재부흥의 불씨가 되기를 소원하며 개최했다. 5,596명의 사역자들과 사모들이 참석했다. 김한수, "25개 교단 5,596명의 목회자를 초청, 다시 일어설 용기 전해", 조선일보, 2022. 12. 23, *https://url.kr/9l2zdi*.

34. John Calvin, *Sermons on Genesis* (Banner of Truth, 2009), p. 93.

35. 조재천,《히브리서》(홍성사, 2016), pp. 71-72.

36. Horst Balz and Gerhard Schneider, *Exegetical Dictionary of the New Testament*, Volume 3, Eerdmans, 1993, p. 345. 출 29:9-35; 레 8:21-33, 16:32, 21:10; 민 3:3을 참고하라.

37. 조재천(2016), 앞의 책, pp. 71-73.

38. Timothy S. Lane, Paul David Tripp(2008), 앞의 책, p. 15.

39. 고후 4:6, 5:17.

40. Dallas Willard, *The Spirit of Disciplines*, HarperOne, 1999, p. 45.

41. 존 오웬(2017), 앞의 책, p. 418.

42. Tim Chester, *You Can Change*, IVP, 2013, p. 38.

43. 성경은 예수님이 순종함을 배워서 온전하게 되셨다고 말씀한다(참고. 히 5:6-7). 순종은 그리스도인의 삶을 완성하는 황금 열쇠이다. 그리고 순종이 그리스도인의 삶을 온전하게 하는지를 결정하는 시금석은 기쁨이다. 순종이 기쁨으로 연결되지 않는다면, 그것은 성경적인 순종이 아니다. 이런 점에서 데이비드 플랫의 "복음에 토대를 둔 순종은 복음으로 충만한 기쁨을 낳는다"는 말은 온전한 순종에 대한 통찰을 준다. 데이비드 플랫,《래디컬 투게더》(두란노, 2012), p. 67.

44. 마태복음 19:21은 예수님께서 말씀하시는 성경적 온전함의 독특성을 드러낸다는 점에서 대단히 중요한 의미를 담고 있다. 성경의 온전함은 삶의 현장에서 구체적인 실천으로 이어질 때 비로소 그 의미가 있음을 보여준다. 이 구절의 가난한 자들은 예수님께서 공생애를 시작하면서 선포하신 "가난한 자, 포로된 자, 눈먼 자"를 말하며, 죄의 구조적인 시스템으로 파생된 모든 사회적인 약자를 통칭한다. 성경적 온전함이라는 전체 퍼즐을 맞추는 결정적인 조각은 사회적 약자에 대한 포용과 구제 없이는 이루어질 수 없음을 말씀하는 것이다. 여기에 대해서 토니 캠폴로가 잘 통찰하고 있다. "하나님의 관심에 대한 그런 성경적인 설명을 고려할 때 우리에게는 가난한 사람들과 함께하고 억압 속에 말도 못하는 사람들의 목소리가 되어야 하는, 하나님이 주신 책임이 있다. 심판의 날에 주님은 신학적 질문을 던지는 대신, 우리가 사회적 책임을 감당했는지를 물을 것이다." 토니 캠폴로,《레드레터 크리스천》(대장간, 2013), p. 33.

45. 겔 27:4; 벧전 5:10; 요일 2:5.

46. 조시 맥도웰, 밥 호스테틀러,《톨레랑스의 두 얼굴》(스텝스톤, 2009), pp. 31-32.

47. 프랑스어 répondez s'il vous plaît(please reply)를 줄인 것.

48. John Owen, *Mortification of Sin*, Chapel Library, 2018, p. 6.

49. 사랑의교회는 Convert(회심자), Disciple(훈련받고 있는 제자), Disciple Maker(훈련자) 그리고 Leader of Disciple-Makers(제자훈련 지도자), 이렇게 네 단계의 성숙 과정을 둔다.

50. 참고로 책의 인용 부분을 싣는다. "지킬 박사와 하이드 씨를 쓴 로버트 스티븐슨은 이런 말을 남겼다. '들뜬 마음으로 여행할 때가 목적지에 도착할 때보다 훨씬 더 좋다. 왜냐하면 언제나 목적지에 다가갈수록 흥분이 소진되어 마지막에는 실망하기 때문이다.' 하지만 그리스도인의 여정은 목적지에 접근할수록 더 큰 희망에 부풀어 오른다. 왜냐하면 끊임없이 놀라운 세계가 펼쳐지며 절정이 고조되기 때문이다. 지금까지의 여정이 좋았고 멋있었다 해도 기대하라. 앞으로 더 큰 좋은 일이 다가오리라.…이 소망을 마음에 품으면…영광스러운 삶을 산다.…성도의 삶을 완성시킨다." 제임스 패커, 《거룩의 재발견》(토기장이, 2011), pp. 145-146.

51. 선교적 삶은 복음을 전하는 삶을 넘어 이웃을 변혁시키는 삶이다. 이를 위해서는 교회나 신자가 소위 안전지대에 머물러서는 안 되며, 위험과 모험이 따르는 경계적 상태에 거할 때 가능하다. "선교는 위험한 행동이다. 선교는 예수님께서 바라시는 전망을 위해 그분의 세계 안에서 헌신하는 것을 넘어 미지의 영역으로 들어서게 한다. 그러므로 선교적 삶은 오직 교회가 경계적 상태에 거할 때 살아낼 수 있는 것이며, 선교가 확실히 성공하기 위해서는 위험과 모험이 반드시 필요하다." 마이클 프로스트, 《모험으로 나서는 믿음》(SFC, 2016), p. 57. 한편으로 마크 드리스콜은 예수님의 성육신적 선교적 삶에서 배우는 다섯 가지 선교적 진리를 제시했다. "첫째, 성육신적 선교적 삶은 상황에 맞고 문화적 장벽을 뛰어 넘는다. 둘째, 성육신적 선교적 삶은 복음을 전하는 삶이다. 셋째, 성육신적 선교적 삶은 겸손한 삶이다. 넷째, 성육신적 선교적 삶은 교회에 헌신하는 삶이다. 다섯째, 성육신적 선교적 삶은 전 지역의 경계를 넘어서는 지구적인 삶이다." 마크 드리스콜, 게리 브레셔스, 《기독교 교리》(부흥과개혁사, 2012), pp. 323-324.

52. 존 스토트, 《모퉁잇돌 그리스도》(복있는사람, 2020), p. 165.

53. C. S. 루이스, 《영광의 무게》(홍성사, 2008), p. 12.

54. 팀 켈러, 《팀 켈러의 센터처치》(두란노, 2016), p. 72.

chapter2. 온전함의 원천, 목자의 심정

1. 달라스 윌라드, 게리 블랙 Jr., 《하나님의 모략 이후》(복있는사람, 2015), p. 136. 달라스 윌라드는 이 책에서 고결한 목자의 심정이 목회자나 성도에게만 적용되는 것이 아니라 국가를 수호하고 사회에 정의를 심으며, 사람을 건강하도록 지키는 직업에 종사하는 자라면 요구되는 것임을 적시하고 있다. 이것은 목자의 심정이 교회와 성도를 넘어 사회의 마음이 될 수 있다면 우리 사회의 많은 문제를 해결하고 치유할 수 있음을 시사하는 것이다. 이런 면에서 목자의 심정은 성도와 교회의 경계를 넘어 세상으로 흘러가야 한다. 예수님의 목자의 심정은 죄로 고통받는 우리 사회를 치유하는 영적 발원(發源)이라고 할 수 있다.

2. 앤드류 머레이는 하나님의 심정을 아는 것이 생명을 살리는 근본임에 대해 '하나님께서 아브라함의 간구로 롯의 생명을 구한 것은 아브라함이 하나님의 심정 속으로 들어갔기 때문'으로 해석했다. 앤드류 머레이, 《그리스도의 기도학교》(CH북스, 2021), p. 431. 이는 생명을 건지는 사역 역시 목회자가 얼마나 하나님의 심정 속으로 들어가느냐에 달려있음을 보여준다.

3. 욥기 5장의 이 구절은 욥의 탄식에 대한 엘리바스의 대답이다. 그래서 사람들은 이 장

의 말씀을 받기 꺼리는 경향이 있다. 그러나 사도 바울은 욥 5:13을 그대로 인용하여 고전 3:19을 썼다. 찰스 스펄전은 "이것은 욥기의 이 본문이 하나님의 감동을 받은 것으로 지극히 참된 말씀을 확인해 준다"고 말했다. 찰스 스펄전, 《스펄전 설교전집7: 욥기》 (CH북스, 2014), p. 49. 이런 점에서 욥 5:15-16 역시 같은 뜻으로 받아들여도 전혀 무리가 없다고 생각한다.

4. 레위기는 제사장들의 규례로 불리는 책이지만, 이스라엘의 일반인들을 위한 책이기도 하다. 유대인들은 자녀들에게 율법을 가르칠 때 레위기 1장으로 시작했고, 레위기의 아람어 이름이 "그 책"(the book)으로 불리는 것도 이 책이 이스라엘 사람들에게 얼마나 중요한지 보여준다고 하겠다. 이처럼 이스라엘 족속에 대한 하나님의 명령이 집대성된 책이 레위기라면, 그 레위기의 대미를 이루는 계명은 어느 계명보다 무게를 가지고 있을 것이다.

5. 김준곤, 《예수칼럼 1》 (순출판사, 2013), p. 25.

6. 예수님의 마음 중심에는 무엇이 있을까? 예수님을 닮길 원하는 신앙인이라면 깊은 호기심을 가질 수 있다. 이에 대해 레슬리 뉴비긴이 흥미롭게 표현했다. "예수님의 마음 중심에 무엇이 있는지를 보여주는 두 단어가 있다. 하나는 아버지와의 무한한 친밀함을 보여주는 '아바'라는 단어이다. 또 다른 단어는 아버지에 대한 절대적인 신실함과 신뢰성을 의미하는 '아멘'이다." 레슬리 뉴비긴, 《변화하는 세상 가운데 살아 숨쉬는 소망》 (서로사랑, 2006), pp. 21-22. 아버지에 대한 '아바'와 '아멘'이 십자가에 흐르는 예수님의 마음이다.

7. 알리스터 맥그래스, 《루터의 십자가 신학》 (컨콜디아사, 2015), p. 295.

8. 위의 책, p. 295.

9. 인간의 연약함에 대한 올바른 통찰과 해법이 중요한 것은, 성도의 온전함의 추구가 인간의 연약함에 대한 성경적인 올바른 인식에서 시작하기 때문이다. "파스칼은 '그저 한 방울의 물과 수증기만으로도 인간을 죽이기에 충분하다'고 말했다. 그러나 비극은 인간의 연약함을 극복하려는 인간의 방식에 있다. 세상은 랍비 데이비드 울프의 말처럼 로스앤젤레스에는 가을이 없다.…환상의 도시는 노화나 노화로 인한 죽음을 인정하려 들지 않는다." 오스 기니스, 《오스 기니스, 고통 앞에 서다》 (생명의말씀사, 2008), pp. 48-51. 서구 사회에 유행하는 패션쇼와 헬스 열풍 속에는 인간의 연약함을 부인하는 태도가 담겨있다.

10. A. W. 토저, 《거듭난 자의 생활》 (생명의말씀사, 2003), p.108.

11. Charles Spurgeon, *Evening by Evening,* Crossway, 2007, p. 147.

12. "만약에 우리가 온전함에 이르지 못한다면, 그리스도인으로서 시작한 일은 영원한 후회와 고통이라는 결말로 이어질 것입니다. 만약 그리스도인이 온전해지지 않는다면 과연 그는 어떤 그리스도인입니까?" 찰스 스펄전, 《스펄전 설교전집: 야고보서 베드로전후서》 (CH북스, 2011), p. 703.

13. R. C. 스프롤, 《성경적 예배》 (지평서원, 2015), p. 33.

14. 십자가의 심정은 크게는 독생자 아들을 이 땅에 보내신 하나님의 마음이요, 정확히는 아버지의 뜻대로 십자가를 지신 예수님의 마음이고, 그 실체는 더 큰 기쁨, 곧 하나님 보좌 우편에 앉으시는 기쁨과 더불어 택한 백성을 대속하여 하나님 나라에 이르게 하시는 기쁨을 위하여 십자가의 고통을 참으신 것이다(참고. 히 12:2). 이 마음의 유무

가 교회와 성도의 기세(氣勢)를 결정한다. 그래서 앤드류 머레이는 "교회가 무력한 원인은 십자가를 지신 예수님의 마음을 가르치는 일도, 실천하는 일도 없기 때문이다"라고 말했다. 앤드류 머레이,《앤드류 머리의 12가지 비밀》(CH북스, 2002), p. 197.

15. John Piper, *The Pleasures of God*, Multnomah, 2012, p. 255.

16. "내 가엾은 양들이 은혜의 말씀 안에 거하지 못한다는 생각이 가슴을 아프게 찔렀다…그런 목자가 없다는 사실이 육체의 어떤 고통보다도 더 내 마음을 아프게 한다." 조나단 에드워즈,《데이비드 브레이너드 생애와 일기》(복있는사람, 2011), p. 445.

17. 양을 위해 자기 목숨을 버리는 목자의 심정이 성경 전체에 강수처럼 흐른다는 사실은, 성경을 한 번이라도 제대로 읽는 사람이라면 누구나 알 수 있는 직관적인 진리이다. 필자가 이 책에서 정리한 내용은 성경에 흐르는 목자의 심정 중 목회 현장에서 필자를 살게 하고 목회를 살려냈던, 그래서 지금도 필자의 가슴을 뜨겁게 하고 목회의 심장을 뛰게 하는 목자의 심정을 통찰한 것이다.

18. Horst Robert Balz and Gerhard M. Schneider(1993), 앞의 책, p. 265.

19. 창 3장.

20. 알리스터 맥그래스,《하나님 얼굴을 엿보다》(복있는사람, 2006), p. 82.

21. 민 11:12.

22. 존 비비어,《존 비비어의 은혜》(두란노, 2010), p. 309.

23. 히브리 사람을 학대한 애굽인을 쳐 죽인 이 사건에 대해 스윈돌은 하나님의 뜻 자체에 헌신은 했지만, 그 뜻을 가지고 계신 하나님께는 헌신하지 않은 것이라고 말했다. 찰스 스윈돌,《모세》(생명의말씀사, 2001), p. 62.

24. 사사 시대는 여호수아가 죽은(B. C. 1390년 경) 후 사울 왕이 즉위(B. C. 1050년 경)하기까지 약 340년의 기간을 말한다. 우상 숭배로 인한 범죄, 범죄로 인한 하나님의 징벌, 징벌의 고통을 벗어나기 위한 회개, 회개를 통한 구원 그리고 사사의 리더십 아래 안정된 평화, 이 다섯 가지 순환구조가 사사기 전체를 관통하고 있다.

25. 찰스 스윈돌,《예수 가장 위대한 생애》(디모데, 2009), p. 106.

26. 대상 21:8-28.

27. "예수님은 시편 23편 1절을 온전히 사신 최초의 인물이다.…예수님이 우리의 목자이듯이, 그분의 아버지는 예수님의 목자이셨다." 달라스 윌라드,《달라스 윌라드 부족함이 없는 삶》(규장, 2018), p. 75.

28. 예수님의 목자 되심에 대해서 찰스 스펄전이 잘 표현했다. "주 예수님 자신이 양들을 위해 목숨을 버리신 선한 목자(the Good Shepherd)이시고, 죽은 자 가운데서 다시 사신 위대한 목자(the Great Shepherd)이시며, 또한 자기 아래 인간의 영혼들을 돌볼 목자들을 지명하신 목자장(the Chief Shepherd)이십니다. 그분은 그분을 섬기도록 부르신 우리들로 하여금 회심한 자들을 보살피도록 하십니다. 그들을 인도하고, 보호하고, 먹이고, 위로하며, 격려하는 일입니다. 만약 우리가 이 책임을 게을리 하면 그분은 우리에게 결산을 요구하실 것이며, 우리 손에서 그분의 양들을 돌려달라고 요구하시면서 이렇게 말씀하실 것입니다. '네게 맡겼던 양 떼, 네 아름다운 양 떼는 어디 있느냐'(렘 13:20). 이 목자의 일이 너무도 중요하기에 세 번씩이나 구주께서는 우리에게 '내 어린 양을 먹이라'고 명하십니다." 찰스 스펄전,《스펄전 설교전집: 요한복음Ⅱ》(CH

북스, 2012), p. 829.

29. 마크 드리스콜,《구약 성경 어떻게 읽을 것인가》(부흥과개혁사, 2010), p. 95.

30. 겔 16:6.

31. 중보기도 헌신자 47,800명, 건축헌금 및 헌물 헌신자 30,520명. 사랑의교회,《사랑의 교회 건축이야기 G'STORY》(국제제자훈련원, 2014), p. 137.

32. 존 번연은 "피투성이"를 구원받을 자격이 없는 상태로 보았다. "우리가 피 속에 벌거 벗은 몸으로 누워 있을 때 찬란한 의의 옷으로 우리를 덮어주신 축복의 하나님이여" 라고 노래했다. 존 번연,《의롭다 하시는 하나님》(씨뿌리는 사람, 2007), p. 47. 이 구 절에는 자격이 없는 자를 붙드시고 구원하시는 목자의 심정이 담겨 있다. 한편으로 찰 스 스펄전은 피투성이를 들판에 내팽개쳐진 갓난 아이로 표현했다. 하나님이 목자의 마음으로 살피고 품지 않으면 죽을 수 밖에 없는 존재가 피투성이의 의미라는 것이다. "하나님께서 세상을 살피실 때, 꺼린 바 되어 피투성이가 된 어린아이가 있었습니다. 그래서 걸음을 멈추시고 말씀하시기를 '살아 있으라'라고 하셨습니다." 찰스 스펄전, 《스펄전 설교전집: 에스겔 · 다니엘》(CH북스, 2023), p. 146.

33. 호 11:8-9.

34. 신 21:18-21.

35. 눅 15장.

36. "탕자의 비유는 자녀들과 교제하기 위해 끈질기게 기다리시는 하나님의 모습을 놀랍 도록 정확하게 포착한 비유입니다.…예수님의 하나님은 토머슨 머튼의 말을 빌리자면 '자비이시며 자비 안에, 자비 안에' 계시는 분입니다. 자비로운 사랑을 받으면 자비로 워집니다" 헨리 나우웬,《집으로 돌아가는 길》(포이에마, 2017), p. 251에서 재인용.

37. 요 6장.

38. 마 14:13-21; 막 6:32-44; 눅 9:10-17; 요 6:1-13.

39. Eugene Peterson, *Reversed Thunder: The Revelation of John and the Praying Imagination*, Harper and Row, 1988, p. 192.

40. 헨리 나우웬,《영원한 계절》(그루터기하우스, 2005), p. 84.

41. 오병이어 사건에서 목자의 심정을 제대로 이해하기 위해서는 좀 더 깊은 차원으로 들 어가야 한다. 이것은 존 오웬의 말처럼, 주린 자를 먹이시는 예수님의 마음 깊이에는 "예수님의 오병이어의 기적에는 참여했지만 생명의 떡에 대해 말씀하셨을 때 예수님 을 떠난 자들"에 대한 영적인 안타까움이 있음을 읽어야 한다. 존 오웬,《배교의 본질 과 원인》(부흥과개혁사, 2018), p. 17.

42. 요 8장.

43. 찰스 스윈돌,《역경의 때를 만나거든》(미션월드라이브러리, 2007), p. 87.

44. 마이클 카드,《땅에 쓰신 글씨》(IVP, 2003), pp. 15-16.

45. 엡 3:9-10.

46. 알리스터 맥그래스,《포스트모던 시대, 어떻게 예수를 들려줄 것인가》(두란노, 2020), p. 64.

47. 찰스 스윈돌(2007), 앞의 책, p. 88.

48. R. A. 토레이,《평범함 속의 권능》(예수전도단, 2010), p. 44.

49. 마 27:32.

50. 사 9:6.

51. 찰스 스펄전이 1885년 8월 2일 태버너클교회에서 전한 설교에서 인용한 것이다. 보다 자세한 설명을 위해 인용을 덧붙인다. "골고다로 가는 그 슬픈 행렬이 시작될 때, 시몬은 그 거리를 지나쳐야 했다. 그러나 일찍도, 늦게도 아닌 마치 그 현장에 있기로 약속이나 한 것처럼 정확히 그 현장에 있었다.…북아프리카 구레네 사람이었던 그는 예수님께서 갈보리 산까지 십자가를 지는 것을 돕기 위하여 그 정확한 시간에 거기 있어야 했던 것이다." 〈목회와 신학 (부록-그말씀)〉 (두란노, 2011년 1월호), p. 110.

52. 롬 16:13.

53. 존 스토트,《그리스도의 십자가》(IVP, 2015), p. 528.

54. 우리는 종교개혁 이후 예수 그리스도께서 과연 십자가에서 이루신 일이 무엇인가에 관해서 말할 때, 예수님이 십자가에서 죄에 대한 하나님의 진노를 진정시키는 형벌적 죽음, 우리를 대신하는 죽음을 죽어주셨다는 속죄론, 즉 형벌적 대속론(Penal substitutional atonement)을 붙들어왔다. 필자 역시 개혁주의 전통에 충실한 입장에서 이 속죄론의 성경적 근거와 정통성을 지지하고 고백한다. 왜냐하면 성경은 분명히 예수님의 십자가 죽음을 '저주'라고 말하고 있고, 예수님 자신이 십자가에서 하나님의 유기를 느끼고 절규하셨기 때문이다(갈 3:13; 마 27:46 참조). 아울러 일치신조(Three Forms of Unity)와 웨스트민스터 신앙고백서(Westminster Confession of Faith)는 형벌적 속죄론을 정통신앙으로 고백하기 때문이다. 그러나 형벌적 대속론을 전통적인 교리만으로 해석하고, 여기에 담긴 목자의 심정을 보지 못하면 사역의 한계가 돌파되지 않는다.

55. 마틴 로이드 존스는 바울의 "내가 빚진 자"라는 단어가 강제성을 내포하며(따르지 않으면 벌을 받는) 법정을 연상시킨다고 말했다. 이것이 고전 9:16의 "만일 복음을 전하지 않으면 내게 화가 있을 것"이라는 뜻이다. 바울은 이렇게 말하고 있는 것이다. "저는 압박을 받습니다. 저는 채무자입니다.…제게는 복음이 있으며, 반드시 줘야 한다고 느낍니다." 마틴 로이드 존스,《생수를 나누라》(규장, 2012), p. 138.

56. 이상적 비판주의에 대해서는《평신도를 깨운다》(옥한흠, 국제제자훈련원, 2019, pp. 306-307)에서 지적된 "이상적 중독증"을 참고하면 도움이 될 것이다. "이상론에 젖은 사람은 무엇인가 자기 표준에 미치지 못하면 히스테리성 반응을 보이는 경향이 있다.…그래서 목사에게 약간의 냄새만 나도 깜짝 놀라고 교회에서 그렇게 대수롭지 않은 사건을 보아도 무슨 지진이 난 것처럼 소스라친다.…이상론은 우리가 달려가야 할 목표로 남아야지 우리를 중독되게 하는 마약이 되어서는 안 된다."

57. 조지 뮐러의 고백은 사역자가 하나님의 심정을 아는 것이 행복한 사역의 열쇠임을 거듭 보여주고 있다. 반면에 사역이 행복하지 못하다면 하나님의 심정으로 행하지 않았음을 반증한다. "조지 뮐러의 90세의 생일날 주어진 연설에서 또 한마디를 인용해보자. 69년 10개월 동안 그는 행복한 사람이었다. 그는 그 행복의 원인으로, 자기가 하나님의 심정에 반대되는 것이라고 알고 있었던 길을 고의적으로 가지 않은 선한 양심을 유지했던 것을 꼽았다." 앤드류 머레이,《계약신앙》(CLC, 2013), p. 149에서 재인용.

58. 어떤 이는 독생자를 보내신 하나님의 형언할 수 없는 사랑과 하나님의 분노를 조화롭

게 하기 위해, 하나님의 분노를 죄에 대한 하나님의 기계적인 반응으로 여기려는 시도를 했다. 그러나 이것은 하나님의 분노를 비인격화하는 것이요 결국은 하나님의 사랑도 비인격적인 것으로 전락시킬 것이다. D. A. 카슨, 《D. A. 카슨이 말하는 그리스도인의 정의》 (국제제자훈련원, 2011), pp. 54-55. 이것을 C. S. 루이스는 "하나님의 진노를 그저 계몽된 불만 정도로 바꿔버리면 그분의 사랑도 단순히 인도주의가 되고 만다"고 표현했다. C. S. 루이스, 《개인 기도》 (홍성사, 2019), p. 144.

59. 마르바 던, 《걸어가도 피곤치 아니하며》 (복있는사람, 2010), p. 69.

60. Christopher J. H. Wright, *The God I Don't Understand*, Zondervan, 2008, p. 132.

61. R. T. 켄달, 《질투》 (순전한나드, 2016), p. 222.

62. 〈디사이플 2022. 12월호〉, 발행인 칼럼.

63. 마틴 로이드 존스, 《복음의 핵심》 (목회자료사, 2019), p. 102.

64. 마틴 로이드 존스, 《부흥》 (복있는사람, 2006), p. 541.

65. 마 16:24-25; 막 8:34-35; 눅 9:23-24; 요 12:24-25.

chapter 3. 온전함에 이르는 길, 십자가와 자기부인

1. 김준곤(2013), 앞의 책, p. 255.

2. 레슬리 뉴비긴, 《죄와 구원》 (복있는사람, 2013), p. 161.

3. R. C. 스프롤, 《뜻밖의 예수》 (죠이선교회, 2008), p. 111.

4. 요한 칼빈, 《칼뱅 기독교 강요: 프랑스어 초판 1541년》 (크리스천 르네상스, 2015), p. 388.

5. 알리스터 맥그래스(2015), 앞의 책, p. 2.

6. 우리나라는 운전대가 자동차의 왼쪽에 있지만 일본, 영국, 남아프리카공화국은 오른쪽에 있다.

7. "(상대주의는) 우리 인간이 왜 자기 욕망을 진리에 맞추기보다는 '진리를 인질로 가두어' 진리를 자기 욕망에 맞추기 일쑤인 이유를 밝혀준다." 오스 기니스, 《진리 베리타스》 (누가, 2002), p. 174.

8. 위의 책, p. 182.

9. 위의 책, p. 181. 분철화는 "맘에 들지 않는 삶의 한 부분을 따로 떼어서 마치 그런 것이 아예 없었던 것처럼 살아가는 방식이다." 오스 기니스는 클린턴 대통령의 어머니의 자서전에 쓰인 "나는 나쁜 일이 생기면 자신을 세뇌시켜 그 일을 마음에서 지워버린다"는 것을 삶의 분철화의 의미를 설명하는 예로 들고 있다.

10. 십자가에 순응(conformity)하는 삶, 십자가를 짊어진 삶의 모습(cruciformity)에 대해서 마이클 고먼(Michael J. Gorman)이 잘 표현하고 있다. "나는 그리스도를 '본받음'이라고 자주 일컬어온 말 대신 그리스도의 십자가를 본받는 삶(cruciformity)이라는 용어가 더 적절하다고 제안하는 바이다." 마이클 고먼 《삶으로 담아내는 십자가》 (새물결플러스, 2019), p. 89.

11. 마틴 로이드 존스(2021), 앞의 책, p. 16.

12. 알리스터 맥그래스, 《십자가로 돌아가라》 (생명의말씀사, 2014), p. 189.

13. 마틴 로이드 존스(2021), 앞의 책, p. 27.

14. 존 스토트(2015), 앞의 책, p. 602.

15. 위의 책, p. 543.

16. 마틴 로이드 존스(2021), 앞의 책, p. 247.

17. Timothy S. Lane, Paul David Tripp(2008), 앞의 책, pp. 177-192.

18. 알리스터 맥그래스(2014), 앞의 책, p. 212.

19. 어윈 루처, 《십자가를 바라보다》 (디모데, 2007), p. 159.

20. 위의 책, p. 161.

21. D. A. 카슨(2011), 앞의 책, pp. 85-86. D. A. 카슨이 인터뷰한 칼 헨리와 케니스 칸처에 대해서는 이 책에서 잘 설명하고 있다.

22. 알리스터 맥그래스, 《루터의 십자가 신학》 (컨콜디아사, 2015), p. 285 재인용.

23. 존 스토트(2015), 앞의 책, p. 529.

24. Dietrich Bonhoeffer, *The Cost of Discipleship*, Macmillan Pub Co; Rev Unbrdg edition, 1980, p. 89.

25. ·〈디사이플 2019. 7-8월호〉, 국제제자훈련원, p. 87.

26. 한국교회에 제자훈련이 시작된 지 40여 년이 지났다. 제자훈련으로 인한 풍성한 열매들이 지역교회에서 맺어졌다. 무엇보다도 평신도가 교회의 주체로서 자리매김하고, 섬김과 봉사를 넘어 삶의 현장에서 예수님의 제자로서 살아가는 각성과 실천이 일반화되었다. 그러나 늘 그렇듯이 사탄은 제자훈련의 고유한 가치와 결실을 폄하하고 훼손하는 일에 안간힘을 쓰고 있다. 예를 들면 제자훈련을 한낱 프로그램으로 전락시키고, 신앙의 완장으로 착각하게 만드는 것이다. 특히 그중에서도 사탄은 제자훈련에 "자기 의"(自己義)라는 가라지를 심어 제자훈련 자체에 대한 부정적인 생각을 주입하는 데 혈안이 되었다. 자기 의는 한국교회가 제자훈련을 하면서 겪는 가장 큰 난제라고 할 수 있다. 이 문제를 해결할 때까지 사탄은 음흉한 미소를 지우지 않을 것이다. 이에 대해서는 본서 3장의 '5. 자기부인과 자기 의'(p. 155)를 살펴보길 바란다.

27. 헨리 나우웬은 죽음을 '가장 온전한 하나님의 자녀가 될 수 있는 곳으로 돌아가는 위대한 귀환이며 궁극적으로 온전함을 완성하는 순간'으로 보고 있다. 헨리 나우웬, 《이는 내 사랑하는 자요》 (IVP, 2002), p. 118.

28. 찰스 스펄전, 《스펄전 설교전집: 시편(3)》 (CH북스, 2013), p. 765.

29. 앤드류 머레이, 《앤드류 머레이의 히브리서 묵상록: 지성소》 (벧엘서원, 2015), p. 304.

30. 이 말은 오스 기니스가 프랜시스 베이컨의 일화를 이야기하면서 베이컨의 말을 인용한 것이다. "프랜시스 베이컨이 아주 부유한 집에서 저녁식사를 보낸 뒤에 격분하여 돌아왔다. 그녀의 집에 있던 꽃들이 생화가 아니라 조화였기 때문이다. '꽃이란 죽기 때문에 꽃이다'라고 그는 노하여 소리쳤다." 오스 기니스, 《풀's 톡》 (복있는사람, 2016), p. 183.

31. A. W. 토저, 《GOD(갓 하나님)》 (규장, 2007), p. 291.

32. A. W. 토저, 《세상에 무릎 꿇지 말라》 (규장, 2010), pp. 85-86.

33. 크리스 프리쳇, 마저리 J. 톰슨, 《삶이 묻고 나우웬이 답하다》 (엘페이지, 2021), p. 235.

34. C. S. 루이스, 《악마의 편지들》 (성서연구사, 1983), p. 42.

35. 앤드류 머레이, 《나를 버려야 예수가 산다》 (규장, 2009), p. 24.

36. "죄를 죽이는 것은 성령으로 말미암아 이루어져야 한다. 사도가 로마서 9:30-32에서 암시하고 있듯이, 사람들은 성령 이외의 다른 원리들이나 수단들이나 방법들을 사용해서 죄를 죽이려고 언제나 시도해 왔고, 지금도 그런 시도는 계속되고 있다. 하지만 사도는 이렇게 말한다. '이것은 성령의 일이다. 이 일은 오직 성령으로 말미암아서만 이루어질 수 있고, 그 밖의 다른 어떤 능력을 통해서도 이루어질 수 없다.' 사람이 자신의 힘으로 그리고 자기가 고안해 낸 방법들을 동원해서 죄를 죽이려고 하면, 그런 시도는 자기 의(自己義)로 귀결되는데, 이것이 이 세상에 존재하는 모든 거짓 종교의 본질이고 실체이다." 존 오웬(2020), 앞의 책, p. 37.

37. 찰스 스펄전, 《스펄전 설교전집 30: 골로새서, 데살로니가전후서》 (CH북스, 2011), p. 281.

38. 찰스 스펄전(2014), 앞의 책, p. 159.

39. 존 스토트(2015), 앞의 책, p. 539.

40. Dietrich Bonhoeffer, *The Cost of Discipleship*, Macmillan Publishing, 1979, p. 97.

41. 존 오웬(2017), 앞의 책, p. 425.

42. 데이비드 플랫, 《카운터 컬처》 (두란노, 2016), p. 313.

43. 데이비드 플랫, 《팔로우 미》 (두란노, 2019), p. 23.

44. Cleon L. Rogers Jr., Cleon L. Rogers III, *The New Linguistic and Exegetical Key to the Greek New Testament*, Zondervan, 1998, p. 85.

45. "자기부인은 베드로가 세 번이나 예수님을 부인했을 때처럼 우리 자신을 대하는 것이다. 거기서 사용된 동사도 똑같다. 베드로는 예수님을 끊어 내고, 거부하고, 등졌다. 우리는 자기 자신에게 그렇게 해야 한다. 자기부인은…우리 마음대로 할 수 있는 당연한 권리를 포기하고, 자신을 부인하거나 거부하는 것이다." 존 스토트(2020), 앞의 책, p. 95.

46. 존 스토트(2020), 앞의 책, p. 535.

47. 존 스토트(2020), 앞의 책, p. 535.

48. 존 스토트(2020), 앞의 책, p. 535.

49. A. W. 토저, 《제자도》 (규장, 2019), p. 15.

50. 존 스토트(2015), 앞의 책, p. 541.

51. 행 1:8, 증인은 순교자라는 뜻이다.

52. C. S. 루이스, 《오독: 문학 비평의 실험》 (홍성사, 2021), p. 17.

53. David Platt, *Radical*, Multnomah, 210, pp. 39, 59-60을 참고하라.

54. "자기결정권"은 신학적으로, 신앙적으로 매우 중요한 의미를 가진다. 자기결정권을 의미하는 자유의지는 하나님께서 자신의 형상을 가진 인간에게 주신 귀한 선물이었

다. 인간의 자기결정권에 대한 이해는 제임스 패커의 말처럼 균형을 잡아야 한다. "이성을 지닌 피조물은 자기결정권을 지니고 있지만 섭리에 의해 통제된다." 제임스 패커, 게리 패럿, 《복음에 뿌리를 내려라》(생명의말씀사, 2010), p. 288. 그럼에도 하나님은 인간이 스스로의 의지로 자기결정권을 하나님께 내어 드리기를 원하셨다. 모순처럼 보이지만 이것은 복음의 복된 비밀을 여는 열쇠이다. 여기에 대해서는 R.T. 켄달의 말이 도움이 될 것이다. "여기 평생 기억해야 할 원칙이 있다. '하나님은 그분께 결정권을 드리는 사람에게 가장 좋은 것을 주신다.' 이유는 이렇다. 그분은 당신을 위해 이미 계획을 세우셨다. 그분은 세밀한 계획을 준비하셨다. 그분은 세상을 창조하시고 인류를 구원하실 때 보이신 그분의 지혜를 가지고 당신의 인생을 현명하고 세심하게 계획하셨다." R.T. 켄달, 《기쁨을 묻다》(예수전도단, 2008), pp. 88-89. 자기결정권을 하나님께 내어드리는 것은 하나님의 자녀로서 풍성한 삶을 사는 최고의 길이다. 이것을 삶에서 구체적으로 보여주었던 데이비드 브레이너드의 고백을 들어보라. "내 영혼에서 '주님의 뜻이 이루어지기를 바라나이다'라는 은혜로운 기도가 저절로 터져 나왔다. 설혹 하나님이 어떤 일이든 스스로 결정하라고 허락하신다 해도 나는 그분께 모든 결정권을 내어드릴 것이다. 왜냐하면 나는 일을 그르칠 위험성이 많지만, 지혜가 무궁하신 하나님은 절대 실수하지 않으시기 때문이다." 조나단 에드워즈, 《순전한 헌신》(생명의말씀사, 2013), p. 314에서 재인용.

55. 빌 3:8.
56. C. S. 루이스, 《순전한 기독교》(홍성사, 2021), p. 208.
57. A. W. 토저, 《인간을 추구하시는 하나님》(복있는사람, 2016), p. 52.
58. 마틴 로이드 존스, 《하나님의 구원 방법 십자가》(두란노, 2021), pp. 46, 48.
59. R. C. 스프롤, 《사도행전 강해》(솔로몬, 2018), p. 321.
60. 존 파이퍼, 저스틴 테일러, 《하나님 중심적 세계관》(부흥과개혁사, 2013), p. 37.

Part II 온전론의 줄기: 온전론의 목회적 통찰

** 조나단 에드워즈, 《기도합주회(조나단 에드워즈 클래식 5)》(부흥과개혁사, 2009), p. 89.

chapter 4. 온전한 제자훈련을 위한 교회론: 온전한 제자의 성장과 교회 공동체

1. 교회론의 중요성에 대해서는 20세기에 영향력 있는 목회자였던 마틴 로이드 존스의 지적을 상기하는 것이 적절하다. "왜 교회론이 중요한가? 첫째, 1948년 암스테르담에서 세계교회협의회가 열린 이후에 본격화된 세계교회의 통합 에큐메니칼 운동에 대한 바른 견해를 갖기 위해서이다. 둘째, 올바른 교회론은 복음전도와 밀접하게 연관되어 있기 때문이다. 신약시대 이래로 복음전도의 주체는 교회였는데, 오늘날에는 교회를 배제한 채 복음전도를 생각하는 경향이 나타나고 있고, 이것은 교회의 생명에 큰 영향을 미치고 있다. 셋째, 오늘날 가장 절실한 부흥을 생각하면 성령에 의지하는 교회론을 더욱 중시하여야 한다. 그리고 무엇보다도 교회론을 중시해야 하는 것은 신약성경의 모든 서신서가 이 교리에 집중하고 있다. 초대교회가 겪은 어려움들은 대부분 신자들이 이 중요한 교리를 의식하지 못한 데서 비롯되었다." 마틴 로이드 존스, 《영

광을 바라보라》(지평서원, 2014), pp. 82-83. 여기에서 로이드 존스는 성경이 교회론을 강조하고 교회사가 교회론의 중요성을 보여주며, 오늘날 교회의 상황 때문에 교회론이 필요하고, 바른 복음 증거를 위해 교회론이 필요하다는 통찰을 했다. 필자가 교회론에 대해서 로이드 존스의 견해에 주목하는 이유는 그의 교회론은 목회 현장에서 나온 교회론이고 정말 주님의 몸 된 교회를 뜨겁게 사랑하는 마음에서 고아진 것이기에, 독자의 가슴을 뛰게 하는 영감 어린 직관적 통찰을 제시하기 때문이다. 또한 바른 교회론은 교회의 미래에 대한 통찰을 가져다준다. 한편으로 레슬리 뉴비긴은《교회란 무엇인가》[(IVP, 2010), pp. 106, 111]라는 책에서 오순절 운동의 부상을 간파했다. 이것은 전통적인 프로테스탄트 교회관의 흐름에 변화를 주는 새로운 교회관이었다. 그는 성령에 기초한 오순절 운동이 20세기 기독교를 형성하는 강력한 성경적인 흐름임을 예언적으로 제시했다.

2. 알리스터 맥그래스,《신학이란 무엇인가》(복있는사람, 2022), p. 139.

3. Roger W. Gehring, *House Church and Mission*, Hendrickson Publishers, 2004, p. 295.

4. Wayne A. Grudem, *Systematic Theology*, Zondervan, 1994, p. 867.

5. "사탄도 부흥이 자기가 하는 일에 얼마나 큰 위협이 되는지 잘 알고 있다." 존 파이퍼,《진리의 영웅들》(부흥과개혁사, 2008), p. 34.

6. 고후 11:3.

7. 박용규(2022), 앞의 책, p. 578.

8. "갈망"은 그리스도인의 삶을 온전함으로 이끄는 중요한 요소이다. 다음은 토저의 말이다. "우리는 어떻게 하나님을 알 수 있는가? 어떻게 해야 어둠의 구름을 뚫을 수 있을까? 어떻게 해야 사랑의 화살을 맞아 그분을 끝없이 연모하게 될까? 그 비결은 오직 하나님께 이르겠다는 동기에서 그분을 갈망하는 것이다.…이성만으로는 그분께 도달할 수 없다." A. W. 토저,《십자가에 못 박혀라》(규장, 2015), p. 77.

9. 1세기의 기독교인은 조직화된 공동체보다는 주로 집에서 예배와 성찬을 위해 모이는 신앙 공동체였다. 사도시대 이후로 성직자들의 역할이 명확해지면서 초기 교회론이 형성되기 시작했다. 313년 밀라노 칙령 이후로 교회는 구조적인 형태를 갖추며 성직자에서 일반 신자에 이르는 위계적인 모습이 강화되었다. 그 후 니케아 공의회(325), 콘스탄티노플 공의회(381), 에베소 공의회(431), 칼케돈 공의회(451)는 정통의 기독론을 확립하였지만, 교회론에도 일정한 영향을 미쳤다. 9세기에서 15세기에 이르는 중세에는 교회에 강력한 교황권이 발휘되었고, 교황의 권위와 사도 계승에 초점을 맞추는 로마 가톨릭의 교회론이 세워졌다. 한편으로 동방교회는 교회의 최고 권위인 공의회와 주교의 평등권에 초점을 맞추는 공의회적인 교회론을 유지했다. 그런데 교회론에 가장 큰 영향을 미쳤던 것은 마틴 루터의 "만인대제사장직" 교리와 요한 칼빈의 "교회는 그리스도의 몸"이라는 가르침이었다. 프로테스탄트에서 교황의 권위는 부인되었고, 성도들의 공동체로서의 개신교적 교회론이 확립되었다. 20세기에 들어서 오순절교회가 크게 등장하면서 복음주의적인 모든 교회에서 성령의 역할이 강조되는 교회론이 대두되었다.

10. 한국교회에서 내향화는 시대적으로 다른 양상을 보였다. 이미 한 세기 전에도 교회의 내향화가 나타났고, 당시 지식인들에게 비판의 대상이 되었다. "한일 합방 이후 한국교회는 사회적인 책임과 정치적인 문제에 대한 관심을 의도적으로 배제하고 신앙

을 내향화하는 경향이 나타났다." 박용규,《한국기독교회사 2》(생명의말씀사, 2004), pp. 197, 201. 이러한 교회의 내향화는 세대주의 종말론의 확산을 가져왔고, 교회와 세상을 이분법적으로 나누는 내세지향적인 신앙을 만들었다. 그런데 과거의 내향화가 교인들이 주로 고통스러운 상황에서 천국의 소망을 찾는 데서 비롯된 면이 있다면, 오늘날 교회의 내향화는 날로 심화하는 무신론적 이념과 기독교에 적대적인 사회 문화의 확산과 공격을 피해 자신의 둥지로 들어가는 것에서 기인하고 있다.

11. 연구에 따라서 십 년마다 40%의 성장을 말하기도 하고(알랜 크라이더,《초대교회에 길을 묻다》, 하늘씨앗, 2021, p. 31.) 50%의 성장을 주장하기도 한다(릭 워렌, *CT: CRISTIANTY TODAY* 2023. 6. *https://lrl.kr/INKw*).

12. 그리스도인의 생활연구(*Studies in Christian Living*) 시리즈 (전 10권), 그리스도의 제자가 되는 길(*Design For Discipleship*) 시리즈 (전 6권), 네비게이토.

13. PBS: Personal inductive Bible Study의 약자. 개인적 성경공부. 귀납적 성경연구라고도 한다.

14. '형제의 교회'라고 알려진 브레드런 처치는 8세기 초 미국에서 설립된 기독교 교파이다. 재세례파(Anabaptism)로 알려진 더 큰 교단의 일부이며, 아미시(Amish) 및 메노파교(Mennonites)와 같은 다른 재세례파 교단과 많은 유사점을 공유한다. 비폭력을 중시하며 성부, 성자, 성령의 이름으로 세 번 물에 완전히 잠기는 세례를 특징으로 한다.

15. 옥한흠(2019), 앞의 책, pp. 67-68, 71.

16. "교회란 무엇인가?…그 주인과 결합하고 그 주인으로 인해 서로 연합된 신자들의 초자연적인 유기체로서 그 주인을 머리로 하는 한 몸, 한 몸의 지체이다." 제임스 패커,《견고한 크리스천》(규장, 2002), p. 147.

17. Nils Witmer Becker, *Fireseeds from Korea to the World*, Campus Crusade for Christ International, 2007, p. 145.

18. 제임스 패커,《약함이 길이다》(디모데, 2014), p. 74.

19. Michael Horton, *The Christian Faith*, Zondervan, 2011, p. 721; *People and Place*, Westminster John Knox Press, 2008, 참조.

20. David J. Bosch, *Transforming Mission*, Orbis Books, 1991, p. 390.

21. 마이클 호튼은 교회를 '선교적 사람들'이라 표현했다. Michael Horton, 2011, 앞의 책, p. 717.

22. 선교적 교회는 성경적 교회론의 핵심이다. 존 스토트는 균형 잡힌 성경적 교회론을 강조했다. 그의 성경적 교회론의 핵심은 "거룩한 동시에 세속적이어야 한다"는 것이고, 그 목적은 선교이다. "우리가 하나님의 거룩하고 독특한 백성인 '교회'가 아니라면, 우리는 타협한 셈이므로 말할 내용이 아무것도 없다. 다른 한편, 만일 우리가 세상의 삶과 고통에 깊이 참여하며 '세상 속에' 있지 않다면, 우리는 고립된 셈이므로 섬길 대상이 아무도 없다. 우리의 소명은 '거룩한 동시에 세속적'이어야 한다. 이러한 균형 잡힌 성경적 교회론이 없다면, 우리는 결코 우리의 선교를 회복하거나 완수할 수 없을 것이다." 존 스토트,《살아 있는 교회》(IVP, 2014), p. 63. 선교적 교회에 대한 보다 깊은 이해를 위해서는《팀 켈러의 센터처치》가 도움이 될 것이다. 팀 켈러는 이 책에서 선교적 교회란 "그 지역에 사는 비신자들이 와도 이해할 수 있는 예배를 드릴 수 있을

때 선교적이라고 할 수 있다"(p. 548)고 말한 후, 선교적 교회의 여섯 가지 표지를 구체적으로 제시했다(p. 568). 예를 들면, 사회의 우상과 맞서고 비기독교권과 대화 가능한 일상 언어로 소통하며, 삶의 모든 영역 가운데서 선교를 수행하고 공익을 추구하는 반문화(counterculture) 등을 제시하고 있다. 팀 켈러(2016), 앞의 책, pp. 562-569. 20세기의 C. S. 루이스와 21세기의 팀 켈러는 변증학 선교의 최고 모델들이다. 그리고 21세기에 긴급한 선교 영역은 '변증 선교'이다. 20세기에 사용한 변증 방법이 아니라, 21세기의 다문화와 다종교 시대에 적절한 설득력 있는 변증과 사랑으로 포용하는 새 선교 접근이 제자훈련에 접목되어야 한다.

23. 옥한흠(2019), 앞의 책, p. 87에서 재인용.

24. Michael Horton, 2011, 앞의 책, p. 828.

25. John Clark, Marcus P. Johnson, *The Incarnation of God*, Crossway, 2015, p. 189.

26. Wayne Grudem, *Systematic Theology*, IVP, 1994, p. 1050.

27. 위의 책, pp. 1055-1057.

28. Gorden Fee, *God's Empowering Presence: The Holy Spirit in the Letters of Paul*, Hendrickson Publishers, 1994, p. 707.

29. *The Cape Town Commitment*, Lausanne Library, 2010, p. 26.

30. Wayne Grudem, *Systematic Theology*, IVP, 1994, p. 1050.

31. Darell L. Guder, *Missional Church: A vision for the sending of the church in North America*, Eerdmans, 1998, pp. 184-185.

32. 이 문구는 1997년 *Havard Business Review*에 게재된 *The Future That Has Already Happened*에서 처음 언급되었다.

33. "성령은 하나님이 당신 백성에게 베푸실 위대한 미래가 이미 현재 속으로 뚫고 들어왔다는 증거였고, 하나님이 그리스도 안에서 시작하신 일들을 종결하시리라는 보증이었다." 고든 D. 피(2019), 앞의 책, p. 35.

34. 에드워드 기번, 《그림과 함께 읽는 로마제국 쇠망사》 (까치글방, 2021), p. 243.

35. 교회의 경직화는 교회사적으로도 찾아볼 수 있는 보편적 현상이다. 마틴 로이드 존스가 이를 잘 지적했다. "루터교가 등장한 이래 100년도 못 되어 이른바 루터교 스콜라주의가 생긴 경위를 여러분도 기억할 것입니다. 경직화 과정이 시작되고 미묘한 변화들이 일어나서, 17세기 중엽에 이르면 루터교가 루터 당시의 모습과 사실상 딴판이되어 있었습니다. 개혁주의에도 같은 일이 발생했습니다. 경직화 과정이 진행되고 주지주의(intellectualism)가 들어오면서 원래 상태에서 심각하게 이탈하는 상황이 벌어진 것입니다. 이러한 현상은, 내가 알고 있는 모든 교단과 여러 나라에 존재하는 교단들과 종교단체의 역사에서 얼마든지 예증할 수 있습니다. 시작이 바르다고 해서 그 후로도 계속 바르게 진행될 것이라고 기대하는 것은 부질없는 짓입니다. 죄와 악 때문에 변화뿐 아니라 심지어 쇠퇴까지도 과정에서 얼마든지 나타날 수 있습니다." 마틴 로이드 존스, 《복음주의란 무엇인가》 (복있는사람, 2020), pp. 14-15. 교회 내에 경직화가 시작되면 두드러지는 현상들이 있는데, 닫힌 전통주의, 외형화된 예식주의, 고집스러운 권위주의, 지나친 규범화, 공허한 개념주의 그리고 사명이 사라진 세속화 등이나타난다.

36. 오스 기니스, 《악마의 비밀문서를 훔치다》 (정연사, 2011), p. 223.

37. 시 52:8.

38. 마틴 로이드 존스, 《시대의 표적》 (CLC, 2007), p. 443.

39. 요한 칼빈, 《칼뱅 기독교 강요: 프랑스어 초판1541》 (크리스천 르네상스, 2015), p. 40.

40. 우리역사넷 *https://url.kr/wgis4r*.

41. 박명수, '3.1운동, 기독교 그리고 대한민국', 〈신학과 교회〉 제11호 (2019년 여름), p. 195.

42. 옥한흠(2019), 앞의 책, pp. 103-104.

43. 필립 샤프, 《교회사전집1: 사도적 기독교》 (CH북스, 2004), p. 358.

44. George E. Ladd, *The Gospel of Kingdom, in Perspectives on the World Christian Movement*, William Carey Library, Third Edition, 1999, p. 77.

45. 김회권, 《하나님 나라 신학으로 읽는 사도행전 2》 (복있는사람, 2023), p. 202.

46. 〈태종실록 10권〉, 태종 5년 9월 14일.

47. 달라스 윌라드, 《잊혀진 제자도》 (복있는사람, 2007), p. 92.

48. 현재 사랑의교회는 816명의 남자 순장반과 1,918명의 여자 순장반이 정기적으로 모이고 있다.

49. 사회적으로 타당성을 인정받는 80/20 법칙이라고도 하는 파레토 법칙이 있다. 결과의 80퍼센트가 20퍼센트의 원인에 기인한다는 개념이다. 그러나 사실 성경은 파레토 법칙보다 수천 년 전에 헌신된 소수가 전체를 책임진다는 사실을 역사적으로 보여왔다. 대표적으로 삼만 이천의 사람들 중에서 삼백 명을 뽑아 이스라엘의 운명을 결정지었던 기드온의 승리가 있다(삿 7장). 더 거슬러 올라가면 노아와 그의 가족이 홍수 이후에 인류의 향방을 책임졌고(창 6-9장) 그 후로는 허물어진 예루살렘 성벽 재건을 위해 소소한 헌신된 일꾼들이 쓰임 받았으며(느 2-6장), 결정적으로는 예수님의 열두 제자와 사도 바울을 비롯한 헌신된 사람들이 세계 복음화의 물꼬를 텄다. 이처럼 하나님의 역사는 헌신된 소수가 공동체를 책임지는 역사이며, 화요순장반은 이러한 하나님의 역사의 실증이라고 할 수 있다.

50. 사역을 하면서 스스로 심중에 늘 경계하는 것이 있다. 사역의 초심을 3일, 3개월, 3년을 유지하는 것이다. 어떻게 하면 초심을 유지할 수 있을까? 아무리 유명한 야구선수라도 처음부터 뛰어난 감각과 기술을 가지고 있었던 것은 아니다. 항상 공의 방향에 예민하게 집중한 결과, 나름대로 자기에게 필요한 감각이 생기기 시작한 것이다. '어떻게 하면 교우들을 행복하게 할까? 어떻게 하면 교우들을 변화시킬 수 있을 것인가? 어떻게 하면 주일예배를 똑같이 드리지 않고 좀 더 신선하게 드릴 수 있을까?' 고민하면 그에 필요한 감각이 키워지는 것이다. 오정현, 《잠들지 않는 사역자》 (국제제자훈련원, 2018), pp. 221-223.

51. 2023년 상반기 120기, 121기(미주)까지 CAL세미나를 수료한 목회자는 국내 세미나 22,169명, 미주 세미나 2,668명, 일본 세미나 521명, 브라질 세미나 1,672명, 대만 세미나 118명을 포함해 모두 27,148명에 이른다. 목회자들을 대상으로 진행되는 세미나의 참여자 숫자는 교회 숫자를 의미한다고 해도 과언이 아니다. 목회 트렌드가 계속 바뀌는 상황에서도 끊임없이 CAL세미나 등록이 이어진다는 것은 그만큼 성도들을

예수 그리스도의 온전한 제자로 무장시키는 데 탁월함을 드러내 보이고 있다고 해석할 수 있다.

52. 〈디사이플 2005년 1월호〉, p. 72, 발행인 칼럼, "제자훈련의 국제화를 위하여".

chapter 5. 온전한 제자훈련을 위한 성령론: 온전론에서 보는 성령 하나님의 재발견

1. 1907년 평양에서 대부흥운동이 일어난 그 해에 최초의 독노회가 결성되었다. 박용규 (2004), 앞의 책, p. 15. "독노회가 결성되면서 한국장로교회는 12신조로 알려진 장로교 신앙에 기초한 신앙고백을 채택했다. 12신조는 복음적이며 한국교회가 필요로 하는 기독교의 근본교리를 잘 반영하고 있다. 성경, 삼위일체 하나님, 창조, 인간의 창조와 타락, 그리스도의 대속, 성령의 사역, 하나님의 구원에의 예정, 성례 그리고 종말과 심판에 대해 매우 간결하면서도 분명하게 기술하고 있다." 박용규(2004), 앞의 책, pp. 64-65.

2. 보수적 전통의 장로교에서 성령의 은사적 역사에 대해 강조하지 않았던 이유는 역사적인 배경 때문이다. "평양 대부흥이 일어났을 때 방언과 같은 은사운동이 장로교 안에서도 일어나고 있었다. 그러나 칼빈주의 전통에 익숙한 선교사들은 한국교회가 그같은 방향으로 흐르는 것을 막았다." 박용규(2004), 앞의 책, p. 961.

3. 대천덕 원장님은 D. L. 무디와 같이 사역했던 R. A. 토레이 박사의 손자이다. R. A. 토레이 박사는 유명한 설교자였고, 성령 충만의 실제적 체험을 바탕으로 한 책을 여러 권 썼다. 대천덕 원장님도 성령의 기름부으심에 대한 깊은 통찰과 체험을 가진 분이셨다. 예수원은 성령 사역의 실제와 응답의 현장이었다.

4. 성령 사역이나 성령의 기름부으심에 대해서 이야기하는 것은 조심스러운 면이 있다. 전체 맥락을 떠나서 부수적인 것을 침소봉대하여 말하거나, 혹은 잘못 이해하여 그릇되게 적용함으로 파열음을 내는 일들이 있기 때문이다. 그럼에도 불구하고 성령의 능력적 역사와 기름부으심을 함께 나누는 것은 예수님의 온전한 제자가 되기 위해서 반드시 필요하다. 한편으로 성령의 기름부으심을 단지 외적인 현상으로만 제한하는 우려도 있다. 성령에 대한 전체적이고 입체적이며 실제적인 이해야말로 이 험한 세상을 예수님의 온전한 제자로서 힘 있게 살아갈 수 있는 성경의 비밀이요, 성도에게만 허락된 하늘의 축복이기 때문이다.

5. 사도 바울은 고전 12장에서 성령의 은사를 자세하게 언급한 후에, 바로 고전 13:1에서 사랑이 없는 방언과 천사의 말은 울리는 꽹과리에 불과하다고 말하고 있다.

6. Allan Heaton Anderson, *An Introduction to Pentecostalism*, Cambridge University Press, 2004, p. 23.

7. 위의 책, p. 23.

8. 위의 책, p. 38.

9. 제임스 패커, 《성령을 아는 지식》 (홍성사, 2002), p. 329.

10. Allan Heaton Anderson, 2004, 앞의 책, p. 216.

11. "성령이 친히 우리 영으로 더불어 우리가 하나님의 자녀인 것을 증거하시나니"(롬 8:16).

12. 고전 12장은 교회가 그리스도의 몸이며, 성령께서 주님의 몸 된 교회를 온전하게 세우시는 것을 잘 보여주고 있다.

13. 이 진리를 오도하면 지상 교회를 완성된 교회로 여기는 카톨릭의 교리적인 함정에 빠질 수 있다. "중세 카톨릭 교회는 이것을 신성이 인성에 그 속성들을 전달하는 것(속성교통(Communicatio idiomatum)으로 설명했다.…하이델베르그 교리문답은 '예수님의 인성에 있어서 예수님은 더 이상 우리와 함께 계시지 않는다'고 가르친다.…그리스도는 성찬에 현존하지만 그리스도의 신성으로 말미암아 현존하시는 것이다." R. C. 스프롤,《웨스트민스터 신앙고백 해설 3》(부흥과개혁사, 2011), p. 204.

14. 그의 설명을 좀 더 들어보자. "이러한 오판은 죽은 전통의 길로 인도하는 것이며, 생명과 능력 없는 진리로 인도하는 것이다. 진정 올바른 길은…말씀으로 말미암아 역사하는 성령의 생동적이고 인격적인 능력을 인식하는 것이다." R. A. 토레이,《성령세례》(나단, 2002), p. 115.

15. 제임스 패커,《성령을 아는 지식》(홍성사, 2002), p. 44.

16. "찰스 피니가 등장하기까지는 부흥운동이 하나님의 주권적인 사역이라는 부흥관이 지배하고 있었으나 피니가 등장하면서 그 관점이 수정되었다. 피니는 부흥이 성령의 역사라는 사실을 인정하면서도 부흥이 일정한 조건을 갖추면 인간의 노력에 의해 언제든지 일어날 수 있다는 확신을 피력했다. 소출이 적절한 수단들을 사용해서 얻어지는 것처럼 부흥은 적절한 수단들을 사용하면 자연스럽게 일어난다. 부흥이 하나님의 주권적인 역사라는 에드워즈식 부흥이 일대 수정을 맞은 것이다." 박용규(2022), 앞의 책, p. 72.

17. 출 4:1-5, 14:16의 지팡이, 출 13:21-22의 구름과 불기둥, 출 16장의 만나와 메추라기, 민 21:4-9의 놋뱀, 왕하 2:8, 13-14의 엘리야의 겉옷, 막 7:32-35의 예수님의 치유의 손길/침, 요 2:1-11의 포도주로 변한 물 등이 있다.

18. 존 스토트는 "성경구절을 마치 주문처럼 여기는 것은 잘못이며, 성경말씀을 마치 공식처럼 외우거나 기도의 지팡이만 흔들면 모든 기도가 응답 받고 모든 소망이 이뤄지고 모든 꿈이 실현되리라 여기는 것은 터무니없다"고 말하고 있다. 존 스토트,《그리스도처럼》(포이에마, 2013), p. 338. 그러나 동시에 우리는 찰스 스펄전이 "기도의 지팡이로 말씀의 샘을 뚫으라"고 말할 때의 의미도 충실히 생각하여야 한다. "본문이 여러분 앞에 꽉 막혀 보이다가도 기도로 뱃길을 재촉하며 뱃머리를 돌려 새로운 강줄기로 접어들면, 거룩한 진리의 넓고 깊은 물살이 충만히 흘러 그 물결로 여러분을 실어 나르는 것을 보게 됩니다.…기도로써 말씀을 뚫는 지팡이로 쓰십시오. 그러면 생명수 샘이 말씀의 깊은 곳에서 솟아오를 것입니다." 찰스 스펄전,《목회 황제 스펄전의 목사론》(부흥과개혁사, 2005), p. 183.

19. 출 17:8-13은 모세가 하나님의 지팡이를 손에 들고 있으면 이스라엘이 이기고 손을 내리면 아말렉이 이기는 장면을 보여주고 있다. 손을 들고 있어서 피곤한 모세를 아론과 훌이 붙들고 그의 손을 올림으로 여호수아가 아말렉을 쳐서 이기도록 했다. 이것은 일반적으로 중보기도의 능력을 묘사하는 것으로 이해되고 있지만, 한편으로는 믿음의 세대계승의 관점으로도 바라볼 수 있다. 지팡이를 위로 드는 모세의 강건함과 지팡이를 위로 들 때 하나님께서 승리를 주시리라는 믿음이 여호수아의 승리로 이어졌다. 이처럼 모세가 기도의 지팡이를 위로 들 때 주어진 승리의 경험은, 여호수아에게 믿음의 유산으로 일평생 각인되었을 것이며, 그 역시 가나안 정복의 과정에서 기도와 하나님

의 능력에 의지하는 영적인 실천을 다음 세대에 전했다.

20. 더글라스 무는 엡 5:18을 엡 3:19에 연결하여서 해석한다. 충만하다는 것이 일시적인 것보다 장기적인 과정을 통하여 채워지는 것을 의미한다. Douglas J. Moo, *A theology of Paul and His Letters*, Zondervan, 2021, p. 291.

21. 앤드류 머레이, 《내 앞에 엎드려라》 (규장, 2012), p. 56.

22. 존 C. 라일, 《성결》 (CLC, 2012), p. 554.

23. 존 스토트, 《복음주의의 기본진리》 (IVP, 2005), p. 150.

24. 알리스터 맥그래스, 《알리스터 맥그래스의 믿음을 찾아서》 (두란노, 2019), pp. 290-291.

25. 찰스 스펄전, 《찰스 해돈 스펄전의 성령 메시지》 (CLC, 2021), p. 109.

26. 찰스 스펄전, 《성도와 구세주》 (CH북스, 2011), p. 181.

27. 조나단 에드워즈, 《데이비드 브레이너드 생애와 일기(1745년 11월 26일 일기)》 (복있는사람, 2011), p. 594.

28. A. W. 토저, 《하나님은 굶주린 영혼을 먹이신다》 (규장, 2018), p. 264.

29. 오대원, 《묵상하는 그리스도인》 (예수전도단, 2005), p. 209.

30. 제임스 패커(2014), 앞의 책, p. 128.

31. "1906년 성령의 사역이 시작되었다. 아주사 거리 부흥으로 알려진 이 사건은 세계적 오순절 선교의 폭발의 근원이 되었다.…가장 인종차별이 심했던 시대에, 절대적인 인종 차별이 있던 사회에 모든 인종과 국적과 계층의 수많은 사람들이 아주사 거리에 모였다.…아주사 거리는 피부색에 의한 경계를 초월한 모든 이들의 교제가 있었다.… 인종적, 성별적, 민족적 장벽을 부수고…." 리처드 포스터(2002), 앞의 책, pp. 167-168.

32. 마크 부캐넌, 《보이지 않는 것에 눈뜨다》 (규장, 2003), p. 170.

chapter 6. 온전한 제자훈련을 위한 목회론: 온전함을 추구하는 목회자의 품성

1. 마틴 로이드 존스, 《위기의 그리스도인》 (지평서원, 2008), p. 393.

2. 목회자로서 잘 가르치는 것은 중요하지만, 더 중요한 것은 기도의 터 위에서 잘 가르치는 것이다. 여기에 대해 찰스 스펄전은 두려운 말을 하고 있다. "유능한 설교자지만 기도를 잘 못하는 사람은 결말이 좋지 않게 됩니다. 성경을 아주 잘 가르치는 것으로 유명하지만 기도를 잘 못하는 사람 역시 그 결말이 좋지 않습니다." 찰스 스펄전, 《기도와 영적 싸움》 (크리스천다이제스트, 2002), p. 154. 가르치는 것이 중요하지만 하나님과 영적인 일체감을 가지고 가르칠 때에 역사가 일어나는 것이다.

3. 대학부의 주보 이름이 '證人들'(증인들)이었다. 당시 '증인들'은 매주 전국 각지로 많은 청년들에게 우편으로 보내졌다. 1980년 4월 6일 자 지령 200호 뒷면에 적힌 '증인들의 헌장'은 다음과 같다.

   1. 증인이란 사건의 진상에 대해 목숨을 걸고라도 사실 그대로 증거하는 사람이다.

   2. 증거의 내용은 예수 그리스도의 지상 사역, 즉 십자가의 죽음과 부활로 말미암은 구원이다.

3. 증인들의 태도는 자신의 안락과 안전에 구애받지 말고 충실해야 한다.

4. 학원 전도는 예수 그리스도의 죽음과 부활을 학원에 알리기 위해 하나님께서 뽑아 세운 그리스도인이 한다.

4. 《죽으면 죽으리이다》의 저자, 신사참배 반대로 옥고를 치르셨다.

5. 존 스토트, 《현대사회 문제와 그리스도인의 책임》 (IVP, 2005), p. 233.

6. 저자는 《새로운 교회가 온다》에서 "성육신적 선교의식"이라는 표현을 쓰고 있다. 마이클 프로스트, 앨런 허쉬, 《새로운 교회가 온다》 (IVP, 2009), p. 12. 섬김구도를 미션 구도로 바꾸는 기저에는 경쟁의식을 내려놓고 이웃의 눈높이로 적극적으로 내려가서, 그들의 입장에 서는 성육신적 선교의식이 요구될 것이다.

7. 캘빈 밀러, 《깊은 은혜 속으로》 (작은행복, 2002), pp. 49-50에서 재인용.

8. "사역 현장에 있지 않은 신학자들은 결코 알 수 없는 경험적인 진리"라는 표현은 조심스러운 면이 있다. 그러나 같은 진리를 말하지만 그 깊이와 무게가 다를 수 있다는 것에 대해서 이야기하고 싶다. "하나님은 사랑이시다"라는 말은 신학자도 목회자도 모두 말할 수 있는 성경의 진리이지만, 불의의 사고로 자녀를 잃은 사람에게, 불치의 중병으로 크게 고통하는 사람에게, 일생을 신앙으로 살았지만 지금은 치매로 가족의 얼굴조차 인식하지 못하는 부모로 인해 고통하며 자기 신앙조차 흔들리는 사람에게 하나님은 사랑이시라는 진리를 전하고, 그 사랑 때문에 끊임없이 성도와 함께 울고 웃는 사람이 목회자다. 수많은 장례를 인도하면서 정말 안타깝고, 때로는 도무지 어떤 말로도 위로가 될 수 없는 이해 불가의 상황들이 적지 않다. 그럼에도 '하나님은 사랑이시다'라고 성도의 고통을 감싸고 위로하며 말씀의 무게를 고스란히 져야 하는 사람이 목회자다.

9. 박용규(2022), 앞의 책, p. 731.

10. 유진 피터슨, 《시편으로 드리는 매일 기도》 (홍성사, 2010), 131일.

11. 존 맥아더 외, 《예수 그리스도, 하늘의 왕》 (디모데, 2020), p. 247.

12. "이른 아침에 기도하는 것은 하루의 싸움에서 사면으로 포위당하도록 기다리지 않고 선제공격을 가하는 것이다." 존 파이퍼, 《기도를 훈련하라》 (IVP, 2017), p. 62.

13. 톰 라이트, 《마침내 드러난 하나님 나라》 (IVP, 2009), p. 128.

14. 목회자의 지력에 대해서는 존 웨슬리의 권면이 도움이 될 것이다. "시간이 별로 없다구요? 요한 웨슬리도 마찬가지였습니다. 그러나 독서에 대한 그의 정열은 너무나 강렬했기 때문에 그는 독서를 시간표의 일부로 할당했는데 그는 거의 대부분의 독서를 말 안장 위에서 했습니다. 그가 말을 탄 채로 책을 읽으며 달린 거리는 하루 평균 50 내지 90마일이었고, 그리하여 평생동안 수천 권의 책을 다 독파했습니다." 찰스 스윈돌, 《인생독본(4계절의)》 (보이스사, 1992), p. 583.

15. 마틴 로이드 존스, 《영적 침체》 (복있는사람, 2014), pp. 78-79.

16. 리처드 포스터의 《생수의 강》 (두란노, 1999)에서는 묵상, 성결, 카리스마(성령 충만), 사회정의, 복음전도(말씀), 성육신(성례) 등 여섯 가지 영성을 다루고 있다. 나는 이러한 기존의 신앙 전통 외에 목회 현장에서 경험되는 공동체와 훈련의 영성을 더 생각했다.

17. 요일 4:20.

18. 요일 2:4.

19. 열방을 품기 위한 교회의 연합은 복음 전파와 선교를 위한 핵심적 토대이기 때문에 결코 선택사항이 될 수 없다. 여기에 대해서는 레슬리 뉴비긴이 잘 통찰했다. "선교와 연합은 서로 불가분의 관계로, 같이 추진되어야 한다.…교회의 연합은 신학적 토론을 거쳐 이루어질 수 있는 것이 아니다. 성육신의 종교가 우리를 그런 환상에서 벗어나게 해주어야 한다!…우리가 할 일은 다음 세 가지다. 첫째로, 모든 교회가 온 세상을 그리스도께 순종시키기 위해 선교의 책임을 새롭게 받아들이도록 요구해야 한다. 둘째로, 힘이 닿는 한 모든 수단을 동원하여 그 과업을 수행할 때, 모든 그리스도인이 서로 협력하도록 그 영역을 확대해야 한다. 따라서 현재 에큐메니컬 운동의 좌편이든 우편이든 바깥에 있는 이들을 그 운동에 참여시켜야 할 것이다. 셋째로, 모든 곳에서 교회의 재연합 운동을 지지하고 열심히 추진해야 한다. 이는 곳곳에서 예수의 이름을 부르는 모든 사람이 가시적인 연합을 이루는 일, 곧 아버지와 성령과 더불어 모든 영광을 돌릴 그리스도 안에서 만물이 하나로 통일되는 하나님의 목적을 이루는 수단이요 표지인 한 교회로 연합하는 일이 이루어질 때까지 계속 되어야 한다." 레슬리 뉴비긴, 《교회란 무엇인가》(IVP, 2010), pp. 185-186.

20. 랄프 윈터, 스티브 호돈, 한철호(2014), 앞의 책, p. 349.

21. 존 스토트(2005), 앞의 책, p. 25.

22. 역사적으로 비대칭전략을 통해 국가를 전복한 사람이 마오쩌둥(毛澤東)이다. 그는 "열세하나 준비된 힘이 종종 우세한 적을 기습 공격으로 이길 수 있다"는 전략으로, 압도적 열세에도 결국 전쟁에서 이겼다. 레이 프리차드는 장융, 존 핼리데이의《알려지지 않은 이야기들 마오》를 소개하면서 마오쩌둥의 전략을 인상 깊게 지적했다. 레이 프리차드, 《은밀한 공격》(사랑플러스, 2009), p. 129. 마오쩌둥의 전략은 하나님을 대항하는 사탄의 전략을 빼닮았다. 오늘날 교회나 성도가 사탄과의 싸움에서 이기는 길은 적보다 더 치밀하게, 더 강력하게, 더 창조적으로 준비하는 것에 있다.

23. 일곱 가지 복음주의의 절대가치는 온전한 제자훈련의 유일한 토대로서 이미 이 책 전체에 흐르는 진리의 강수인데, 보다 선명하게 움켜쥘 수 있고 머리에 각인될 수 있도록 압축한 것이다. 1. 성경의 절대 권위를 실천적으로 고백한다. 2. 예수 그리스도의 유일성을 선언한다. 3. 성령님의 능력과 주권을 의지한다. 4. 세계선교의 절박성을 인식하고 참여한다. 5. 공교회의 중요성을 알고 보호한다. 6. 평신도 사역의 소중함을 붙든다. 7. 믿음의 세대계승과 가정적 가치 수호에 힘쓴다. 한국교회는 세속화와 무신론 그리고 노골적인 반기독교문화의 삼각파도에 휩싸여 있다. 더욱이 4차산업의 대세가 된 인공지능과 가상현실의 디지털 세계가 사람들의 시선과 욕망을 통째로 훔쳐가고 있다. 이미 텅 빈 교회, 노인들만 자리를 채우는 교회, 아니 술집이나 이슬람의 사원으로 전락해버린 유럽의 교회는 충분히 한국교회와 성도들에게 반면교사의 경고가 되고 있다. 초대교회의 근력이요 부흥의 발상지였던 유럽교회가 붕괴된 것은 복음의 절대가치를 소홀히 하고 경시하며, 성경의 진리를 인본주의와 결합한 것에서 비롯되었다. 갈수록 기독교 신앙에 적대적인 세상에서 교회와 성도는 어떻게 살아남을 수 있을까? 유럽교회의 전후 맥락은 이미 한국교회에 해답을 주었다. 기독교에 적대적이고 반문화적인 잔인한 현실의 포효를 틀어막고 세상의 조롱에 재갈을 물려 다시금 이 땅에 하나님 나라를 세우는 길은 순교적 각오로 복음의 절대가치를 수호하는 데 있다.

24. 조정 경기의 키잡이(cox)는 비록 작은 체구이지만 건장한 조수들을 지휘하여 목적지

까지 끌어간다. 한국교회가 살고 우리 민족이 사는 길이 바로 여기에 있다. 우리나라의 땅덩어리는 남북한을 모두 합쳐도 세계 70위에 미치지 못한다. 앞으로도 한반도를 둘러싸고 있는 미·중·일·러 강대국들을 물리적인 힘으로는 감당하기 어려울 것이다. 우리나라가 콕스처럼 주변 강대국들을 이끄는 길은 복음의 허브(HUB)가 되는 데 있다.

25. 마음을 훈련하기 위해서는 성경에서 말하는 마음, 즉 영적인 마음이 무엇인지 아는 것이 우선이다. 여기에 대해서는 달라스 윌라드 외 공저의《제자도와 영성 형성》을 참고하라. "영성 형성은 하나님의 마음을 개발하는 일이다. 이런 영적인 마음은 예수 그리스도를 반영하는 전인격적인 변화를 주도한다.…우리가 타락한 마음의 손아귀에서 벗어나 영적인 마음의 힘을 창조하고자 한다면 우리는 반드시 훈련에 돌입해야 한다." 달라스 윌라드 외 공저(2012), 앞의 책, pp. 140-145.

26. "마음을 지키는 일의 핵심은 하나님을 사랑하는 것이다. 이것이 우리 삶의 즐거운 목표가 되어야 한다." 달라스 윌라드(2007), 앞의 책, p. 146.

27. 달라스 윌라드(2018), 앞의 책, p. 145.

28. Allen P. Ross, *A Commentary on The Psalms*, Vol. 1, Kregel Academics, 2011, p. 42.

29. 래리 크랩,《지상에서 가장 안전한 곳》(요단출판사, 2005), p. 246.

30. 웨인 코데이로,《성경에서 만난 내 인생의 멘토》(두란노, 2009), p. 28.

31. 70개의 결심 중에서 모든 목회자와 사역자가 가슴에 새겨야 할 몇 가지를 소개한다. "결심1. 일평생 하나님의 영광을 드높이고…하나님이 주신 의무는 무엇이든 행한다. 결심4. 하나님의 영광을 드높이는 것이 아니면 그 무엇도 하지 않는다. 결심57. 비록 번번이 실패할지라도 나의 부패한 본성과 싸우는 일을 게을리하거나 포기하지 않는다. 결심65. 모든 것과 모든 상황 속에서 할 수 있는 한 가장 솔직한 마음으로 나의 행위를 하나님께 아뢰고 내 영혼을 그분께 온전히 열어 보인다." 조나단 에드워즈,《조나단 에드워즈의 점검》(생명의말씀사, 2015), pp. 113-126.

32. 헨리 나우웬,《영혼의 양식》(두란노, 2001), 10월 24일자.

33. 교회 사랑의 부재의 심각한 문제에 대해서는 이미 본서 4장에 '완성된 교회 vs. 완성되어 가는 교회'(p. 211)에서 보다 상세히 언급했다.

34. 달라스 윌라드,《하나님의 임재》(IVP, 2016), p. 147.

35. 존 오웬,《존 오웬의 그리스도인의 교제 의무》(개혁된실천사, 2019), p. 63.

36. 헨리 나우웬(2001), 앞의 책, 10월 24일자.

37. 이은영,〈사회봉사 활동한 만큼 호감 못 얻는 기독교〉, 국민일보, 2017. 12. 05, *https://url.kr/e3fb2k*.

38. 마이클 윌킨스(2015), 앞의 책, p. 346.

39. "우리에게는 소망이 있다. 우리가 예수님 안에서 지금까지 보아온 것보다 더 놀라운 하나님의 영광을 이 세상과 저 세상에서 기필코 보게 된다는 생각을 하면 정말로 기대가 된다. 이것 역시 신자들이 누리게 될 거룩한 온전함의 일부이다." 제임스 패커(2011), 앞의 책, p. 145.

40. 고든 D. 피(2019), 앞의 책, p. 392.

41. 마틴 로이드 존스,《영광을 바라보라》(지평서원, 2014), pp. 40-42.

42. 존 파이퍼,《존 파이퍼의 성경과 하나님의 영광》(두란노, 2017), p. 353.

Part Ⅲ 온전론의 열매: 온전론의 실제적인 적용

***. 아브라함 카이퍼 자유대학교 취임사, "There is not a square inch in the whole domain of our human existence over which Christ, who is Sovereign over all, does not cry: 'Mine!'" -Abraham Kuyper.

chapter 7. 온전함의 다섯 가지 인격적 영역

1. 오스 기니스,《오스 기니스의 저항》(토기장이, 2017), p. 115.

2. 존 오웬(2017), 앞의 책, p. 435.

3. 위의 책, p. 443. 존 오웬은 "복음적 은혜가 아니고서는 우리의 본성에는 변화가 일어나지 않을 것이고 거룩하게 될 수도 없는 것이다"라고 말한다.

4. 존 오웬,《신자 안에 내재하는 죄》(부흥과개혁사, 2010), p. 128.

5. 존 오웬(2017), 앞의 책, p. 443.

6. 복음을 통한 전인격적 변화, 즉 복음의 전인격성에 대해서 마틴 로이드 존스는 다음과 같이 더 구체적으로 진술했다. "(복음 외에) 그런 일을 하는 것은 아무것도 없습니다. 이것이 생명과 죽음과 영원에 대한 완전한 견해, 완벽한 복음입니다. 그것은 전인을 포함하고도 남을 만큼 큽니다.…얼마나 위대한 복음입니까! 얼마나 영광스러운 메시지입니까! 그것은 인간의 지성을 완벽하게 충족시킬 수 있습니다. 인간의 마음을 전적으로 움직일 수 있습니다. 그것은 의지의 영역에서 전심전력을 다해 순종하게 할 수 있습니다. 이것이 복음입니다. 그리스도는 우리가 완전한 인간이 되도록 하기 위해서 죽으셨습니다. 그분은 우리의 일부분만 구원을 얻게 하거나 한쪽으로 균형을 잃은 그리스도인이 되게 하기 위함이 아니라 균형적인 완벽한 인격체가 되도록 하기 위해서 죽으셨습니다." 마틴 로이드 존스,《가장 위대한 메시지》(소망, 2011), p. 177.

7. 레너드 스윗,《가장 고귀한 세 단어 I LOVE YOU》(IVP, 2009), p. 120.

8. 존 파이퍼,《믿음으로 사는 즐거움》(좋은씨앗, 2009), p. 169.

9. 생각의 영역이 영적인 격렬한 격전지가 되는 이유에 대해서 존 오웬은 "죄가 하나님께 반감을 부추기기 때문이다. 사람들이 말씀을 조용히 묵상하기 어렵다고 호소하는 이유가 여기에 있다"라고 말한다. 그래서 "참 신자조차도 생각의 영역에서 하나님께 반감을 느끼곤 한다." 이것은 생각의 영역에서 왜 끊임없이 온전함을 추구해야 하는지, 생각이 하나님을 향하도록 길들여야 하는지 보여주고 있다. 존 오웬,《쉽게 읽는 죄와 유혹》(생명의말씀사, 2008), p. 62.

10. "…그는 하와를 하나님에게서 멀어지게 할 때 막대기로 그녀를 친 것이 아니라 어떤 관념으로 그녀를 공략했다. 하나님은 신뢰할 수 없는 존재라는 생각과 그녀가 스스로 자기의 행복을 확보해야 한다는 생각이 그것이었다." 달라스 윌라드 외 공저(2012), 앞의 책, p. 56.

11. 오스왈드 챔버스,《그가 나를 영화롭게 하리라》(토기장이, 2010), p. 143.

12. 래리 크랩,《래리 크랩의 교회를 교회되게》(두란노, 2011), p. 158.

13. Ronald Anton, *God's Seven Ways to ease suffering*, Xulon Press, 2007, p. 219.

14. 존 오웬,《구원하는 믿음의 증거》(생명의말씀사, 2018), p. 41.

15. A. W. 토저는 교회가 이 시대의 냉소주의에 굴복하는 현상으로, 요한계시록을 본문으로 삼아 설교하는 목회자들이 극소수에 지나지 않는 것을 꼽았다. "이러한 현상은 교회가 이 시대의 냉소주의와 세련된 지성주의를 보고 겁을 먹었기 때문에 일어난다." A. W. 토저,《내 자아를 버려라》(규장, 2008), p. 247.

16. 신앙인이 냉소주의를 경계해야 하는 것은 냉소주의에는 근본적으로 하나님을 대적하는 마음이 있기 때문이다. 이것을 상징적으로 보여주는 성경 말씀이 시편 78:19이다. "하나님을 대적하여 말하기를 하나님이 광야에서 식탁을 베푸실 수 있으랴." 이처럼 하나님의 권위에 도전하고 하나님의 능력에 의문을 제기하는 것이 냉소주의의 본질이다.

17. 신 12:8, "우리가 오늘 여기에서는 각기 소견대로 하였거니와 너희가 거기에서는 그렇게 하지 말지니라."

18. 생각의 훈련에서 주의할 것이 있다. 우리의 생각이 세상에 의해서 이미 길들여지고 있음을 인지해야 한다. 세상은 우리의 눈에 보이는 것이 전부라고 우리의 생각을 길들여서, 영적 세계의 실재성에 대해 외면하거나 부정하도록 가르치고 있다. 성경적인 생각의 훈련은 토저의 말처럼 '우리 마음의 눈을 덮고 있는 죄의 구름을 걷어내는 것이다.' A. W. 토저,《불타는 믿음》(규장, 2017). p. 68.

19. 요한 칼빈,《그리스도인의 삶》(칼빈아카데미, 2007), p. 34.

20. Robert C. Roberts, *Spiritual Emotions: A Psychology of Christian Virtues*, Eerdmans, 2007, p. 9.

21. 위의 책, p. 9.

22. C. S. 루이스,《스크루테이프의 편지》(홍성사, 2002), p. 177.

23. 이규태,《한국인의 정서구조 1》(신원문화사, 1994), 머리말.

24. 이규태,《한국인의 정서구조 2》(신원문화사, 1994), p. 226.

25. 존 웨슬리(2010), 앞의 책, p. 72.

26. 월터 카이저,《치유자 예수님》(선교햇불, 2009), p. 24.

27. Neil T. Anderson, *Discipleship Counselling*, Ventura, CA: Regal, 2003, p. 64.

28. A. W. 토저,《임재 체험》(규장, 2007), p. 75.

29. Dallas Willard, *Renovation of the Heart: Putting on the Character of Christ*, NavPress, 2002, p. 142.

30. 위의 책, p. 145.

31. 성 어거스틴(1987), 앞의 책, p. 199.

32. R. C. 스프롤,《정말 그렇게 믿습니까》(좋은씨앗, 2000), p. 58.

33. Alister McGrath, *Mere Theology*, Society for Promoting Christian, 2010, p. 3.

34. J. Gary Millar, *Changed into His Likeness*, IVP, 2021, p. 226에서 재인용.

35. L. Robert Kohls, *Learning to think Korea*, Intercultural Press, 2002, p. 101.

36. Robert Letham, *The Holy Trinity*, P&R Publishing, 2004, pp. 35-40.

37. Donald G. Bloesch, *The Church*, IVP, 2002, p. 43.

38. 아리스토텔레스,《정치학》(숲, 2022), pp. 21-22.

39. 온전한 제자훈련은 정서적으로 건강한 제자를 지향한다. "사람이 서른 혹은 쉰, 아니 일흔이 넘어서도 여전히 관계 속에서 정서적인 아기로 남아 있을 수 있다는 사실을 분명히 알게 되었다. 정서적 건강과 영적 성숙은 불가분의 관계가 있다는 사실, 정서적으로 미성숙하면 영적으로 성숙해지는 것이 불가능하다는 사실을 깨닫게 되었다." 피터 스카지로,《정서적으로 건강한 제자》(두란노, 2021), p. 219. 피터 스카지로는 이러한 영적 미성숙으로 인한 깨어진 관계가 십자가를 통해서 어떻게 온전한 관계로 바뀌는지를 "십자가의 역할"이라는 그림을 통하여 선명하고 설득력 있게 보여주고 있다.

40. 눅 6:27-28.

41. 달라스 윌라드 외 공저(2012), 앞의 책, p. 276.

42. 고후 5:9.

43. Wayne A. Grudem, 앞의 책, p. 1143.

44. 성도는 예수님이 심판을 받았기 때문에 죽음의 심판은 없다. 그러나 행한 공적에 따라 상급 심판은 있다(참고. 계 20:12). 성경은 이 땅에서 행한 대로 충성한 자에게는 생명의 면류관(참고. 약 1:12, 계2:10), 선한 싸움을 잘 싸운 자는 의의 면류관(참고. 딤후 4:7-9), 성도들에게 본이 되는 사람은 영광의 면류관(참고. 벧전 5:1-4)을 받는다고 분명하게 말씀하고 있다. 성도들에게 상급을 주시는 이유는 무엇보다 하나님께서 그렇게 하기를 기뻐하시기 때문이다. G. I. 윌리암스,《하이델베르그 요리문답 해설》(베다니, 2001), p. 151. "사도신경은 역사를 끝내고 모든 사람을 심판하러 그리스도께서 공개적으로 다시 오실 날을 기대한다. 이 심판에서 그리스도인에게는 그리스도인로서 그들이 신실하게 하나님을 섬긴 대로 "피로 사신 상급"이 기다리고 있고, 환락을 즐긴 자는 환락을 즐긴 자대로 그들이 거부한 주님에게 거절을 당할 것이다." 제임스 패커,《견고한 크리스천》(규장, 2002), p. 71.

45. Michael Horton, 2008, 앞의 책, p. 564.

46. Clinton E. Arnold, *Ephesian in Zondervan Illustrated Bible Backgrounds Commentary*, Vol. 3, Zondervan, 2002, p. 315.

47. Mark Wilson, *Revelation in Zondervan Illustrated Bible Backgrounds Commentary*, Vol. 4, Zondervan, 2002, p. 264.

48. 찰스 스펄전,《스펄전 설교전집: 고린도전후서 갈라디아서》(CH북스, 2011), pp. 359-377.

chapter 8. 영역주권의 관점에서 본 온전한 제자훈련

1. 아브라함 카이퍼,《영역주권》(다함, 2021)을 참고하라.

2. 예배 전반에 관한 일반적인 무지와 오해를 평이하지만 일목요연하게 지적하며 교정하는 책으로는 송인규,《아는 만큼 누리는 예배》(비아토르, 2021)를 참조하라. 저자

는 신학교에서 예배학의 이름으로 개설될 수준의 내용을 신자들이 쉽게 접할 수 있도록 친절히 설명하고 있다.

3. 제임스 K. A. 스미스,《습관이 영성이다》, 비아토르, 2022, p. 11.

4. 알리스터 맥그래스,《천국의 소망》(크리스천헤럴드, 2005), p. 278.

5. 마르바 던,《예배, 소중한 하늘 보석》(WPA, 2017), p. 490.

6. 마르바 던,《고귀한 시간 낭비》(이레서원, 2004), p. 452.

7. A. W. 토저,《홀리 스피리트(Holy Spirit)》(규장, 2006), p. 85.

8. 위의 책, p. 52.

9. 제임스 토런스,《예배, 공동체, 삼위일체 하나님》(IVP, 2022), p. 188. 인용 중 괄호의 말은 필자가 첨가한 것이다.

10. 오스 기니스(2017), 앞의 책 , pp. 270-271.

11. Christopher J. H. Wright, *The Old Testament in Seven Sentences*, IVP, 2019, p. 35.

12. Matt Chandler, Adam Griffin, *Family Discipleship*, Crossway, 2020, p. 32.

13. John Stott, *The Radical Disciple*, IVP, 2010, p. 21.

14. Fuller Youth Institute, *https://url.kr/iyomj1.*

15. 언급한 사회조사와 통계들은 전부 다음 책을 참고하라. Chap Bettis, *The Disciple-Making Parent*, Diamond Hill Publishing, 2016, pp. 9-10.

16. Luther's Small Catechism of 1529.

17. A. W. 토저,《하나님의 지혜는 지식으로 얻을 수 없다》(규장, 2018), pp. 64-66.

18. 담임목사로서 토비새 때 4대가 함께 성경암송 72구절을 암송하며 갖는 꿈이 있다. 심령에 삼켜진 말씀이 우리 자녀의 삶을 이 땅에서 마음껏 사명으로 살게 하는 영적인 순풍이 되기를 바라는 것이다. 프랑수아 페넬롱의 말은 영적인 통찰을 준다. "우리가 예수 그리스도와 그의 말씀으로 우리 자신을 먹인다면, 순풍을 타고 마음껏 항해하는 배가 될 것이다." 리처드 포스터, 제임스 브라이언 스미스,《리처드 포스터가 묵상한 신앙 고전 52선》(두란노, 2011), p. 92에서 재인용.

19. 알파 세대란 2010년 이후 태어난 모든 사람으로, 저출산 시대에 태어났기 때문에 가족 내 어른들이 알파 세대를 위해 소비하는 경향이 많다. 알파 세대는 디지털 콘텐츠 사용 비중 또한 높고 소셜 미디어와 AI를 실생활 속에서 사용하기 때문에 디지털 문화에 익숙하다. (미국 콘텐츠 산업동향, 알파 세대 Gen Alpha 이해하기: 2023년 12호 한국콘텐츠진흥원, 2023년 8월 23일 발행)

20. 존 스토트,《온전한 그리스도인》(IVP, 2019), pp. 59-62.

21. 위의 책, p. 63.

22. 웨인 코데이로,《리더십을 재충전하라》(생명의말씀사, 2009), p. 89.

23. Timothy Keller, *Every Good Endeavor: Connecting Your work to God's work*, Penguin Book, 2014.

24. 윌리엄 윌버포스(William Wilberforce, 1759-1833)의 생애와 정치적 활동은 철저하게 성경말씀 중심이었다. 그는 롬 13:10, 미 6:8의 말씀을 바탕으로 하나님 사랑과 사

회정의를 추구했다. 그의 노력 덕분에 1807년에 노예무역법이 통과되어 영국에서의 대서양 노예무역이 금지되었다. 그리고 1833년에 노예폐지법이 통과되고, 이 법이 통과된 지 몇 일 후인 1933년 7월 29일, 이 땅에서 육신의 장막을 벗고 하나님이 예비하신 영원한 집으로 들어갔다.

25. 로날드 사이더,《복음주의 정치 스캔들》(홍성사, 2010), p. 169.

26. 1983년에 미국에서 쉐퍼 박사 부부를 만나 대화를 하게 되었다. 그에게 나의 신앙적 비전을 일구었던 터전인 서울 용산의 라브리에 대해 이야기 했더니, "존, 네가 하는 라브리가 세계 최초의 자생적 라브리구나"라는 말이 지금도 기억에 남아 있다.

27. John Stott, *The Living God is a Missionary God in Perspectives on the World Movement*, William Carey Library, 1999, pp. 3-9.

28. Ralph D. Winter and Bruce A. Koch, *Finishing the Task: The Unreached People Challenge, In Perspectives on the World Christian Movemen*t, William Carey Library, 1999, pp. 511-512.

29. 〈디사이플 2014 10월호〉, 발행인 칼럼.

30. Alan Hirsch, Debra Hirsch, *Untamed*, Baker Books, 2010, p. 29; Jay Richard Akkerman, Mark A. Maddix ed., *Missional Discipleship*, Beacon Hill Press of Kansas City, 2013, Kindle version, p. 16에서 재인용.

31. Jay Richard Akkerman, Mark Mddix ed., 앞의 책, p. 17.

32 위의 책, p. 18.

33. Albert Mohler, Are Christian Missionaries Narcissistic Idiots? — A Response to Ann Coulter, *https://url.kr/bczuhf.*

34. 리처드 니버(H. Richard Niebuhr)는 1951년에 거의 고전처럼 분류되는 명저 한 권을 세상에 내놓았다. 그는《그리스도와 문화》(IVP, 2007)라는 책에서 교회가 문화에 대해서 다섯 가지의 태도를 취할 수 있다고 분석했다.

첫째, 문화에 맞서는 그리스도(Christ against culture)다. 교회 밖의 문화는 모두 죄로 심각하게 변질되었기에 의심의 눈을 가지고 봐야 한다. 교회는 가능한 세상 문화에서 물러서야 하고 피해야 한다. 전통적으로 금욕주의를 지향하는 공동체들 그리고 다양한 분파주의자들 그리고 근본주의자임을 자처하는 집단들이 이 견해 또는 이와 유사한 견해를 취한다. 교회와 문화의 관계를 보는 한 극단의 시각이다.

둘째, 문화의 그리스도(Christ of culture)다. 이 견해는 첫 번째 관점인 문화에 맞서는 그리스도와 정반대 편 끝에 위치한 시각이다. 문화는 다 좋은 것이어서 비판 없이 받아들일 수 있다. 좋은 것이기에 널리 권장해도 된다. 성경의 진리와 문화 사이에 어마어마한 긴장이 존재하는 양 호들갑 떨 필요가 없다. 성경의 진리라고 말하는 것을 약간만 절충하면 얼마든지 문화에 대해 수용적인 입장을 취할 수 있다.

셋째, 문화 위의 그리스도(Christ above culture)다. 이 관점은 처음 두 가지, 즉 문화 반대적인 입장 그리고 문화 동화(同化)적 입장의 중간 입장을 취한다. 기본적으로 문화는 선하다. 그러나 교회 그리고 문화 모두를 다스리시는 그리스도께서 감독하시는 가운데 성경의 계시와 교회의 사역에 의해 보강되고 완벽해질 필요가 있다. 이 견해는 가톨릭 신학자인 토마스 아퀴나스 이후 주로 가톨릭 진영에서 주장됐다.

넷째, 역설의 관계에 놓인 그리스도와 문화(Christ and culture in paradox)다. 이 견해는 위에서 본 극단들 사이의 또 다른 중도적 입장이다. 인간 문화는 죄로 더럽혀졌으나 분명 선하다. 따라서 그리스도와 문화 사이에는 긴장이 있을 수밖에 없다. 문화의 특정 측면들을 수용하기도 하고 동시에 거부하기도 해야 한다는 주장이다.

마지막으로, 문화의 변혁자 그리스도(Christ the transformer of culture)라는 견해를 살펴보자. 이 견해 역시 인간의 문화가 애초에는 선했으나 타락의 결과로 인해 부패하게 되었다고 본다. 그러나 그리스도께서 모든 피조물을 구속하고 계시기 때문에 신자는 문화를 하나님의 영광으로 변화시키기 위해 노력할 수 있고 또 노력해야만 한다는 입장을 가지고 있다.

문화에 맞서는 그리스도는 다분히 반 문화적이다. 성경적인 교훈과 원리에 맞지 않을뿐더러 현실적이지도 않다. 하나님께서 세속문화를 모두 멸절의 대상으로만 보라 하셨으면, 출애굽한 이스라엘 백성이 홍해 둔덕에서 하나님을 찬양할 때 동원한 악기들 그리고 무엇보다 광야에서 성막을 지을 때 재료로 삼은 물품들은 애굽에서 가지고 나온 것인데, 이런 점을 전혀 설명할 수 없다. 문화의 그리스도는 정반대로 너무 문화 예속적이다. 문화는 결코 가치중립적이지 않음을 21세기에 들어와 더욱 실감하고 있다. 세상에는 점점 더 노골적으로 반(反) 하나님 나라적인 문화를 표방하는 세력들이 늘어나고 있다. 문화가 하나님으로부터 나와 선한 기원을 가지고 있으나 타락으로 말미암아 심각하게 훼손, 오염되었음을 인정해야 한다.

문화를 초월하시는 그리스도는 교회를 문화 변혁의 주체로 본 것까지는 좋으나, 교회를 너무 큰 제도로 보고 있는 듯하다. 대부분의 교회는 문화를 초월하여 다스리시는 그리스도의 주권을 문화 현장에 직접 적용할 충분한 능력을 갖추고 있지 않다. 역설의 관계에 놓인 그리스도와 문화는 어느 정도는 반(反) 문화적이다. 우리는 문화 전체를 변혁할 책임을 지고 있다. 물론 문화의 일면을 거부하고 다른 일면을 수용하는 태도가 필요하긴 하나, 무엇보다 우리는 "여자가 가루 서 말 속에 갖다 넣어 전부 부풀게 한 누룩"(마 13:33)이 되어야 한다. '어떤' 문화가 아니라 문화 '전체'가 변혁의 대상이다.

35. 자크 엘륄, 《세상 속의 그리스도인》 (대장간, 2008), p. 18.

36. 오스 기니스, 《르네상스》 (복있는사람, 2016), p. 15.

37. 데이비드 프레이저, 토니 캠폴로, 《신앙의 눈으로 본 사회학》 (IVP, 2009), p. 38.

에필로그

1. 브레넌 매닝, 《그 이름 예수》 (토기장이, 2005), p. 53.

2. "크리스천 샬롬 팍스 코리아나"의 개념을 위해서 〈디사이플 2023. 2월호〉에 실은 칼럼의 내용을 발췌하여 게재한다. "2022년 12월에 미국 워싱턴 D. C.와 뉴욕을 방문하면서 놀랍게 느낀 것이 있다. 두 도시가 이전과는 다르게 보였다. 워싱턴 D. C.는 작아 보였고, 뉴욕은 세계 최고의 경제 도시였지만 불편하고 시끄러운 점이 있었다. 그러나 사실은 두 도시가 달라진 것이 아니라, 두 도시를 바라보고 느끼는 내가 달라진 탓일 것이다. 두 도시는 여전히 세계 최고의 역동적 도시로 평가받지만, 적어도 내게는 산과 강, 오랜 역사로 어우러진 서울의 역동성과는 차이가 있었다. 이처럼 내 생각과 느낌을 바꾼 것은 무엇일까? 서울이 어느덧 글로벌 스탠다드(global standard)가 되고 있다는 사실에 그 실마리가 있다. 이런 강점이 있음에도 불구하고, 또 한편으로

는 추종을 불허하는 초저출산율과 정치 이념의 극단적 분열은 한국의 우울한 미래를 예고한다. 최근 언론 매체의 주요 토픽 중 하나는 일상까지 파고든 정치의 양극화다. 이미 고착화된 지역 갈등, 남녀 갈등, 세대 갈등보다 정치 이념 갈등이 더 심각해졌다. 그것은 반세기 전에 중국에서 문화 혁명으로 나라가 갈라진 것처럼 어느 순간, 아니 오랜 시간 동안 우리 사회에 나라를 두 쪽으로 나누는 이념적 문화 혁명이 됐다. 한류(Korean Wave)를 기반으로 한 서울의 역동성, 그러나 초저출산율과 안타까운 높은 자살률 그리고 극단적인 정치의 양극화가 우리 사회의 실제다. 그렇다면 해결책은 없는가? 이 민족의 근대 역사를 다시 생각해 본다. 18세기 말에서 19세기로 이어지는 열강의 침략 속에 국가의 근간이 뿌리째 흔들렸고, 일제의 지배로 미래를 완전히 상실했던 한국을 다시 일어설 수 있게 한 원동력은 바로 기독교였다. 세계사에서 우리나라처럼 기독교의 역할이 독특한 나라는 없을 것이다. 수천 년 동안 유불선(유교, 불교, 도교)이 자리 잡고 있는 나라에 기독교가 들어온 지 반세기도 되지 않아 독립운동의 주체가 되었다. 한국은 수천 년 내려오던 민족 종교의 흐름을 백 년 만에 바꾼 나라다. 완벽하지는 않지만 크리스천 팍스 코리아나(Christian Pax Koreana)를 이뤘다.

지금 서울의 역동성을 글로벌 스탠다드화하고, 동시에 정치 이념에 의해 극단적으로 분열된 이 민족을 미래로 나아가게 하는 길은 21세기 크리스천 뉴 팍스 코리아나(Christian New Pax Koreana)를 이루는 데 있다고 생각한다. 지금은 어느 때보다 글로벌 스탠다드의 시각이 필요하다. 화가 이중섭과 박수근은 훌륭하지만 국내 무대에서 그치고, 김환기 화가는 파리와 뉴욕에서 글로벌 스탠다드로 올라갔기 때문에 세계 무대에서 주목받았다. 여기서 우리 사회 문제의 난망함을 해결하는 빛을 발견해야한다.…크리스천 뉴 팍스 코리아나는 한국교회가 이런 경천동지(驚天動地)의 거룩한 DNA를 글로벌 스탠다드로 만들어, 국제적으로는 2033년 예수님 승천 2,000주년을 기념하고, 국내적으로는 2048년 대한민국 정부 수립 100주년을 준비하여 우리의 다음 세대가 명실상부하게 세계를 이끌어 갈 수 있도록 하는 길이다. 또한 크리스천 뉴 팍스 코리아나는 이 땅을 쪼개고 있는 극단적 분열을 해결할 수 있는 열쇠가 될 것이다."

주제 찾아보기

1

1세기 교회의 제자 20
1세대 제자훈련 43, 433

2

2033-50 비전과 내향화의 극복 203
20세기 서구의 교회 219

3

3.1 운동과 평신도 244-245

9

9.26 한국교회 섬김의 날 58, 492, 501

M

MZ세대와 복음전도 451

ㄱ

가인의 예배, 아벨의 예배 428
가정 영적 재생산 252
가정예배 440, 447-448
가정 제자훈련 253, 430
가정 제자훈련과 토요비전새벽 예배 442
가치 있는 삶과 영원한 것 309
감정(感情)의 온전함 380
감정과 하나님의 형상 383
감정의 온전함과 기쁨 387

간힌 복음의 위험 490
강단에서 산상기도회 285
개념의 십자가 148
개인주의 51, 181, 479
개인주의적 교회론 182
거룩한 분리 199
거룩한 의식화 450
거룩한 확장성 33
건강한 교회론 183
건강한 교회론과 가정 190
건강한 목회를 위한 세 가지 질문 307
경쟁구도와 미션구도 312
경직된 형식주의 200
공동체성 181-182, 258, 332
공동체와 가족 언어 398
공로 의식 158-160
과도기적 교회 211
관계의 온전함 397
관계의 온전함의 척도 402-404
관념으로서의 교회 219
광인론 32, 498
교회론의 역사 198, 511
교회론의 중요성 184, 511
교회 사랑 15, 214-215, 219, 353, 495
교회 사랑의 부재 355
교회와 개인주의적 복음 181
교회와 문화 476
교회와 물질의 거룩화 220
교회와 새창조의 사역 241-242
교회와 선교 223
교회의 경직화 239, 513
교회의 공동체성과 개인의 소중성 181-182
교회의 관료화 240
교회의 내향화 199, 511-512

교회의 미래 18, 54, 263
교회의 영광 235
구약 이스라엘의 선교교회 222
균형잡힌 영성 329
그리스도와 문화 483, 525, 526
그리스도인의 관계성 399-402
그리스도인의 순종 69, 501
그리스도인의 온전함 40, 499
그리스도인의 이웃 사랑 402
긍정적 사고와 성경적 사고 376
기도의 지팡이 286, 443, 516

ㄴ
내부 폭발과 선교 폭발 200
냉담한 형식주의 49
냉소적 비판주의 200
냉소주의 117, 248, 293, 377-379,
  522
누수 없는 목회 318

ㄷ
단장지애 17, 92, 105
닫힌 교회와 열린 교회 184

ㄹ
라브리(L'Abri)와 사명의 꿈 463, 525

ㅁ
만인제사장과 평신도 243
말씀의 상대주의 136
목양과 인공지능 시대 23, 53,
  496-497
목자의 심정 16, 80, 502
목자의 심정과 빚진 자의 마음 116
목자의 심정과 성령론 86, 279, 294

목자의 심정과 순교적 제자훈련 125
목자의 심정과 십자가 90
목자의 심정과 어머니의 심정 122
목자의 심정과 피투성이 103, 505
목자의 심정과 하나님의 진노 119
목자의 심정과 하나님의 질투 120
목회와 기름 부으심의 축적 292
목회와 비대칭전략 338
목회와 생명나무 사역 327
목회와 영적 재생산 310
목회와 절박성 124
목회의 스탠다드 334
목회의 역동성과 'Finish and Start'
  320
목회자와 감정 훈련 387
목회자와 마음 지킴 346
목회자와 지성 330, 518
목회적 성육신 94
목회 철학 260, 342
문화명령과 대위임령 480
문화 제자훈련 476
문화 제자훈련과 전투적 비폭력 484
문화 제자훈련과 창조적 분리 484
문화주의의 미몽(迷夢) 52
미래 교회를 위한 세 가지 토대 254
미래의 이력서를 쓰는 선지성 232
믿음의 신앙계승 447

ㅂ
백보좌 심판 409
보호목회와 선제공격 목회 325
보호목회와 충만한 영성 322
복음의 외향성 471
복음의 전인격성 370, 521
복음의 포용성 335, 519

복음적 글로벌 스탠다드 335, 489-490
복음적 성화 369, 521
복음주의 절대가치 342, 519
본질과 비본질 49, 500
부국강병의 교회론 205
부흥헌신토요비전새벽예배 286
분노의 일상화 380
분리적 교회론 201
분절화, 형식화 20, 496

ㅅ
사도성의 계승 226
사도성의 축복 228
사랑의 전진 404
사명 54-55, 500
사명 의식과 마음 지킴 350
사실보고와 믿음보고 377
사역자의 심장 54
사역적 영성과 인격적 영성 330
사역현장을 위한 변론 46
사회 문화적인 변론 50
삶의 분철화 137, 507
삼위 하나님의 목자의 심정 82
생각의 온전함 373
생화(生花) 같은 제자훈련 152
선교 제자훈련 462
선교 제자훈련과 대위임령 467
선교와 교회 연합 335, 519
선교와 에딘버러 100주년 463
선교적 교회 223, 512-513
선교적 존재가 되는 교회 465
선지성 226
선지성 계승 229
선지성과 선교 230

선지성의 안전망 233
선지성의 은혜 228
선지자적 비판과 제사장적 책임 117
선험(先驗)적인 제자도 56
설교자와 기도 517
설교자의 강단과 감정의 온전함 387
성경에서 만나는 목자의 심정 91
 – 모세오경에서 만나는 목자의 심정 93
 – 복음서에서 만나는 목자의 심정 106
 – 서신서에서 만나는 목자의 심정 114
 – 선지서에서 만나는 목자의 심정 103
 – 시편에서 만나는 목자의 심정 100
 – 역사서에서 만나는 목자의 심정 96
성경적 온전함 69, 501
성경적 자아와 온전한 자아 52
성도의 기쁨 388
성도의 온전함 22, 64
성도의 온전함 vs. 세상의 온전함 70
성령과 계시의존적 사색 275
성령과 종말 26, 497
성령 충만과 기름부으심 290-293
성령 충만과 제자훈련 289
성령의 담금질과 성도의 빚어짐 284
성령의 순종과 의존의 관계 303
성령의 역사와 제자훈련 284
성령의 인격과 성령의 능력 279
성육신과 선교적 삶 74, 314, 502, 518
성혁명과 동성애 51
세속의 중력 18, 495
세속주의 379, 479
세속화와 종교 다원주의 342
세속화의 극복 486
순교적 영성과 선교적 영성 269
순장반과 교회의 미래 263
순장반과 목회 철학 260

순장반과 영적 재생산 262
신구약에 흐르는 목자의 심정 91
신성한 질서 51
신앙계승과 은혜 447
신앙의 개인주의화 51
신앙의 정체성과 익명성 288
실사구시의 교회론 205
십자가 신학 85
십자가와 설교 139
십자가를 중앙선으로 삼는 삶 133
십자가와 내면 변혁 140
십자가와 온전함 131, 133, 138, 143
십자가와 자기부인 128

ㅇ

영가족 182
영성 형성 26, 43, 315, 374, 497, 499, 520
영역주권 415, 523
영적 귀소본능 257
영적 동지애 34
영적 성숙과 정서적 건강 523
영적 소비주의 181
영지주의 53
예배 제자훈련 418
예배에 대한 오해들 420
예배에 대한 온전한 이해 423
예배와 가정 제자훈련의 모범 436
예배와 일 459
예배와 작은 부활절 424
예배와 초월의 대관식 425
예배와 혼인잔치 426
예수님과 감정 382
예수님의 마음 85, 90, 503, 504
예수님의 목자되심 102, 504-505

예수님의 온전한 제자 32, 498
예수님의 일 철학 455
온전론 32
온전론과 성령론 270
온전론과 성화 369
온전론의 태동 184
온전한 목회를 위한 네 가지 원칙 336
온전한 목회와 창조적 사역 334
온전한 목회의 사역의 용량 314
온전한 제자를 형성하는 다섯 가지 인격적 영역 368
온전한 제자와 성령의 기름부으심 273, 515
온전한 제자의 오른손 371
온전한 제자의 왼손 416
온전한 제자헌장 11
온전한 제자훈련과 목회 306
온전한 제자훈련과 부흥 195
온전한 제자훈련과 십자가 131
온전한 제자훈련과 죽음 149
온전한 제자훈련의 생얼굴 154
온전함과 하나님의 형상 59, 60
온전함과 공동체성 498
온전함과 관용 71
온전함과 균형 잡힌 영성 329
온전함과 마음의 기원 59
온전함과 신학적인 변론 41
온전함과 선교적 삶 74, 502
온전함과 성도다움 62
온전함과 순장반 260
온전함과 순종 69
온전함과 완전함 61, 496
온전함과 인간 본성 59
온전함과 제자훈련 40

온전함과 특별새벽부흥회 254
온전함과 충만한 영성 317
온전함과 프로테우스적 자아 499
온전함을 위한 변론 40
　- 목회론적인 변론 55
　- 사역현장을 위한 변론 46
　- 사회 문화적인 변론 50
　- 신학적인 변론 41
온전함의 길 77, 128
온전함의 목표 68
온전함의 바른 이해 61
온전함의 방식 68, 71
온전함의 여정 74, 502
온전함의 정상 363
온전함의 추구 44, 48, 499, 503
와 보라(come and see)의 교회론과
　가는(going) 교회론 44
완성된 교회 vs. 완성되어 가는 교회
　211
유기적인 교회 vs. 조직으로서의 교회
　217
은사주의 운동 273
은혜의 비주류 37
은혜 의식 158-159
의지(依支)와 의지(意志) 53, 371, 393
의지의 온전함 390
의지의 온전함과 전적위탁 386
의지의 타락 392
이상적 비판주의 117, 506
이신칭의와 행실 408
인간의 연약함 87, 503
일과 사명 454
일과 샬롬 456
일과 인권 458
일터 제자훈련 453

ㅈ

자기결정권 171, 509-510
자기부인과 관계 절연(絶緣) 171
자기부인과 기쁨 175
자기부인과 삶의 우선순위 168
자기부인과 자기 의 155, 508, 509
자기부인과 자아 166
자기부인과 자아실현 163
자기부인과 하나님의 영광 173
자기성찰과 자기부인 375
자기 의의 해독제 160
자아 중독증 375
전적위탁 386
전적위탁과 우선순위 394-395
전통 교회와 교회 밖 선교단체 186
전통적 교회론과 내향화의 덫
　198, 511-512
전통주의 교회의 맹점 199-200
제자도와 선교 명령 469
제자와 온전한 자 41-42
제자훈련 2.0과 제자훈련 1.0 224
제자훈련과 거룩한 지향합일 498
제자훈련과 거룩한 의식화 450
제자훈련과 우선순위 369
제자훈련과 유교 문화 42, 65
제자훈련과 인공지능 53
제자훈련교회 32
제자훈련 국제화 268
제자훈련선교교회 32
제자훈련이 무엇인가? 36
제자훈련적 삶 31, 37
조나단 에드워즈식 부흥, 찰스 피니
　식 부흥 284, 516
조화(造花) 같은 제자훈련 152
종교적 삶 174

종교적 자아 168
진심과 전심의 목회 57

ㅊ
청계산 산상기도회 285
초대교회 제자도 21
초대 기독교인의 모습 20, 495
최고의 비대칭전략 성경암송 445
추리의존적 사색과 계시의존적 사색
276

ㅋ
카이로스의 시간, 크로노스의 시간
108

ㅌ
토요비전새벽예배, 토비새 251, 321,
418, 442, 446, 524
특별새벽부흥회(특새) 254
– 특새와 공동체의 건강 257-258
– 특새와 영적 귀소본능 257
– 특새와 영혼의 나이테 256
– 특새의 유익 254-259

ㅍ
평신도를 깨운다 제자훈련지도자
세미나(CAL 세미나) 265
평신도와 민(民)의 나라 243
평신도와 영적 재생산 251
평신도와 왕 같은 제사장 249
평신도의 특권 245
포스트모더니즘 53
포스트 코로나와 교회론 189
프로크루스테스의 침대 56
피 흘림 없는 복음적 평화통일 474

ㅎ
하나님과 일 453
하나님의 공의 104
하나님의 마음 '스플랑크니조마이'
92
하나님의 분노 119, 506-507
하나님의 섭리 113
하나님의 심정 81, 502, 506
하나님의 연표와 세상의 연표 319
한국교회의 쇠퇴 46
한국인의 감정, 울화와 흥
385-386
한 사람의 소중성 182
행실과 상급 심판 409-412, 523
행실의 온전함 408
현대적 자아 51
형벌적 대속론 115, 506
회색지대 27, 497

인물 찾아보기

A

A. W. 토저(A. W. Tozer) 87, 173, 495, 498, 500, 503, 508, 509, 510, 511, 517, 522, 524

Adam Griffin 524

Alan Hirsch 525

Albert Mohler 525

Allan Heaton Anderson 515

Allen P. Ross 520

C

C. S. 루이스(C. S. Lewis) 159, 385, 495, 502, 507, 509, 510, 513, 522

Christopher J. H. Wright 507, 524

Clinton E. Arnold 523

Craig Etheredge 499

D

D. A. 카슨(D. A. Carson) 145, 507, 508

David J. Bosch 512

Darell L. Guder 513

Donald G. Bloesch 523

J

Jay Richard Akkerman 525

J. Gary Millar 523

J. T. 잉글리시(J. T. English) 499

G

Gerhard M. Schneider 501, 504

H

Horst Robert Balz 501, 504

M

Mark A. Maddix 525

Matt Chandler 524

N

Neil T. Anderson 523

P

Paul David Tripp 500, 501, 508

R

R. A. 토레이(R. A. Torrey) 111, 279, 506, 515, 516

R. C. 스프롤(R. C. Sproul) 503, 507, 510, 516, 522

R. T. 켄달(R. T. Kendal) 507, 510

Ralph D. Winter 525

Robert Letham 523

Roger W. Gehring 511

Ronald Anton 522

T

Tim Chester 501

Timothy S. Lane 500, 501, 508

ㄱ

고든 D. 피(Gordon D. Fee) 229, 497, 513, 520

게리 브레셔스(Gerry Breshears) 502

게리 블랙 Jr.(Garry Black Jr.) 502

게리 토마스(Gary Thomas) 499

게할더스 보스(Geerhardus Johannes Vos)
497

길선주 36

김동명 38, 310

김준곤 218, 503, 507

김회권 514

ㄷ

달라스 윌라드(Dallas Willard) 499,
502, 504, 514, 520, 521, 523

대천덕 272, 515

더글라스 무(Douglas J. Moo) 517

데니 렙코(Denny Repko) 183

데이브 도슨(Dave Dawson) 183

데이비드 브레이너드(David Brainerd)
300, 504, 510, 517

데이비드 플랫(David Platt) 501, 509

ㄹ

래리 크랩(Larry Crabb) 520, 522

레너드 스윗(Leonard Sweet) 500, 521

레슬리 뉴비긴(Lesslie Newbigin) 503,
507, 511, 519

레이 커즈와일(Ray Kurzweil) 500

레이 프리차드(Ray Pritchard) 519

로버트 소시(Robert Saucy) 81

로버트 슬로컴(Robert E. Slocum) 498

루비 켄드릭(Rubye Rachel Kendrick)
194

루퍼투스 멜데니우스
(Rupertus Meldenius) 500

리처드 니버(H. Richard Niebuhr)
482-483, 525

리처드 포스터(Richard J. Foster)
497, 517, 518, 524

릭 워렌(Rick Warren) 6, 512

ㅁ

마르바 던(Marva J. Dawn) 507, 524

마이클 고먼(Michael J. Gorman) 507

마이클 윌킨스(Michael J. Wilkins)
498, 499, 520

마이클 카드(Michael Card) 505

마이클 프로스트(Michael Frost) 502,
518

마이클 호튼(Michael Horton) 499, 512,
513, 523

마크 드리스콜(Mark Driscoll) 103, 502,
505

마크 부캐넌(Mark Buchanan) 517

마틴 로이드 존스(Martyn Lloyd-Jones)
124, 240, 506, 507, 508, 510, 513,
514, 517, 518, 521

마틴 루터(Martin Luther) 36, 85, 119,
145, 274, 408, 441, 454, 503, 508,
511, 513

미누키우스 펠릭스(Minucius Felix) 495

ㅂ

박명수 514

박용규 495, 511, 512, 515, 516,
518

밥 호스테틀러(Bob Hostetler) 501

본회퍼(Dietrich Bonhoeffer) 146, 496,
497

브레넌 매닝(Brennan Manning) 490,
526
빌 헐(Bill Hull) 498
빌리 그래함(Billy Graham) 50, 218

ㅅ
성 어거스틴(St. Augustine) 22, 55, 277,
392, 405, 522
스티브 레이비(Steve Rabey) 500

ㅇ
아리스토텔레스(Aristotle) 401, 523
아브라함 카이퍼(Abraham Kuyper) 5,
248, 366, 415, 470, 483, 521, 523
안이숙 38, 310
알랜 크라이더(Alan Kreider) 512
알리스터 맥그래스(Alister McGrath) 6,
45, 189, 295, 424, 499, 503, 504,
505, 507, 508, 511, 517, 524
앤드류 머레이(Andrew Murray) 159,
291, 496, 502, 504, 506, 508, 509,
517
어윈 루처(Erwin W. Lutzer) 144, 508
에드워드 기번(Edward Gibbon)
238, 513
에릭 슈미트(Eric Schmidt) 500
오대원 517
오스 기니스(Os Guinness) 7, 136, 239,
503, 507, 508, 514, 521, 524, 526
오스왈드 챔버스(Oswald Chambers)
317, 522
옥한흠 32, 34, 187, 207, 217, 226,
263, 268, 310, 323, 330, 339, 397,
498, 506, 512, 513, 514

요한 칼빈(John Calvin) 5, 36, 60,
157, 271, 274, 380, 441, 501, 507,
511, 514, 522
월터 카이저(Walter Kaiser) 523
윌리엄 윌버포스(William Wilberforce)
458, 500, 524
웨인 그루뎀(Wayne A. Grudem)
229, 232, 511, 513, 523
유진 피터슨(Eugene H. Peterson)
497, 505, 518
이규태 522
이순신 340

ㅈ
자크 엘륄(Jacques Ellul) 526
저스틴 마터(Justin Martyr) 139, 495
제임스 K. A. 스미스
(James K. A. Smith) 524
제임스 패커(James Packer) 280, 500,
502, 510, 512, 515, 516, 517, 520,
523
조나단 에드워즈(Jonathan Edwards)
175, 178, 284, 351, 504, 510, 517,
520
조시 맥도웰(Josh McDowell) 501
조재천 501
조지 뮬러(George Muller) 506
조지 엘던 래드(George Eldon Ladd)
247
존 번연(John Bunyan) 505
존 비비어(John Bevere) 504
존 C. 라일(John C. Ryle) 517
존 스토트(John Stott) 75, 167, 337,
438, 454, 496, 497, 500, 502,

506, 508, 509, 512, 516, 517, 518,
519, 524, 525
존 오웬(John Owen) 65, 355, 377,
498, 501, 505, 506, 509, 520,
521, 522
존 웨슬리(John Wesley) 497, 518, 522
존 파이퍼(John Piper) 500, 504, 510,
511, 518, 521
주기철 36

ㅊ

찰스 스윈돌(Charles Swindoll)
504, 505
찰스 스펄전(Charles Haddon Spurgeon)
5, 21, 28, 160, 295, 495, 496, 497,
498, 503, 504, 505, 506, 508,
509, 516, 517, 523
찰스 피니(Charles Grandison Finney)
197, 284, 337, 338, 516

ㅋ

칼 트루먼(Carl R. Trueman) 500
칼 헨리(Carl F. H. Henry) 145, 508
캘빈 밀러(Calvin Miller) 518
케니스 칸처(Kenneth S. Kantzer)
145, 508
켄트 브랜틀리(Kent Brantly) 472

ㅌ

토니 캠폴로(Tony Campolo) 501, 526
톰 라이트(Thomas Write) 518
팀 켈러(Timothy Keller) 502, 512, 513,
524
톰 핀리(Tom Finley) 81

ㅍ

프란시스 쉐퍼(Francis A. Schaeffer)
463
피터 드러커(Peter Ferdinand Drucker)
233
피터 스카지로(Peter Scarzzero) 523
필립 샤프(Philip Schaff) 514

ㅎ

한스 큉(Hans Küng) 226, 496
허스트(William Randolph Hearst) 294
헨리 나우웬(Henri Nouwen)
505, 509, 520
헨리 할러만(Henry Holloman) 81

성경구절 찾아보기

창세기
1장 301, 453
1-11장 434, 481
1:2 86, 295
1:4 384
1:10 384
1:12 384
1:18 384
1:21 384
1:25 384
1:27 60
1:28 60, 453, 480
1:31 384
2장 301, 328, 384, 453
2:8 93
2:15 93
2:18 384, 399
3장 93, 227, 455
3:9 93, 222
3:15 227
3:17-18 453
3:18 370
4:7 373
5:1-2 60
5:3 59
6:9 62
12장 434, 481
12-50장 442

12:1-3 222
12:2 407
15장 434
15:13-14 95
17장 434
18:19a 434
22장 434
22:1-19 100
32:11 83
48:15 91, 94
50:24 435

출애굽기
2:12 96
3:8 83
12:5 62
19:5-6 222
19:6 249
20:5b 443
32:32 96, 346
32:9 95
34:6 114

레위기
26:8 206
27:32 83

민수기
11:12 96, 346
12:3 346
13장 378
13-14장 233, 376
13:33 378
16장 36
16:33 36

신명기
4:23 121
4:24 121
6:4-9 435
6:6 446
8:15 95
12:8 378
32:11 295

여호수아
7:16-18 97
10:12 349

사사기
2:10 98
6:12 206
7장 340
17:6 98
18:30 431
21:25 98, 378

사무엘상
2:10 444
7장 443
7:10 443
12:22 99
15:22 246
17:34-35 95
17:37 83
17:46 222
17:47 99

사무엘하
5:4 350
5:5 350

열왕기상
15:3   62
18장   282, 485
22:17   98

역대상
11:2   98
21:20-22:1   100
29:28   349

역대하
3:1   100
6:32-33   223
7:1-3   277
14:13   257
18:16   98
26:15   357

에스더
4:14   52
4:16   340

느헤미야
9:16-17   99

욥기
5:15   82
33:4   86
40:4   361

시편
1편   446
2:2-9   102
23편   82, 85, 100
23:1   101
23:2   101

23:3   101
23:4   101
23:5   102
23:6   102
37:5   394
50:14   246
68:19   56
77:20   94
78:52-54   94
78:70-72   98
80:1   85
119:71   362
126:5-6   48

잠언
4:23   347, 350
22:29   438

전도서
6:11   487
9:3   87

이사야
1:12   358
5:4   153
6장   359
6:1   357
6:5   360
6:8   223
6:10   24
6:13   450
19:24-25   336
35:6-7   292
40:27-31   323
40:28   323
42:8   465

44:3   86
49:6   223, 231
49:15   123
51:11   370
53:10   90
56:7   224
58:10-12   459
61:1   299

예레미야
2:13   291
5:30   24
7:17-18   121
12:4   406
16:12   87
31:20   105
44:19   121

에스겔
1:28   360
16:6b   17, 104
34:11   82
36장   345
36:25-27   67
36:26   300
47장   328

다니엘
3:1   342
6:26   223

호세아
11:7   105
11:8-9   104
11:9   105

요엘

2:28	231

요나

4장	115
4:11	231
4:5-11	115

스바냐

3:14	426

스가랴

4:6	66
14:20-21	220

말라기

3:3	246

마태복음

1:1	223
2:6	91
3:16-17	399
3:15	101
4:4	102
5:16	371, 411
5:23-24	398
5:38	74
5:43-47	398
5:44	74, 398
5:48	23, 45, 70
6:9-10	36
7:1	164
7:12	403
8:20	238
9:36	92, 106
10:16-22	486
10:37-38	394

12:48	436
13:25	159
13:33	483
13:55	455
14:16	108
15:19	370
15:32	427
16:4	149
16:16	374
16:18	237
16:23	374
16:24	162
16:26	431
17장	238
18:20	429
19:16	69
19:21	69
19:22	175
20장	316
22:38	161
22:39	402
23:23	396
24:14	248
26:38-39	101
26:39	144
27:33-34	144
28:18	223
28:19-20	243, 467, 480
28:19	41, 461, 469
28:20	118

마가복음

1:1	372
1:13	101
1:17-18	55

1:35	101
6:3	455
8:34	165, 166
8:34-37	67
10:27	21
10:35-45	140
14:29-30	73
14:34	347
15:21	64, 112
16:19	102

누가복음

1장	388
2장	436
2:49	436
2:51	436
9:2	470
9:23	129
9:57	168
10:1	470
13:29	426
14장	157
14:26	169, 170, 395, 436
14:33	169, 170
15장	106, 392
15:4	124
15:20	106
15:28	393
15:32	388
18:18	400
18:22	400
19:11-27	410
23:26	64
23:34	405
24:32	424

24:41	425	15:26	86	19:12	141
24:49	231	16:13	86	20:24	55
24:52	388	17:14-16	485	21:9-14	229
		17:17	274		

요한복음

1:14	93, 471	19:26-27	437	**로마서**	
2:9	227	19:28-29	144	1:14	116
3장	400	20:21	188, 227,	3:23	60
3:16	398		466, 469,	5:21-6:2	136
4장	401		471	6:14	160
4:9-38	425	21장	134	6:17	392
4:9	425			7장	350
4:11	425	**사도행전**		7:14	87
4:14	36, 291	1:4	231	7:24	249, 373
4:19	425	1:15	278	7:24-25	142
4:29	425	2장	297	8:1	409
5:17	455, 460	2:43-47	220	8:2	87
6장	108, 233	3장	196	8:6	376
6:9	234	3:15	102	8:11	282
6:13	234	4장	289	8:14	67
7:38	291	4:4	41	8:15	18
7:38-39	291	5:32	304	8:16	276
8:4	110	6:5	289	8:26	86, 232,
8:7b	110	7장	95		282
8:11	111	7:55	427	8:27	87
8:11b	110	9:4	193	8:28	232, 233
8:44	374	10장	189, 301	8:32	85, 115,
10:11	92	10:44-48	278		142
10:15	95, 102	11장	301	9:3	403
10:30	162	11:15	301-302	10:13	158
13:34-35	75	13장	230, 231	11:33-34	204
14:17	282	13:1	229, 302	12:5	181
14:26	86, 308	13:1-3	278	12:13	403
15:5	71, 182	13:22	98, 348	12:16	116
15:11	388	13:33	102	14:7-8	395, 402
15:14	401	16장	146, 189	16:13	64
		16:9	189		

고린도전서

1:9	60
1:17	144
1:23	135
2:2	135
2:4	304
2:13	304
3:6	48
3:16	67, 277
4:1	205
4:15	123, 251
4:20	205
6:19-20	462
6:20	466
9:19	312, 346
9:24-27	411
10:16	293
11:1	372
12:28	230
13장	355
13:3	273
14:37	230
15장	355
15:19	344
15:32	487
15:49	66

고린도후서

3:6	115
3:17	86, 296, 298
3:18	369
4:17	361
5:1	456
5:7	74

5:9	408
5:10	408
5:16-21	398
5:17	60, 167
9:8	55
10:4	325
10:5	370
11:2	235
11:24	403
12:2	141
12:9	142
12:10	147

갈라디아서

1:6-10	326
2:20	129, 135, 353
3:3	88
3:24	328
3:25	328
3:26	67
4:4	221, 227
5:15	312
5:18	299
5:22-23	86, 296
6:14	141

에베소서

1:3	304
1:18	294
1:22	235
1:23	193
2:8-10	410
2:10	411
2:18	231

2:20	230, 231
3:18-19	85
4장	302
4:1	193
4:11	86, 229
4:12	75, 232
4:13	61, 68, 74, 315
4:14	73
4:15	68, 73, 235
4:15-16	72, 239
4:16	74-75, 75
4:17-24	53
4:24	60, 66
5-6장	437
5:2	84
5:3	53
5:18	289, 296
5:23	235
5:25	213, 355
5:27	213, 235, 236
6:6	346
6:12	480
6:17	372

빌립보서

1:21	171
1:23-24	151
2:6	162
2:6-11	394
2:8	53
2:15	441
2:17	194, 247

2:18	194
2:13-14	410
3:4-6	155
3:5-7	141
3:10	135
3:12	22
3:13-14	358
4:2	313
4:4	383

골로새서

1:9	348
1:18	193, 354
1:24	236, 354
1:27	236, 353
1:27b	352
1:28-29	42, 308
2:6-7	394
2:20-23	302
3:1	102
3:10	61, 66
3:16	388
3:22	346, 460
3:22-23	456
3:24	457
4:1	460
4:1b	460

데살로니가전서

1:1	212
1:6	247
2:2	146
2:19-20	411
5:17	255
5:18	383

디모데전서

5:6	487
6:10	459

디모데후서

1:13-14	208
2:2	187, 207
3:12	147
3:15a	445
4:2	310
4:6-8	411
4:10	171, 207

히브리서

1:12	151
2:7	361
2:10	63, 139
5:8-9	139
7:25	91
10:14	144
10:19-22	138
11:4	246
11:21	288
11:38	20
12:4	206
12:15	381
13:2	403
13:20	82
13:21	70

야고보서

2:22	408

베드로전서

1:2	274
1:25	151

2:9	245, 459
2:24	114
5:2-4	411
5:4	92
5:8	176, 440
5:10	17

베드로후서

3:2	230
3:3	126
3:9	97, 114, 115

요한1서

2:2	398
2:12-17	72
2:16	374
2:17	152
3:16	404

요한계시록

1:14-17	238
1:17	360
2장	238
2:10	411
7:17	92
19장	33, 426
19:7-8	67
19:9	102
20:11-15	409
20:12	410
21장	426
22장	328, 434

국제제자훈련원은 건강한 교회를 꿈꾸는 목회의 동반자로서 제자 삼는 사역을 중심으로
성경적 목회 모델을 제시함으로 세계 교회를 섬기는 전문 사역 기관입니다.

온전론 거룩한 습관을 형성하는 목자의 심정 제자훈련론

초판 1쇄 발행 2023년 10월 23일
초판 20쇄 발행 2025년 4월 1일

지은이 오정현

펴낸이 박주성
펴낸곳 국제제자훈련원
등록번호 제2013-000170호(2013년 9월 25일)
주소 서울시 서초구 효령로68길 98(서초동)
전화 02)3489-4300 **팩스** 02)3489-4329
이메일 dmipress@sarang.org

ISBN 978-89-5731-884-3 03230

※ 책값은 뒤표지에 있습니다. 잘못된 책은 구입하신 곳에서 교환해 드립니다.

온전론 스터디 가이드

TELEIOS DISCIPLESHIP STUDY GUIDE

온전론 스터디 가이드

TELEIOS DISCIPLESHIP STUDY GUIDE

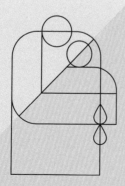

온전론 스터디 가이드 사용에 대하여

☑ "온전론"은 기본적으로 목회자와 평신도 지도자, 예비 평신도 지도자를 위한 책입니다.
그러므로 한 페이지, 한 문장, 한 단어에 담긴 영적, 목회적 의미의 무게가 결코 적지 않습니다.
그렇기 때문에 각 페이지, 각 장별로 읽어나가면서 사역의 노하우와 통찰력을 내것으로 결정화(結晶化)하는 작업을 해가야 합니다.

☑ "온전론 스터디 가이드"는 각 장에서 저자가 핵심적으로 강조하는 부분들에 대해 독자들이 읽고 발견한 것들을 중심으로 재정리하면서 내면화하고 사역에 접목할 수 있는 통찰력을 얻어내도록 돕는 길 안내자입니다.

☑ "온전론 스터디 가이드"를 통해 저자가 한국교회와 한국교회의 목회자들을 향해 피를 토하듯 던지는 도전의 메시지를 체화하는 은혜가 임하기를 간절히 소원합니다.

차례

온전론 스터디 가이드 사용에 대하여 _ 4

Chapter 1   왜 온전론 제자훈련인가? _ 6

Chapter 2   온전함의 원천, 목자의 심정 _ 13

Chapter 3   온전함에 이르는 길, 십자가와 자기부인 _ 23

Chapter 4   온전한 제자훈련을 위한 교회론:
            온전한 제자의 성장과 교회 공동체 _ 38

Chapter 5   온전한 제자훈련을 위한 성령론:
            온전론에서 보는 성령 하나님의 재발견 _ 48

Chapter 6   온전한 제자훈련을 위한 목회론:
            온전함을 추구하는 목회자의 품성 _ 57

Chapter 7   온전함의 다섯 가지 인격적 영역 _ 64

Chapter 8   영역주권의 관점에서 보는 온전한 제자훈련 _ 72

왜 온전론 제자훈련인가?

1. 제자훈련적 삶으로 가는 길

1) 사랑의교회가 고통의 과정을 통과하며 만들어진 값진 진주와 같은 '온전론'은 '광인론'을 어떻게 계승 발전시켰는가?(p. 32)

....

....

....

....

....

....

2) "제자훈련이 무엇인가?"라는 질문에 저자가 한 가지 양보할 수 없는 결론은 무엇인가?(p. 36)

....

....

....

3) 은혜의 주류에 서는 일에 있어서 사단이 일하는 것과 예수님께서 일하시는 것은 어떤 차이가 있는가?(p. 37)

....

....

....

....

....

....

4) 제자훈련과 제자훈련적 삶은 어떤 관계에 놓여 있는가?(p. 37-39)

....

....

....

....

2. 온전함을 위한 변론

1) 부담스러운 '온전함' 이라는 단어가 제자훈련과 유일하게 어울리는 이유는 무엇인가?(p. 40)

....

....

....

....

2) 제자훈련에 있어서 온전함이 신학적으로 매우 중요한 이유 다섯
   가지는 무엇인가?(p. 41-44)

_____

_____

_____

_____

_____

_____

_____

_____

_____

_____

3) 온전한 제자훈련이 마이너스 성장이 현실화된 한국교회에 사역
   적으로 적절한 이유는 무엇인가?(p. 46-49)

_____

_____

_____

_____

_____

_____

_____

4) 온전한 제자훈련은 속도와 방향, 관계성에서 이전 시대와는 완전히 달라진 21세기 교회를 둘러싼 사회, 문화적인 환경에도 적합한가?(p. 50-54)

5) 성도들은 자주 유혹에 빠지고 불순종의 시험에 빠지는데 목회 현장에서 온전함을 말하는 것이 가능한 일인가?(p. 55-58)

3. 온전함에 끌리는 인간의 본성

1) 인간이 자신의 불완전함을 명확한 지식으로 알고 있으면서도, 아니 알고 있기 때문에 인간은 거의 필사적으로 온전함을 추구한다. 자신이 불완전함을 명쾌하게 알고 있다면 더 이상 완전, 온전, 완벽 이런 것은 꿈꾸지 말아야 하는데, 더 갈망하고 찾는다. 이 마음은 어디서 온 것일까?(p. 59-61)

2) 이미 십자가를 통해 하나님이 제공하시는 큰 구원을 받았는데 왜 회개와 믿음의 길을 끊임없이 걸어야 하는가? 달리 말하면 이미 구원받았는데 또 무슨 전인격의 변화를 꾀해야 하는가?

(p. 64-67)

4. 온전함에 관한 성경적 진의(眞意)

1) 우리가 추구하는 온전함은 예수 그리스도에게까지 자라나는 성장이며, 범사에 참된 것을 하면서 예수님을 닮는 성숙이다. 예수님을 닮는 것이 온전함의 목표요, 예수님을 닮아가는 과정이 온전함을 이루는 여정이라면 온전함을 이루는 방식은 무엇인가?(p. 68-70)

2) 성도의 온전함은 선택이 아니라 필수다. 반드시 이뤄야 하는 하나님의 뜻이다(마 5:48). 하나님께서 우리에게 요구하시는 온전함은 세상의 온전함과 어떤 면에서 다른가?(p. 70)

3) 우리가 추구하는 '온전한 사람'은 '예수 그리스도'를 닮아가는 사람이다. 에베소서 4장 15-16절 말씀은 온전함에 관하여 두 가지 큰 위로를 준다. 그것이 무엇인가?(p. 72-73)

5. 1장을 통해 얻은 목회적 통찰은 무엇인가?

온전함의 원천, 목자의 심정

1. 삼위 하나님의 목자의 심정

1) 하나님의 목자의 심정이 어떻게 하나님의 자녀를 온전함으로 이
끄는가?(p. 83-84)

2) 목회자가 예수님의 십자가에 기초한 목자의 심정으로 사역한다는 것은 어떤 의미인가?(p. 84-86)

_____

_____

_____

_____

_____

_____

_____

_____

3) 성부와 성자가 목자이신 것처럼 성령님도 목자의 심정이 충만하신 분이다. 성령님의 목자의 심정은 어떻게 나타나는가?(p. 86-88)

_____

_____

_____

_____

_____

_____

_____

_____

4) 그리스도인에게 요구되는 두 가지 온전함은 무엇인가?(p. 87-88)

2. 목회적 통찰로 이어지는 목자의 심정

1) 목자의 심정은 어떻게 목회적 통찰로 이어지는가?(p. 89-90)

3. 신구약성경에 도도히 흐르는 목자의 심정

1) 모세 오경에서 만나는 목자의 심정을 간단히 정리해보라.

(1) 아담을 찾아오시는 하나님의 마음

(2) 모세의 기도 속에 나타난 목자의 심정

2) 역사서에서 만나는 목자의 심정을 간단히 정리해보라.

(1) 아간의 징벌 속에 드러난 하나님의 마음

(2) 영적 기억상실증에 걸린 이스라엘을 향한 목자의 심정

(3) 죄악된 행실조차 하나님의 역사로 바꾸시는 목자의 심정

3) 시편에서 만나는 목자의 심정을 간단히 정리해보라.

4) 선지서에서 만나는 목자의 심정을 간단히 정리해보라.

(1) 피투성이라도 살게 하시고 붙드시는 목자의 심정

(2) 공의가 하나님의 사랑에 삼킨 바 되는 목자의 심정

5) 복음서에서 만나는 목자의 심정을 간단히 정리해보라.

(1) 탕자를 기다리는 아버지의 심정

(2) 오병이어의 현장에 나타난 예수님의 목자의 심정

(3) 간음한 여인을 용서하신 예수님의 마음

(4) 구레네 시몬을 부르시는 목자의 심정

6) 서신서에서 만나는 목자의 심정을 간단히 정리해보라.

(1) 멸망을 면하게 하시려는 하나님의 심정

(2) 바울의 "빚진 자" 속에 나타나는 목자의 심정

7) 목회자로서, 평신도 지도자로서 그리고 성도로서 자신에게 목자의 심정이 있는지를 어떻게 알 수 있는가?(p. 117–118)

4. 기독교적 관점에서 이해하는 목자의 심정

1) 하나님의 분노를 바르게 이해하지 못하면 하나님의 사랑도 제대로 이해할 수 없다. 왜 그런가?(p. 119-120)

2) 우리가 하나님의 목자의 심정을 깨닫는다는 것은 우리를 향한 하나님의 질투의 마음을 깨닫는 것과 같다. 하나님께서 질투하시는 이유는 무엇인가?(p. 120-121)

3) 목자의 심정을 한국인의 정서에서 찾는다면 무엇일까?(p. 122-123)

4) 특별한 사역과 평범한 사역을 결정하는 것은 무엇인가?(p. 123-125)

5) 훈련에 어려움이 있을 때, 훈련이 궤도를 벗어나 있을 때, 훈련
의 방향성을 새롭게 모색해야 할 때, 제자훈련을 초심으로 리셋
할 수 있는 근원적인 질문은 "예수님이 제자들을 훈련하실 때
가장 중요하게 여기신 것은 무엇일까?"이다. 이 질문에 답해보
라.(p. 125-126)

5. 2장을 통해 얻은 목회적 통찰은 무엇인가?

Chapter
3

온전함에 이르는 길, 십자가와 자기부인

1. 목자의 심정 혈관에는 십자가의 피가 흐르고 있다

1) 오늘날 현대인들이, 심지어 교인들조차 목자의 심정을 온전히 이해하기는 쉽지 않다. 왜 그런가?(p. 131)

....

....

....

....

2) 목자의 심정이 예수님의 십자가에 기초하고, 목자의 심정의 원리가 십자가 신학의 강보(襁褓)에 온전히 싸여 있음을 이토록 강조하는 이유는 무엇인가?(p. 132)

....

....

....

....

....

2. 십자가를 중앙선으로 삼는 온전함

1) 그리스도인이 인생 역주행을 하지 않는 비결은 무엇인가?
   (p. 133-134)

2) 십자가가 온전함에 이르는 삶의 중앙선임을 보여주는 두 인물이
   있다. 베드로와 가룟 유다이다. 이 둘에 대한 선지식 없이 성경
   을 읽는다면, 이 두 사람의 결과가 판이함에 놀랄 수밖에 없다.
   베드로는 천국 열쇠를 맡았고, 유다는 차라리 태어나지 아니하
   였더라면 좋을 뻔했다는 말씀을 들어야 했다. 베드로는 신앙을
   완주했고, 유다는 신앙을 포기했다. 이 둘의 인생길을 바꾼 것
   은 무엇인가?(p. 134)

3) 십자가를 삶의 중앙선으로 삼는다는 것은 나의 욕망을 십자가
   에 맞추는 것이지, 십자가를 나의 욕망에 맞추는 것이 아니다.
   어떻게 하면 욕망을 십자가에 맞출 수 있는가?(p. 136-137)

3. 십자가의 처형장을 통과하는 온전함

1-1) 사도 바울은 모든 서신서에서 신앙의 절대적인 기준을 초지일
관 제시한다. 그것은 무엇인가?(p. 138)

1-2) 사탄은 어떻게 하든지 성도들이 십자가를 외면하도록 갖은 애
를 쓰고 있다. 왜 그런가?(p. 138-139)

1-3) 십자가가 우리를 온전하게, 더욱 성숙하게 만드는 것을 "성숙
한 거룩"으로 표현할 수 있다. 십자가가 우리를 성숙한 거룩으
로 이끄는 이유는 "구원의 창시자를 고난을 통하여 온전하게"(히
2:10) 하시고, "고난으로 순종함을 배워서 온전하게"(히 5:8-9) 되
셨기 때문이다. 예수님이 '온전하게 되셨다'는 것은 어떤 의미인
가?(p. 139)

1-4) 십자가가 우리의 내면을 변혁시킨다는 사실은 추상적인 짐작
인가 아니면 정확한 실체인가?(p. 140-141)

1-5) 오늘날 교회에서 사역자나 성도들 간에 혹은 개인의 신앙생활
에서 균열이 가고 소리가 나는 이유는 무엇인가?(p. 141)

1-6) 정말 십자가 아래 살면 어떤 일이 일어나는가?(p. 142)

1-7) 제자는 그리스도의 은혜만이 아니라 죄 또한 깊이 있게 들여
    다본다. 왜 그런가?(p. 142)

1-8) 신자에게 주어진 유일한 변혁의 가능성은 무엇인가?(p. 142-143)

1-9) 십자가를 통한 변혁이 일차적으로 일어나는 곳은 어디인가?
    (p. 143)

2) 십자가가 신앙인의 삶을 온전함으로 이끄는 근거는 무엇인가?
(p. 143-144)

....

....

....

....

3) 자기 십자가를 진다는 것은 문자적으로는 치욕과 수치, 억울함
의 자리로 나아간다는 뜻이다. 그러나 삶의 현장에서 십자가를
진다는 것은 이보다 훨씬 큰 의미를 지닌다. 그 깊은 의미는 무
엇인가?(p. 146-147)

....

....

....

....

....

....

....

....

....

....

....

4. 십자가의 죽음을 통한 온전함

1-1) 성도나 목회자 가운데 기독교 신앙에서 십자가가 차지하는 절대 중요성을 인정하지 않는 사람은 아무도 없다. 또한 그 누구도 기독교에서 십자가의 능력과 생명력을 부인하지도 않는다. 그럼에도 한국교회나 성도들이 십자가의 능력으로 살고 있다고 쉽게 말하지 못하는 이유는 무엇인가?(p. 148)

1-2) 죽음을 삶의 절정으로 여기는 온전한 삶이란 어떤 삶이며, 왜 그것이 온전한 제자훈련에서 중요한가?(p. 150-151)

1-3) 온전한 제자의 인생을 한마디로 정리하면, 영원을 위해 투자하는 인생이다. 온전함의 절정인 죽음을 잘 맞이하기 위해서는 이 땅에서 영원한 것에 삶을 투자하고 실천해야 한다. 영원한 세 가지는 무엇인가?(p. 151-152)

2-1) 조화 같은 제자훈련은 무엇이며, 생화 같은 제자훈련은 무엇인가?(p. 152)

2-2) 모든 것이 풍성했고 한치의 부족함도 없었던 에덴동산의 아담과 하와가 그러했듯 현실은 선악을 알게 하는 나무를 택하는 조화 같은 제자훈련이 적지 않다. 왜 그런가?(p. 152-153)

2-3) 생화 같은 제자훈련의 핵심은 어디에 있는가?(p. 153-154)

5. 자기부인과 자기 의(自己義)

1) 제자훈련의 열매는 다 열거할 수 없을 정도로 풍성하다. 그런데 수십 년, 반세기 이상이 걸려 키워놓은 좋은 나무들이 수 개월, 수 년을 견디지 못하고 쓰러지는 질병이 있다. 제자훈련의 경우, 오랜 시간을 걸쳐 훈련으로 세워지고 키워진 재목을 썩게 만드는 치명적인 질병은 무엇인가?(p. 156-157)

2) '자기 의'의 특징은 무엇인가?(p. 157–158)

3) 자기 의는 하나님의 은혜의 대로로 들어가는 것을 가로막는 큰
   걸림돌이다. 자기 의의 뚜껑을 열면 그 밑바닥에 똬리를 틀고
   있는 것은 '공로 의식'과 '직분 의식'이다. 어떻게 해야 공로 의식
   과 자기 의를 극복할 수 있는가?(p. 158–161)

6. 온전함에 이르는 자기부인(自己否認)

1-1) 십자가가 온전함에 이르는 유일한 길이라면, 자기부인은 십자가를 지는 유일한 길이다. 예수님은 어떻게 자기를 부인하셨는가?(p. 162)

....

....

....

....

....

....

1-2) 자기부인이 온전한 제자의 길을 가기 위한 관문이기는 하지만, 한 가지 꼭 주지할 사실이 있다. 그것은 무엇인가?(p. 163)

....

....

....

....

1-3) 제자훈련은 죄의 몸을 말씀의 불에 달구고 깎아 자르며, 담금질하고 수십 수백의 벼름질을 통해 예수님을 닮은 거듭난 존재로 만드는 것이다. 거룩한 요소들이 거룩한 본성으로 스며들 때까지, 거룩한 행동을 보편적으로(universally), 끊임없이(constantly), 영구적으로(permanently) 할 수 있도록 훈련하는 것이다. 그렇게

시간을 들여 죄의 본성을 말씀의 풀무에 녹여내 만들려는 결과물은 무엇이며, 그 실체는 무엇인가?(p. 163-164)

2) 자기부인이라 하면 자기경멸, 자기부정 또는 자기의 고유함을 무시, 외면, 혹은 금욕한다는 뜻으로 생각하는 경향이 짙다. 자기부인의 참뜻은 무엇인가?(p. 165-166)

3) 우리가 예수님을 구주로 모신 후에 우리의 자아에 큰 변화가 생겼다. 예수님을 믿기 전의 자아가 '창조되고 타락한 자아'였다면, 예수님을 믿은 후의 자아는 '창조되고 타락했으며 구속(救贖)된 자아'이다. 타락한 자아는 무가치하지만, 구속된 자아는 값을 매길 수 없는 가치를 가지고 있다. 왜 그런가?(p. 167-168)

4) 누가복음 9장 57절 이하에 보면 예수님의 제자가 되겠다고 찾아
온 세 부류의 사람이 등장한다. 예수님은 그들에게 어찌보면 매
정한 말씀을 하신다. 왜 예수님은 자신을 따르겠다는 자들에게
냉담하게 들릴 수 있는 말씀을 하셨는가?(p. 168-170)

5) 그리스도인의 자기부인은 매우 급진적인 관계 절연의 의미를 담고 있다. 온전한 제자로 살기 위해서 굳이 이렇게까지 급진적으로 해야 하는 이유는 무엇인가?(p. 171-172)

6) 하나님께 결정권을 드리는 것 같지만, 실상은 자신이 자기결정권을 행사하는 성도의 모습에 대해서 A. W. 토저는 무엇이라고 표현했는가?(p. 173-174)

7) 자기부인이라는 말을 들으면 본능적으로 냉담하거나 자기방어적이 되기 쉽다. 자기부인과 기쁨이 공존할 수 없다는 생각은 낯선 것이 아니며 오래전부터 있었다. 기쁨을 향한 열심을 신앙생활의 원동력으로 인정하면서도 동시에 자기부인을 받아들일 수 있는 길은 없는가?(p. 174-176)

_____

_____

_____

_____

_____

_____

_____

7. 3장을 통해 얻은 목회적 통찰은 무엇인가?

_____

_____

_____

_____

_____

제자의 성장과 교회 공동체 :
온전한 제자훈련을 위한 교회론

1. 건강한 교회론이 건강한 목회를 결정한다

1) 제자훈련 목회를 나무로 비유하면 어떻게 설명할 수 있는가?(p. 184)

2) 인공지능이나 가상현실이 일상화되는 4차 산업혁명 시대가 도 래하고 있는 지금과 같은 상황에서 교회가 살고 강단이 살며, 목회자와 성도가 사는 길은 무엇인가?(p. 185)

3) 사역자는 복음의 전진을 위해서는 생각의 틀을 열어놓고, 패러다임을 바꿀 수 있어야 한다. 베드로와 바울의 사례를 통해 배워야 할 점을 정리해보라.(p. 188-189)

4) 21세기 목회 철학이 종교개혁의 모델에서 가정을 중심으로 하는 초대교회의 모델로 돌아가야하는 이유는 무엇인가?(p. 191-192)

5) 당신에게 교회란 무엇인가? 자신의 것으로 고백된, 그리고 목회 현장에서 검증된 내용을 간단히 기록해보라.(p. 194-195)

2. 전통적 교회론, 내향화의 덫에 걸려 있다

1) 종교개혁의 영향이 400-500년을 내려오면서 교회가 내향화되었다. 교회가 복음의 순전함을 지키기 위해 세상과의 거룩한 구별과 분리가 일어나는 것은 좋았지만, 수백 년의 시간이 흐르면서 분리적 교회의 후유증이 드러난 것이다. 내향화의 부작용은 무엇이며 그 해결책은 무엇인가?(p. 199-203)

2) 내향화의 펄 속에 있는 경직되고 기력을 잃어가는 교회를 다시 사명의 바다로 띄우기 위해서는 선교의 밀물이 들어와야 한다. 식어버린 교회의 엔진에 선교의 불을 붙이는 것이다. 그 일을 이루기 위한 2033-50 비전은 어떤 비전인지 이야기해보라. (p. 203-204)

3. 실사구시의 교회론, 부국강병의 교회론

1) 저자가 달동네 개척교회 목사의 아들로 태어나 대학생 부흥운 동의 최전선에 서보고, 이후 남가주사랑의교회라는 이민교회를 개척하여 북미주의 건강한 복음주의자들과 상호 연대하고 협력 한 경험과, 사랑의교회에 부임하여 개인적으로 교회적으로 고 난의 시기를 지나면서 형성한 저자의 '영적 실사구시의 교회론' '하나님 나라 부국강병의 교회론'은 어떤 교회론인가?(p. 205-206)

2) 저자에게 교회 내 제자 훈련이 가능하다는 확신을 주어, 교회 밖 선교단체의 제자훈련을 교회의, 교회를 위한, 교회에 의한 제자훈련으로 만드는 일에 매진할 수 있게 해준 기둥과 같은 성경구절은 무엇인가?(p. 207)

....

....

....

....

3) 지상 교회는 완전한 교회가 아니다. 흠과 티가 있는 교회이다. 동시에 티나 주름 잡힌 것이 없이 거룩하고 흠이 없는 거룩한 교회로 변화되어 가는 도상에 있는 존재이다(엡 5:27). 이 사실이 중요한 이유는 오늘날 교회에 대한 비판이 이원론적이기 때문이다. 오늘날 교회가 당하는 두 가지 큰 비판은 무엇인가?(p. 213)

....

....

....

....

....

....

....

....

....

4) 완성되어 가는 교회론의 관점에서 내가 지금 온전한 제자훈련을 받고 있는지 어떻게 알 수 있는가?(p. 215-216)

....

....

....

....

....

....

4. 조직으로서의 교회에서 생명력 있는 선교적 교회로!

1) '교회는 만질 수 있는 거룩함'이라는 말은, 지상교회는 예수님의 성육신처럼 이 땅에 뿌리를 내리고 있음을 의미한다. 지상교회를 이 땅에 속하지 않고 천상에 속하는 것으로 이상화하는 순간 나타나는 부작용은 무엇인가?(p. 219)

....

....

....

....

2) 제자훈련 2.0과 1.0의 가장 큰 차이는 선교론이라 봐도 무방한 이유는 무엇인가?(p. 224-225)

....

....

5. 사도성과 선지성으로 미래의 이력서를 쓰는 교회

1) 그동안 지상교회는 세상으로부터 부름 받은 하나님의 백성의 모임으로 정의되었다. 그러다가 반세기 전부터 사도성의 계승을 조명하면서 평신도의 의미와 소명을 다시 발견하고 지상교회는 세상에서 부름 받은 하나님의 백성일뿐 아니라 세상으로 보냄 받은 하나님의 백성으로 재정의되었다. 사도성의 계승이 구원사적으로 무게를 갖는 이유는 무엇인가?(p. 226-227)

2) 교회는 구체적으로 어떻게 사도성을 계승하는가?(p. 227-228)

3) 교회가 "사도들과 선지자들 위에"(엡 2:20; 벧후 3:2) 세워졌다면,
선지성은 교회의 특징이 될 수 없는가? 왜 사도성은 외치는데
선지성에 대하여는 침묵하는가?(p. 230)

4) 선지성과 사도성은 어떻게 조화되는가?(p. 232-233)

6. 온전한 신앙의 비밀인 교회의 영광

1) 4차 산업혁명 시대 그리고 본격적인 인공지능 시대가 도래했다. 반기독교적인 문화와 무신론이 기승을 부리고, 코로나 팬데믹을 지나면서 교회를 둘러싼 상황이 더 어려워지고 더욱 깊어지고 있지만, 저자는 여전히 예수 그리스도의 교회만이 세상을 바꿀 수 있다고 확신한다. 교회가 세상을 바꾸는 희망과 대안이 되는 근거는 무엇인가?(p. 235-236)

2) 주님의 관심을 받는 교회는 지상에서 어떤 모습으로 존재하면서 주님의 뜻인 흠 없는 거룩함에 이르는가?(p. 236-237)

3) 교회의 관료화가 무서운 이유는 무엇인가?_(p. 240)

_____

_____

_____

_____

_____

_____

_____

_____

4) 교회의 역사는 오래되어도 교회는 늘 젊어야 한다. 교회가 물
   가에 깊이 뿌리내린 푸른 감람나무처럼 청청함을 유지하려면
   어떻게 해야하는가?_(p. 240)

_____

_____

_____

_____

7. 4장을 통해 얻은 목회적 통찰은 무엇인가?

_____

_____

_____

_____

Chapter
5

온전한 제자훈련을 위한 성령론: 온전론에서 보는 성령 하나님의 재발견

1. 전통적 신앙의 껍질을 깨고 성령사역에 눈을 뜨다

1) 오순절은사주의는 온전론의 어떤 영역에 열심을 내도록 돕는가?(p. 274-275)

....

....

....

....

....

2) 고기를 잡으려면 깊은 물로 가야 하고 산삼을 캐려면 심산유곡으로 들어가야 하는 것처럼, 성령을 만나고 성령의 기름부음 받기를 원한다면 성령의 계시로 가득한 곳을 찾아야 한다. 성령의 계시로 가득한 곳 두 곳은 어디인가?(p. 276-278)

....

....

2. 성령의 인격과 성령의 능력은 동체(同體)다

1) 목자의 심정에 기초한 온전론에서는 '성령의 능력'과 '성령의 인격'에 대해 어떤 기준을 가지고 있는가?(p. 279–281)

2) 성령 하나님은 한 영혼을 온전한 제자로 세우실 때, 각 영혼의 상태와 상황에 맞춤형으로 개입하신다. 구체적인 예를 들어보라.(p. 281–283)

4. 성령 충만의 언어로 푸는 제자훈련

1) 우리는 성령론에 관해서는 겸손해야 한다. 그러나 우리가 마땅히 해야 할 질문은 과감히 던져야 한다. 목회의 본질이 한 사람을 '온전한 자'로 만드는 것이라면, 우리는 성령 충만을 어떻게 제자훈련과 연결해야 하는가?(p. 289-290)

2) 성경은 성령에 대해서 말씀하실 때 언제나 샘 솟는 것으로, 흘러넘치는 것으로 표현하고 있다. 삼위 하나님의 고유한 속성인 '흘러넘침'에 대해 정리해보라.(p. 290-292)

3) 사람들은 대부분 내 문제가 해결된 뒤에 다른 사람의 문제가 해결된다고 생각한다. 이런 생각에 잠재된 문제점은 무엇인가?
(p. 291-292)

4) 같은 말, 같은 찬송, 같은 기도를 할 때 능력으로 역사하는 것과 그렇지 못한 것의 차이는 어디에서 연유하는가?(p. 292-293)

5. 목자의 심정에 기초한 성령님의 모습

1) 성령님은 어떻게 우리 삶에 질서와 구조와 방향을 잡아 주시는가?
   성경에 나오는 성령의 사역을 예로들어 설명해보라.(p. 294-296)

_____

_____

_____

_____

_____

_____

_____

2) 성령님이 오셔서 나를 완전히 지배하시면 내 인격과 삶은 성령
   의 영향으로 온전히 충만해진다(고후 3:17; 갈 5:22-23; 엡 5:18). 시
   온의 대로가 열리고 사막에 샘터 지며, 광야에 길이 열린다.
   어떻게 하면 우리가 성령의 충만하심에 사로잡히는 제자훈련을
   할 수 있는가?(p. 296-297)

_____

_____

_____

_____

_____

3-1) 많은 성도가 성령 충만을 사모하며 성령의 은사를 구하지만 첫 단추를 제대로 꿰지 못하여 성령 충만의 문 앞에서 서성거리고 있다. 성령 충만의 첫 단추를 어떻게 꿰어야 하는가?(p. 297)

3-2) 우리의 연약함을 예수님의 보혈에 그대로 의존한다는 것은 어떤 의미인가?(p. 297-298)

3-3) 예수님께서 공생애 사역을 시작하시면서 선포하신 이사야 61장 1절 말씀에 나오는 '자유'는 어떤 의미인가?(p. 299)

4-1) 온전한 제자훈련은 내가 성령 안에서 먼저 녹아지는 것에서 시작한다. 녹아짐이 중요한 이유는 무엇인가?(p. 299-300)

4-2) 왜 성령님이 우리를 빚으시게 해야 하는가?(p. 300-301)

4-3) 풀무불 속에서 성령님이 나를 빚으시는 것을 정말 새로운 관점, 감사와 기대의 관점으로 바라보고 순종하려면 어떤 인식의 변화가 필요한가?(p. 301)

5-1) 온전한 제자훈련을 받은 가장 중요한 증거 중의 하나는 성도 간의 모든 차이가 극복된다는 것이다. 안디옥 교회가 바울과 바나바를 파송하는 모습을 다룬 사도행전 13장 1절의 말씀에 나타난 구체적인 사례를 정리해보라(p. 302)

5-2) 우리가 율법주의에서 비롯된 차이와 차별을 깨뜨려야 하는 이유는 무엇인가?(p. 303)

6-1) 기독교의 참된 복은 순종과 의존의 관계를 통해서 주어진다. 이러한 복의 궁극을 예수님의 모범을 통해 찾아보라.(p. 303)

6-2) 우리가 순종과 의존의 관계를 배울수록, 은혜의 준마를 타고 아무리 달려도 끝이 보이지 않는 하나님의 무한하신 자원에 참여할 수 있는 이유는 무엇인가?(p. 304)

6. 5장을 통해 얻은 목회적 통찰은 무엇인가?

온전한 제자훈련을 위한 목회론:
온전함을 추구하는 목회자의 품성

1. 온전한 목회자를 위한 품성

1) 경쟁구도의 폐해를 알면서도 이미 우리는 승자독식이라는 호랑
   이 등에 타고 있다. 등에서 떨어지는 순간 뒤처지고 패자로 팽개
   쳐지게 되는 것을 알기에 악착같이 붙잡고 질주하고 있다. 경쟁
   구도를 섬김구도로 바꿀 수 있는 방법은 무엇인가?(p. 312-314)

2) 온전한 제자를 길러내기 위해 요구되는 세 가지 용량은 무엇인
   가?(p. 314-317)

3) 우리가 결정된 것에 인생을 낭비하지 말고 더 잘할 수 있는 것에
   목숨을 걸어야 하는 이유는 무엇인가?(p. 318)

2. 온전한 목회를 위한 창조적 미래 전략

1) 온전한 목회, 온전한 제자훈련을 위해 목회자가 신앙적, 생활적, 사회적, 민족적으로 붙들어야 할 네 가지 원칙은 무엇인가? (p. 337-338)

2) 우리는 세 가지 강력한 적에게 완전히 포위되어 있다. 포스트모더니즘이라는 당돌하기 그지없는 사조(思潮), 4차 산업혁명으로 인한 유례없는 과학기술 맹신 조짐 그리고 또 언제 등장할지 모르는 코로나 팬데믹 같은 뜻밖의 재난으로 야기될 수 있는 비대면의 일상이라는 협공이다. 한 번도 가본 적 없는 낯선 길을 가야 할 때, 목회자와 교회는 어떻게 해야 하는가? 그리고 개인으로서 우리 성도들은 무엇을 해야 하는가?(p. 338-341)

3) 훈련 목회자는 새로운 미래를 준비하는 강고한 토대를 구축하기 위해서 네 가지를 붙들어야 한다. 그것이 무엇인가?(p. 342-344)

3. 훈련 목회자는 마음 지킴의 가치를 붙든다

1) 제자훈련이 무엇인가? 한마디로 마음 훈련이다. 어떤 마음의 훈련인가?(p. 346)

2) 그리스도의 종으로서 하나님의 뜻을 행하고, 주를 두려워하는 종 된 마음의 훈련을 하는 이유는 무엇인가?(p. 346)

3) 다윗이 수많은 고난과 성공, 영광과 수치, 욕됨과 은혜, 이 모든 과정 가운데서 끝까지 마음을 지킬 수 있었던 것은 그의 심중에 뿌리내린 사명 의식 때문이었다. 사명 의식을 가진 자의 특징은 무엇인가?(p. 350-351)

4) 예수 그리스도가 사역의 비밀로 역사하면 2,000년 교회 역사에 두 가지 공통된 현상이 일어난다. 그것이 무엇인가?(p. 353-354)

4. 하나님의 영광이 온전한 제자, 온전한 제자훈련의 깃발이다

1) 이사야 6장을 근거해 볼 때 오늘날 교회의 비극, 목회자의 비극, 성도의 비극은 무엇 때문인가?(p. 359)

2) "내가 하나님의 영광을 보았다"라는 고백은 성도가 온전함의 근원에 닿을 때 터져 나오는 고백이다. 진짜 온전함은 오직 '하나님의 영광'과 관계되어 있다. 내가 온전한 제자로서 하나님의 영광을 보았는지를 무엇으로 알 수 있는가?(p. 360-361)

3) 그리스도인에게는 고통이나 어려움도 삶을 온전하게 하는 도구가 된다. 온전한 제자의 길을 가는 자에게 고난은 하나님의 영광을 이루는 실체이다. 우리에게 고난이 유익인 이유는 무엇인가?(p. 362)

....

....

4) 이사야처럼 하나님의 음성에 귀를 열고 온전함의 고봉에 오르는 사람들의 가슴에 언제나 메아리치는 두 가지 인생 질문은 무엇인가?(p. 362)

....

....

....

5) 제자훈련이 무엇인가라는 질문에 대해 각자의 신학과 신앙의 궤적에 따라 수많은 대답들이 나올 것이다. 그러나 온전한 제자훈련은 무엇인가, 온전한 제자훈련의 목표는 무엇인가라는 질문에는 한 가지 대답만 있을 뿐이다. 그것은 무엇인가?(p. 363)

....

....

....

....

....

....

5. 6장을 통해 얻은 목회적 통찰은 무엇인가?

온전함의 다섯 가지 인격적 영역

1. 생각의 온전함

1) 우리 내면에서 생각의 영역이 가장 격렬한 격전지이다. 사탄은
틈만 나면, 우리 속에 들어오려고 호시탐탐 기회를 엿보며 문
앞에 엎드려 있다(창 4:7). 왜 우리의 생각에서 벌어지는 이 싸움
은 그처럼 잔인하고 가차없는가?(p. 374)

_____

_____

_____

_____

_____

2) 불신자들에게는 이런 격렬함이 없거나 우리보다 약하다. 아니,
불신자들의 생각에는 '양심의 갈등'은 있을 수 있으나 '내적 전
쟁'은 없다. 왜 그런가?(p. 374)

_____

_____

_____

3) 우리의 생각을 어떻게 성령의 지배 아래 두어 온전하게 할 수 있는가?(p. 375)

4) 언젠가부터 교회와 성도들이 신앙의 냉소주의에 젖어 들고 있다. 어떻게 하면 교회가 냉소주의를 떨치고 하나님의 편에 설 수 있을까?(p. 377-379)

2. 감정(感情)의 온전함

1) 예수님을 믿는다고 하면서도 삶의 변화가 없고, 여전히 정서적으로 불안하다면 무엇이 문제인가?(p. 380-381)

2) 지금까지 제자훈련은 속사람의 변화와 성장을 위해 '바른 지식'이 필수라고 보았다. 틀리지 않다. 그러나 인간 내면과 정서를 들여다보는 여러 학문이 발달하면서, 지식보다 더 깊은 차원에서 사람을 움직이게 하는 어떤 실재가 있음에 눈뜨기 시작했다. 그것이 무엇인가?(p. 382)

....

3) 한국 목회자들이 성도들의 감정 훈련에 더욱 마음을 쏟아야 하는 이유는 무엇인가?(p. 384-386)

....

....

....

....

....

....

4) 목회자가 성도들의 감정을 훈련하는 것보다 더 중요한 것은 목회자 자신의 감정을 훈련하는 것이다. 목회자의 깨어진 감정은 강단에서 고스란히 성도들에게 전이가 되고 전이된 감정은 성도들의 삶에서 문제를 일으키기 마련이다. 어떻게 하면 목회자가 건강한 감정을 가질 수 있는가?(p. 386-387)

....

....

....

5) 사도 바울의 사역의 핵심 키워드 중의 하나는 "주 안에서 기뻐하는 것"이다. 주 안에서의 기쁨은 바울이 예수님의 제자로서 온갖 굴곡진 삶 가운데서도 마음을 붙들 수 있게 한 거룩한 감정이다. 주 안에서 기뻐한다는 것은 어떤 의미인가?(p. 389)

3. 의지(意志)의 온전함

1) 하나님의 고귀한 선물인 의지에 무슨 일이 생겼는가?(p. 392-393)

2) 성경은 의지가 회복되고 온전케 되는 길을 정확하게 안내한다. 그것은 무엇인가?(p. 393-394)

3) 전적 위탁을 통해 의지의 온전함에 이르려면 반드시 '우선순위'
라는 전투적 과정을 거쳐야 한다. 우리를 사랑하신 주님이 왜 이
렇게 전적 위탁을 통해 우선순위를 설정하고, 우선순위의 전투
적 과정을 거쳐 의지를 온전하게 하라고 하셨는가?(p. 394-395)

4) 의지의 온전함을 훈련할 때 조심해야 할 점은 무엇인가?
(p. 395-396)

4. 관계의 온전함

1) 그리스도의 제자는 세속적이고 처세적인 이유 때문이 아니라, 훨씬 더 근본적인 이유에서 관계에 대해 생각해야 한다. 그 이유는 무엇인가?(p. 399-402)

2) "네 이웃을 네 자신 같이 사랑하라"(마 22:39)라는 예수님의 대계명은 모든 인간관계를 해결하는 절대진리이지만, 타락한 인간 본성으로서는 결코 도달할 수 없는 불가능한 수준의 요구처럼 보인다. 이웃을 나 자신처럼 사랑하고, 내게 손해를 끼치고 심지어 내 목숨까지 앗아가려는 원수를 용서의 수준을 넘어 사랑하고 축복하라는 명령은 애초부터 죄성을 가진 인간에게 실천

불가능한 이상(理想)에 불과한 것은 아닌가? 바울 사도의 예를 통해 대답해보라.(p. 402-404)

3) 하나님의 무한한 사랑을 경험했다 해도 자신에게 온갖 상처를 준 사람, 심지어 자신의 인생을 망쳐 놓은 사람을 사랑하는 것은 쉽지 않다. 어떻게 하면 사랑하기 힘든 사람을 사랑할 수 있는가?(p. 404-406)

4) 성도가 하나님을 사랑하고 이웃을 사랑하라는 명령에 순종할 때, 우리가 도달하는 관계의 온전함은 하나님이 창조하신 모든 피조세계와의 관계 회복으로 확장된다. 왜 그런가?(p. 406-407)

5. 행실의 온전함

1) 우리가 행실의 온전함을 추구하는 이유는 무엇인가?(p. 408)

2) 구원받은 성도에게도 심판이 있는가?(p. 409-410)

6. 7장을 통해 얻은 목회적 통찰은 무엇인가?

영역주권의 관점에서 보는 온전한 제자훈련

1. 예배 제자훈련(Worship Discipleship)

1) 저자가 40여 년간 제자훈련 목회 여정을 걸어오면서 예배와 제자훈련의 관계에 대해 깨달은 것은 무엇인가?(p. 419)

2) 우리는 온전한 제자훈련을 통해 어떤 예배상(像)을 그려야 하는가?(p. 423-427)

3) 온전한 제자훈련이 추구하는 성령 충만한 예배란 어떤 것인가?
(p. 427–428)

2. 가정 제자훈련(Family Discipleship)

1) 가정 제자훈련에는 무엇이 포함되는가?(p. 432–433)

2) 가정을 제자훈련 한다는 말이 아직도 낯선 이유는 무엇인가?
(p. 433)

3) 가정 전체를 제자화하고 가정에서부터 제자로 사는 일이 가정 제자훈련이다. 이런 노력을 의식적으로 한 방향에 맞춰 정렬하여, 집중적으로 일관성 있게 밀고 나아가는 것이 가정 제자훈련이다. 그래서 가정 제자훈련에는 몇 가지 세워야 할 뼈대가 있다. 그것이 무엇인가?(p. 437-438)

_____

_____

_____

_____

_____

4) 하나님의 주권을 인정하는 신자라면 가정 제자훈련의 가장 중요한 출발점으로서 가정예배를 시작하지 않을 수 없다. 종교개혁자들과 그 후예들이 주장한 가정예배의 필요성을 정리해보라.(p. 441)

_____

_____

_____

_____

_____

_____

5) 자녀에게 좋은 신앙을 물려주려 할 때 가장 중요한 퍼즐 조각은 무엇인가?(p. 448)

3. 일터 제자훈련(Workplace Discipleship)

1) 일에 대해서 새겨야 할 문구가 있다. "얼마나 많은 일을 했느냐는 중요하지 않다. 진정 중요한 것은 하나님이 요구하시는 일을 얼마나 많이 했느냐 하는 것이다." 이 말씀은 성도에게 일의 우선권을 알려준다. 제일 중요한 것은 무엇인가?(p. 454-455)

2) 일터 제자훈련은 일자리 찾아주기 운동이 아니다. 직업에 관한 멘토-멘티를 연결하는 작업도 아니다. 일터 제자훈련은 한마디로 신앙으로써 의식을 전환하는 의식 변화를 위한 훈련이다. 일터 제자훈련에 임하는 제자들에게 어떤 의식을 갖도록 해야 할까?(p. 459-461)

4. 선교 제자훈련(Mission Discipleship)

1) 교회가 먼저인가? 선교가 먼저인가?(p. 465)

2) 마태복음 28장 19-20절의 말씀에서 "제자로 삼으라"를 주동사로 번역할 경우 대위임령에 담긴 의미가 어떻게 재정리되는가? (p. 467-468)

3) 국내에도 할 일이 많고 전도 대상자가 많은데, 왜 엄청난 비용을 쓰면서까지 해외로 나가서 선교를 해야 하는가?(p. 472-473)

5. 문화 제자훈련(Culture Discipleship)

1) 기독교 선교 초기는 말할 것도 없고 1970년대까지도 한국 사회
에서 고급문화, 대중문화를 가릴 것 없이 문화 선도적이던 한국
교회는 왜 1990년대 중반을 지나면서 사회 전체에 대한 문화 장
악력을 잃고 변두리로 밀려나게 되었는가?(p. 478-479)

2) 문화명령과 대위임령은 어떤 관계에 놓여있는가?(p. 480-481)

3) 우리는 왜 문화의 영역에서도 예수님을 닮고 따라야 하는가?
(p. 482)

----

4) 성경적인 방법으로 악한 문화를 제거, 붕괴할 수 있으면 당장 그
렇게 해야 한다. 하지만 그렇게 할 수 없는 상황이라면 어떻게
해야 하는가?(p. 484-486)

----

6. 8장을 통해 얻은 목회적 통찰은 무엇인가?

국제제자훈련원은 건강한 교회를 꿈꾸는 목회의 동반자로서 제자 삼는 사역을 중심으로 성경적 목회 모델을 제시함으로 세계 교회를 섬기는 전문 사역 기관입니다.

온전론 스터디 가이드

《온전론》 출간 기념 사은품

2023년 12월 12일 **발행**

지은이 오정현

펴낸이 박주성
펴낸곳 국제제자훈련원
등록번호 제2013-000170호(2013년 9월 25일)
주소 서울시 서초구 효령로68길 98(서초동)
전화 02)3489-4300 **팩스** 02)3489-4329
이메일 dmipress@sarang.org